大乘起信論 海東疏 血脈記 4

元曉思想 · 一心觀　　大乘起信論 海東疏 血脈記

대승기신론 해동소 ＿혈맥기

4

공파 스님 역해

운주사

The gift of Dharma excels all other gifts.

불법은 모든 선물 중에 가장 수승하다.

역해자의 변

대승불교는 중생들의 삶을 도와주는 종교가 아니다. 부처와 보살은 중생들의 삶에 절대 관여하지 않는다. 관여한다고 알고 있으면 조사불교 신자고 관여하지 않는다고 믿으면 대승불교 신자가 된다.

제3차 전쟁이 일어나고 핵들이 터져 지구상의 인류가 전멸을 당한다고 해도 부처와 보살은 나타나지 않는다. 그분들이 나타나기를 바란다는 것은 태양에게 내일은 서쪽에서 떠 달라고 비는 것과 같다.

불교는 궁극적으로 중생들의 생로병사를 뽑아버리도록 하는 가르침이다. 그러므로 염생사고 구열반락 하는 마음이 일어나지 않으면 불교를 천만 번 배우고 억 만 번 익혀도 자기에게 전혀 이익이 없다.

염생사고 구열반락은 생사의 고통이 몸서리치게 싫어서 열반의 즐거움을 필히 구한다는 뜻이다. 이런 생각은 복덕이 바탕이 되지 않으면 결코 일어나지 않는다. 복덕이 없는 자들은 죽음을 겁내지 않는다.

죽음을 겁내지 않는 자들은 대승불교와 인연이 없다. 대승불교는 복덕이 많든지 머리가 좋은 사람들이라야 받아들인다. 육신의 삶 그 너머에 죽음을 일으키는 마음의 세계를 설파해 놓으셨기 때문이다.

복덕이 있는 자만이 죽음을 겁낸다. 그런 자들이 대승불교 속에서 영원히 사는 방법을 찾는다. 그때 부처와 보살이 나타나 그들을 돕는다. 부처와 보살은 오로지 살려고 하는 자에게만 정확히 관여한다.

전 세계를 죽음의 공포로 몰아넣고 있는 코로나19는 죽을 확률이 고작 1% 정도다. 설령 백신이 나온다 해도 우리는 또 다른 죽음을 맞이해야 한다. 우리의 목적은 오로지 죽기 위한 삶이기 때문이다.

누가 자살했다고 하면 내 일처럼 안타까워한다. 그럼 우리는?! 그들은 중도에서 자살을 했고 우리는 우리 자신을 죽이기 위해 이미 예약되어 있지 않는가. 누굴 지금 걱정해주고 누굴 안타까워할 때인가.

대승기신론은 마명보살이 지은 대승불교의 교과서다. 이것을 원효대사가 풀이하신 것이 그 유명한 **해동소**다. 마명보살의 **기신론** 혈통과 원효대사의 **해동소** 맥박을 융합해서 설명한 것이 이 **혈맥기**다.

이 **혈맥기**는 복 있고 똑똑한 자들을 죽음이 없는 세계로 이끌어 간다. 그때 불보살을 만난다. 그러므로 살려고 하는 자는 어떻게든 이것을 읽을 것이고 죽으려고 하는 자는 애써 이것을 외면할 것이다.

(ㄱ) 심생멸

　　ⓐ시각　　　　　　　3권에서 연속

역해자의 변　　　　　　　5

　　ⓑ본각　　　　　　　9

　　　A. 수염본각　　　　9

　　　B. 성정본각　　　　81

　　ⓒ불각　　　　　　　115

　　　A. 근본불각　　　　115

　　　B. 지말불각　　　　132

　　　　a. 삼세　　　　　132

　　　　b. 육추　　　　　203

　　ⓓ동상　　　　　　　309

　　ⓔ이상　　　　　　　315

(ㄴ) 생멸인연　　　　　　340

　　ⓐ心　　　　　　　　355

　　ⓑ意　　　　　　　　360

　　ⓒ識　　　　　　　5권에서 시작

ⓛ 본각

A. 수염본각

海東疏 △以下廣本覺 於中有二 先明隨染本覺 後顯性淨本覺
여기서부터는 광범위하게 본각을 풀이한다. 본각에는 두 가지가 있다.
먼저는 수염본각을 밝히고 뒤에는 성정본각을 드러낸다.

기신론에서는 세 가지의 깨달음을 언급하고 있다. 시각과 본각과
불각이다. 앞에까지는 다각도로 시각의 설명을 해 왔다. 이제부터는
본각에 대해서 아주 폭넓게 풀이한다.

이 본각에는 수염본각과 성정본각이 있다. 수염본각은 중생을 따
라다니면서도 그 본성은 그대로 있다는 뜻이다. 즉 중생세계 어느
곳에 있든지 간에 그 본각의 성품은 변하지 않고 그대로 존재한다는
것이다.

그 본각은 모든 중생들에게 골고루 들어 있다. 그것은 모든 유정물
의 생명에너지다. 그러므로 이것이 없으면 살아 움직이지 못한다.
이것을 잘 쓰면 우주의 황제인 부처가 되고 잘 못 쓰면 육도의 떠돌
이 거지가 된다.

물론 지옥 아귀 중생들에게도 이것이 있다. 하지만 그들은 신체적
인 고통과 배고픔의 허덕임 때문에 이것을 감지하지 못한다. 당연히
동물에게도 이것이 있다. 그렇지만 동물들은 의식수준이 낮아 이것
을 인지하지 못한다. 그래서 아무리 값비싼 보석으로 치장해 주어도

거기다 똥을 묻히고 발로 밟아버린다. 조주스님께 수행자가 물었다.

"그렇다면 개에게도 불성이 있습니까?"
"없다."
"?!"

이 불성이 바로 본각이다. 본각은 부처의 성품이다. 이것을 **열반경**에서는 불성이라고 하셨다. 독립적으로 지칭할 때는 불성이라고 하고 상대적으로 말할 때는 본각이라고 부른다. 하지만 그 속성은 같다.

일체중생이 다 이것으로 움직이고 산하대지가 다 이것으로 자리 잡고 있는데 어떻게 유독 개에게만이 불성이 없단 말인가. 이것은 엄청난 모순이다. 이것은 앞뒤가 맞지 않은 궤변이다. 이렇게 의심하는 자는 조주스님이 왜 그런 뜬금없는 대답을 하였는지 혀가 빠지도록 궁구해 보시기 바란다.

그렇다면 동물의 위 단계인 인간은 어떠한가. 복이 없는 범부는 이것을 스스로 갖고 있다고 해도 그러려니 하고 넘어간다. 그러나 복이 있는 범부는 어떻게든 이것을 찾으려고 한다. 찾고 안 찾고에 따라 수행자가 되고 일반인이 된다.

보석이 거지에게 있든 왕에게 있든 그 가치는 같다. 왕이 가진다고 해서 더 빛나고 거지가 가진다고 해서 볼품없어지는 것은 아니다. 다르다면 왕은 그 보석을 갖고 그 이상의 가치를 만들어 내고 거지는 그것을 갖고 있어도 어떻게 활용할 머리가 없어서 계속해서 거지신분으로 산다는 데 있다.

문화라는 것을 전혀 모르고 사는 산골부모에게 도시로 나간 자식이 공장월급을 모아 비단옷을 사 보냈다. 부모들은 그것이 아주 좋은 옷인 줄은 알지마는 마땅히 입고 나설 곳이 없다. 그래서 장롱 깊숙이 모셔두는 것으로 그저 만족하고 지낸다. 그것이 다다.

하지만 문화인은 다르다. 즉시 그 옷을 입고 밖으로 나간다. 친구들을 불러 옷 자랑을 한다. 마땅히 갈 곳이 없더라도 폼을 잡으며 거리를 쏘다닌다. 그러면서 기쁨을 일으킨다. 그 옷을 제대로 써 먹는 것이다. 이처럼 똑같은 본각이지만 누가 어떻게 그것을 찾아 쓰느냐에 따라 그 효용가치가 확연히 달라진다.

그렇다면 이 본각이 가지고 있는 속성은 무엇인가. 즉 본각의 성분이 무엇인지 마명보살의 글을 한번 살펴보자.

起信論 復次本覺隨染分別 生二種相 與彼本覺不相捨離 云何爲二 一者智淨相 二者不思議業相

다시 이어서 수염본각을 나눠보면 두 종류의 모습이 나오는데, 그것은 본각과 서로 떨어지지 않는다. 이를테면 무엇이 둘이냐 하면, 첫째는 지정상이고 둘째는 부사의업상이다.

지정상이라고 한 것은 그 바탕이 맑은 지혜라는 뜻이다. 맑은 지혜가 있고 오염된 지혜가 있는 것인가. 그렇다. 맑은 지혜가 깨끗하고 평평한 거울이라면 오염된 지혜는 오물이 묻어 있으면서 올통볼통한 거울이다. 맑은 지혜는 부처가 갖고 있고 오염된 지혜는 중생이 갖고 있다.

맑은 지혜는 세상을 하나로 비추지마는 오염된 지혜는 세상을 전부 쪼개어 버린다. 그러므로 맑은 지혜로 세상을 보면 하나로 보이고 오염된 지혜로 보면 세상은 천차만별로 보인다. 세상을 하나로 보면 전체가 눈앞에 나타나고 세상을 천차만별로 보면 부분이 되어 조각 조각으로 나눠져 보인다.

부처는 세상을 한 눈에 보므로 다 알 수가 있고 중생은 세상을 억만 개로 나눠보기 때문에 그것을 다 알 수가 없다. 그래서 부처의 삶은 넉넉해서 언제나 안락하고 중생의 삶은 항상 부족하여 쫓기면서 산다.

부사의업상이라는 말은 불가사의한 행업을 말한다. 이 말은 자기 중생에게 불가사의한 일들을 해 준다는 뜻이다. 그 불가사의한 행업은 오로지 자신을 부처로 만들어 주기 위한 작용이다.

불가사의한 행업은 범부 자신이 알아차릴 수는 없다. 몸에 상처가 났을 때 상처는 스스로 나으려고 부단한 노력을 한다. 어떻게든 건강한 몸이 되고자 자체 치유를 다한다. 그처럼 자신의 부처가 자신의 중생을 부처로 만들기 위해 얼마나 노력하고 있는지는 범부로서는 가늠할 수가 없다.

衆生無邊誓願度 중생무변서원도
自性衆生誓願度 자성중생서원도

중생이 끝없어도 맹세코 구제하겠습니다.
저 자신의 중생을 맹세코 구제하겠습니다.

윗줄이 바로 다른 중생을 구제하는 것이고 뒷줄이 나 자신을 제도하는 것이다. 내가 제도를 받으려면 지정상이 나와야 하고 타인을 제도하려면 부사의업상이 나와야 한다.

두 팔로 예를 든다면 왼쪽은 지정상이고 오른쪽은 부사의업상이다. 이 둘은 심장을 중심으로 연결되어 있다. 심장이 본각이다. 두 팔은 의도적인 작용을 하지만 심장은 의도대로 움직일 수 없다. 그 자리에서 자체적으로 움직이고 있다.

심장이 죽으면 두 팔은 같이 죽는다. 두 팔은 없어도 심장은 산다. 심장은 독립장기지만 두 팔은 심장의 부속지체다.

그러므로 내적 우주인 몸의 주체는 심장이 된다. 그렇다면 큰 우주의 본체는 무엇일까. 그것이 바로 외적 본각이다. 그 본각에 의해 시방천하가 움직이고 그 본각에 의해 일체중생이 숨을 쉬고 있다. 이 말은 공기는 몸속의 허파에도 있고 우주인 세상에도 있는 것과 같다.

본각에 두 작용이 붙어 있다. 하나는 自利고 둘은 利他다. 自利는 지혜고 利他는 자비다. 지혜는 지정상이고 자비는 부사의업상으로 표현한다. **발심수행장**에서 원효성사는

行智俱備
如車二輪
自利利他
如鳥兩翼

행원과 지혜를 함께 갖춤은

수레의 두 바퀴와 같고
자리이타를 수행하는 것은
새의 양 날개와 같다

고 하셨다.

행원은 利他를 말하고 지혜는 自利를 뜻한다. 그러니까 자리이타
는 수레의 두 바퀴와도 같고 새의 양 날개와도 같다는 것이다.

이런 자리이타의 작용이 우리 마음에 원천적으로 깃들어 있다. 그
작용을 적게 쓰면 가족에게 그치고 좀 크게 쓰면 주위에 퍼지고 더
크게 쓰면 일체중생에게 미치는 것이다.

팔 한 개뿐이라도 사는 데는 크게 상관없다. 한 개의 팔을 쓰면
효능이 적고 두 개의 팔을 쓰면 효능이 크다. 그러므로 두 팔은 같이
사용할 때 그 효능은 극대화된다. 그처럼 자리이타는 같이 써야 한
다. 한 개만 쓰면 그만큼 효과가 떨어진다.

범부는 한 개의 팔인 自利만 사용한다. 그러다보니 효능이 크지
않다. 하긴 自利를 한다고 해도 자신을 살리는 自利가 아니라 자신을
죽이고자 하는 自利를 쓴다. 자신을 위해 담배를 피우지마는 결과적
으로 담배는 자신을 해치는 것과 같다. 그러다보니 평생을 自利의
삶을 살아도 결국 자신을 살리지 못하고 죽여 버린다.

지정상과 부사의업상은 반드시 같이 사용하게끔 되어 있다. 그러
므로 하나만 쓰면 소승이 되고 둘을 쓰면 대승이 된다. 대승 속에
自利와 利他가 같이 들어 있는 이유가 이것이다. 自利는 지정상이고
利他는 부사의업상이기 때문이다.

起信論 智淨相者 謂依法力熏習 如實修行 滿足方便故

지정상은 법력으로 훈습하여 여실수행하면 방편이 만족되어진다.

지정상은 순수하고 청정한 지혜다. 이것은 중생 누구의 가슴에나 다 들어 있다. 이것이 바탕이 되어 있기 때문에 중생은 각자의 수준대로 지각작용을 한다. 이 지정상이 없으면 중생도 세상도 순식간에 암흑천지가 되어 버린다.

중생 중에서 범부가 쓰는 지각작용은 6식이다. 그리고 6식에서 얻어진 정보의 지식을 세세생생 상속시킨다. 지각작용의 원천은 8식을 말하고 상속심은 대대로 연속되는 지식의 習氣습기를 뜻한다. 습기는 켜켜이 중생으로 살아오면서 축적된 노하우의 경험식이다.

생사의 고통 속에서는 도저히 살 수가 없다는 결단을 내린다면 그 범부는 생사가 없는 열반의 세계로 나아가려고 하는 발원을 일으킨다. 그것이 염생사고 구열반락이다. 여기서 불교가 나타나고 始覺의 첫걸음이 내딛어지는데 그것을 법력훈습이라고 한다.

起信論 破和合識相 滅相續心相 顯現法身 智淳淨故

그러면 화합되어져 있는 식의 모습이 깨어지고 상속심이 소멸되어 법신이 갖고 있는 순수하고 청정한 지혜가 밝게 나타나게 된다.

범부의 삶은 죄업이 이끄는 대로 살아가는 피동적인 삶이다. 그 삶은 죽음을 향해 움직인다. 진짜 기가 막힌 일이다. 어떻게 평생 동안 살려고 발버둥치던 범부의 삶이 결국 자신을 죽음의 세계로 처

박아 버리는지 똑똑한 사람이라면 정말 통곡할 일이다.

결과적으로 보면 살려고 산 것이 아니라 죽으려고 산 것이다. 이 사실을 알고도 죽는 쪽으로 방향을 잡고 산다면 그 범부는 이미 삶을 포기한 자다. 그런 사람은 서서히 자살하고 있다. 그런 자들에게 무슨 삶의 철학이 있고 무슨 삶의 의미가 있겠는가.

말기 암환자는 그래도 삶의 희망을 갖고 온갖 참기 힘든 치료를 견뎌낸다. 하지만 일부러 죽음을 향해 나아가는 범부 환자는 아무리 헤집어 봐도 그들 삶에 어떤 목표나 목적이 없다.

원문에 滀은 현재에 없는 한자다. 중국의 속장경과 건륭장경, 그리고 일본의 신수장경에 있는 **기신론** 원문과 **해동소**는 모두 다 淳자로 되어 있다. 그런데 고려장경 해동소에서는 **기신론** 원문과 같이 滀자로 되어 있다.

만약에 그때 이 字가 통용되지 않았다면 고려대장경판을 판각할 때 淳자를 잘못 새긴 것 같다. 이 滀자와 淳자는 모양 상 거의 비슷하게 보여지기 때문이다. 그러므로 앞으로 나오는 이 滀자는 모두 淳자로 植字식자하고 그렇게 해석할 것이다.

참고로 **기신론**의 원본인 범어가 어땠는지 몰라도 실차난타 스님은 지정상을 淨智相정지상이라고 한역하였다.

起信論 此義云何 以一切心識之相 皆是無明 無明之相 不離覺性 非可壞 非不可壞

그 뜻이 뭐냐 하면 일체 심식의 모습은 모두 다 무명인 것이다. 무명의 모습은 각성과 떨어지지 않는 상태로 가히 파괴되지도 않고 가히 파괴되지 않는 것도 아니다.

心識은 마음과 의식이다. 범부는 마음과 의식으로 생명을 삼는다. 그런데 여기서 심식은 모두 무명이라고 했다. 무명은 어리석음이니까 범부가 갖고 있는 심식은 어리석음의 결정물이다.

이런 심식을 갖고 일생을 살아가야 하니 어찌 힘들고 고통스럽지 않겠는가. 다들 겉으로 내색하지 않아서 그렇지 인생을 끝까지 산 범부의 속은 숯덩이처럼 새까맣게 타 있을 것이다.

그만큼 살아가는 삶이 지치고 어렵다는 것이다. 그것은 바로 이 어리석음의 덩어리인 심식을 갖고 평생을 더듬으며 살기 때문이다.

무명은 각성과 서로 뭉치어져 있다. 각성은 물론 본각의 성품이다. 범부의 생명은 무명과 각성이 한데 엉키어져 있다. 반대로 부처의 생명은 각성만 있고 무명이 완전히 없어진 상태다.

그러므로 이 무명은 범부에게서는 파괴되지 않는 것이고 부처에게서는 파괴되지 않는 것도 아니다. 이 말은 어둠이 그렇게 대단해도 태양이 뜨면 대번에 사라지듯이 무명이 그렇게 대단해도 부처에게는 즉시 파괴되어 버린다는 것이다.

起信論 如大海水 因風波動 水相風相不相捨離 而水非動性

그것은 큰 바다와 같다. 바람에 의해 파도가 움직이는데, 물의 모습과 바람의 작용은 서로 떨어지지 않는다. 물은 움직이는 성질이 아니다.

무명과 각성이 함께 붙어 있는 채로 살아가고 있는 중생의 목숨은 바람과 파도가 하나로 작용하는 것과 같다. 바람 없이는 파도는 없고 파도 없이는 바람이 없다. 그러므로 이 둘은 붙어서 같이 움직이고 있다.

물은 움직이지 않는다. 물은 언제나 평면을 이룬다. 그러므로 움직이지 않는다. 그런데 바람이 불면 물이 파도를 일으킨다. 물은 바람에 의해 움직인다. 그러므로 바람이 없으면 물은 움직이지 않는다.

起信論 若風止滅 動相則滅 濕性不壞故

그러기에 만약에 바람이 조용하면 파도는 없어진다. 그렇게 움직이는 모습은 없어지지만 그 축축함은 파괴되지 않는다.

물과 불, 그리고 바람은 세상을 살아 숨 쉬게 한다. 그런데 특이한 것은 이 세 가지는 자체적인 소리가 없다.

사람들이 물소리라고 하는데 그것은 물소리가 아니다. 물이 어딘가에 부딪치며 내는 소리다. 바람도 마찬가지다. 바람도 소리가 없다. 어떤 사물에 부딪칠 때 일으키는 소리다. 빛은 말할 것도 없다.

우리의 마음도 소리가 없다. 물과 불, 바람처럼 원래는 소리가 없다. 그런데 그것이 중생이라는 다양한 업을 축적하게 되면 온갖 기괴한 소리를 낸다. 그것을 사람들은 마음이라고 한다.

起信論 如是衆生自性淸淨心 因無明風動 心與無明俱無形相 不相捨離

이와 같이 자성청정심은 무명풍으로 인해 요동친다. 마음과 무명은 함께 형상이 없는 상태로 서로 떨어지지 않는다.

우리의 진짜 마음인 청정심은 바닷물과도 같지만 무명의 바람에 의해 움직인다. 하지만 사실 움직이게 만드는 무명은 형상이 없고 움직이는 마음도 형상이 없다. 형상이 있어야 움직이는 힘이 나오는데 형상도 없는 것들이 서로가 깊이 붙어서 오지게 작용하고 있다.
바람과 파도가 분리될 수 없듯이 마음과 무명은 분리되지 않는다. 이 둘은 언제나 함께 엉켜 있다.
그러므로 범부는 마음을 어리석음으로부터 분리시킬 수 있는 방법이 없다. 이것은 꼭 붕어눈에 달라붙어 있는 거머리와도 같다. 붕어가 어떻게든 이 거머리를 떼 내려고 하지마는 붕어로써는 어떻게 그것을 떼어 낼 재간이 없다.

起信論 而心非動性 若無明滅 相續則滅 智性不壞故
마음은 요동하는 성질이 아니다. 그렇기에 무명이 없어지면 상속은 곧 없어지지만 智性은 파괴되지 않는다.

물이 요동하는 성질이 아니듯이 마음도 요동하는 성질이 아니다. 그런데 내 마음이 지금 요동하고 있다면 거기에 무명이 달라붙어 있다는 것이다. 무명에 의해 내 마음이 작용한다면 그 어떤 계획을 세우든 그것은 처음부터 이미 실패한 것이다.
무명이 없으면 마음은 움직이지 않는다. 움직이지 않는 마음이 정상인데 사람들은 마음이 움직여야 정상인 줄 알고 자꾸 마음을 쓰려고 한다.

사실 범부는 마음을 쓸 수가 없다. 고작 마음의 부산물인 의식을 쓰고 있을 뿐이다. 그것을 그들은 마음이라고 한다. 의식의 원천인 마음을 써도 안 되는데 고작 그 부산물인 의식인 머리를 써서 어떻게 되겠는가. 그 결과는 불을 보듯 뻔한 죽음으로의 고속도로에 올라타는 것이다.

바이러스를 겁내서 마스크를 쓰고 오염된 손을 깨끗이 씻는 사람들은 여기서 한번쯤 생각해 봐야 한다. 바이러스가 변종되어 치사율이 비록 1프로를 넘는다고 해도 그것은 그리 겁낼 필요가 없다. 1프로가 아니라 5프로라도 살아나갈 확률이 꽤 높기 때문이다.

하지만 이 무명에 뒤덮인 삶을 살면 치사율은 정확히 100프로다. 0.1프로도 살아날 가능성이 없다. 그래서 대를 이은 중생들이 차곡차곡 죽음의 세계에 들어가는 것이다. 그 이유가 바로 무명에 덮인 마음을 쓰기 때문이다.

파도가 물이 되어 버리면 물이 갖고 있는 성분이 달라지는 것인가. 아무것도 달라지지 않는다. 마찬가지로 무명이 없어져서 작동하는 마음이 정지된다 해도 그 지혜로운 성품은 전혀 손상되거나 바뀌어지지 않는다.

무명이 작동하면 마음이고 무명이 작동하지 않으면 智性이라고 이해하면 가장 정확할 것이다. 범부의 마음이 정지되면 지혜로운 성품이 나타나는데 그것을 지성이라고 한다. 하지만 범부는 그 마음을 정지시킬 수 없다는 데 문제가 있다. 이것을 어떻게 정지시킬 것인가가 범부가 풀어야 할 가장 난해한 숙제가 된다.

起信論 不思議業相者 以依智淨 能作一切勝妙境界 所謂無量功德
之相 常無斷絕 隨衆生根 自然相應
부사의업상이라는 것은 지정상을 의거해 능히 일체의 승묘한 경계를
만든다. 이른바 무량한 공덕의 모습을 갖고 단절없이 중생의 근기를
따라 항상 자연스럽게 상응한다.

위에서도 언급했다시피 이 문장에는 두 개의 작용이 함께 들어 있
다는 것을 알아야 한다. 하나는 내 자신의 작용과 또 하나는 부처의
작용이다. 즉 수행의 단계가 올라갈수록 일어나는 내 마음의 변혁과
그에 상응하는 부처의 가피다.

내 마음의 변혁은 두 가지를 동시에 일으킨다. 내가 성장하고자
하는 自利와 타 중생의 성장을 도와주는 利他의 마음이다. 즉 지정상
은 나의 성장을 도와주고 부사의업상은 나와 동시에 타인을 도와주
고자 하는 내밀의 움직임이다.

부사의업상은 불가사의한 행업의 준말이다. 이 말은 범부가 이해
할 수 없는 부처의 작용을 뜻한다. 그것은 내면과 외면 동시에 일어
난다.

그러므로 범부는 내면의 부처와 외면의 부처가 하는 일을 전혀 감
지하지 못한다. 씨앗은 스스로도 작용하고 외부의 도움도 받는다.
그러나 씨앗은 자기 스스로 싹이 튼다는 것을 감지하지 못한다. 그냥
자연에 맡기면 자연히 싹이 트듯이 마음도 본각의 흐름에 맡기면 자

연히 지정상이 일어나고 부사의업상이 일어나게 된다.

起信論 種種而現 得利益故
그리고 온갖 형상으로 나타나 이익을 얻도록 만들어 준다.

부처는 중생을 부처로 만드는 일을 하시기 때문에 위대하다고 **혈맥기** 1권에서 말하였다. 그렇게 하는 데는 필연코 지혜가 필요하다. 그러므로 먼저 지정상을 획득한 이후에 중생제도를 한다.

지혜가 없이 마음만 앞서서 중생을 제도하는 데 뛰어들면 반드시 탄식할 일이 생긴다. 그러면 본인은 서운해서 속이 상하고 중생은 어떻게 그 가르침을 받아들여야 할지 몰라서 우왕좌왕한다. 이것이 한두 번 되풀이되면 이제 둘 다 지쳐 떨어진다.

부처가 중생을 보고 일단 교화가 가능하다고 지정상으로 판단하시면 아주 다양한 방법으로 그들을 깨우치신다. 때로는 직설로 설하시고 때로는 비유로 설하시며 때로는 자비로 달래고 때로는 위의로 굴복시켜 중생을 제도하신다.

교화는 교화를 받는 쪽에서 요구한다. 그러면 교화가 내려진다. 교화를 받지 않겠다고 하면 어쩔 방법이 없다. 바가지를 엎어놓고는 단비를 받을 수 없다. 단비를 받으려면 바가지를 제대로 두어야 한다. 그러면 단비는 자동으로 그 안으로 들어간다.

교화를 받고는 싶으나 마음 자세가 바르지 못하면 가르침을 수용하지 못한다. 단비를 받고는 싶으나 바가지를 뒤집어 놓으면 단비가 어떻게 들어갈 수가 없다. 단비가 담기도록 목이 터져라 울고 빌어도 결국은 아무 소득이 없다.

교화를 한번 받아보자는 심산으로 접근해서도 안 된다. 그러면 자기 기준으로 그 가르침을 곡해한다. 그런 마음은 전적인 수용이 아니라 자기 마음에 드는 말씀만 받아들이기 때문에 변혁이 일어나지 않는다. 이것은 마치 단비를 받고자 하면서 더러운 바가지를 내미는 것과 같다. 설사 단비를 가득 받아도 오염이 되어 쓸모가 없다.

태양은 중생이 빛을 받든지 말든지 그냥 광명을 쏟아낸다. 부처도 중생이 제도를 받든지 말든지 그냥 자비를 쏟아 붓는다. 하지만 그 자비는 교화가 필요한 중생에게만 정확히 나타난다. 그래서 부처는 중생의 생각에 따라 시현하신다고 한 것이다.

태양은 중생의 몸을 살찌우고 부처는 중생의 마음에 불을 지핀다. 태양은 낮에만 활동하지만 부처는 밤낮을 가리지 않는다. 그런 자비를 받아들이는 자는 부처의 우렁찬 사자후를 듣는다.

Aggo hamasmi lokassa
아꼬 함아스미 로카싸

하늘 위나 하늘 아래에 오직 나만이 존귀하다. 이것이 그 유명한 천상천하유아독존이다. 그분은 궁극적으로 우리에게 너 자신이 부처라는 사실을 가르쳐주시고자 하셨던 것이다.

그것은 우리 자신이 바로 지정상과 부사의업상이라는 본각성을 갖고 있기 때문에 우리에게 그런 포효를 하신 것이다.

海東疏 初中有三 一者總標 二者列名 三者辨相 初中言生二種相者
如是二種相 在隨動門 故言生也

첫 번째 문단에 세 뜻이 있다. 첫째는 모아서 표시하고 둘째는 이름을
나열하며 셋째는 그 모습을 분별한 것이다. 첫째 가운데서 말한 두
종류의 모습을 일으킨다고 했는데 이런 두 모습은 움직이는 문을
따르므로 일으킨다고 한 것이다.

   모아서 표시한 부분은 원문에 첫 줄을 말한다. 이름을 나열한 것은
지정상과 부사의업상이다. 셋째는 이 둘의 뜻은 무엇인가를 설명하
는 부분이다는 것이다.
   두 종류의 모습은 지정상과 부사의업상이다. 움직임을 따르는 문
은 수염본각을 의미한다. 수염본각은 정처없는 중생을 따라 육도를
떠돌아다니는 것을 말한다. 문은 쪽이라는 뜻으로 보면 무난하다.

海東疏 此二不離性淨本覺 故言與彼不相捨離

이 둘은 성정본각을 벗어나지 않기 때문에 저것과 더불어 서로 떨어지
지 않는다고 했다.

   수염본각이지만 이것은 성정본각의 속성을 그대로 갖고 있다. 그
속성은 우리의 진짜 마음인 진여를 말한다. 성정본각에 대해서는 다
음 문단에 잘 나올 것이다.
   착한 심성을 가진 드라마 연기자가 악역을 맡았다. 대본에 의해
그는 충실히 연기를 잘 해내었다. 그러다 카메라를 벗어나면 그의

마음은 원래대로 착한 삶을 사는 사람으로 돌아간다. 하지만 그 악역의 연기 역시 그의 마음에서 나온 것이므로 본래의 마음과 떨어질 수가 없다.

젊고 똑똑한 사람들은 그를 보고 악역의 연기를 천연덕스럽게 잘한다고 칭찬한다. 아주 다양한 캐릭터 연기를 실감나게 하면 천의 얼굴을 가진 배우라고 격찬한다.

하지만 나이가 많고 지적 능력이 떨어진 사람들은 그가 악역을 열연할 때마다 심사가 뒤틀리고 기분이 영 거시기 하기만 하다.

범부는 이 세상에서 두 성향을 갖고 살아간다. 하나는 범부의 모습이고 또 하나는 부처의 속성이다. 비록 범부의 모습으로 세상을 살아가지마는 그 이면에는 진짜의 부처모습이 숨어 있다는 것이다.

이것을 아는 자는 진실로 똑똑한 자다. 그들은 이 세상이 삶의 무대고 나는 연극배우라는 사실을 분명히 안다. 하지만 두뇌가 좀 딸린 자들은 연기하면서 살아가는 자기가 자신의 전부라고 생각한다. 자기 말고 또 다른 진실된 자기가 그 속에 숨어 있다는 사실을 결코 인지하지 못하고 있다.

海東疏 第二列名中 言智淨相者 正明隨染本覺之相 不思議業相者 明此本覺還淨時業也

둘째로 이름을 열거한 가운데서 말한 지정상은 정확히 수염본각의 모습을 밝힌 것이고, 부사의업상이라는 것은 이 본각이 지정상으로 돌아왔을 때의 행업을 밝힌 것이다.

지정상은 自利이며 지혜라고 했다. 그리고 부사의업상은 利他며 자비라고 했다. 이 둘이 중생의 마음에 들어 있다고 했다. 그런 이 둘이 완성이 되면 중생이 부처가 된다. 그 부처의 이름을 아미타불이 리고 한다.

그러니까 중생의 성품은 아미타불이다. 이제까지는 그냥 부처라 고만 막연히 알고 있었다. 이제는 그 부처가 명확히 아미타불임을 알아야 한다.

기원전 5세기경에 나타난 그리스의 철학자 소크라테스야말로 자 기 자신을 정확히 알지 못하면서 늘 아테네광장을 들쑤시고 다녔다. 그래서 결국 신성모독과 청년현혹이라는 죄목으로 사형 당했다. 그 런 그인데 우습게도 타인들에게는 늘 너 자신을 알라고 했다.

그가 말한 너 자신을 알라 라는 말은 여기서 어떤 의미로 받아들여 야 하나. 아무리 변증법적 논리를 써서 미사를 한다고 해도 사약을 받아든 그에게 무슨 특별한 삶의 철학이 있었다고 할 것인가.

제자 플라톤이 그를 위대한 철학가로 일으켜 세우지 않았다면 그 는 그저 아테네 시가에서 되묻기의 문답법을 좋아한 한 스토아학파 의 괴짜스런 늙은이로 끝나고 말았을 것이다.

사실 우리가 잘 아는 너 자신을 알라 라는 말은 테스형이 직접 한 말은 아니다. 이 말은 이미 어디에서 전해 내려 온 격언을 그가 자주 되 읊었을 뿐이다.

이런 경우는 꼭, 모든 형상들은 모두 다 허망하다. 그것들을 형상 아닌 것으로 보면 즉시에 부처를 볼 것이다 고 하신 **금강경**의 구절을

보고 송나라 야부스님이

山是山水是水
佛在甚麼處

산은 산이고 물은 물이다.
부처는 어디에 있단 말인가.

라고 뼈있는 선구를 날렸는데, 그 윗 게송을 해인사 성철스님이 리피트해서 세간의 유명세를 탄 것과 같다.

사실 소크라테스는 너 자신을 알라 보다도 더 유명한 말을 한 것이 하나 있다. 그것은 바로 나는 아무것도 모른다 라고 한 말이다.

너 자신을 알라gnothi seauton는 말은 위에서 전해진 것처럼 누구의 말씀이지마는 나는 아무것도 모른다 라고 한 말은 순수하게 자기성찰에서 나온 직접적인 말이기 때문이다. 그런데 불행히도 이 말은 인간사회에서 아주 묻혀버리고 말았다.

너 자신을 알라 라는 말은 남에게 던지는 말이고, 나는 아무것도 모른다는 말은 나 자신을 일깨우는 말이다. 그러므로 만약에 뒤의 말이 더 많은 사람들에게 알려졌다면 인간세상은 오만과 교만을 뛰어넘어 더 많이 반성하고 더 깊이 정화하면서 개념있게 발전되어 왔을지도 모른다.

그러므로 현재의 우리에게는 너 자신을 알라 라는 막연한 말보다도 나는 아무것도 모른다 라는 말이 더 가치 있고 더 쓸모 있는 말이 될 때 인간사회는 겸양과 양보의 미덕이 어우러지게 된다.

이제 묻는다. 소크라테스가 너 자신을 알라 라고 했는데 그 말의 기원은 어디인지 아시는가. 이 말은 바로 그보다 1세기나 앞선 인도의 석가모니부처가 중생들에게 날린 벽력같은 사자후다. 너 자신을 알아라꼬.

이제 당신은 당신 자신이 누군지 아시는가. 소크라테스 자신도 몰랐던 너라는 당신은 이제 누군지 아시는가. 정확히 그 대답을 가르쳐 드린다. 당신 자신은 바로 아미타불이다.

아미타불은 두 가지 공능을 지닌다. 하나는 무량수이고 또 하나는 무량광이다. 무량수라는 말은 영원한 생명을 뜻하고 무량광이라는 말은 영원한 광명을 말한다.

무량수는 自利인 지혜가 완성이 되면 나타나고 무량광은 利他인 자비가 완성이 되면 나타난다. 그러므로 아미타불은 자리이타로 인한 지혜와 광명의 결정체인 셈이다.

일체중생은 모두가 다 이런 가능성을 가지고 있다. 즉 웅덩이 물이 바다가 될 수 있듯이 아미타불이 될 수 있는 능력을 모두 다 갖고 있는 것이다. 그런데 그들은 모른다. 이런 잠재적 능력들이 자기들 가슴에 들어 있는지조차 상상도 하지 못한다.

아미타불은 중생의 완성된 모습이다. 중생은 아미타불의 미완성된 형상이다. 아미타불은 다 큰 어른인 셈이고 중생은 미숙한 어린이와도 같다. 이 둘은 평행선에 있는 것이 아니라 수직선상에 있다.

아이가 일찍 죽으면 어른이 되지 못한다. 일체중생은 모두 다 일찍 죽는다. 그래서 그들은 단 한 번도 어른이 되어 본 적이 없다.

그들의 어른은 고작 그들의 자식만을 상대한 등급이다. 자기들 위에 또 다른 어른 세계가 있다는 것은 머릿속으로 그리지 못한다. 그 어른이 되기 위해 점차적인 과정을 밟아 올라가면 마지막에는 아미타불인 부처가 되는 것이다.

그래서 부처는 중생을 어른의 종착지인 부처로 키우려고 한다. 이것이 중도에서 죽는 중생들에게 내리는 연민이고 자비다. 그래서 어떻게든 중생들이 중도에서 요절하는 일이 없도록 하기 위해서 어른인 부처가 나타나 중생들이 중도에서 죽지 않는 방법을 가르쳐 주신 것이다.

그렇다면 아미타불은 어디에 계시는가. 아미타불은 극락세계에 계신다. 생사의 고통이 없고 즐거움의 궁극지인 극락세계에서 우리를 기다리신다. 그렇다면 어떻게 해야 그곳으로 갈 수 있단 말인가.

웅덩이 물이 어떻게 하면 바다로 들어갈 수 있을까. 웅덩이에 물을 가득 채우면 된다. 그러면 흐른다. 물을 어떻게 가득 채울 수 있단 말인가. 다른 사람의 물과 합치면 된다. 거기서 상가Sangha가 나온다. 즉 수행자의 공동체다.

라이타불 하나는 작은 바람에도 꺼진다. 하지만 열 개 스무 개가 모이면 쉽게 꺼지지 않는다. 그처럼 나 혼자만의 웅덩이는 고여서 쉽게 마른다. 하지만 열 개 스무 개의 웅덩이가 모이면 마르지 않고 흐른다. 그 흐름은 바다로 가는 것이다.

그처럼 범부가 극락세계로 가려 한다면 모여서 염불을 하면 된다. 아미타불은 거대한 거울과도 같고 우리는 작은 거울과도 같다. 아미타불이 극락세계에서 그 큰 거울에 광명을 놓으시면 우리의 거울에 즉시 반사된다. 우리는 그 반사되는 빛을 좇아가면 거기에 극락세계가 있고 아미타불이 계신다.

그렇지만 내가 가지고 있는 마음의 거울에 오물이 잔뜩 끼어 있으면 아미타불의 광명은 반사되지 않는다. 또 만약에 깨어진 마음의 거울을 갖고 있으면 반사되는 빛이 일정하지 않아 가야 할 방향이 정확하게 보이지 않는다.

그렇다면 어떻게 해야 마음의 오물을 벗기고 깨어진 거울을 정상으로 되돌릴 수 있을까. 먼저 장엄염불을 하는 것이다. 장엄염불을 하면 업장이 소멸되고 죄업이 없어진다. 장엄염불 가운데 한 게송이다.

阿彌陀佛在何方 아미타불재하방
着得心頭切莫忘 착득심두절막망
念到念窮無念處 념도념궁무념처
六門常放紫金光 육문상방자금광

아미타불이 어디에 계시는지 딱 알아서
마음에 두고 절대로 잊지 말아야 한다.
간절한 생각이 사무쳐 망념이 끊어지면
육문에서 항상 자금광이 쏟아져 나온다.

첫째 줄 게송 가운데 何하 字는 어디라는 장소의 뜻을 말하는 글자가 아니다. 이것은 멜 何 자이다. 즉 마음에 단단히 둘러메라는 뜻이다.

육문은 내 몸에 붙어 있는 여섯 개의 감각기관이다. 이 여섯 개의
감각기관은 밖을 향해서 열려 있다. 즉 범부 몸의 숨구멍이다. 중생
은 생존을 위해 바깥 것을 받아들이도록 이 구멍들이 다 열려 있지마
는 부처가 되면 받는 쪽에서 주는 방향으로 바뀌기 때문에 이 구멍에
서 황금빛이 쏟아져 나온다.

자금은 황금을 말한다. 그러므로 자금광은 황금빛이라는 뜻이다.
이런 극락세계와 아미타불은 **기신론** 전체내용을 결론짓는 **해동소** 마
지막 부분에서 장엄하게 대미로 장식할 것이다. 그때까지 자신을 포
기하지 말고 끝까지 잘 밀어붙이시기 바란다.

海東疏 第三辨相中 先辨智淨相 於中有三 法 喻 與合 法中有二
直明 重顯

셋째로 모습을 분별한 것 가운데서 먼저 지정상을 분명히 한다. 그
가운데 셋이 있으니 법과 비유와 결합이다. 법 가운데 둘이 있다.
직설적으로 밝히는 것과 거듭 그 뜻을 드러내는 것이다.

이제 지정상에 대해서 설명하려고 한다. 그것을 분명하게 밝히기
위해서는 법과 비유와 결합의 방법을 쓴다.

법은 지정상이라는 법체를 말한다. 비유는 그것을 알기 쉽게 풀이
하기 위해 사물이나 현상에 빗대어 표현한 것이고 결합은 마지막으
로 결론을 내린다는 말이다.

산골 오지에 화전을 일구며 살아가는 촌부가 있었다. 점심때가 되어 삶은 감자를 먹고 있는데 낯선 스님 한 분이 그에게 나타났다. 산 중턱에 있는 避離寺피리사로 가던 스님이었는데 길을 잘못 들어 그에게 다가왔다고 했다.

그는 스님께 감자 하나를 권했다. 배가 고팠는지 그 스님은 허겁지겁 먹었다. 그리고는 합장을 하고 나무아미타불 관세음보살이라고 했다. 그는 태어나서 이 소리를 처음 들었다. 그 스님이 가고 난 뒤 노인은 그 스님이 하던 대로 나무아미타불 관세음보살이라고 머쓱하게 읊조려 보았다.

거기서 순간의 공덕이 일어났는지 무심히 일하던 호미 날에 떨거덕거리는 소리가 났다. 뭔가 하고 보니 호미에 흰 대접이 하나 걸려 나왔다. 촌부는 여기에 웬 밥그릇이냐 하면서 이리저리 살펴보다가 죽은 사람을 위해 부장품으로 묘지에 넣어둔 것이라 생각했다.

께름직한 마음이 들었지마는 개밥그릇 하기에 안성맞춤일 것 같아서 밭둑 가장자리에 던져두었다. 그리고는 힘든 밭일을 다 마치고 집으로 올 때 그것을 들고 와 대충 씻어 개밥그릇으로 사용하였다.

그렇게 오랫동안 그 토기는 똥개와 함께 이리 차이고 저리 차이면서 마당 한구석에서 뒹굴었다. 세월이 흘러 자식들은 모두 도시로 나가고 이제 노인과 개만 외롭게 남았다. 자식들은 노인을 모시겠다고 했지만 노인은 그들 살기에도 빠듯한 살림들이라는 것을 잘 알고 있었기에 한사코 거절하였다.

아무도 없는 산골 외진 곳에서 노인과 개는 쓸쓸하면서도 적적하게 살았다. 그러던 어느 날 나이가 든 개가 죽었다. 노인은 양지쪽 마당에다 개를 묻었다. 이제 마당에 보이는 것은 뒤집힌 상태로 덩그러니 남아 있는 개밥그릇뿐이었다.

그렇게 또 몇 년이 흐른 후 노인마저 쓸쓸히 죽었다. 이 세상에 태어나 호강 한번 제대로 하지 못하고 일생 동안 화전만 일구다가 외로이 한평생을 마감한 것이다.

우연히 들른 아랫마을 약초꾼이 아니었다면 노인은 백골이 되어서야 사람들에게 발견되었을 것이다.

도시의 자식들과 마을 사람들이 조촐하게 장례를 치르고 햇볕 잘 드는 마당 한가운데다 매장을 하려고 땅을 고르는데 잡초 사이에 버려져 있던 개밥그릇이 짚신 발에 밟혔다. 그러자 땅을 고르던 사람이 그것을 한쪽으로 툭 차버렸다.

그 발길에 무참히 차여진 개밥그릇은 또 오랫동안 눈이 오면 눈을 한가득 담고 비가 오면 비를 한가득 담으면서 무정한 세월을 보내고 있었다.

어느 날 뱀을 잡으러 다니던 땅꾼 하나가 허물어진 그 오두막에 들어섰다. 양지라서 뱀들이 있을 것 같은 장소였기 때문이다. 잡초로 우거진 묘소 주위를 막대기로 두드리며 탐색하던 중 흙투성이 밥그릇 하나를 발견했다. 땅꾼은 그것을 이리저리 살펴보고 뱀을 담는 마대자루에다가 던져 넣었다.

개밥그릇은 그렇게 땅꾼 집으로 옮겨져 왔다. 이제 그것은 방안에서 재떨이로 사용되었다. 수시로 담배꽁초가 한가득 채워지면 잠깐 밖에 나가 비워지는 것 외에는 언제나 방안 한가운데에 놓여 있었다.

땅꾼은 뱀술을 담갔다. 유리 항아리에다 독한 소주를 가득 채우고서 뱀 한 마리를 산 채로 집어넣는다. 그리고 마개를 닫고 바깥공기가 들어가지 못하도록 촛농으로 완전 밀봉한다. 뱀은 처음에는 조용히 있다.

그러다가 소주가 피부를 뚫고 들어가기 시작하면 그때부터 온몸을 꼬며 격렬하게 반응한다. 일주일쯤이 지나가면 뱀은 힘없이 움직이다가 한 달이 지나면 조용해진다. 그렇게 뱀은 유리병 속에서 서서히 소주에 녹아간다.

뱀술을 담글 때 특히 신경 써야 할 부분은 완전밀봉이다. 바늘 끝만큼이라도 술병 윗부분에 틈이 있거나 마개에 구멍이 생기면 뱀은 3년이 가도 죽지 않는다. 그 기간에 마개를 열면 뱀은 용수철처럼 튀어나와 공격한다. 그래서 뱀술은 적어도 3년 이상이 되어야 먹는다는 말이 그렇게 해서 나온 것이다.

어쨌거나 그 땅꾼은 구렁이부터 독사 화사는 물론 온갖 종류의 뱀술을 담가서 창고에 알뜰히 보관해 두었다. 그는 그 분야에 최고전문가라는 말을 들을 정도로 그렇게 뱀술을 잘 담갔다.

그런 소문을 어떻게 들었는지 서울에서 파란색 포니 자동차 한 대가 흙먼지를 날리면서 그 집을 찾아 왔다. 폐병에 뱀술이 좋다고 해서 그것을 사러 왔다고 했다. 그는 당연히 그렇고도 남는다며 그를 마루에 앉히고 뱀술을 가지러 창고로 갔다.

그때 손님은 절인 담배냄새가 풀풀 뿜어 나오는 방안을 자기도 모르게 슬쩍 훑어보았다. 땀에 젖은 옷가지가 여기저기 어지럽게 흩어진 방안 한가운데에 하얀 재떨이 하나가 휑하니 놓여 있었다. 그 순간 그의 눈동자에 불꽃이 튀었다.

그는 자석에 쇠붙이가 끌려들어가듯이 그 밥그릇에 빨려들었다. 배를 밀어 가까스로 문지방을 넘은 손으로 그것을 잡는 순간 그의 몸은 전율에 떨었다.

- 이조백자다 -

그는 대학에서 고고학을 가르치는 교수였다. 물론 금석문과 골동품에 대해서도 해박한 식견을 가지고 있는 전문가였다. 그 교수의 매서운 눈동자에 그 도자기가 제대로 걸려든 것이다.

뱀술을 들고 나타난 땅꾼에게 도자기의 출처를 물었다. 그는 폐가의 마당에서 주웠다고 했다. 교수는 아주 멋진 도자기라고 하면서 얼마의 돈을 줄 테니 자기에게 팔라고 했다.

땅꾼은 그렇게 탐이 난다면 염치없는 말이지만 쌀 한 말 값을 달라고 했다. 땅꾼 눈에는 제까짓 것이 값나간다고 해 봐야 쌀 한 말 값 이상은 되지 않을 거라고 생각해서 염치를 들먹였다. 교수는 쌀 두 말 값을 주겠다고 했다. 땅꾼은 뭘 그렇게 많이 주느냐며 도리어 황송해 했다.

그렇게 해서 그 개밥그릇은 유명 대학의 박물관에 아주 귀하게 모셔진 귀중한 보물이 되었다. 박물관의 은은한 조명에 비춰진 백자의 고아한 색조에 감탄하여 내가 물었다. 왜 하필 쌀 두 말 값만 주었느냐고 하자 그 땅꾼에게는 그 값이 최고치라고 했다. 더 줄 수 있다고 하면 그때부터 그 땅꾼의 머리는 상당히 복잡해진다고 했다.

그 이조백자처럼 누구나 다 자신 속에 지정상이라는 순수무구한

하얀 보물을 가지고 있다. 하지만 그 가치를 제대로 알고 쓰는 사람은 없다. 극소수만이 그것을 완전한 자기 것으로 만들고자 노력하고 그 외는 그냥 관심조차 없이 내팽개치고 있을 뿐이다.

初中言法力熏習者 謂眞如法內熏之力

첫째 번에서 말한 법력으로 훈습한다는 것은 이를테면 진여법이 내면에서 훈습하는 힘을 말한다.

법력은 본각의 힘이다. 중생의 가슴에 들어 있는 본각은 전혀 힘을 발휘하지 못하고 있다. 너무 오랫동안 삼독의 독극물에 중독되어 완전히 기가 죽어 있다. 대신 무명과 업장의 기세는 오늘도 펄펄 날고 있다.

법력이 기세를 펴지 못하게 하고 있으면 일반 범부다. 그들은 어떻게든 진짜 자기를 죽이려 한다. 그래서 어리석은 범부라고 한다.

살려고 한다면 자신을 살려야 하는데 진짜 자신은 어떻게든 죽이려 하고 가짜 자신은 무슨 수를 써서라도 살리려고 한다.

그러고 보면 범부들의 삶은 정말로 눈뜨고 볼 수 없을 정도로 가엾기만 하다. 이것은 정말 자기 새끼를 죽인 뻐꾸기 새끼를 기르는 오목눈이개개비새처럼 참 불쌍하고 허망한 삶을 살고 있기에 그렇다.

依此熏力修習資糧 得發地上如實修行 至無垢地滿足方便

이 훈습에 의거해 자량을 수습해서 지상에 올라가 여실수행을 일으킨다. 그러다가 무구지에 이르면 방편이 만족되어진다.

대단한 가문이지만 어리석은 남자가 있다. 집안에 자식을 낳아 기른 조강지처가 있는데 어느 날 밖에서 분칠한 여자 하나를 데리고 왔다. 자연적으로 본처와 여자는 다투는 날이 많아진다. 이럴 때 어리석은 남자는 본처를 구박하고 첩의 편을 든다. 이제 본처가 첩의 더부살이 신세가 된다.

첩이라는 말이 요즘 사람들에게는 거슬릴지 모른다. 첩이라는 말 대신 내연녀라고 좀 순화된 언어를 원하겠지만 이 글을 읽는 연령층들이 거의 가 다 내연녀보다는 첩이라는 말에 익숙해 있기에 이렇게 쓴다. 하기야 첩이건 내연녀건 둘 다 한자어인데 뭐 그리 따질 게 있겠느냐마는 누가 시비할까 싶어서 미리 양해를 구한다.

첩은 전통적으로 내려온 가문의 모든 제도와 관습을 자기에 맞게 뜯어 고친다. 힘을 잃은 본처는 눈치만 살피며 죽은 듯이 지내고 있다. 결국 그 집안의 법도는 깨어지고 가족들 모두는 고통 속에서 살아간다.

주위 사람들은 그 남자가 머저리라고 흉을 본다. 어떻게 본처를 버리느냐고 욕을 한다. 좀 더 심한 말로 정신 나간 놈이라고 한다. 사람들의 수준은 딱 여기까지다.

사람들도 자기를 살리는 본각이 있는데 불각에게 힘을 실어주었다. 그리고 본각을 억누르고 불각을 위해 살고 있지 않는가. 결국 그 머저리 남자와 도진개진인 셈이다.

여기서 똑똑한 사람과 멍청한 사람이 갈린다. 똑똑한 사람은 남들이 흉을 보면 바로 그 뜻을 알아차리고 첩을 내쫓는다. 하지만 멍청한 사람은 결단력이 없다. 첩의 눈치만 보며 계속 머뭇거린다. 범부들은 다 이 수준에 있다. 자기 자신에 거머리처럼 붙어 있는 불각을 내보내야 한다는 부처님 말씀을 듣고도 다급한 느낌이 없다.

불각인 첩은 그렇게 쉽게 나가지 않는다. 하루 이틀 산 것이 아니라 오랫동안 같이 살면서 정들었기 때문에 절대로 나갈 수 없다고 한다. 이때 생각없는 사람들은 좋은 게 좋은 거라면서 그냥저냥 그렇게 하루하루를 산다. 이것이 보통 범부들이 살아가는 방식이다.

좀 똑똑하지만 그 성질이 모질지 못한 사람은 바로 첩을 내쫓지 못한다. 그렇지만 이제 일체의 권력을 조강지처에게 돌려준다. 본처는 첩이 만들어 놓은 모든 제도와 관습을 부순다. 그게 바로 잘못된 삶이 지나가고 안락한 삶이 도래하는 변곡점이다.

하지만 매우 멍청한 사람은 주위에서 누가 뭐라 해도 콧방귀조차 뀌지 않고 첩 중심으로 집안을 계속 꾸려 나간다.

똑똑한 사람은 그렇게 사는 게 아니라고 꾸중하면 바로 알아차리고 본각을 위해 힘을 쓴다. 멍청한 사람은 부처님이 줄을 이어서 이 세상에 태어나 그들을 가르쳐도 자기들의 삶이 어쩔 수 없다며 불각의 길을 간다.

본처가 힘을 가지면 그때부터 집안이 안정을 되찾는다. 이것이 법력훈습이다. 즉 십신의 범부가 해야 할 마음가짐이다. 헝클어진 집안 분위기를 쇄신하고 재산을 모은다. 이 단계는 3賢의 단계다. 이것이 바로 원문에서 자량을 수습한다는 말이다. 자량은 본각의 세계로 나아가는 데 필요한 양식이다.

첩이 본처를 밀어내고 집안 살림을 한다면 사람들의 뒷담화가 겁이 나 밖으로 나가지 못한다. 하지만 본처가 첩을 누르고 집안을 잘 이끌면 좋은 사람들의 모임에 나갈 수가 있다. 좋은 사람들은 십지보살들의 무리다.

좋은 사람들과 함께하면 나날이 인품이 닦아지고 명망이 높아간다. 그러면 욕망과 탐애로 뭉쳐진 첩이 더 이상 자기에게 붙어 있을 명분이 없어져 집을 나간다. 이 단계가 여실수행하는 계위다. 그러면 자동적으로 과거의 흠결이 없어져 버린다. 이 단계가 무구지다.

이제 그 무엇으로부터도 자유다. 떳떳하게 밖으로 나가 불쌍하고 가여운 사람들을 헌신적으로 돕기 시작한다. 이 단계가 방편이 만족되어진 상태로 보면 된다.

海東疏 由是能破和合識內生滅之相 顯其不生不滅之性 故言破和合識相顯現法身

이로 인해 화합식 내에 생멸하는 마음이 깨어져 불생불멸하는 성품이 나타난다. 그래서 화합된 식의 모습은 깨어지고 법신이 밝게 나타난다고 한 것이다.

본처와 첩이 한 집에서 산다. 이것이 화합식이다. 힘은 첩이 더 세고 거칠다. 그 첩이 집안을 엉망진창으로 만들고 안하무인으로 횡포를 부린다. 그래도 보통사람들은 그 첩에게 굴복한 삶을 산다.

이제 도저히 그 험악한 꼴을 더 이상 두고 볼 수 없어서 서서히 본처에게 힘을 실어준다. 본처는 이제야 안도의 숨을 쉰다. 이것이 바로 본처인 본각이 첩인 불각을 누르는 시점이다.

삶의 중심이 열반으로 나아가야 하는데 그렇지 못하면 계속해서 생사의 기세 하에 윤회할 수밖에 없다. 그것을 알아챈 똑똑한 범부라면 어떻게든 생사의 세계로부터 벗어나고자 한다. 그때가 바로 염생사고 구열반락 하고자 결연한 생각을 일으키는 단계다.

그러면 생멸하는 마음이 깨어져 불생불멸하는 마음이 나타난다. 이것은 본처와 첩이 뒤섞여 싸우다가 첩의 세력이 물러나고 본처의 모습이 조금씩 나타나는 것과 같다.

바다표범이 그물에 걸렸다. 가만히 보니 목에 나일론 끈이 묶여져 있다. 사람들은 어떻게든 그 끈을 풀어 주고자 한다. 그냥 두면 바다표범이 죽기 때문에 연민심이 일어나서 그렇다.

사람들 자기도 지금 和合識의 그물에 걸려 있다. 그 識들 때문에 자기도 죽어가고 있다. 그런데도 자신에게는 연민심을 일으키지 않는다. 그래서 범부들을 보고 제똑똑이들이라고 한다.

이 識들에 대해서는 뒤 부분에 아주 상세하고 자세하게 잘 나온다. 識의 시작과 구조, 그리고 종류와 기능까지 완벽하게 풀어 줄 것이다. 그때까지 이 책을 놓지 마시기 바란다.

海東疏 此時能滅相續心中業相轉相 令其隨染本覺之心 遂得歸源成淳淨智

이때 능히 상속심 가운데 업상과 전상이 없어진다. 그로 하여금 수염본각의 마음이 드디어 근원에 돌아가 순정지를 이루게 된다.

첩은 비도덕적이고 음흉하다. 그래서 주인이 제 정신을 차리기 시작하면 첩은 자연적으로 멀어지게 된다. 첩에게 쏠리던 애정의 마음인 상속심이 없어져가고 첩을 생각하는 마음과 첩을 좋아하는 불각의 마음이 사라지기 시작한다.

　그리고 정상적인 정신이 되어간다. 불각 때문에 정신이 없어 첩이 인생의 전부라고 여겼는데 주위 어른들의 말씀을 들어보니 전혀 아니다라는 생각이 든 것이다. 그래서 첩으로부터 벗어나는 방법을 찾는 것이 바로 염생사고 구열반락 하는 마음을 일으키는 것이다.

　주위어른들은 부처님과 그 말씀, 그리고 보살들과 선지식들이다.

海東疏 故言滅相續心相智淳淨故

그래서 상속심의 모습이 없어지면 지순정이 된다고 한 것이다.

　힘을 얻은 본처가 야무지게 살림을 하다 보니 재산이 점점 모이기 시작한다. 그 재산이 바로 복덕이다. 복덕이 충만하면 지순정을 이룬다. 복덕 없이는 지순정은 이뤄지지 않는다.

　지순정은 순수하고 맑은 지혜라는 뜻이다. 이것을 순정지라고도 한다. 이 지혜를 얻게 되면 첩을 생각했던 모든 사연들이 안개처럼 사라진다. 그럴 때 무한의 자유를 얻게 된다.

海東疏 此中相續識者 猶是和合識內生滅之心 但爲顯現法身 故說破和合識 爲成應身淨智 故說滅相續心相

이 중에 상속식이라는 것은 화합식 내에 생멸심을 말한다. 다만 법신이 밝게 나타나기 때문에 화합식이 파괴된다고 하였고 응신의 청정한 지혜를 이루기 때문에 상속심의 모습이 소멸된다고 하였다.

상속식은 중생의 삶을 이어가게 만드는 축적된 정보지식을 말한다. 이것이 내 진짜 마음을 가리고 있다. 내 진짜 마음은 흙탕물처럼 그냥 가만히 두면 자체적으로 정화가 되어 세상을 거울처럼 비출 수 있다. 그러면 정보지식이 전혀 필요가 없다.

그런데 사람들은 자기 마음이 가라앉도록 가만히 두고 있을 여유가 없다. 지금 당장 뭔가의 조치를 취하려고 한다. 그래서 다급하게 정수기를 만들어 흙탕물을 걸러먹기 시작한다. 그것이 계속되자 사람들은 원래 물이 자체 정화기능을 갖고 있다는 것을 잊어버리게 된다.

그처럼 마음도 가만히 두면 환원작용을 하여 모든 것을 다 알 수 있는데도 세상의 정보와 학문의 방법을 다급하게 끌어와 임기응변식 삶을 산다. 그렇다 보니 가면 갈수록 중생의 삶이 더 바빠지고 더 다급하게 된다.

백수가 과로사한다는 말이 있다. 백수는 뭔가를 바삐 해야만 한다. 자기 일뿐만이 아니라 남의 일까지 도맡아 해야 자기도 위안이 되고 남도 자기를 필요한 인간으로 보기 때문이다.

하지만 특별한 전문가는 바쁘지 않다. 여유롭고 안정적이다. 그래서 범부는 입에 단내가 나도록 6道를 넘나들고 부처는 한가로이 6道를 유영하는 것이다.

불교에서 복을 지으라고 한다. 복은 여유 있는 삶을 제공한다. 먹을 게 있고 삶이 넉넉하면 다급할 필요가 없다. 그런 사람은 천천히 조용하게 마음이 가라앉도록 기다린다. 그러면 세상이 점점 분명하게 보이기 시작한다.

然不滅相續心 但滅相續心之相也

그렇다고 해서 상속되는 마음이 없어지는 것은 아니다. 다만 상속하는 마음의 모습만이 없어진다고 한 것이다.

요동치는 마음이 가라앉도록 하기 위해서는 기다려야 한다고 했다. 그 기다림은 3대겁아승기야를 넘어가야 한다고 **혈맥기** 1권에서 설한 바 있다. 그때 내 진짜 마음에 붙어 있던 모든 중생의 업식이 떨어진다. 그러면 자동적으로 마음의 본체만 남는다. 그 본체가 바로 법신이다.

우주는 움직인다. 움직이지 않는 것은 다 부패한다. 부패하지 않으려면 불타고 있어야 한다. 태양이 움직이지 않아도 부패하지 않는 이유는 계속해서 불타고 있기 때문이다. 그렇지 않는 것들은 모두 다 움직여야 한다.

부처가 열반에서 영원하려면 밖에서 에너지를 공급받아야 한다. 그 에너지를 받는 창구가 화신이고 응신이다. 이 두 부처가 중생세계에서 복덕을 계속해서 만들어 내지 않으면 법신은 부패한다. 그러므로 중생세계에 부처가 간단없이 출현하는 것이다.

바다가 영원하려면 끊임없이 바깥에서 물을 받아들여야 한다. 유입되는 강물이 없다면 바다는 소금의 농도가 짙어져 점차적으로 마를 수밖에 없다.

바다는 지구의 수원지다. 바다가 말라버리면 일체생명은 살아갈 수가 없다. 그렇기 때문에 바다가 살려면 지속적으로 강물을 받아들여 자신의 영원을 이어가야 하는 이치와 같다.

마음이 가라앉으면 마음과 화합해 있던 상속식은 필요 없어진다. 그래서 상속식은 떨어져 나간다고 하였다. 그때 법신과 응신이 나타난다. 법신은 지순정의 바탕이고 응신은 지순정의 모습이다.

破和合識相
顯法身智慧

화합된 識의 모습이 파괴되면
법신이 갖고 있는 지혜가 나타난다.

[海東疏] 如經說言 是故大慧 諸識自相滅 自相滅者業相滅 若自相滅者 不異外道斷見戲論

경에서 말씀하시기를, 그러므로 대혜여. 모든 식의 자상은 소멸된다. 자상이 소멸된다는 것은 업상이 소멸된다는 말이다. 만약에 자상이 소멸된다면 외도의 단견이나 희론과 다르지 않다.

유조선이 기름을 잔뜩 싣고 항해를 하다가 좌초를 한다. 그러면 엄청난 기름이 유출된다. 바닷물과 기름이 범벅이 된다. 그때 사람들은 바쁘게 오일펜스를 치고 흡착포나 유화액을 뿌려 기름을 제거해 준다. 그렇지 않으면 바닷물이 오염되어 많고 많은 바다생물이 다 죽게 된다.

우리 마음도 마찬가지다. 깨끗한 우리 마음에 識이라는 오염물질이 섞여져 있다. 이 識을 제거하지 않으면 우리 마음은 더러워질 대로 더러워지다가 마지막에는 자기도 죽고 남도 죽이게 된다. 그런데 사람들은 자신의 오염물질에는 관심이 없다. 오로지 눈에 보이는 외부 세계의 오염에만 적극적으로 대처하고 있다.

사람들의 노력으로 유출된 기름이 다 제거되면 이제 무엇이 남는가. 원래의 바다가 그대로 남아 있다. 기름이 없어진 것이지 바다가 없어진 것이 아니다. 여기에서의 기름은 상속식이고 바다는 自相이다. 상속식은 없어져도 자상은 없어지지 않는다는 말씀이 바로 이것이다.

자상은 자체의 모습, 즉 본각성품이다.

海東疏 諸外道說 離諸境界 相續識滅 相續識滅已 卽滅諸識 大慧 若相續識滅者 無始世來諸識應滅 乃至 廣說也

모든 외도들은 말하기를, 일체 경계를 떠나면 상속식이 소멸된다. 상속식이 소멸되면 곧 모든 식들이 소멸된다고 한다. 대혜여. 만약에 상속식이 소멸된다면 무시이래로 있어 온 모든 식들도 응당히 소멸되어야 한다고 하시면서 널리 설하시었다.

경계를 떠나면 의식들은 사라진다. 반연할 대상이 없으면 의식의 작용은 정지된다. 그것을 소멸된다고 하셨다. 여기까지는 외도들의 말도 맞다. 외도는 불교 이외의 모든 종교나 그 가르침을 말한다고 앞에서 말했었다.

그러나 그 다음 문장에서 불교와 외도의 가르침이 확연히 달라진다. 외도는 바깥 세계가 없어지면 識 그 자체도 없어진다고 한다.

불교는 세상이 있거나 없거나 간에 그 識은 그대로 있다라고 한다. 그 있는 것을 본체인 자상이라고 한다고 하신 것이다.

여기에서 상속식은 두 가지 뜻을 갖고 있다. 앞에 것은 중생이 갖고 있는 천변의 상속식이고 뒤에 것은 부처가 갖고 있는 영원의 상속식이다. 외도는 이 둘을 같이 보지마는 불교는 완전히 다르게 보고 있다.

천변의 상속식이 없어질 때 영원의 상속식이 없어진다면 중생이 사라질 때 마음까지 완전히 없어진다는 말이다. 이것은 얼음이 사라질 때 물까지 없어진다고 하는 논리와 같다. 하지만 얼음은 사라져도 물은 그대로 있다.

영원의 상속식은 바로 지정상을 말한다. 지정상은 원래 자체의 각조작용이다. 이것은 멀쩡한 눈에 볼록렌즈를 끼고 있다가 이제 그것을 벗어버렸을 때 원래 있었던 정상의 눈만 남게 되는 것과 같다.

그러므로 굴곡진 안경을 벗었다고 해서 눈까지 없어지는 것은 아니다. 그래서 앞에 문장에서 모든 識들은 사라져도 自相인 지정상은 없어지지 않는다고 하신 것이다. 지정상과 지순정은 같은 말이다.

海東疏 此義云何以下 重顯前說滅不滅義 一切心識之相皆是無明者 謂業識轉識等諸識相 無明所起 皆是不覺 以之故言皆是無明

이 뜻은 뭐냐 하면 이라고 한 그 이하는 거듭 앞에서 말한 멸과 불멸의 뜻을 드러내고 있다. 일체심식의 모습은 모두 무명이라고 한 것은 업식 전식 등의 모든 識相은 무명으로 일어난 것이라서 전부 불각이기에 모두 무명이라고 한 것이다.

心識은 마음과 식을 말한다. 識은 전5식과 6식 7식 8식 전체다. 이것들은 모두 마음에서 비롯되었다. 마음은 불완전하다. 그 불완전에 의해 전체의 식들이 나타났다.

강물로 농수를 쓴다고 했을 때 강물이 오염되면 농수가 오염된다. 강물이 도랑을 따라 논까지 들어온다. 그리고 그 논에서 수확된 쌀을 먹고 인간이 오염된다. 그러면 인간은 병에 걸린다. 그처럼 마음에서 부차적으로 생긴 모든 식들은 전부 무명으로 오염되어져 있다는 것이다.

업식과 전식은 8식이다. 이런 8식조차 무명에 의해 움직인다. 8식인 아려야식 거기에 불각이 들어 있기 때문에 무명이 작동하는 것이다.

그러므로 범부가 가진 마음과 생각은 모두 거짓이고 허망된 것이다. 그 이유는 마음과 생각 그 자체가 이미 무명에 오염된 비정상에서 출발하였기 때문이다.

海東疏 如是諸識不覺之相 不離隨染本覺之性 以之故言不離覺性

그와 같은 모든 식은 불각의 모습이지만 수염본각의 성품을 떠나지 않고 있기에 각성을 떠나지 않고 있다고 말하였다.

중생은 다 자기 수준에 맞는 識을 쓰고 있다. 동물은 전5식을 쓰고 인간은 6식을 쓴다. 아라한은 7식을 쓰고 보살은 8식을 쓴다. 식을 가지고 있는 자들은 삶의 등급이 다를지언정 이름은 다 같은 중생의 영역에 머무른다.

중생은 내면적으로 똑같은 생명 에너지를 가지고 있다. 그것이 수염본각이라는 것이다. 동일한 물로 만들지마는 우리가 마시는 음료수는 오만가지 맛을 내고 있다. 그러나 그 음료들의 바탕은 단 하나의 물인 것처럼 천 만 종류의 중생들도 모두 다 한 개의 에너지원인 본각을 바탕으로 존재한다. 그래서 중생 모두는 그 본바탕이 같다는 것이다.

헬러윈데이 라는 것을 알 것이다. 개성 있는 각자의 분장과 특이한 귀신의 모양을 갖고 나타나지만 그것들을 벗어버리면 똑같은 인간의 모습이 나온다.

그처럼 전 중생은 다 본각의 각성을 갖고 있는 상태에서 각자 자기 죄업에 맞는 껍데기 모습을 한시적으로 덮어쓰고 있는 것이다.

海東疏 此無明相 與本覺性 非一非異 非異故非可壞而非一故非不可壞

무명의 모습은 본각의 성품과 동일하지도 않고 다른 것도 아니다. 다른 것도 아니기 때문에 파괴되지 않고 동일하지 않기에 파괴되지 않는 것도 아니다.

무명과 본각은 엉키어 있다. 제련되지 않은 보석은 광석과 엉키어 있다. 흙을 털어내고 광석을 제련하면 보석이 나온다. 그러므로 광석과 보석은 동일하지도 않고 다른 것도 아니다. 보석 쪽에서 보면 동일하지도 않고 광석 쪽에서 보면 다른 것도 아니다.

흙을 덮어 쓴 채로 방치된 보석을 본 적이 있는가. 보석의 진가를 아는 자는 절대로 그렇게 두지 않는다.

자신의 진짜 마음이 세상에서 천금보다도 더 값지다고 아는 사람은 죄업과 번뇌에 엉키어 있는 자신을 그렇게 내버려두지 않는다. 어떻게든 진짜 마음에서 죄업과 번뇌를 털어내려고 할 것이다.

이것이 진정 똑똑한 자가 해야 하는 시급한 일인데도 그들은 그렇게 하지 않고 있다. 그렇다면 그들은 뭔가. 똑똑하지 못한 자가 똑똑한 척하면서 살아가는 것인가.

海東疏 若依非異非可壞義 說無明轉卽變爲明 若就非一非不可壞之義 說無明滅覺性不壞 今此文中依非一門 故說滅相續心相也

만약에 다른 것이 아니라서 파괴될 수 없다는 뜻으로 보면 무명이 바뀌어 밝음이 되고, 만약 동일하지 않아서 파괴되지 않는 것도 아니다는 뜻으로 보면 무명이 없어질 때 각성은 파괴되지 않는다. 지금 이 문장은 하나가 아니다는 쪽으로 말하고 있기 때문에 상속심의 모습은 없어진다고 한 것이다.

다른 것이 아니다라는 말은 같다는 뜻의 우회적인 표현이다. 그러니까 본각과 무명이 같아서 어느 것을 파괴할 수 없다는 뜻으로 보면 무명이 밝음이 된다.

열반경에서 밝음과 어둠은 그 성품이 둘이 없다. 둘이 없는 성품이 곧 實性이다. 밝음과 어둠은 범부 쪽에서 보면 둘이 되지마는 지혜로운 자는 그 성품이 둘이 없다는 것을 잘 안다고 하셨다.

그 반대로 같지 않아 파괴될 수 있다는 뜻으로 보면 무명이 없어질 때 본각의 진성은 그대로 드러난다.

여기 **기신론**은 무명과 본각은 동일하지 않다는 뜻을 말하고 있기 때문에 무명이 파괴되면 상속되는 모습도 파괴된다고 한 것이다.

海東疏 喻中言水非動性者 明今之動非自性動 但隨他動

비유 중에서 말한 물은 출렁이는 성질이 아니고라고 한 것은 지금 출렁이는 것은 자성이 움직이는 것이 아니라 단지 바람을 따라 출렁인다는 것을 밝히고 있다.

물은 출렁이지 않는다. 그러나 바람이 불면 출렁인다. 출렁이는 것은 물이 자체적으로 출렁이는 것이 아니라 바람이 출렁이도록 만든 것이다. 그러므로 물은 출렁이는 성질이 아니다.

물이 출렁인다면 출렁임이 사라질 때 물도 사라져야 한다. 하지만 출렁이는 것이 물의 본성이 아니기 때문에 출렁임이 사라져도 물은 그대로 있다. 그 물의 본성은 습성濕性이다. 습성은 물의 속성인 축축함을 말한다.

우리 마음도 자체적으로는 절대로 움직이지 않는다. 그것이 우리 마음이다. 그런데 우리 마음이 움직인다면 무명풍이 그렇게 만든 것이다. 무명풍은 어리석음의 바람이다. 이 바람에 의해 중생은 낙엽처럼 육도를 정처없이 떠돌고 있다.

그러므로 움직이는 마음을 조심해야 한다. 그것이 나를 고통 속으로 끌어당긴다. 하지만 범부는 그 움직이는 마음을 정지시킬 재주가 없다. 그것이 문제인 것이다.

若自性動者 動相滅時 濕性隨滅 而隨他動 故動相雖滅 濕性
不壞也

만약 자성이 출렁댄다면 출렁대는 모습이 사라질 때에 습성도 따라
없어져야 하지만 오로지 바람을 따라 출렁대기 때문에 출렁이는 모습
이 비록 없어져도 습성은 파괴되지 않는다 한 것이다.

움직이는 마음이 정지되면 죽는 줄 알지만 사실은 정지되면 사는
것이다. 우리처럼 움직이는 마음을 갖고 살다가 죽지 않은 자는 아무
도 없다.

그렇다면 움직이지 않으면 어떻게 되는가. 범부는 아무도 움직이
는 마음을 정지시켜 본 자가 없다. 그러므로 정지된 세계를 알지 못
한다. 다행히 부처가 그것을 알고 우리에게 마음이 정지되면 깨달음
을 이뤄 영원히 살 수가 있다고 하셨다.

범부는 언제나 영원에서 무상으로, 안락에서 고통으로, 밝음에서
어둠으로 나아가다 보니 정지에서 요동 쪽으로 나아가고 있다. 거기
에서 행복을 찾고 있으니 그것은 나무에서 물고기를 찾는 것과 같이
우둔한 노력밖에 안 된다. 그래서 범부는 모두다 다 불쌍하다고 하는
것이다.

海東疏 合中言無明滅者 本無明滅 是合風滅也 相續卽滅者 業識等
滅 合動相滅也

결합한 것 가운데서 말한 무명이 없어진다는 것은 본래 무명은 없다.
그래서 결합은 바람이 소멸된다고 한다. 상속식이 소멸된다는 것은

업식 등이 없어진다는 말이다. 결합은 움직이는 모습은 소멸된다는 것이다.

이 본문은 세 부분으로 나눠져 있다고 위에서 성사가 말씀하셨다. 첫째는 법이었는데 지정상이 어떤 것인지 이미 다 말하였다. 둘째는 비유였는데 지금까지 물과 바람을 비유로 지정상을 설명하였다. 이제는 셋째 부분인 결합이다.

결합은 법과 비유를 결론짓는 답이다. 세상에 바람은 원래 없듯이 중생에게 무명은 원래 없었다. 바람은 인연에 의해 나타났으므로 소멸되는 것이다. 그처럼 무명도 불각이 있음으로 작용하기에 불각이 없으면 원래 무명은 없는 것이다.

무명의 바람에 의해서 업식 같은 지엽적인 의식들이 생겨났다. 불각만 있고 무명풍이 없으면 그런 것들은 생겨날 수 없다. 그러나 물이 있으면 바람이 있듯이 본각이 있으면 불각이 있다. 불각이 있으면 무명이 있다. 불각과 무명은 독립적으로 존재할 수 없기에 그렇다.

바람이 없으면 출렁이는 파도가 사라지고 물만 남듯이 중생의 마음에서 업식 등이 사라지면 거기에 지정상이 나타난다. 그것은 마치 자욱한 안개가 걷히면 산천이 그대로 드러나는 것과 같다.

海東疏 智性不壞者 隨染本覺神解之性名爲智性 是合濕性不壞也

지성은 파괴되지 않는다는 것은 수염본각이 갖고 있는 신해의 성품이 지성이다. 결론을 말하자면 습성은 파괴되지 않는다는 것이다.

사람들 속에는 윤회한 흔적이 내존되어 있어서 제각기의 본능을 가지고 있다. 본능은 감정을 일으킨다. 감정은 다시 본능을 건드린다. 인간의 본능은 무엇일까. 억겁으로 살아온 탐욕과 성질과 어리석음이다. 그러기에 이것은 누가 가르쳐 주지 않아도 자기 자신이 아주 잘 알고 잘 행동한다.

거미줄을 치는 거미를 보았을 것이다. 그 거미는 금생에 태어나 단 한 번도 부모에게 거미줄 치는 방법을 배운 적이 없다. 그런데도 기가 막힌 기술을 구사하며 완벽한 도형을 만들어 낸다. 그것이 본능이라는 것이다.

사람들은 숨어 있는 본능을 건드리면 격하게 반응한다. 그래서 마케팅에서는 어떻게든 그 탐욕의 본능을 자극해서 구매욕을 올리려고 한다. 그러면 의지가 약한 자는 즉각 반응하여 지름신이 내린다.

인간은 사회적 동물이다. 그 사회적 관계를 유지시키려고 교육이라는 제도를 만들어 내었다. 감정의 동물에서 감성이 나오도록 만들고 거기서 이성의 인간이 나오도록 하기 위해서이다. 그러함으로 해서 동물이 갖고 있는 본능의 습성을 억눌러 놓는다. 그렇지 않으면 인간끼리 으르렁거리며 공격해서 살 수가 없다.

본능을 세련시키면 감성이 나온다. 이것은 본능이 갖는 감정보다 한 단계 위이다. 그 위에 7식의 세계인 知性이 나온다. 인간이 말하는 知性은 설사 智性이라고 고급지게 말해도 그것은 知性에 지나지 않는다.

지성은 철학을 낳는다. 사물을 개념에 의하여 사고하거나 객관적으로 인식하고 판정하는 지식의 능력이다. 이것으로 세상과 나와의 관계를 살피고 자기성찰을 하게 된다.

지성의 단계를 넘어가면 영성이 나온다. 영성은 신령스러운 품성의 성질을 말하는 영적인 세계다.

어느 노학자가 지성에서 영성으로 넘어가는 과정을 말해서 적지 않은 반향을 불러일으킨 적이 있다. 이 말에 뭔가 큰 의미가 있는 것 같지마는 불교 쪽에서 보면 그 정도는 아직도 근원을 보지 못하는 수준이다. 그저 지식에서 철학을 넘어 신의 세계인 종교적 차원을 받아들인다는 차원에 그칠 뿐이다.

영성 그 너머에 智性이 있다. 영성은 상대적 가치를 뜻하지만 智性은 무분별의 지혜를 일컫는다. 영성은 영혼이 갖고 있는 거룩하고 성스러운 성질을 말하지마는 지성은 그런 추상적인 관념의 영역이 없다.

지성은 거룩하거나 성스럽거나 하는 세계를 벗어나 있다. 그 세계는 초감각적인 세계이기 때문에 범부의 지각으로는 전혀 감을 잡지 못한다. 그 세계는 흔히 말하는 명상의 사유나 정신적 직관력으로는 절대로 파악할 수 없다. 그것이 바로 지성의 모습인 지정상이라고 하는 것이다.

이 세상에서 자기 한 몸 남들에게 뒤쳐지지 않고 한평생 배곯지 않으려면 현상을 배우러 학교를 다녀야 한다. 그러면 知識이 쌓인다.

知識 그 위에 智識이 있다. 知識은 현상을 파악하는 것에서 생기고 智識은 본질을 꿰뚫을 때 생긴다. 智識이 智性의 작용이다.

그 智性을 배우려면 수도원에 들어가야 한다. 그러면 세세생생 중생이 당하는 생로병사의 고통을 벗어날 수 있다.

학교에 들어가면 사람이 되고 수도원에 들어가면 부처가 된다. 학교는 범부의 일생을 책임지고 수도원은 부처의 영원을 보장한다.

학교에 들어가서 지식을 배우지 못한 사람이 어떻게 되는지를 아는 사람은 수도원에 들어가서 智性을 배우지 못한 사람이 어떻게 되는지 까지를 이쯤에서 분명히 알아야 한다.

海東疏 此釋不思議業相中 依智淨者 謂前隨染本覺之心 始得淳淨 是始覺智 依此智力現應化身

부사의업상을 풀이한 중에 지정상을 의거해서 라고 한 말은 앞에 수염본각심이 드디어 순정을 얻으면 바로 시각의 지혜가 된다. 이 지혜의 힘을 의거해 응신이나 화신을 나타낸다.

본각에 두 종류의 속성이 들어 있다고 했다. 하나는 지정상이고 또 하나는 부사의업상이다.

지혜를 상징하는 문수보살은 지정상이고 행원을 상징하는 보현보살은 부사의업상이다. 대세지보살은 지정상이고 관음보살은 부사의업상이다. 우리 마음속에는 이런 보살들이 원천적으로 들어 있다.

이 둘을 개발해 내지 못하면 범부고 개발해서 완성하면 부처가 된다. 이 둘을 그냥 안고 있으면 범부고 이 둘의 기능을 함께 일으켜 자리이타를 행하면 대승의 수행자가 되는 것이다.

"스님은 봉사활동 안 하십니까?"
"열심히 하는데요."

"어디서 합니까?"

"내 안에서 나를 구제하는 봉사활동을 합니다."

지정상과 부사의업상을 두 구분으로 나눌 수 있다. 첫째는 내 자신 속에 들어 있는 지정상과 부사의업상이고, 둘째는 밖에 있는 지성상과 부사의업상이다.

내 자신 속에 들어 있는 것은 이미 설명하였다. 이제는 밖에 있는 지정상과 부사의업상을 소개한다.

지정상은 지혜다. 우주는 지정상의 모습이다. 우주는 바로 법신부처의 본체이기 때문이다. 법신부처는 충만한 지혜를 갖고 계신다. 허공이 공기를 갖고 있듯이 법신은 지혜를 갖고 계시다가 제도할 중생이 있으면 화신과 응신으로 나타나신다.

부사의업상은 불가사의한 행업이다고 했다. 그 행업은 중생을 교화하시는 일이다. **혈맥기** 1권에서 부처는 중생을 부처로 만드는 일을 하시는 분이라고 했다. 그것이 최승업이라고 했는데 그 최승업이 여기서 말하는 부사의업상이다.

부사의업상은 반드시 지정상에 의해 나타난다. 그 지정상이 偏知 변지다. 변지는 허공만큼 큰 비가시적 세계를 모두 다 살펴보는 가시의 능력이다. 이것이 없으면 중생을 제도할 기회와 근기를 알아낼 수가 없다.

귀경삼보게라는 말씀을 들어 보셨을 것이다. **기신론** 원문 첫 줄에 나오는 게송인데 삼보인 불법승에 귀의하는 내용이다.

歸命盡十方
最勝業偏知
色無礙自在
救世大悲者

세상천지에서 변지로 최승업하시는 분,
걸림없는 몸으로 자유자재하시면서
대자대비로 세상을 구하시는 분,
그런 부처님께 목숨을 걸고 귀의하나이다.

익지 않은 과일을 먹으면 배탈이 나거나 설사를 한다. 이것을 모르는 사람은 아무도 없다. 익지 않은 지식을 갖고 써먹으면 나도 힘들어지고 남도 힘들게 만든다. 그 결과는 반드시 고통으로 끝난다.

지식을 넘어서면 지혜의 단계로 들어간다. 하지만 사람들은 지식이 전부인 줄 알고 있다. 그 지식이 바로 덜 익은 풋과일과도 같다. 배가 고프거나 호기심이 있어서 그것을 따 먹지만 결과는 결코 좋지를 않다. 먹고 살기 위해서거나 무엇을 만들어 내고픈 마음에 지식을 사용하지만 그 결과는 반드시 실패로 끝나는 이유가 여기에 있다.

그러므로 완벽한 행위는 완벽한 지혜에서 이루어진다. 그래야만 이 회한과 한탄이 사라진다. 지구상에서 위대하다고 하는 성자들치고 그들의 삶이 순탄했던 자는 아무도 없다. 모두 다 사람들에게 원망과 저주를 토했다. 그것은 자기가 갖고 있는 지식으로 교화하고자 했기 때문이다.

그래서 부처는 먼저 완벽한 지혜를 추구했다. 그것은 중생을 제도하는 데 털끝만큼이라도 실수와 잘못을 남기지 않기 위해서이다. 잘못하다가는 중도에서 그들이 되레 지쳐 떨어지도록 할 수 있기 때문이다. 그래서 중생을 제도하기 전에 먼저 지정상을 이루어야 한다고 하신 것이다.

원문에서 순정이라는 말은 깨끗함의 순수지혜를 말한다. 이것은 시각에서 나온다. 시각을 이루지 못한 자는 이 순정이 나오지 않는다. 시각은 부처이기 때문에 순정은 그때 나온다는 것이다.

순정이 완벽한 지혜라면 덜 완벽한 지혜도 있단 말인가. 그렇다. 지혜에도 여러 등차가 있다. 보통 십지부터 지혜가 나온다. 그 지혜는 계위가 올라갈수록 크고 원만해지다가 부처가 되면 순정으로 완성된다.

지식도 마찬가지다. 초등학생부터 대학까지 계속해서 쌓아간다. 그러다 대학원에서 박사학위를 받으면 그때 그 분야의 지식이 완성된다. 다 같은 지식이지만 초등학생의 지식과 박사의 지식이 다르듯이 똑같은 수행자의 지혜지만 십지의 지혜와 십지를 넘어가는 최고 순정지의 지혜는 확연히 다르다.

그렇다면 범부도 지혜를 가질 수 있단 말인가. 그것은 불가능하다. 고양이들이 사람의 지식을 가질 수 없듯이 범부는 손톱만큼의 지혜도 가질 수 없다. 지혜는 삼현보살도 정확히 일으키지 못하는데 어떻게 범부가 일으킬 수 있겠는가. 그저 동물적인 감각이나 꾀의 용출을 그렇게 부를 뿐이다.

비록 아라한의 선정과 삼현보살의 복덕에서 일어나는 지혜라 하더라도 정상적인 참 지혜라고 말할 수 없다. 설령 그것이 일어난다면 그들은 벌써 십지에 올라서 버리기 때문이다.

그런데도 범부는 매양 지혜라고 말을 한다. 그것은 거지가 왕관을 쓰고 왕의 흉내를 내는 것과 같고 어린아이가 장군복을 입고 장군 흉내를 내는 것과 같다. 그만큼 범부 자신에게는 불가능한 지혜이지만 그것이 내면에서 끊임없이 작용하고 있다는 방증이라고 말할 수 있다.

어쨌거나 범부가 부처가 되는 과정은 본능에서 지식을 넘어 지혜의 세계로 들어가 완성이 된다.

그러므로 본능으로 살던 아이가 죽으면 지식의 세계가 어떤 것인지 모르듯이 인간이 인간으로써 죽으면 그 이상의 지혜세계인 부처를 알 턱이 없다. 그래서 인간은 모두 다 덜 여물고 덜 성장한 상태로 전부 요절하고 만다고 하는 것이다.

海東疏 故言無量功德之相 此所現相 無始無終 相續不絶 故言無斷
그래서 말하기를 무량한 공덕의 모습을 나타낸다고 했다. 그렇게 나타낸 모습은 무시무종으로 상속하여 끊어짐이 없으므로 무단이라고 했다.

무량한 모습의 공덕은 어떻게 생기는가. 그것은 복덕에 의해 나타난다. 복 없는 사람치고 신수가 훤한 사람은 없다.

단명하는 집안이 있다. 물려받은 재산이 없으면 입에 단내가 나도록 돈을 벌어야 한다. 돈 버는 게 뭐 그리 쉬운 일인가. 그래서 젖먹던 힘까지 다 쏟아 붓는다. 그 결과로 마침내 돈은 벌었지만 기력이 바닥이 나 더 이상 살아갈 체력이 없어진다.

그때 중병이 찾아온다. 그래서 단명한다. 밤낮을 가리지 않고 돈을 벌어 이제 좀 살려고 하면 중병에 걸린다. 그 중병을 치료하는 데 벌어 놓은 돈을 다 까먹는다. 물론 의료보험제도가 정착되기 전 이야기다. 그러자 자식들은 빈털터리가 된다.

그래서 자식들도 혼신의 힘을 다해 돈을 번다. 또 중병에 걸린다. 그리고 또 벌어 놓은 재산을 병원비로 다 까먹는다. 그래서 일찍 죽는다.

단명하는 자들은 여유롭고 행복한 얼굴을 띨 수가 없다. 언제나 돈을 벌기 위해 긴장감을 갖고 시간에 쫓기는 삶을 살아야 한다. 그러나 삶이 넉넉하고 생활이 자유로운 자들은 얼굴에서 여유로운 기색이 흐른다. 그래서 돈과 명예가 사람을 만든다는 말이 나왔다.

이슬같이 사라지는 세속의 짧은 삶이라 해도 돈과 명예만 있으면 사람의 신수가 일순 훤해지는데 헤아릴 수 없이 많은 세월 동안 복덕을 닦고 지혜를 연마한 부처의 모습은 얼마나 거룩하고 얼마나 성스럽겠는가. 그래서 부처는 무량한 공덕의 모습을 나타낸다고 한 것이다.

부처는 중생처럼 단기의 삶을 살지 않는다. 중생의 삶은 죄업으로 만들어진 삶이기 때문에 생사에 부침하지마는 부처는 죄업이 떨어진 삶을 살기 때문에 나고 죽고 하는 삶을 살지 않는다. 그분들의 삶은 영원하고 장구하다. 그래서 원문에서 끊어짐이 없는 삶을 산다고 無斷이라고 하였다.

海東疏 如金鼓經言 應身者 從無始生死相續不斷故 一切諸佛不共
之法能攝持故 衆生不盡 用亦不盡 故說常住

저 금고경에서 말씀하시기를, 응신은 무시로부터 생사를 상속하여
끊어짐이 없다. 일체제불은 불공의 법으로 능히 중생을 껴안아 호지한
다. 중생이 다함없기 때문에 그 작용 또한 다함이 없다. 그래서 상주라고
한다고 하셨다.

성사는 여기서 **금고경**을 끌고 와 지정상을 의거해 부사의업상을
행하는 부처는 단절함이 없이 중생을 제도하신다는 것을 증명하시고
자 하셨다.

그런데 응신은 생사를 상속한다고 한 말씀이 걸린다. 생사를 벗어
난 부처가 어떻게 중생처럼 생사를 한다 하신 것인가. 응신은 부처의
다른 모습이다. 즉 사람이 보는 부처의 모습을 응신이라고 한다.

부처를 믿으면 부처가 삼계의 도사인 응신으로 보이지마는 부처를
믿지 않으면 그때부터 그것은 우상으로 보이기 시작한다. 그러면 그
사람에게 응신은 아무런 작용을 하지 못한다.

그래서 응신은 사람에 의해 나고 죽는 생사를 하는 것이다. 그것은
꼭 태양은 제자리에서 한 치도 움직임이 없지마는 인간의 시각으로
해가 떴다 빠졌다 하면서 태양에 부침을 부여하는 것과 같다.

부처는 수많은 방법을 써서 중생을 부처로 만들어 나가신다. 부처
는 못하시는 것이 없다. 그러므로 부처가 되고자 원하는 자는 반드시
부처로 만들어 주신다. 그분에게는 무한한 능력과 끝없는 자비심이
있다. 그 힘으로 수행자를 껴안아 호지한다. 그리고 부처의 세계로

이끄신다. 호지는 보호하고 돕는다는 뜻이다.

그렇다면 부처는 언제까지 중생을 제도하고 호지한단 말인가. 중생이 있는 한 그 부사의업은 계속된다. 항차 사람인 연인끼리도 영원히 같이 있자고 하는데 어떻게 부처가 중생을 떠날 수 있겠는가. 단 한시도 떠나지 않는다. 젖먹이 자식을 둔 어미처럼 찰나도 우리 곁을 떠나지 않으신다.

그래서 원문에 중생이 끝이 없기 때문에 부처의 작용 또한 끝이 없다고 하신 것이다. 그러려면 언제나 중생세계에 부처는 계셔야 한다. 그래서 부처는 중생이 있는 온 우주 공간에 상주하신다고 한 것이다. 상주는 언제나 한결같이 그 자리에 계속해서 계신다는 뜻이다.

海東疏 寶性論云 何者成就自身利益 謂得解脫 遠離煩惱障智障 得無障礙淸淨法身 是名成就自身利益

보성론에 이르기를, 무엇이 자신의 이익을 성취하는 것인가. 말하자면 해탈을 얻어 번뇌장과 지장을 멀리 여의고 장애가 없는 청정법신을 얻는 것이 자신의 이익을 성취하는 것이다.

자신이 원하는 최고의 이익이 무엇인가. 이 물음에 대하여 사람들은 다 제각기의 대답을 할 것이다. 고등학생은 좋은 대학에 진학하는 것일 테고 대학생은 취직이 무엇보다도 우선이 될 것이다.

군인과 직장인은 진급을 말할 것이고 부모는 자식 잘되는 것이 최고의 이익이라고 말할 것이다. 아이들은 신기한 장난감을 원하고 젊은이들은 능력있고 참한 배우자를 원한다고 할 것이다. 결과적으로 형편과 수준의 그릇에 따라 원하는 차원이 다 다를 것이다.

범부가 원하는 것은 다 그런 등급들이다. 좀 더 가슴의 통을 넓혀 나가면 더 큰 이익을 원하게 된다. 정치인은 대통령을 꿈꾸고 사업가는 기업체 회장이 되는 것을 원할 것이다. 거기서 좀 더 크게 나아가면 지구방위사령관이 되고 싶고 더 나아가면 우주의 황제가 되고 싶어 할 것이다.

하지만 위에서 나열한 이런 것들은 다 부질없는 것들이다. 제 아무리 대단한 권세나 명예를 가졌다 해도 마지막에는 모두 다 죽음과 맞닥뜨리게 되기 때문이다. 결과적으로 중생세계에서 갖고자 하는 모든 것들은 닭벼슬같이 볼품없고 달팽이 뿔같이 형편없는 것들에 지나지 않는다.

정말 제대로 생각하는 인간이라면 그런 것 말고 자신에게 가장 멋진 이익을 주는 것은 과연 무엇일까를 생각해 보아야 한다. 다른 말로 하자면 무엇이 자신에게 가장 큰 선물인가 이다.

보성론은 번뇌장과 지장을 벗어나는 것이라고 하였다. **보성론**은 **구경일승보승론**을 말하는데 앞에 한 번 나왔었다. 견혜보살이 짓고 륵나마제스님이 한역한 4권짜리 대승의 논서다. 내용은 여래장의 자성은 청정한 것이다에 역점을 두었다.

번뇌장은 번뇌의 장막이다. 번뇌라는 말은 뇌가 탄다는 뜻이다. 이 말은 탐욕 성냄 우치를 갖고 뇌가 탈 정도로 머리를 쓰는 것을 말한다. 하지만 범부의 애씀은 결국 장고 끝에 악수가 된다. 왜냐하면 번뇌 그 자체가 청정한 지혜를 막아버리기 때문이다. 그래서 막는다는 뜻으로 번뇌장이라고 부른다. 이것은 보통 범부에게 해당되는 장애물이다.

지장智障은 지적 장애다. 우리가 흔히 알고 있는 범부들의 지적 장애가 아니다. 삼현보살에서 10지보살이 가지는 고등정신의 장애다.

더러움을 씻는 물도 오래되면 때가 낀다. 마찬가지로 眞智가 발현하도록 수행하는데 중생세계를 살아오면서 익히고 받아들인 정보들과 지식들이 도리어 진지의 발현을 막아버린다. 그래서 그것을 소지장 또는 智障이라고 한다.

번뇌장과 소지장은 나에게 하등 도움이 되지 않는다. 하지만 중생은 이 두 가지를 가지고 세상을 산다. 자신의 앞날을 막는 장애인데도 그들은 그것을 무기로 자신을 보호하려고 한다. 결국 이 두 가지는 자신을 죽음으로 몰고 간다.

그러므로 자신이 살려면 번뇌장과 소지장의 장애를 벗어버려야 한다. 그런데 그것이 그렇게 만만하게 벗겨지지 않는다. 번뇌는 삼현의 계위 끝까지 일어나고 所知는 십지의 원행지까지 붙어 있기에 그렇다.

그래서 중생으로써는 이것을 벗어나는 것은 불가능하다. 이것만 벗어나면 부처가 되는 데 장애가 없다. 강물이 시간이 지나면 바다에 들어가듯이 그냥 가만히만 있어도 부처의 세계로 들어가게 되기 때문이다.

그래서 **성유식론**에 부처는 두 가지를 가진다. 번뇌장으로부터 벗어나기에 해탈신이 되고 소지장을 떠나기에 무변덕을 갖춘다. 이 두 가지가 완성되기에 법신이라고 한다고 하였다. 무변덕은 끝없는 공덕을 말한다.

`海東疏` 何者成就他身利益 既得成就自身利益已 無始世來 自然依彼二種佛身 示現世間自在力行 是名成就他身利益

무엇이 타인의 이익을 성취케 하는 것인가. 자신의 이익을 성취하고 난 후 무시세래로 자연히 저 두 종류의 불신을 세간에 시현해서 자재한 힘을 쓰는 것을 타인의 이익을 성취케 하는 것이다고 했다.

自利의 극대화는 설명되었다. 이제 利他의 극대화는 무엇인가라고 묻는다. 무엇이 이타의 정점이 되는가. 즉 무엇을 어떻게 해야 타인에게 최대의 이익을 주는 것인가라고 묻는 것이다.

"가족도 타인입니까?"
"그렇다."

가족은 끝도 시작도 없는 인생의 긴 여행 속에서 만난 여인숙 인연들이다. 일정한 시간 동안 같이 머무르다가 서로의 취향이 달라지면 각기 다 흩어져 버린다.

그래서 자식들도 엄격히 말하자면 다 타인들이다. 나를 도구로 이 세상에 태어난 생명들이지만 내가 어떻게 할 수가 없다. 내 몸에서 태어났기에 깊은 애련으로써의 모든 책무를 다한다. 애련은 사랑과 연민심이고 책무는 먹고 살 수 있도록 교육하고 새 삶의 터전을 마련해 주는 책임과 의무다.

이 정도는 인간뿐만 아니라 모든 동물들도 다 해 준다. 동물들도 자기 새끼는 끔찍이 아끼고 사랑하며 생존교육을 시킨다. 그러고 마지막에는 독립해 살 수 있는 영역을 내어주거나 만들어 준다.

그러니까 인간은 자식들에게 동물 수준의 그 이상을 해 주지 못한다. 하기야 인간이라고 해 봐야 좀 더 조직적이고 지능화된 고등동물일 뿐 그 이상도 그 이하도 아니다. 그러므로 자식들에게 먹고사는 일차적인 삶보다 더 큰 해탈의 길을 열어주지 못한다.

정말 제대로 된 부모라면 자식에게 먹고 사는 것으로 끝나는 동물적 삶을 물려주는 것이 아니라 그 생명의 영혼까지도 무한 안락할 수 있도록 책임을 져주어야 한다. 그래야만이 언어와 문자를 가진 고등중생이 되는 것이다. 그렇지 않다면 어떻게 책을 보고 글을 쓰는 사람이라고 할 수 있겠는가.

그러므로 금생에 자기자식으로 태어난 이상 어떻게 해서든지 그들을 제도해 주어야 한다. 그렇지 않으면 그들의 육신은 언젠가 볼썽사납게 정육점에 걸리고 좌판 위에 전시되게 된다.

내가 아니면 내 사랑하는 자식이 어느 누구에게 구제를 받을 것인가 하는 깊은 노파심으로 내가 직접 그들을 담당해 구제해야 한다. 그것이 진정 똑똑한 부모가 사랑하는 자식에게 해 주는 유일한 선물이고 할 일이다.

오염된 물이 썩지 않고 원래의 깨끗한 물로 환원하려면 물의 원천인 바다로 들어가야 한다. 그 바다가 바로 법신의 세계다. 그러면 더러운 물이 바로 정화될 수 있다.

그것이 자신을 살리는 自利의 길이다. 자신의 이익을 성취한 법신부처는 다시 중생 구제를 위해 화신과 응신부처로 나타난다.

自利가 완성된 바다에서 다시 수증기로 올라간다. 수증기는 구름이 된다. 구름은 인연 있는 곳에 비를 내린다. 그 비를 맞고 말라가던 초목이 생기를 찾는다. 그처럼 화신과 응신이 척박한 중생세계에 나타나 번뇌에 시달리는 중생들을 이끌어 열반의 세계로 나아간다. 그분들은 법신불이 갖고 있는 법력의 위신력과 화신과 응신불이 갖고 있는 지혜와 자비로 일체중생을 그렇게 열반의 세계로 데려가는 것이다. 이것이 利他의 정점인 부사의행업이다.

유명한 정신분석학자 에리히 프롬은 사랑의 기술이라는 책에서 사랑을 하는 데는 사랑의 기술이 있어야 한다고 했다. 그는 누구든지 다 사랑하고 싶지만 사랑의 기술을 배우지 못하면 진정한 사랑을 하지 못한다고 했다.

그는 사랑을 하나의 기술이나 예술로 보았다. 하지만 이것은 난센스다. 사랑할 수 있는 사람은 절대적인 안정이 있어야 한다. 그래야만이 상대방에게 그 사랑을 줄 수가 있고 상대방을 이해하며 상대방과 함께 할 수가 있다.

그는 사랑을 정신분석학의 원리를 적용한 훈련으로 가능하다고 하였다. 하지만 이것은 정말 깨지기 쉬운 인간끼리의 감정이다. 진정한 사랑은 자신을 완전히 사랑하고 난 뒤에 타인을 사랑한다. 즉 자신을 사랑할 수 있는 사람이라야 타인을 사랑할 수 있는 것이다.

자신부터 사랑한다는 것은 바로 自利이고 타인을 사랑한다는 것은 利他이다. 자신을 먼저 사랑하지 않으면 타인의 사랑에 의존하려 한다. 그런 자들은 자기보다 상대방을 더 사랑한다고 한다. 그들은 상대의 마음을 끝없이 탐색하고 밀당하면서 사랑을 먼저 받으려고만 한다.

여기서 말한 지정상은 바로 자신을 사랑하는 自利의 완성이다. 그 다음이 타인을 사랑하는 利他의 부사의업상이 나온다. 그래야만이 에로스에서 아가페사랑으로 완전 승화할 수가 있는 것이다.

海東疏 問 始得自利已 方起利他業 云何利他說無始耶 解云 如來一念 偏應三世 所應無始故 能應則無始

묻겠다. 비로소 자신의 이익을 성취하고 난 후 드디어 이타의 행업을 일으킨다고 했는데 어떻게 이타를 無始로 말하는가. 답하겠다. 여래의 일념은 삼세에 두루 응하고 있다. 그 감응은 무시기 때문에 능히 삼세에 감응하면 곧 무시가 되는 것이다.

예리한 질문이 나왔다. 利他를 하려면 自利를 먼저 해야 한다고 하였다. 自利의 완성은 자신이 법신이 되는 것을 말한다. 법신이 되고 난 뒤에 利他의 행업을 일으키는 것이라고 하였는데 어떻게 無始무시를 말하는가이다.

無始는 시작없는 시점을 말한다. 법신이 되는 것은 중간의 시점이다. 그런데 어떻게 그 시점을 거슬러 올라가 無始의 중생을 제도한다는 것인가이다.

범부에게는 과거 현재 미래가 있지마는 여래인 부처에게는 삼세가 없다. 범부는 분단의 생사를 하기 때문에 시간이 삼세로 나누어진다. 하지만 부처는 생사가 없기 때문에 그런 시간의 간극인 삼세가 없다.

이것은 마치 한 나라에 수많은 섬이 있지마는 다 한 국가에 들어가는 것과 같다. 나누면 개체가 되지만 합하면 하나가 되는 것처럼 나누면 삼세가 되지만 합하면 현재가 되는 것이다. **금강경오가해**의 말씀이다.

歷千劫而不古
亘萬歲而長今

천겁이 지나도 과거가 아니고
만년이 넘어도 오늘 시간이다.

海東疏 猶如一念圓智 徧達無邊三世之境 境無邊故 智亦無邊 無邊之智所現之相 故得無始亦能無終

비유하자면 원만한 지혜의 일념은 삼세의 시간에 가없이 두루 미친다. 시간이 끝없기 때문에 지혜 또한 끝이 없다. 끝없는 지혜로 나타난 모습이기 때문에 무시라고 하고 무종이라고 한다.

사람들의 생각은 영화를 만드는 필름처럼 하나하나 나누어져 있다. 그렇기 때문에 잡념이라고 한다. 하지만 깨달은 자는 그 마음이 하나로 연결되어 있다. 그래서 일념이라고 한다.

그래서 사람들하고는 중요한 약속을 할 수가 없다. 한 개 한 개의 마음조각이 모여 생각을 이루고 그 생각 생각을 언어로 표현하기 때문에 그 말을 믿을 수가 없다. 그래서 상호간에 서류를 만들고 녹음을 해서 그때의 마음을 증명시키고자 한다.

그러나 깨달은 자의 마음은 일념이기 때문에 삼세의 시간에 늘 한결같다. 샘물이 시냇물이 되고 시냇물이 강물이 된다. 강물은 언제나 도도하게 흐른다. 끊기지 않고 흐르는 물은 자신도 살리고 주변도 살린다. 하지만 끊어진 물은 자신도 죽이고 주변도 죽인다.

깨달은 자의 생각은 간단없이 흐르는 강물과도 같고 범부의 생각은 흐르다 멈춘 소 발자국 물과 같다. 강물은 어제와 오늘 내일이 없다. 시간의 단절을 넘어 언제나 변함없이 흐른다. 그러므로 그 흐름은 삼세를 뛰어넘어 있다. 그래서 無始이고 無終이 된다. **법성게**의 게송이다.

九世十世互相卽 구세십세호상즉
仍不雜亂隔別成 잉불잡란격별성

구세와 십세가 서로 물려 있어서
잡란치 않고 별개가 다 이루어져 있다.

九世는 三世다. 三世를 다시 과거현재미래로 나누면 九世가 된다. 거기다가 현재를 더하면 十世가 된다.

삼세와 구세와 현재는 서로 연결되어져 있기에 물려 있다고 한 것이다. 그것은 본질을 말하고 있다. 둘째 줄은 그 사이 속에서 일어나는 온갖 물상의 출몰을 말한다. 그것은 현상이다.

현재 한 개의 필름 속에 과거가 있고 현재가 있고 미래가 나온다. 그 속에 실재 같은 수많은 물상들이 개체적 성격을 띠고 출몰한다. 그것이 격별성이다. 격별성은 사이가 벌어져 개별적으로 이루어져 있다는 말이다.

그 十世 속에 삼라만상은 조금도 흐트러짐 없이 질서정연하게 제각기의 개체로 생겼다가 사라지고 또 생겼다가 사라지고 한다는 것이다.

海東疏 此非心識思量所測 是故名爲不思議業也

이것은 심식으로 사량해서 측량할 바가 아니다. 그래서 부사의업이라고 하는 것이다.

원효성사가 남양만에서 무덤 속을 흐르는 해골 물을 마시고 큰 깨달음을 이루었다. 그 깨달음이 무엇인지는 다음에 아주 잘 나올 것이다. 그분이 깨달음을 이루고 환희에 찬 기분으로 덩실 덩실 춤을 추고 있자 그것을 망연하게 바라보고 있던 의상스님이 바쁘게 행장을 꾸리면서

"빨리 갑시다. 배 떠나겠습니다."
"혼자 가시오. 나는 이미 유학의 목적을 이루었소."

의상스님이 배를 타고 중국으로 출발할 때 성사는 눈앞에 보이는 서해바다로 성큼성큼 들어갔다. 성사는 바닷물로 塵勞진로의 몸을 씻으면서 감격에 찬 소리를 질렀다.

-1200년 전 부처님의 욕조에 내가 들어가 몸을 씻는다!-

뼈를 깎는 듯한 6년 동안의 모진 고행으로 피골이 상접해진 고행자 싯다르타는 범천왕의 비파소리를 듣고 그 자리에서 일어섰다. 그리고는 극한 고행으로부터 벗어나 니련선 강에서 6년 만에 처음으로 몸을 씻으셨다.

성사는 그 니련선 강의 물과 오늘 서해바다의 물을 하나의 목욕탕 욕조로 보신 것이다. 즉 바다와 강물은 하나로 연결되어져 있고 그 물은 三世로부터 벗어나 있기에 부처님이 목욕하신 그 물이 지금의 물이고 그 강과 이 바다는 연결되어 있기에 같은 한 개의 목욕탕이라는 것이다. 여기서 그분의 마음이 얼마나 크고 넓어졌는지 이해가 될 것이다.

의상스님과의 사사로운 인연은 사실 여기서 끝이 났다. 똑같이 유학을 가던 길이었지만 한 스님은 불교를 배우러 계속 가고 다른 한 스님은 중도에서 깨우쳐 해인의 바다에 들어가 몸을 씻으신 것이다.

의상스님은 중국에서 10년이 넘도록 특별한 스승을 찾지 못하다가 12년째 종남산 지상사에 들어가는 행운을 얻었다. 거기에는 당대 최고의 고승 지엄대사가 **화엄경**을 강의하고 있었는데, 그 스님 밑에서 중국불교의 거성이라 할 만큼 대단한 현수대사와 함께 8년간 화엄학을 공부하였다.

그리고 신라로 들어와 문무왕의 후원 아래 부석사를 시작으로 전국에 10개의 대 화엄사찰을 건립하였다. 그러니까 의상대사는 신라에 정식으로 화엄사상을 전해 준 화엄종의 초조가 된 셈이다. 그 영향으로 오늘날까지 **화엄경** 신앙은 그 어떤 경전보다도 승속에 깊이 스며들어 있다.

의상스님은 성골출신이고 원효스님은 진골출신이다. 성골은 왕족이고 진골은 귀족이다. 그 바람에 의상은 왕의 비호와 국가의 재정으로 화엄종의 대찰들을 전국에 고루 건립할 수 있었지만 원효는 신라인들이 그렇게 존경했는데도 국가가 세운 사찰은 단 한 군데도 보이지 않는다.

의상스님은 귀국해서 원효스님을 찾은 적이 없다. 한 번씩 화엄의 대찰이 건립되고 성대한 낙성식을 올릴 때마다 수많은 귀족과 대덕스님들을 초청하였어도 원효만은 초청하지를 않았었다.

위에서도 언급하였지마는 의상이 지엄대사 문하에서 공부할 때 아주 걸출한 도반 한 명을 사귀었다. 그 도반은 의상보다 18살이나 아래인 법장이라는 일반인이었다. 지엄대사가 죽기 전 이 법장에게 화엄의 법을 전수하였는데 그때 그의 나이 고작 26살이었다.

지엄대사는 자타가 공인한 화엄종파의 대 종장이었다. 얼마나 대단했는지 그의 명성을 듣고 전국에서 몰려든 눈 밝은 제자가 천 명을 넘어갔다고 한다. 그 수많은 제자들 가운데서 유독 그의 정법을 이 유발승에게 넘겨준 것이다.

그때 대중들이 얼마나 놀라고 기가 막혔겠는가. 이것은 꼭 5조 홍인대사가 23살짜리 6조 혜능에게 부처님의 법맥을 비밀리에 전수해준 것과 같은 파격적인 일이었다.

법장은 스승인 지엄대사가 죽고 난 뒤 대중을 멀리하고 오로지 **화엄경** 연구에만 몰두하였다. 그 소식을 들은 측천무후가 그를 불수기사로 초청하여 80권 **화엄경**을 강설하게 하였다. 비록 젊고 머리를 깎진 않았지만 그의 해박하고 명쾌한 강설에 무후는 감탄과 찬탄을 아끼지 않았다.

그래서 그에게 정식으로 출가를 하여 **화엄경**을 펴라면서 황명을 내렸다. 그러면서 직접 법호를 지어 올렸는데 그 이름이 현수다. 현수는 스승과 황후의 염원대로 28살에 정식으로 머리를 깎고 출가하여 **화엄경**을 최고의 경전으로 자리매김하는 데 큰 역할을 하였다.

그리고 화엄의 교리를 크게 밝히고 화엄종의 조직적 체계를 이루어 스승 지엄의 맥을 손색없이 이었다. 그 맥은 징관에게 넘겨졌고 다시 규봉에게 전해져 중국 천지에 **화엄경**의 세계를 찬란하게 꽃피우도록 했다.

그런 현수대사가 고국으로 귀국한 의상대사에게 안부편지를 보냈다. 의상은 감동을 받았고 그의 문하들은 크게 고무되었다. 그것은 정말 큰 기쁨이고 영광이었다. 중국 최고의 고승이 신라 유학생이었던 의상에게 직접 안부편지를 보냈다는 것은 정말 예사로운 일이 아닌 매우 특별한 일이었던 것이다.

그런데 얼마 후 이 영예를 완전 무색케 만들어 버린 일이 일어났다. 현수가 **대승기신론**을 보고 하도 좋아서 **대승기신론의기** 7권과 **별기**를 썼는데 **화엄경**의 종장이라서 그런지 **기신론**의 뜻에는 두루 박통하지 못했던 모양이다. 그래서 **기신론**이 시원하게 풀리지 않는 부분마다 신라 원효의 해설을 몇 군데나 인용해 풀이를 한 것이다.

이것은 정말 충격적인 사건이었다. 중국에 기라성 같은 고승들이 즐비했는데 현수는 유독 중국을 가지 않았던 원효의 저술로 **기신론**의 매끄럽게 풀리지 않은 부분을 참고서로 보완했던 것이다. 현수가 원효의 저술에 얼마나 큰 감명을 받았는지 확실히 이해가 가는 일대의 사건이었다.

이 현수의 대범한 마음 씀에 원효는 중국에까지 해동보살로 널리 알려지게 되었다. 그래서 역사 이래로 불교의 종주국인 중국에서 해동의 신라로 1,000여 명이나 되는 중국스님들이 원효를 찾아 역유학을 오게 만들었던 것이다.

아무튼 현수가 원효의 **해동소**를 인용함으로 해서 의상은 단번에 원효에게 기가 꺾이어져 버렸다. 그래서 그런지 의상은 언제나 원효에게 보이지 않은 경쟁심을 갖고 늘 냉담하게 대하였다.

출신도 다르지마는 특히 중국으로 유학을 가다가 중도에서 포기한 스님으로 실망을 하였는지, 아니면 달마가 갖고 온 부처님의 법맥을 정식으로 받지 못한 변방의 인정받지 못한 스님으로 보아 그랬는지 하여튼 의상은 원효를 은근히 무시하였다.

그것도 아니면 중국 화엄종의 대가인 지엄스님으로부터 화엄종장의 인가를 손수 받은 귀하신 신분이라서 그랬는지, 그것도 아니면 현수가 **해동소**를 인용해서 자존심이 상했는지 의상은 원효에게서만은 늘 초연한 척 무관심하였다.

두 분이 멀고 험한 중국 유학의 길을 같이 떠날 정도로 서로 믿고 의지하였던 가까운 사이였는데도 귀국한 의상은 신라 평민들의 우상인 원효를 찾거나 안부를 묻는 등의 친근감을 전혀 나타내지 않았던 것이다.

그러다보니 원효의 제자들은 자기 스승에 대한 의상의 차가운 냉대를 매우 서운하게 생각하였던 모양이다. 그래서 다음과 같은 이야기가 야담으로 전해져 오고 있다.

원효스님의 거침없는 무애행을 더 이상 두고 볼 수 없었던 의상스님이 하루는 원효대사에게 전갈을 보냈다. 계율을 파괴하지 않고 청정히 지키면 하늘에서 천공이 내려온다는 사실을 보여주고 싶어서였다. 천공은 하늘음식이다.

인편으로 그런 전갈을 받은 원효는 주저없이 초청에 응하겠다고 하였다. 며칠 뒤 의상스님이 언제 어디에 있는 사찰로 점심을 먹으러 오시라는 전갈을 보냈다. 그래서 원효는 시간을 맞추어 그 절로 갔다.

둘은 오랜만에 만나 서로의 안부를 물었다. 그리고 어떤 점심이 하늘에서 내려오는지 원효대사는 궁금하다고 했다. 의상스님은 기다려보면 알 것이다고 하면서 은근히 자신의 여법함을 과시하였다.

그런데 이상하게 그날따라 점심시간이 넘어가는데도 천공이 내려오지 않는 것이었다. 평상시 같으면 의상의 요구가 떨어지는 즉시 천녀가 하늘의 온갖 진귀한 음식들을 준비해 내려오는데 이번에는 무슨 일인지 감감 무소식이었다.

의상은 애가 타서 바깥을 힐끔거리며 안절부절 하였다. 원효는 그냥 덤덤히 의상의 그 모습만 바라보고 있을 뿐이었다. 둘은 그렇게 음식 없는 식탁을 마주하고 서먹하게 앉아 있는데 무심히 점심시간은 서서히 넘어가고 있었다. 마음을 졸이며 초조하게 기다리던 의상은 결국 없는 머리를 긁적이며 오늘따라 천공이 내려오지 않는다며 아주 멋쩍게 웃어보였다.

원효는 아무렇지도 않다는 듯 자리를 털고 일어났다. 그러면서 이럴 때는 하늘의 음식보다는 인간의 거친 밥이 더 찰지고 맛있다고 했다. 의상은 그 소리를 듣고 자존심이 상해 몸 둘 바를 몰랐다.

원효가 일주문 밖으로 사라지자 그때서야 천공을 한가득 안고 천녀들이 허겁지겁 의상의 방안으로 들어왔다. 화가 잔뜩 난 의상이 꾸짖었다.

"아니. 이제 가지고 오면 어떡하냐?"

"제시간에 왔습니다만 원효대사의 수호신장들이 아무도 못 들어간다고 막았습니다."

"하늘의 군사인 天軍에게 부탁하지 그랬냐?"

"천군이 내려왔지만 어떻게 하지를 못하였습니다."

그 소리를 듣고 의상은 털썩 주저앉았다. 원효라는 스님이 결코 예사로운 분이 아니라는 사실을 확실히 깨달았던 것이다.

소중하고 존귀한 사람마다 다 수호신이 있다. 하지만 그 등급이 다르다. 장군을 수호하는 부관이 있는가 하면 대통령을 수호하는 경호원이 있다. 그처럼 수행자를 위해 목숨을 바쳐 보호하는 신장들의 급도 다 다르다. 그러니까 의상의 수호신장보다 원효의 수호신장이 더 강하였다는 내용이다.

이런 이야기는 원효를 따르고 추앙하던 제자들이 하늘 높은 줄 모르고 위세를 부리던 의상대사의 기세를 속 시원히 꺾어주고자 만들어 낸 이야기임에 틀림없다. 그들이 원효대사를 존경하는 것만큼 원효대사를 등한시한 의상대사에게 어느 정도 서운함을 가졌던 것만은 사실인 것 같다.

사실 계율면에서 보면 의상스님은 그 방면에 특별하지는 않다. 오히려 원효대사가 계율에 대해 더 관심을 가지고 해박한 지식을 가졌다고 봐야 할 것 같다. 의상스님의 저서에는 계율 부분이 보이지 않지마는 원효대사는 **보살계본사기**와 **보살계본지범요기 사분율갈마소 율부종요** 같은 것들을 쓰셨기 때문이다.

참고로 원효성사가 직접 쓰신 방대한 책들을 소개한다. 그냥 눈으로 쓱 훑지 말고 공경스런 마음으로 한번 소리 내어 읽어보시기 바란다.

【경전에 대한 해설서】

화엄경소 화엄경종요 화엄경강목 화엄경법계품초 열반경소 열반경종요 법화경종요 법화경요략 범화경약술 법화경방편품요간 목량의경종요 입능가경소 능가경종요 능가경요간 유마경종요 유마경소 반야심경소 금광명경소 대혜도경종요

미륵상하생경기 무량수경소 무량수경요간 무량수경종요 무량의경종요 금강삼매경론 금강삼매경소 금강삼매경약소 금강반야경소 금강삼매경기 금강삼매경사기 승만경소 부증불감경소 반주삼매경소 반주삼매경약기 해심밀경소

무량수경사기 아미타경소 아미타경통찬소 아미타경의기 미륵상생경소 미륵상생경종요 미륵상하생경기 방광경소 범망경소 범망경종요 범망경약소 화엄경입법계품초 영락경소

【계율에 대한 해설서】

범망경보살계본사기 보살계본지범요기 사분율갈마소 사분율소과 사분율행종기 사분율제연기 율부종요 대승관행

【논서에 대한 해설서】

대승기신론소 대승기신론사기 대승기신론종요 대승기신론소과문 대승기신론대기 대승기신론별기 대승기신론요간 일도장 성유식론종요 성유식론소 유가론중실 유가초 양섭론소초

인명론소 인명입정리론기 인명판비량론 섭대승론소 섭대승론세친석론약기 청변호법공유쟁론 중변분별론소 잡집론 장진론종요 장진론요간 유교론주법기 중관론종요 광백론종요 광백론지귀 광백론촬요 삼론종요 성실론소 조복아심론 변중변론소 보성론요간 보성론종요 아비담마잡집론소 잡아비담의소

【그 외】

안신사심론 구도비유론 차방광심론 아비담명교 아비담의장 아비담심대의 이장의 십문화쟁론 이체장 유심안락도 발심수행장 대승육정참회법 욕현관의발보리심의정의함 겁의 초장관문 등

【현재 남아 있는 저서】

대혜도경종요1권 무량수경종요1권 아미타경소1권 열반경종요2권 미륵상생경종요1권 법화경종요1권 금강삼매경론3권 화엄경소3

권 범망경보살계본사기2권 범망경보살계본지범요기1권 보살영락본업경1권 대승육종참회1권 발심수행장1권 중변분별론소4권 판비량론1권 대승기신론소2권 대승기신론별기2권 이장의1권 십문화쟁론2권 유심안락도1권 반야심경소1권

그분의 저서는 지금까지 밝혀진 것만 해도 240권이 훨씬 넘는다. 그러나 아쉽게도 거의가 다 실전되고 위에 기록한 저서들 20여 부만 온전히 또는 부분만 남아 있는 상태다.

그분은 통불교를 하셨기 때문에 어느 일정한 종파나 특별한 경전에 국한되지는 않으셨다. 그런데도 특별히 눈에 띄는 것은 **기신론** 부분이다.

그분은 **대승기신론소**2권과 **별기**2권 **종요**1권 **요간**1권 **대기**1권 **사기**1권 **일도장**1권을 쓰셨다. 안타깝게도 현재 전해 내려오는 것은 **해동소**와 **별기**뿐이다. 그것을 지금 소납이 역해 하고 있는 것이다.

만약에 그분의 **기신론** 전반에 걸친 저서가 지금까지도 현존한다면 우리의 일심에 대한 사상을 더 폭넓고 더 깊게 알 수 있었을 텐데 너무 아쉽기만 하다.

그래도 천만다행히 **해동소**와 **별기**만이라도 온전히 내려온 것은 인류에게 횡재 같은 크나큰 선물이 아닐 수 없다. 이것만 가지고도 생사에 윤회하며 고통에 시달리는 중생들 모두를 안락의 세계로 나아갈 수 있도록 하는 데 충분하고도 남음이 있기 때문이다.

한 분의 보살인 원효도 인간세상에서 이렇게까지 굉장한 업적과 교화를 남기셨는데 부처의 작용은 얼마나 더 세고 더 굉장하시겠는

가. 그래서 성사가 그것은 범부의 심식으로는 알 수가 없다고 하신 것이다.

B. 성정본각

起信論 復次覺體相者 有四種大義 與虛空等 猶如淨鏡

이 본각의 본체와 모습에는 네 가지 큰 뜻이 들어 있다. 그것은 허공과 같으며 맑은 거울과도 같다.

　수염본각의 해설은 위에서 끝났다. 여기서부터는 성정본각이다. 수염본각은 중생을 따라다니는 본각이라면 성정본각은 그 본각 자체의 속성을 말한다.

　예를 들면 우유로 온갖 것을 만든다. 야쿠르트도 만들고 치즈도 만들며 버터도 만들고 아이스크림도 만든다. 외형적 모습과 맛은 다 다르지만 그 속에는 원 바탕인 우유가 들어 있다. 그것이 성정본각이다.

　먼저 성정본각의 크기부터 언급되었다. 그 크기는 허공과 같다고 하였다. **금고경**에서도 부처님의 진법신은 허공과 같다고 하셨다. **화엄경**에서도 모든 부처님의 몸은 그 모습이 허공과 같다고 하셨고, **정명경**에서는 허공은 중간도 없고 가변도 없다. 모든 부처님의 몸도 그와 같다고 하셨다.

　그렇게 대단한 본각의 속성이 우리 마음에 쪼그라져 들어 있다. 거대한 풍선도 접고 접으면 작고 작아져 조그마한 상자에 쏙 들어가듯이 허공과도 같은 크기의 본각도 중생 속에서 오랫동안 윤회를 거듭하면 작고 작아져서 범부의 마음 한구석에 쏙 들어가 찌그러져 있다. 그런데 범부는 그것을 알지 못한다.

본각의 크기는 허공과도 같고 그 기능은 맑은 거울과도 같다고 하였다. 거울은 참 다양한 모습을 가지고 있다. 볼록거울도 있고 오목거울도 있다. 깨진 거울도 있고 때 묻은 거울도 있다. 그 중에서 성정본각의 기능은 맑은 거울과도 같다고 하였다. 맑은 거울만이 형상을 있는 그대로 정확히 비춰주기 때문이다.

起信論 云何爲四 一者如實空鏡 遠離一切心境界相 無法可現 非覺照義故

어떤 것이 네 가지냐. 첫째는 여실공경이다. 그것은 일체의 마음과 경계의 모습을 멀리 벗어나 있다. 그러면서 법이라는 법은 다 나타내니 각조의 뜻이 아님이 없다.

첫째는 텅 빈 거울이다. 이 거울은 텅 비어 깨끗해서 혼탁한 마음과 세상이 오염시킬 수 없다. 중생의 삶을 억겁 동안 살아도 때 묻히지 못하고 세상 그 무엇을 상대해 비추어도 흔적이 없는 거울이기에 멀리 벗어나 있다고 하였다.

그러면서 사물을 비추지 아니함이 없고 마음에 반영되지 아니함이 없이 작용한다. 그 작용을 각조라고 한다. 각조는 조금의 오차도 없이 정확하게 비춘다는 뜻이다.

하늘에 달은 세상천지에 비추지 않음이 없고 세상 사람들의 평론을 받지 아니함이 없어도 한 치의 어긋남도 없이 언제나 중생세계를 비추며 그 자리를 맴돌고 있다. 여실공경도 마찬가지다. 중생의 마음과 세상을 멀리 벗어나 있으면서 언제나 중생의 마음과 세상 속에 그대로 살아 작용하고 있다.

起信論 二者因熏習鏡 謂如實不空 一切世間境界悉於中現

둘째는 인훈습경이다. 한결같이 진실되어 공하지 아니하다. 그러면서 일체세간의 경계를 사실대로 다 나타낸다.

둘째는 가득 찬 거울이다. 여실공경이 空하다면 인훈습경은 不空이다. 空은 위의 여실공경이고 不空은 지금의 인훈습경이다. 空은 빔이고 不空은 가득함이다. 완벽하게 빈 거울은 완벽하게 비춘다. 이것이 바로 眞空에서 妙有묘유인 지혜가 작동하는 원리다.

지혜를 얻고자 하는가. 그렇다면 완벽하게 마음을 비우면 된다. 거울은 비어 있으면 영상이 정확하게 나타나고 마음은 비어 있으면 지혜가 저절로 일어난다. 비우지 않은 거울은 사물을 제대로 비출 수 없고 비우지 않은 마음은 세상을 제대로 바라볼 수 없다.

인훈습경은 언제나 비추고자 한다. 그것이 거울의 속성이다. 그래서 아무것도 비추고 있지 않은 거울은 없다. 물은 아래로 내려가려고 하고 불은 위로 오르려고 한다. 그것이 그들의 자연성질인 것처럼 거울은 항상 뭔가를 정확히 비추려고 한다.

그처럼 거울은 사물을 사실대로 조영하려고 힘을 쓴다. 그렇게 하고자 하는 것이 바로 因훈습이다. 因은 원래 그 모습이고 훈습은 그 모습대로 되고자 하는 작용을 말한다.

起信論 不出不入 不失不壞 常住一心 以一切法卽眞實性故 又一切
染法所不能染 智體不動 具足無漏 熏衆生故

나오지도 않고 들어가지도 않으며 잃지도 않고 부서지지도 않는다.
그러면서 일심에 상주한다. 그것은 일체법이 곧 진실성이기 때문이다.
또 일체염법이 능히 물들이지 못한다. 그것은 지체가 부동하고 무루를
구족하여 중생을 훈습하기 때문이다.

사물이 거울에 비춰지지만 사물이 들어간 것이 아니다. 사라졌다
고 해서 그 사물이 그곳에서 나온 것이 아니다. 없어졌다고 해서 잃
어버린 것이 아니고 안 보인다고 해서 부서진 것도 아니다. 거울은
만상을 받아들이고 흔적없이 지워버린다.

천지를 수용하지만 불어나는 것도 아니고 천지가 나간다고 해서
줄어드는 것도 아니다. 만상이 그대로 들어오고 나가도 거울은 손상
이 없다. 천지가 그 속에 요동쳐도 거울은 항상 그대로 있다.

정확히 우리 마음도 그렇다. 내가 세상을 굴곡지게 보는 것이지
세상은 언제나 사실 그대로 나를 대한다. 내 마음은 거울과도 같아
세상의 오염이 나를 더럽히지 못한다. 아무리 더럽고 추한 것을 비추
고 있더라도 거울 면은 언제나 깨끗하듯이 내 마음 자체도 언제나
있는 그대로 깨끗하다.

내 마음의 본성은 智體다. 지체는 지혜덩어리다. 그것은 움직이지
않는다. 모르는 마음이 이리저리 움직이지 아는 마음은 움직이지 않

는다. 움직이지 않는 마음에는 공덕이 바닷가 모래알보다도 더 많이 들어 있다.

　모래는 바다에 들어갔다가 다시 해변에 나왔다가 하면서 그 상태를 유지해 없어지지 않는다. 그런 공덕을 무루공덕이라고 한다.

　거울은 꽉 차 있다. 덜 찬 거울을 본 적이 없을 것이다. 그처럼 바닷가에 모래가 가득하듯이 거울은 늘 충만하다. 우리 마음에 공덕도 언제나 모래알처럼 충만하게 가득 차 있다.

　부증불감하는 해변의 모래는 아이들의 놀이터가 된다. 아이들은 시간과 공간을 넘어 그 모래를 갖고 온갖 모양과 형상을 만들며 즐거워한다. 그 모래는 천대만대를 이어 아이들을 매양 기쁘게 한다. 이것이 바로 본각이 중생을 공덕으로 훈습한다는 뜻이다.

　우리의 마음은 그 모래와 같아 어린아이 같은 중생을 무한의 안락 세계로 이끌고 있다는 뜻이다.

起信論 三者法出離鏡 謂不空法 出煩惱礙 智礙 離和合相 淳淨明故

셋째는 법출리경이다. 불공법을 의거하여 번뇌애와 지애를 벗어나 있다. 그리고 화합된 모습을 떠나 있다. 그래서 순수하고 깨끗하며 밝다.

　셋째는 자유로운 거울이다. 원문에 法出離법출리라는 말은 일체의 사물이 자유로이 드나듦을 말한다.

　그 이유는 번뇌애를 벗어났기 때문이다. 번뇌는 탐욕과 분노, 그리고 어리석음의 원천이다. 이것을 벗어나면 걸릴 것이 없다. 이 세

가지는 나의 자유로움을 막는다. 탐욕은 비움을 막고 분노는 자비를 막으며 어리석음은 지혜를 막는다. 그러므로 나는 자유롭지 못하다.

그러나 이 세 가지가 없어져 버리면 아무것이나 다 받아들이는 거울처럼 내 마음도 세간의 모든 법을 그대로 받아들인다.

智礙지애는 출세간 쪽을 말한다. 자유로운 거울은 가치가 없는 물건이거나 가치가 있는 사물이거나 간에 구별하지 않는다. 그러므로 세간은 물론 출세간의 법도 그대로 받아들인다. 가치 있는 물건이라고 해서 거울이 집착하지 않듯이 우리 마음도 원래 출세간이라고 해서 거기에 집착하지 않는다.

우리 마음이 자유로워지려면 분별과 집착으로부터 벗어나야 한다. 분별과 집착을 만드는 것은 화합된 의식 때문에 생긴다. 그것은 아려야식과 그 종속식들이다. 그것들이 다 없어지면 분별도 없고 집착도 없어진다. 그런 거울은 순수하고 깨끗하며 밝다. 그래서 자유로운 거울이라고 한다.

起信論 四者緣熏習鏡 謂依法出離故 徧照衆生之心 令修善根 隨念示現故

넷째는 연훈습경이다. 법출리하는 작용으로 두루 중생의 마음을 비추어 그들로 하여금 선근을 닦도록 한다. 그것은 중생의 염원을 따라 나타내 보이기 때문이다.

넷째는 이익을 주는 거울이다. 거울은 현재만 비춘다. 거울에는 과거와 미래가 없다. 거울을 보는데 앞에 본 사람의 잔영이 남아 있다면 그것은 정상적인 거울이 아니다. 거울은 내가 볼 때 나만 비춰야 한다.

거울은 법출리하는 기능을 가지고 있다. 사물이 들어가고 나감에 조금도 자취가 없을 뿐만 아니라 자국도 없다. 거기다가 더딤까지 없다. 더딤이 있다면 앞뒤의 사물이 겹쳐진다. 그러면 그것은 거울이 아니다. 거울은 법출리하기 때문에 어떤 잔영이나 더딤이 없어야 한다. 그러므로 거울을 보고 내 얼굴을 다듬을 수 있다.

사람들은 거울을 본다. 거울을 통해 자신을 본다. 거울을 보지 않는 사람은 자신을 포기한 자다. 그런 자는 남도 포기한다. 자신의 가치를 다듬지 않는데 남이 어떻게 자기가치를 올려주겠는가. 그래서 남 앞에 나서는 사람은 수시로 거울을 본다.

거울은 가만히 있다. 그러나 사람들은 거울 앞에서 바쁘기만 하다. 거울이 움직이면 사람들은 자신의 모습을 보지 못한다. 그러므로 거울은 움직이지 않는다. 거울을 보고 화장을 하여 아름답게 만들면 사람들이 좋아한다.

법당에 부처는 가만히 있다. 움직이지 않는다. 사람들은 불상을 보고 바쁘게 움직인다. 향을 사르고 청수를 올리며 옷매무새를 다듬고 합장해서 절을 한다. 공덕을 만들어 세상살이를 장애없게 하기 위해서이다.

거울 앞에서 아무리 빌어도 거울은 나를 변화시키지 못한다. 내 자신만이 내 자신을 변화시킨다. 단 조건은 현재의 내 모습이 엉망이다는 전제하에서 내 자신을 아름답게 다듬는다. 부처에게 아무리 빌어도 부처는 나를 변화시킬 수 없다. 변화시키는 것은 나 자신이다.

영어 찬불가 중 한 대목이다.

No one saves us but ourselves.
No one can and no one may.
We ourselves must walk the Path,
Buddha merely show the way.

우리 자신 외에는 누구도 우리를 구제하지 못한다.
누구도 못하고 누구도 가능하지 않다.
우리 자신이 직접 그 길로 나아가야 한다.
부처님은 단지 그 길만 보여주셨을 뿐이다.

거울이 아무 말도 없듯이 부처도 아무 말이 없다. 그러나 아름다워
지고자 하는 자는 거울이나 불상 앞에서 자신을 가꾼다. 거울을 보고
자신을 다듬는 자는 똑똑한 자고 불상 앞에서 자신을 닦는 자는 생각
있는 자이다.

그러나 어리석은 자는 거울 앞에서 자신의 처지를 비관해 찡그리
고만 있다. 그런 사람이 불상 앞에서 자신의 현 처지를 바꿔달라고
엎드려 빈다. 거울이 그를 어떻게 할 수 없듯이 부처도 그를 어떻게
할 수가 없다.

그래서 불교에서는 맹목적인 기도가 없다고 하는 것이다. 어차피
본인이 자신을 바꾸는 것이지 기도를 한다고 해서 부처가 자신을 바
꿔 줄 수는 없기 때문이다.

거울을 보는 자는 현재보다 더 아름답게 꾸미고자 한다. 그런 자들은 악하지 않다. 악한 사람은 거울을 보지 않는다. 거울을 보고 악행을 저지르지는 않는다.

박복한 범부는 부처를 보지 않는다. 부처를 보지 않기 때문에 죄를 짓는다. 부처를 보면 복을 짓는다. 그러므로 불상은 가만히 있어도 범부가 선근을 일으키도록 한다.

얼굴과 모습을 다듬고자 하는 사람은 언제나 거울을 들고 다닌다. 그들이 아름다워지고자 하면 거울은 벌써 그들의 손에 들리어져 있다. 거울과 아름다움은 떨어질 수 없다. 그래서 아름다워지고자 하는 자는 거울을 찾는다.

선근을 짓고자 하는 자는 불상을 찾는다. 사찰을 찾아 불상을 본다. 불상을 보게 되면 복을 짓는다. 복을 짓고자 하는 자에게는 불상이 항상 그 앞에 있다. 복이 필요 없는 자는 불상이 보이지 않지만 복을 짓는 자는 언제나 부처가 눈앞에 있다. 그런 자에게 부처는 나타난다.

海東疏 次明性淨本覺之相 於中有二 一者總標 二者別解

다음으로 성정본각을 밝힌다. 그것은 각의 바탕이다. 그 가운데 두 가지가 있다. 첫째는 전체적인 뜻을 표시하고 둘째는 따로따로 풀이하는 것이다.

지금 우리는 본각에 대해서 공부하고 있다. 본각에는 수염본각과 성정본각이 있다고 했다. 수염본각에는 지정상과 부사의업상이 있다고 했다.

이제는 성정본각이다. 우리 마음의 바탕이다. 본문에서 覺之相이라고 하였는데 그 相이 바로 본각이 갖고 있는 바탕이다. 물의 속성은 축축함이고 불의 속성은 뜨거움이다. 그렇다면 우리 마음의 속성인 바탕은 무엇이란 말인가 하면서 우리 마음의 바탕을 풀이하고자한다.

그 바탕을 두 문단으로 나누어 풀이한다. 첫째는 성정본각이 무엇인지 그 본체를 간단하게 표시하고, 둘째는 그것을 분해해서 개별로풀이하는 것이다.

海東疏 初中言與虛空等者 無所不徧故 猶如淨鏡者 離垢現影故

첫째에서 말한 허공과 같다는 말은 두루하지 않는 곳이 없다는 뜻이다. 마치 맑은 거울과도 같다는 것은 때를 제거하면 영상이 나타난다는 것이다.

먼저 성정본각을 밝히고자 두 가지 비유를 들었다. 그것은 허공과거울이다. 먼저 허공에 대해 설명한다.

허공은 부분이 아니라 전체다. 전체는 사방에 충만하다. 충만한것은 우리 눈으로 볼 수가 없다. 우리 눈은 부분만 본다. 부분의 눈은제한적이다. 그러므로 우리는 허공 전체를 보지 못한다. 고작 자기가서 있는 윗부분의 허공만 볼 뿐이다.

우리 원래의 마음인 본각의 모습은 온 우주 허공계에 가득하다. 그런데 현재의 우리 마음은 어느 정도인가.

세상 천지에 아무리 물이 많아도 생쥐가 목을 축이는 데는 단 한 방울의 물만 있으면 되듯이 세상 천지에 우리 마음이 없는 곳이 없이 가득해도 범부가 마음을 쓰는 데는 맹꽁이 콧구멍만할 정도로 쓴다.

우리 원래의 마음은 크기로 말하면 허공과도 같다고 해도 범부에 게는 그 크기의 느낌이 다가오지 않는다. 세상천지에 좋은 것이 쌓이고 쌓였는데도 아주 어린 아이들에게 무엇을 바라느냐고 물으면 고작 누가 입고 있는 공주 옷이거나 플라스틱제품으로 만든 반담모형에 그치는 이유가 여기에 있다.

다음은 거울이다. 복덕이 갖춰진 사람들은 언제나 거울을 본다. 그들은 자신의 모습에 자신이 있기 때문에 스스럼없이 크고 깨끗한 거울 앞에 선다. 그래서 자주자주 거울을 본다. 먼지가 끼고 얼룩이 지면 바로 그것을 제거한다. 그래야 자신이 깨끗하게 보이기 때문이다.

하지만 복덕이 없어 삶을 팍팍하게 살아가는 사람들은 대충 대충 자기의 얼굴을 본다. 자신을 내밀 곳도 없고 자신에 대한 자긍심도 없다. 그러다보니 그들은 얼굴이나 품행으로 밥을 버는 것이 아니라 손이나 발로 밥을 벌어먹는다.

거울을 보지 않는 사람도 있다. 현재 자기 모습을 보고 싶지 않아서이다. 망가진 여인은 거울을 보지 않는다. 그래야 스스럼없이 또 다른 남자를 만날 수 있다. 그래서 거울도 안 보는 여자라는 노래가 나왔다.

정리하자면 우리의 진짜 마음을 표현할 때 상태로 말하면 수영본각에서 바다와도 같다고 했다. 이제 성정본각에서 크기로 말하면 허공과도 같고 작용으로 말하면 거울과도 같다고 한 것이다.

四種義中 第一第三 依離垢義以況淨鏡 第二第四 依現像義
亦有淨義也

네 가지 종류의 뜻 중에서 1번과 3번은 때를 벗어난 의미로 맑은
거울로 비유를 들었고 2번과 4번은 현상을 나타내는 의미로 또한
청정한 뜻이 있다고 하였다.

1번과 3번은 여실공경과 법출리경이다. 이 둘은 때가 없어야 된
다. 그것은 본성을 말한다. 여실공경은 깨끗한 거울이고 법출리경은
자유로운 거울이다. 즉 우리 마음은 때가 없어야 깨끗하고 번뇌의
장애와 지혜의 장애가 없어야 자유로워진다. 그래서 원래부터 그런
것이 없다고 離垢淨이구정이라고 한다.

2번과 4번은 인훈습경과 연훈습경이다. 이 둘은 작용을 한다. 즉
기능을 말한다. 인훈습경은 자신을 위하고 연훈습경은 타인을 위한
다. 항상 자리이타의 행으로 비추어도 언제나 맑고 깨끗해 청정하다.
그래서 自性淨자성정이라고 한다.

그러니까 우리 마음은 이구정하면서도 자성정하다. 이구정은 원
래부터 모든 더러움을 벗어나 있다는 뜻이고 자성정은 그 본체는 어
디에 있어도 언제나 깨끗하다는 뜻이다.

海東疏 別解之中 別顯四種 此中前二在於因性 其後二種在於果地
별해 가운데서는 각각 네 종류를 드러내고 있다. 그 중에서 앞에 둘은
바탕의 성품이고 뒤에 두 종류는 과지이다.

별해는 따로 떼어서 풀이하는 것을 말한다. 거기에 네 종류의 거울로 성정본각을 풀이하고 있다

앞에 둘은 여실공경과 인훈습경이고 뒤에 둘은 법출이경과 연훈습경이다.

바탕의 성품이라는 말은 원래 가지고 있는 속성이다. 그리고 果地과지는 수행으로 인해 드러난 결과의 자리를 말한다.

海東疏 前二種者 明空與智 如涅槃經言 佛性者第一義空 第一義空名爲智慧 智者見空及與不空 愚者不見空與不空 乃至廣說

앞에 두 가지는 空과 지혜를 밝힌 것이다. 열반경에서 불성은 제일의 空이다. 제일의 空은 지혜다. 지혜로운 자는 공과 불공을 보지마는 어리석은 자는 공과 불공을 보지 못한다 하면서 널리 설하시었다.

앞에 두 개는 여실공경과 인훈습경이다. 혹자는 앞에서 이구정과 자성정에서 이구정을 말한다고 하지만 그렇게 볼 필요는 없다. 이 대목은 별해 부분이기 때문에 별해는 순서 그대로 보는 것이 무난하다.

제일의 空은 최고의 진리에 계합한 空이다. 이 空은 **혈맥기** 2권 말기에 18공을 설명할 때 언급하였다. 세상에는 많고 많은 진리가 있다고 하지만 그 중에서도 가장 심오한 절대적 진리를 제일의 空이라고 한다. 제일의 空은 글자 그대로 보면 최고의 뜻을 가진 空이라는 말이다.

이 **기신론**을 한역한 분이 진제眞諦스님이신데, 그분의 원명이 파라

마타다. 파라마타가 바로 범어로 제일의 공이라는 뜻이다. 그러므로 그것은 진제가 된다. 즉 진실된 이치라는 뜻이다. 그 뜻으로 안회보살이 제자에게 진제라는 이름을 지어주신 것 같다.

소승의 空은 진리만 空이라고 한다. 그것은 오로지 空만 말하는 것이다. 대승은 더 나아가 연기와 실상까지 전부를 다 空이라고 한다. 이것이 不空이다. 그런 空과 不空을 합쳐 제일의 공이라고 한다.

그래서 **열반경**에 지혜로운 자는 空과 不空을 본다고 하셨다. 지혜로운 자는 대승의 수행자고 어리석은 자는 소승의 수행자를 뜻한다.

海東疏 今此初中言遠離一切心境界相者 卽顯彼經第一義空也

지금 여기서 처음 가운데서 말한 일체의 마음과 경계를 멀리 벗어나 있다는 것은 곧 저 경에서 제일의 공을 나타낸 말이다.

지금 여기서 라는 말은 **기신론** 원문 가운데서 첫 번째 거울을 지칭한 것이다. 그것은 여실공경이다. 여실공경이 제일의 공을 갖춘 거울이다는 뜻이다.

여실공경은 空을 말하고 인훈습경은 不空을 말하는데 어떻게 인훈습경이 빠진 상태로 제일의 空이라고 할 수 있느냐 하겠지마는 空과 不空은 같이 작용하기 때문에 제일의 공을 설명하면 바로 불공도 함께 포함되므로 문제될 것이 전혀 없다.

海東疏 無法可現非覺照義者 是釋不見空與不空也

법이라는 법은 다 나타나니 각조의 뜻이 아님이 없다고 한 것은 바로 공과 불공을 보지 못한다는 것을 풀이한 것이다.

여기서의 법은 세상의 모든 것들이다. 천지일월과 산천초목 남녀 노소 축어조충 전부를 말한다. 축어조충은 짐승과 물고기 조류 그리고 벌레들이다. 여실공경은 이것들을 모두 다 비춘다. 그것은 각조의 기능을 갖고 있기 때문이다.

공과 불공은 제일의 공이라고 했다. 제일의 공은 어리석은 자는 보지 못한다고 했다. 그러므로 각조의 기능은 어리석은 중생은 보지 못한다는 말씀이다.

海東疏 第二中言 一切世間境界悉於中現者 是釋彼經智慧者見空及與不空

두 번째 가운데서 말한 일체세간의 경계가 모두 그 가운데 나타난다는 것은 바로 저 경에서 지혜가 있는 자는 공과 불공을 본다고 한 것을 풀이한 것이다.

경계라고 하니 어떠한 기준에 의하여 나누어진 경계선이 자꾸 생각나지만 여기에서의 경계는 앞에서 말했듯이 일체법이다. 그것은 눈앞에 나타난 삼라만상이다.

인훈습경 가운데서는 일체세간의 모든 것들이 다 나타난다. 저 경은 **열반경**이다. 지혜가 있는 자는 그것들을 다 본다고 하신 것은 空이 곧 不空이고 不空이 곧 空이므로 다 볼 수 있다고 하신 것이다.

海東疏 如彼經言 空者一切生死 不空者謂大涅槃故

저 경에서 空이라는 것은 일체의 생사고 불공이라는 것은 대열반이다
고 하셨기 때문이다.

물론 저 경은 **열반경**이다. 空은 생사를 상대로 설하여졌다. 그러므
로 空에는 열반의 뜻이 없다. 그러나 不空은 열반까지 다 포함하고
있다. 그러므로 空이라고 할 때 편공을 생각할까 싶어서 일부러 제일
의 공을 언급하셨다. 편공은 소승에서 말하는 진리 하나만 말한다고
했다.

생사는 空하다. 생사는 없다. 꿈은 空하다. 꿈은 없다. 그래서 空이
된다. 그러나 꿈을 깨고 나면 진짜의 사람이 있다. 그 사람은 살아서
움직인다. 이것이 바로 위에서 말한 연기며 실상이다. 이것을 不空이
라고 한다. 不空은 空하지 않다는 것이다. 그것을 제일의 空이라고
한다.

반야경에 세상의 모든 것은 거울 속의 사물과 같아 진실로 공하여
불생불멸한다. 그처럼 범부 또한 空하여 진실로 불생불멸한다고 하
셨다. 이것은 실상만을 언급한 것이다.

그러나 **열반경**에서 생사는 空하지마는 열반은 空하지 않다고 하
셨다. 열반은 죽어 있는 것이 아니라 생생하게 살아 움직이고 있다.
그것을 不空이라고 한다. 그러므로 대승의 空인 제일의 空을 단순히
無나 虛로 표현하면 큰일 나는 이유가 바로 여기에 있다.

海東疏 此中但現生死境界 旣現於鏡 故言不出而不染鏡 故曰不入

이 가운데서는 단지 생사경계만 나타내고 있다. 이미 거울에 나타나 있기 때문에 나오지 않는다고 하고 거울을 더럽히지 않기 때문에 들어가지 않는다고 하였다.

이 가운데서는 **기신론**을 말한다. 지금 **기신론**은 열반의 세계를 제쳐두고 생사의 세계만 말하고 있다는 것이다.

거울에 사물이 비치고 있다면 사물이 그 속에 들어갔다는 것이다. 그런데 실제로 사물은 거울 속으로 들어간 적이 없다. 사물은 밖에 그대로 있다.

거울에 거대한 빌딩이 비친다. 거기에 빌딩이 들어가 있다. 아무리 큰 물체라도 작은 거울에 다 들어간다. 그래서 거울 속에 들어가 나오지 않고 있다고 했다.

비록 그 큰 빌딩이 자그마한 거울 속으로 다 들어간다 해도 거울은 손상을 입지 않는다. 물리적으로 작은 것은 큰 것을 담지 못한다. 하지만 거울은 그것이 가능하다. 거울은 사람들의 사고하는 물리적 한계를 벗어나 있다.

그래서 우리 마음은 비록 자그마하지만 심하게 요동치는 중생세계와 고요한 부처세계를 모두 다 품고 있다. 그 어떤 것도 우리 마음에 들어가지 못하는 것이 없다. 그런데도 우리 마음은 언제나 빈털터리다. 뭔가 문제가 있다.

비록 더러운 물상이 거울 속에 들어간다고 해도 거울에는 더러움이 남아 있지 않다. 그 어떤 물상도 거울을 오염시킬 수 없다. 우리의 원래 마음도 거울처럼 그 무엇도 오염시킬 수 없는데도 지금은 너무 많이 오염되어져 있다. 뭔가 큰 문제가 생겨도 크게 생긴 것만은 틀림없다.

海東疏 隨所現像 同本覺量 等虛空界 偏三世際 故無念念之失 亦無滅盡之壞 故言不失不壞常住一心等也

장소에 따라 형상을 나타내는 것이 본각의 부피와 같고 삼세에 두루하기 때문에 념념이 잃음이 없다. 또 없어지거나 파괴됨이 없기 때문에 잃지도 않고 파괴되지도 않는다. 그것은 항상하는 일심이 그대로인 것과 같다.

거울은 공간에 구애됨이 없이 있는 그대로를 여실히 비춘다. 어느 곳을 비추고 어떤 곳을 비추지 못함이 없어서 천지에 가득하다. 그것은 본각과 같아 비추지 못하는 부분이 없다.

또 거울은 과거 현재 미래에 집착을 하지 않는다. 거울은 오로지 현재에 완전하다. 그래서 과거가 현재가 되고 미래가 현재가 된다. 그러므로 삼세의 시간을 건너뛰어 조명하는 일이 없다. 그러다보니 작용의 생각생각에 간격이 일어나지 않는다. 그것을 념념이 잃음이 없다고 하였다.

지도론에서는 모든 것들은 인연에 의해 나타났다 사라진다. 그러므로 자성이 없다. 그러나 범부에게는 실재로 보인다. 그것은 거울 가운데 영상과 같이 범부의 눈을 속이고 있는 것이다고 하였다.

海東疏 上來明其淨鏡之義 又一切下 釋因熏習義也

위로부터 오면서 청정한 거울의 뜻을 밝히고 있다. 또 일체라고 한 그 이하는 인훈습경의 뜻을 풀이하고 있다.

부처님은 우리의 진짜 마음인 본각 자성을 설명하실 때 주로 허공과 바다, 그리고 거울을 예로 드셨다.

허공은 크다는 의미에서 언급하셨고 바다는 살아 움직인다는 뜻으로 비유를 드셨다. 그리고 손바닥에 올려놓은 물건을 보듯이 세상을 다 비추어 볼 수 있는 능력을 갖추고 있다는 뜻에서 거울을 예로 드셨다.

사람들은 의아해 한다. 부처님의 활동범위는 주로 내륙지방이다. 그런데 어떻게 바다를 그렇게도 잘 설명하실 수 있었는가다. 바다는 대승경전 어디에 안 나오는 곳이 없을 정도로 풍부하다.

그것에 관해서는 의아해 할 필요가 없다. 범부는 육안 하나만 갖고 있지마는 부처님은 五眼을 갖고 계신다. 그러므로 육신이 직접 움직이지 않고도 천안과 혜안으로 바다를 보실 수 있다.

이런 사실을 모르고 사람들은 부처님이 스리랑카로 가실 때 바다를 보신 것이 아닌가 한다. 스리랑카는 인도 북부에서 수십 만 리 떨어진 곳이다. 발우 하나를 들고 스리랑카까지 도보로 갔다 오려면 적어도 십 수 년은 족히 걸리고도 남는 거리다. 그러므로 그것은 불가능하다.

하긴 그렇게 먼 곳이라고 해도 갔다 오지 못할 것도 없다. 그분은 신통력을 갖추고 계시기 때문에 분신을 나눠서 다녀올 수도 있다. 하지만 스리랑카 사람들은 부처님이 직접 자기나라를 다녀가셨다고 한다. 하지만 그것은 사실이 아닐 것이다.

그 이유는 부처님이 천상을 왕래하셨다는 기록이다. **대승일자왕소문경**에 의하면 부처님은 그분의 모친인 마야부인이 죽어서 도리천에 태어났으므로 모친을 위해 설법하시려고 천상에 올라가시었다. 거기서 100일 동안 무상법문을 설하시다 보니 지상에 빨리 내려오실 수가 없었다.

교상미국의 왕 우데나는 부처님을 너무 그리워한 나머지 5척 높이의 부처님 좌상을 우두전단으로 만들었다. 5척은 1미터 50센티미터다. 전단이란 나무는 오랫동안 은은한 향기를 뿜어내는 향나무로 유명하다. 그 중에서도 특히 향내가 최상품에 속하는 나무가 우두전단목이다.

이 소식을 들은 사위국의 왕 바사닉도 5척 높이의 불상을 자마금으로 만들었다. 자마금은 황금 중에서도 최고 품질의 금이다. 우데나왕과 바사닉왕은 자기들이 만든 불상에다 지성으로 공경과 예배를 드리면서 부처님이 하루빨리 지상으로 내려오시기를 간절히 기원하였다.

천상의 세계에 올라가 계시는 100일 동안도 못 참아서 두 왕들이 이렇게 불상을 조성했는데 10년이 넘는 기간 동안 부처님이 자리를 비우셨다면 그에 대한 더 많은 기록들이 있어야 할 터인데 그런 것이 없는 것만 보아도 직접 가시지는 않으신 것 같다.

그러므로 부처님이 대소승 경전에 바다를 언급하신 것은 육안으로 보아서가 아니라 천안으로 보셨음이 틀림없다고 여겨진다.

다시 **해동소**로 돌아와서, 또 일체라고 한 밑에 부분은 위 원문을 풀이하면서 이미 설명하였다.

第三中言出於二礙淳淨明者 是明前說因熏習鏡出纏之時爲
法身也

세 번째 가운데서 말한 두 가지 장애를 벗어나면 맑고 청정하고 밝게
된다는 것은 바로 앞에서 말한 인훈습경으로 인해 얽힌 것을 벗어날
때 법신이 된다는 것을 밝힌 것이다.

두 가지 장애는 번뇌장과 지장이다. 이 두 가지 장애를 온전히 갖
고 살아가면 범부고 일정 부분만 가지면 보살이다. 그러나 이 두 가
지를 완전히 벗어나면 부처다.

범부는 가져야 할 것은 가지지 않고 가지지 말아야 할 것은 보물처
럼 가지고 있다. 번뇌장과 지장은 범부를 지옥으로 끌고 가는 목줄이
다. 이것을 가지고 있는 한 범부는 누구 가릴 것 없이 모두 다 죽음에
예약되어져 있는 삶을 한시적으로 살고 있다.

번뇌장과 지장, 이 두 가지는 나를 죽이려고 한다. 그런데 나는
살려고 한다. 그 살려고 하는 작용이 바로 인훈습이다. 그것이 대승
이다. 그것은 나를 옭아매고 있는 목줄을 벗겨 자유로워지려 발버둥
치고 있는 내면의 작용이다. 그 작용에 힘을 실어주는 것이 바로 불
교의 수행이다.

그 수행이 무르익으면 부처가 된다. 그러면 그 모든 묶임으로부터
해탈한다. 그런 자들은 죽음이 죽이지 못한다. 그러므로 그분들은
영원히 산다. 그래서 그분들의 수명은 끝이 없다. 그래서 부처는 영

원하다. **금광명경**에 보면 부처님의 수명에 대해 네 가지 비유를 드신 것을 볼 수 있다.

첫 번째는 물방울이다. 망망대해에 가득 차 있는 물의 부피는 얼마나 될까. 만약에 그 대해의 물을 작은 물방울로 쪼개면 그 수가 얼마나 될까. 비록 누가 그것이 얼마나 되는지 그 수를 다 헤아린다고 해도 부처님의 수명은 얼마나 긴지 다 셀 수가 없다.

두 번째는 수미산이다. 산꼭대기가 보이지 않은 태산 중에서 태산은 수미산이다. 그 산의 무게는 과연 얼마나 될까. 누가 그 수미산의 무게를 달아 얼마인지 알아내는 능력이 있다 하더라도 부처님의 수명은 얼마나 되는지 다 셀 수가 없다.

세 번째는 먼지다. 넓고 넓은 세상에 가득 차 있는 먼지의 수는 과연 얼마나 될까. 누가 이 세상에 많고도 많은 먼지의 숫자를 다 세는 자가 있다 하더라도 부처님의 수명이 얼마나 되는지 다 셀 수가 없다.

네 번째는 허공이다. 광막한 우주에 끝도 없이 펼쳐져 있는 저 푸른 하늘의 크기는 얼마나 넓을까. 누가 그 넓이를 다 가능할 수 있는 자가 있다 하더라도 부처님의 수명이 얼마나 되는지는 능히 계산하지 못한다고 하셨다.

海東疏 第四中言依法出離故徧照衆生心者 卽彼本覺顯現之時 等照物機 示現萬化 以之故言隨念示現

네 번째 가운데서 법출리에 의거해 중생의 마음을 두루 비춘다는 것은 곧 본각이 밝게 나타나는 때에 중생의 근기를 두루 비춰보아

온갖 방편을 시현하므로 중생의 생각에 따라 시현한다고 한 것이다.

네 번째 거울은 연훈습경이다. 이것은 세 번째 法出離법출리하는 능력에 힘입어 중생을 두루 살펴본다. 살핀다는 말은 인위적인 냄새가 짙다. 그래서 비춘다 라는 자연적인 글로 대신했다.

부처는 힘을 써서 중생을 제도하는 것이 아니다. 오로지 제도될 중생만 제도하기 때문에 피곤하거나 지침이 없다. 왜냐하면 부처는 순리대로 중생을 제도하시기 때문이다.

부처는 교화가 가능한 중생인지 그렇지 않은지를 정확히 판단하신다. 그래야만이 뒤탈이 없다. 안 되는 자를 억지로 교화하려 하면 교화를 하시는 분이나 교화를 받는 중생이나 서로가 힘들고 고달프다. 그래서 중생의 근기를 먼저 살펴보신다. 그런 능력의 힘은 본각이 밝게 드러날 때 나타난다.

부처의 교화는 전적으로 중생에게 달려 있다. 아무리 선생이라 해도 학교에 오지 않은 학생은 훈육할 수 없다. 아무리 부처이지만 가르침을 외면하는 자는 어떻게 할 수가 없다. 일단 학교에 오면 선생은 학생을 가르친다. 일단 불교에 들어오면 부처는 중생을 주시한다. 그래서 성사가 중생을 따라 시현한다고 하신 것이다.

일단 부처에게 자신을 맡기면 온갖 다양한 방법으로 자신을 제도하신다. 중생이 무량하기 때문에 부처가 중생을 제도하는 방법도 무량할 수밖에 없다. 즉 오만가지 방법으로 어떻게든 중생을 고통의 수렁으로부터 건져내시려고 한다. 그래서 위 문장에 萬이라는 글자가 들어가 있다.

此與前說不思議業有何異者

이것과 앞에서 말한 부사의업과는 어떻게 다른가?

우리는 지금 본각 중에서 성정본각의 해설을 듣고 있다. 이 성정본각에 네 개의 거울이 있었는데 마지막 것이 연훈습경이다. 즉 중생을 이롭게 하는 거울이라는 뜻으로 우리 마음은 언제나 중생을 이롭게 하고자 하는 속성을 갖고 있다고 했다.

그런 연훈습경의 작용과 이 앞의 문장, 즉 수염본각 속에 들어 있는 부사의업상과는 어떻게 다르냐는 것이다. 부사의업상은 중생을 부처로 만들기 위해 불가사의한 방편을 쓰는 것을 말한다고 했다.

海東疏 彼明應身始覺之業 此顯本覺法身之用 隨起一化 有此二義

저기서는 시각을 이룬 응신의 행업이고 여기서는 본각의 법신 작용을 나타내고 있다. 중생을 따라 한결같은 교화를 일으키는데 이런 두 뜻이 있다.

저기는 수염본각의 부사의업상이다. 거기서는 응신이 중생을 제도하는 방법을 밝히셨고 여기서는 본각이 어떻게 중생을 교화하는지 그 작용을 나타내고 있다고 했다.

쉽게 말하자면 응신은 부모고 본각인 법신은 집안이다. 부모는 자식을 모든 어려움으로부터 벗어나도록 보살피고 교육시킨다. 하지만 집안 분위기와 주위 환경이 좋지 못하면 자식이 제대로 성장할 수 없다. 그 좋은 환경 역할을 하는 것이 바로 법신이다.

법신과 응신은 중생을 제도하는 데 대한 역할이 다르지만 중생을 제도하신다는 명제는 하나다. 오로지 한결같이 그들을 교화시킨다는 데 중요한 역점이 있다.

海東疏 總說雖然 於中分別者 若論始覺所起之門 隨緣相屬而得利益 由其根本隨染本覺 從來相關有親疏故

묶어서 말하면 비록 그러하지만 나눠 봤을 때는, 만약 시각이 일으키는 문 쪽이라면 인연 따라 상속해서 이익을 얻게 한다. 그 근본은 수염본각이기 때문에 종래로 상관하여 친소가 있게 된다.

묶어서 말해보면 중생을 제도하는 데 있어서는 법신이나 응신이나 가릴 것 없이 똑같다는 뜻이다.

그러나 따로 떼어서 설명해 보면 조금은 다르기도 하다. 시각에 의해 성불한 응신은 제각기의 인연이 있다. 그런 인연이 연속되어지면 그 중생은 시각의 부처에게서 이익을 얻는다. 오랫동안 그 부처와 그 중생이 서로 인연을 쌓아 상관관계에 있기 때문이다.

가난한 농부가 농토가 없어서 농사를 짓지 못했다. 농사를 잘 지을 자신이 있는데 지을 땅이 없다. 농부는 도시로 나가 악착같이 돈을 벌었다. 그리고는 다시 고향으로 돌아와 농토를 구입했다. 그의 몸속에는 농사꾼의 피가 흐르고 있기 때문이다.

이제 중요한 것은 그 농토에다 무슨 작물을 심느냐는 거다. 토마토 농사를 짓고 싶으면 토마토농사를 짓는 사람과 교류할 것이고 딸기 농사를 짓고 싶으면 딸기 농부와 사귀면서 그에 대한 노하우를 배우게 될 것이다.

그렇게 세월이 지나 그 방면의 최고 전문가가 되면 그와 같이 함께 농사를 지은 자들이 그로 인해 큰 이익을 얻게 된다. 그에게 기술이나 방법을 제공받아 그들도 그 방면에서 최고가 될 수 있기 때문이다.

악착같이 돈을 번다는 것은 모진 수행을 말한다. 농사꾼이 귀농한다는 것은 자기 자리를 찾아 나섰다는 뜻이고 작물을 선택한다는 것은 수행의 길을 찾는다는 것이다. 농사꾼들을 사귄다는 것은 도반들을 만든다는 것이고, 전문가가 된다는 것은 결국 부처가 된다는 것이다.

그러면 자동적으로 그 성공한 전문가의 기술과 방법의 도움으로 그와 같이 지내온 동료들이 무한의 이익을 얻는다. 그 말이 바로 오랫동안 함께 한 도반과 그를 도와 준 주위사람들이 이제 역으로 부처의 도움을 받아 똑같이 부처가 된다는 것이다.

그래서 응신이 되도록 도와주고 밀어 준 인연있는 중생들이 이익을 받는다고 하신 것이다.

우리도 석가모니부처님과 과거 전생에 무슨 인연이 있었을까?! 좋은 인연이 있었다면 그분께 무한이익을 얻을 것이고 그렇지 않다면 그저 그분의 모습을 구경하다가 빈손으로 돌아가게 될 것이고...

[海東疏] 論其本覺所顯之門 普益機熟不簡相屬 由其本來性淨本覺 等通一切無親疏故 廣覺義竟

본각이 나타나는 문 쪽으로 말할 것 같으면 널리 이익되게 하려고 근기를 숙성시키는데 상속을 가리지 않는다. 그 본래의 성정본각은 일체에 고루 통하여 친소가 없기 때문이다. 본각의 뜻을 널리 설명한 것을 마친다.

본각 쪽으로 보면 농토와 같다. 농토는 영원한 주인이 없다. 농토가 필요없는 사람은 떠나고 농토가 필요한 사람은 찾아온다. 그러므로 농토에게는 친하고 안 친하고가 없다. 친한 사람이라고 소출을 더 내주고 안 친한 사람이라고 그 반대로 해 주지 않는다.

농토는 모든 작물을 성숙시킨다. 주인이 누구인지 상관이 없다. 누구라도 농토를 아끼고 가꾸는 만큼 그에 합당한 보답을 해 준다. 그처럼 법신은 중생을 가리지 않고 본각을 키우고자 원한다면 그 근기를 성숙시킨다. 법신은 농토처럼 수행자에게 친소나 원근을 가리지 않는다.

결론을 내리자면 법신은 응신과 화신을 만들고 응신과 화신불은 중생을 이익되게 한다. 이것은 논밭이 작물을 키우고 중간상인은 그것을 소비자에게 공급하는 것과 같다.

그런데 중간상인인 응신이 언제나 중생들에게 오는 것은 아니다. 중생들의 간절한 기다림이 있어야 나타난다. 물건을 팔러 왔다가 손님이 없으면 다른 곳으로 이동해 버리는 것처럼 그분들도 언제든 중생들을 떠날 수가 있다.

그런 응신의 중간상인을 기다릴 수 없으면 내가 직접 법신의 농토에서 농사를 지어야 한다. 소비자는 누구라도 농사를 짓고 싶으면 농부처럼 자기도 직접 농토인 법신의 세계에서 이익을 챙겨갈 수가 있다.

그때 농부는 독학으로 직접 수행자가 되는 것이다. 그러면 법신의 농토에서 바로 이익을 챙기게 된다. 그것을 不信해서 곡물을 심지 않으면 삼계의 거지로 끝없이 살아가는 것이고 佛信해서 곡물을 심으면 그 복덕으로 삼계를 뛰어넘는 부처가 될 것이다.

불신이라는 발음은 똑같지만 佛信을 택하면 자기가 살고 不信을 택하면 자기가 죽는다. 어느 것을 택할지는 자기의 복덕 여하에 따라 선택되어진다.

別記 四種鏡中 第二因熏習者 此性功德 能作正因 熏衆生心能起 厭樂 及諸加行乃至佛果 言因熏習 一切諸法悉於中現 故名爲鏡
네 가지 거울 가운데서 두 번째 인훈습이라는 것은 성공덕이 정인을 작동시켜 중생심을 훈습한다. 싫어하고 좋아하는 마음과 모든 가행정진을 일으켜 불과에 다다르게 하므로 인훈습이라고 하고, 일체 모든 법이 모두 정확히 나타나므로 거울이라고 한다.

중생의 마음속에는 하늘에 별보다도 더 많은 수의 공덕이 들어 있다. 그것을 성공덕이라고 한다. 하지만 범부는 그 성공덕을 일으킬 힘이 없다.

옛날에 정미소를 가면 커다란 발동기가 있었다. 중간에 동력장치가 있고 양 날개는 큰 쇠바퀴로 되어 있었다. 전기가 없던 시절이라 그 발동기를 손으로 돌려 전기를 일으킨다. 그러면 그 발동기에 연결된 정미소의 모든 벨트들이 부속기계를 움직여 곡식을 찧는다.

만약에 발동기가 있어도 건장한 사람이 그것을 돌리지 못하면 거대한 쇳덩어리는 무용지물이 된다. 사람들마다 다 그런 인훈습의 발동기를 가지고 있다. 그것을 돌려야 복덕의 양식을 찧을 수 있는데 범부 스스로는 그것을 돌릴 힘이 없다.

그래서 인훈습의 수행을 해야 한다. 그것은 복덕을 짓는 것이다. 복덕은 기름과 같아서 발동기를 돌리는데 훨씬 쉽게 동력을 일으킬 수 있다. 그것을 바탕으로 발동기를 돌린다. 일단 발동기가 작동되면 그때부터는 자동으로 돌아간다. 거기서 정진의 힘을 얻는다.

그러나 이제는 상황이 달라졌다. 세상 어느 방앗간이든 전기가 들어가지 않는 곳이 없다. 힘들게 수동으로 발전기를 돌리던 시대는 지났다. 언제든지 콘센트에 플러그를 정확하게 꽂으면 발동기가 작동된다.

그처럼 이제 어디서나 부처님의 위대한 콘센트에 인훈습의 플러그를 꽂으면 바로 내 안의 正因인 발동기가 작동한다. 正因은 부처가 될 수 있는 예약된 요소다. 이 인훈습이 작동되면 중생심이 밀려나간다. 그것이 중생심을 훈습한다는 것이다.

正因인 인훈습이 훈습하면 바로 생사를 싫어하고 열반을 좋아하는 마음이 일어난다. 그것이 유명한 염생사고 구열반락이라는 것이다. 이것이 일어나야 제대로 된 불교를 찾는다. 그렇지 않으면 집집마다 절이고 길가마다 불상이 세워져 있어도 자기의 구제에는 전혀 관계가 없다. 여기서 틀림없이 누가 묻는다.

"염생사고 구열반락이 뭡니까?"
"띄웅!"

유명한 사찰을 다 둘러보고 오고가는 스님들을 수없이 봐 와도 마음에 심쿵한 느낌이 일어나지 않는다면 그 사람은 바로 염생사고 구열반락하고자 하는 인훈습이 정지되어 있다.

그러면 천지간에 팔만대장경각이 건립되고 산더미 같은 경율론 삼장이 쌓여 있어도 생사에 윤회하는 자기에게 눈곱만큼도 도움이 되지 않는다. 오히려 그것들을 관리하기 위해 피같은 세금만 내고도 거추장스럽게 보이기만 할 뿐이다.

그러므로 수많은 불상을 보고 수없는 법문을 들어도 마음에 변화가 일어나지 않는 자들은 자신을 위해서 빨리 복덕을 지어 염생사고 구열반락하는 발동기를 돌려야 한다. 그렇지 않으면 세세생생 화탕지옥의 뜨거운 불길이 자신을 휘감게 될 것이라는 것을 분명히 각오해야 한다.

別記 如華嚴云 譬如深大海 珍寶不可盡 於中悉顯現 衆生形類像 甚深因緣海 功德寶無盡 淸淨法身中 無像而不現 正謂此也

화엄경에, 비유하자면 깊은 대해에 진귀한 보배가 다함이 없어도 모두 다 밝게 드러남과 같이 중생의 온갖 모습들도 깊고 깊은 인연의 바다에 공덕의 보배가 다함이 없는 것처럼 청정법신 가운데 형상이라는 형상은 드러나지 않음이 없다 하셨으니 정확하게 이것을 말씀하신 것이다.

이 문장은 **혈맥기** 1권에 한 번 나왔었다. 귀경게 가운데 법보인 진여대해를 설명하시면서 성사가 이 경전의 게송을 인용하시었다.

배고픈 중생들은 깊고 깊은 바다에서 온갖 것들을 다 채집한다.

보물이건 광물이건 어류건 해초류건 간에 모든 것을 다 챙겨간다. 그것은 바다는 없는 것 없이 일체 만물을 다 저장해 놓고 있기 때문이다.

바다는 모든 생명들의 모태고 일체 만물의 창고다. 시간을 초월해 거기서 일체 생명들이 잉태되고 일체만물이 생산되고 있다. 그래서 바다는 모든 것을 구비하고 있으면서 끊임없이 살아 숨 쉬고 있다.

중생의 마음도 깊고 깊은 바다와 같다. 그 마음속에는 공덕이라는 공덕과 지혜라는 지혜는 모두 다 들어 있다. 하지만 그것이 보이지 않는다. 그것은 중생의 마음이 끊임없이 요동쳐 고요하지 않기 때문이다.

파도가 조용하면 바다의 보물이 보이고 중생의 마음이 고요하면 공덕의 보물이 보인다. 그런 보물은 마음이 고요해지는 부처가 될 때 다 드러난다. 그래서 청정한 법신이 되면 전혀 보이지 않던 성공덕의 보물과 일체만물의 형상이 거울 앞에 물상처럼 그대로 드러나게 된다고 하신 것이다.

別記 第四緣熏習者 始起圓智 作增上緣 熏眾生心令起厭樂 及諸加行乃至佛果 故名緣熏

네 번째 연훈습은 처음으로 원만한 지혜가 일어나 위쪽으로의 인연을 더욱 증대해 가면서 중생의 마음을 훈습해 염락과 가행의 정진으로 불과에 다다르게 한다. 그래서 연훈이라고 한다.

연훈습은 깨달음의 인연을 지어 나간다. 인훈습에 의해 공덕이 쌓이면 원만한 지혜가 나타난다. 그 지혜는 깨달음으로 나아가고자 하는 동력을 일으킨다. 그러면 자동적으로 염생사고와 구열반락하는 마음이 일어난다. 그와 동시에 정진을 더욱더 가행시킨다.

인훈습은 자체훈습이지만 연훈습은 위로는 제불보살의 보호를 받고 아래로는 인연있는 중생들을 구제한다. 그 내외적 힘으로 복덕을 지어 나간다. 그것을 바탕으로 부처의 과위에 오른다.

두 사람이 굴뚝 청소를 하였는데 한 사람은 얼굴에 검정을 많이 묻혔고 또 한 사람은 그렇지 않다. 이 둘 중에서 누가 먼저 세수를 할 것인가라는 이야기가 있다. 검정을 많이 묻히지 않은 자가 먼저 세수를 하는 것이 맞다라고 한다.

그처럼 연훈습은 다른 중생들이 고통 받는 모습을 보고 발심을 일으키는 계기로 삼는다. 또 부처님의 설법에 감동하여 깨달음을 위한 수행에 임한다. 중생과 부처 둘 다 자신을 깨닫도록 도와주는 인연이 되는 것이다.

厭樂염락은 염생사고와 구열반락의 준말이다. 生死가 소름끼치게 싫어서 열반의 즐거움을 구한다는 뜻이다.

불과는 성불을 말한다. 즉 부처의 지위다. **불모출생삼법장반야경**은 수만 가지 바라밀행에 의해 이루어진 결과가 불과가 된다라고 하셨다.

"성불 받는다는 말은 무엇입니까?"
"난 단 한 번도 그런 말을 한 적이 없습니다."

別記 此諸行德不離圓智 是彼智影 故名爲鏡 如佛地經說大圓鏡
智能起一切衆生諸善法影 此之謂也

이 모든 수행과 공덕은 원만한 지혜를 떠나지 않는다. 그런 지혜의
빛을 거울이라고 한다. 저 불지경에서 대원경지는 능히 일체중생이
갖고 있는 모든 선법의 빛을 일으킨다고 하셨는데 이것을 말씀하신
것이다.

수행과 공덕은 지혜를 일으키는 요소다. 자동차를 씻지 않으면 더
러워서 탈 수가 없다. 그래서 깨끗하게 세차를 한다. 그러면 기분이
좋아진다. 씻는 것은 수행이고 기분이 좋은 것은 공덕이 일어난 것이
다. 그러면 거래하고 구상하는 일이 슬슬 잘 풀리게 된다. 지혜가
작용하는 것이다.

그래서 수행과 공덕은 지혜와 연결되어져 있다. 그 지혜의 빛이라
는 것은 비유하자면 거울이 사물을 비추는 것과 같다.

불지경은 1권으로 현장법사가 번역했다. 이 경전의 내용은 청정법
계와 四智를 밝히고 있다. 부처님의 지위에 오르면 세상이 청정하게
보이는데 그것은 대원경지의 지혜로 보기 때문이다고 하셨다.

四智는 성소작지 묘관찰지 평등성지 대원경지다. 성소작지는 범
부가 不覺을 성취할 때 일어나는 지혜다. 불각은 10주에 올라갈 때
를 말한다. 그리고 묘관찰지는 삼현보살이 일으키는 지혜고, 평등성
지는 10지보살이 일으키는 지혜다. 마지막 대원경지는 부처가 될 때
나타나는 지혜를 말한다.

부처의 지혜는 허공에다 걸어놓은 거대하고 원만한 거울과 같이

전 우주를 다 비춘다고 해서 大圓鏡智대원경지라고 한다. 이 대원경지
는 일체중생들을 보는 거울이면서도 일체중생들이 보는 거울이 된
다. 부처는 중생을 보시고 중생은 그것을 보고 자신을 다듬는다. 그
래서 선법을 일으키는 거울이라고 하셨다.

위 문장에서 주의해야 할 글자는 影영자다. 대충 보면 그림자 影
자로 보이지마는 여기서는 모양 影 자로 해석해야 한다. 그 모양은
바로 거울이기 때문이다.

別記 餘二種鏡 義顯可知
나머지 두 종류 거울의 뜻은 드러나 있으니 가히 알 것이다.

첫 번째는 텅 빈 거울이고 두 번째는 꽉 찬 거울이다. 그리고 세
번째는 자유로운 거울이고 네 번째는 이익을 주는 거울이다.

성사는 두 번째인 인훈습경과 네 번째인 연훈습경만을 이제까지
중점적으로 풀이하셨다. 그리고 나머지가 되는 첫 번째인 여실공경
과 세 번째인 법출리경은 이미 그 뜻이 드러나 있으니 보면 알 것이
라고 하시면서 더 이상 설명을 하지 않으시고 성정본각에 대한 설명
을 끝맺으신다.

정리하자면 우리 마음속에는 수염본각과 성정본각이 들어 있다.
수염본각은 지정상과 부사의업상이라는 씨앗을 갖고 있고 성정본각
은 네 가지 거울과도 같은 기능을 갖고 있다는 것이다.

ⓒ 불각

A. 근본불각

海東疏 △次釋不覺 於中有三 先明根本不覺 次顯枝末不覺 第三總
結本末不覺

다음은 불각을 풀이한다. 거기에 세 문단이 있다. 먼저 근본불각을
밝히고 다음은 지말불각을 드러낸다. 그리고 세 번째는 근본불각과
지말불각을 합해서 결론을 내린다.

　이제 불각이다. 앞에서 시각과 본각을 풀이했다. 금덩이로 말할
것 같으면 본각은 금덩어리 그 자체다. 불각은 금덩어리가 번뇌와
죄업의 흙덩이에 묻혀 있는 것을 말하고 始覺은 그것을 털어내게 되
면 원래의 금덩어리가 나타난다는 것이다.
　여기서 가장 중요한 것은 현재 내가 갖고 있는 번뇌와 죄업의 가난
덩어리 속에는 진짜 금덩어리가 있다는 사실을 알아야 한다는 것이
다. 그래야만이 가난을 벗어나기 위해 어떻게든 죄업을 털어내어 그
것을 쓸 것이 아니냐 하는 것이다.

起信論 所言不覺義者 謂不如實知眞如法一故 不覺心起而有其念
念無自相 不離本覺

말한 바 불각의 뜻은 여실한 진여법이 하나라는 것을 알지 못함을
이른 말이다. 불각의 마음이 일어나 망념이 있다 해도 망념은 자상이

없어서 본각으로부터 벗어나지 않고 있다.

먼저 근본불각부터 설명한다. 근본불각은 우리 마음에 원천적으로 들어 있는 어리석음이다. 파란 안경을 끼고 수채화를 그릴 때 파란 안경은 근본불각이고 그 안경을 통해 그려진 수채화는 지말불각이다.

여실한 진여법은 세상 전체다. 그것은 하나다. 분리해서 보면 천만 가지로 보이지마는 전체로 보면 하나일 뿐이다. 사람을 하나로 보면 아름다운 모습으로 보이지마는 구석구석을 파헤쳐보면 더러워서 차마 보지를 못한다.

불각은 전체를 분별로 보는 것이다. 그러므로 하나하나가 차별로 보이고 마디마디가 차등으로 보인다. 마누라도 전체로 보면 그렇게 고마울 수 없지마는 하나하나 따지고 보면 밥 먹는 것조차 맘에 드는 구석이 없다.

집안 식구들도 마찬가지다. 식구들을 차별과 차등으로 보기 시작하면 갈등과 반목이 생겨서 결국 파탄이 난다. 거기서 고통과 슬픔이 일어난다.

불교는 세상을 하나로 보는 본질을 가르친다. 그래서 불교는 내내 안락한 삶을 약속한다. 학교는 본질을 차별하고 분별하는 현상의 법을 가르친다. 그래서 학교교육을 받은 범부는 평생 분별과 차별의 고통 속에서 살아간다.

세상을 하나로 보면 망념이 일어나지 않는다. 분별로 보면 천만 가지 망념이 일어난다. 그 천만 가지 망념은 나와 내 것을 만들었지만 나를 충족하지는 못한다. 그래서 또 천만 가지 망념을 일으킨다. 그러나 그것도 결국 내 마음에 들지 않는다. 그래서 범부는 끊임없이 망념을 일으킨다.

망념은 일으키면 안 되는 것이다. 망념은 눈앞에 어른거리는 벌레와도 같다. 그것은 원래 없는 것이지만 눈을 세게 비비면 즉시 나타난다. 시원함을 느끼기 위해 더 세게 눈을 비비면 결국 망막을 다치게 해서 봉사가 될 수 있다. 그러므로 눈을 세게 비비면 안 되는 것처럼 망념을 크게 일으키면 필연적으로 생사에 헤매게 된다.

망념이 크게 일어나면 범부고 안 일어나면 아라한이다. 적게 일어나면 보살이고 완전히 없어지면 부처다. 그러므로 망념은 범부를 있게 만들고 고통을 준다. 그렇다고 해서 범부가 실제로 있는 것은 아니다.

본각에서 보면 범부는 꿈속의 몽유병 환자와도 같다. 인생이란 가짜무대를 휘젓고 다니면서 죽을 고생을 다 하고 있는 가련한 자들이지만 잠을 깨고 나면 아무것도 없다. **금강경오가해**의 선귀다.

竹影掃階塵不動 죽영소계진부동
月穿潭底水無痕 월천담저수무흔

대나무 그림자가 계단의 먼지를 쓸어도 먼지는 움직이지 아니하고 달빛이 연못에다 구멍을 뚫어도 연못에는 흔적이 없다.

이것을 **금광명경**에서는 꿈속에서 강을 건너는 것과 같다고 하셨다.

起信論 猶如迷人 依方故迷 若離於方則無有迷 衆生亦爾

그것은 마치 어리석은 사람이 방향을 잘못 안 것과 같다. 만약 방향을 벗어나 버리면 방향을 잘못 알 것이 없다. 중생도 또한 그러한 것이다.

방향이라는 것은 원래 없다. 그런데 교사가 아이들에게 말한다. 해 뜨는 쪽이 동쪽이라고 가르친다. 그런데 어떤 아이가 서쪽이라고 한다. 몇 번을 교정해 주었는데도 계속해서 서쪽이라고 한다. 교사는 열 받는다. 그리고 아이를 두들겨 팬다. 교사는 잡혀간다.

방향이 없었다면 동쪽도 없고 서쪽도 없다. 열 받을 일도 없고 두들겨 맞을 일도 없다. 공연히 방향이라는 것을 만들어 놓다 보니 가르치는 것도 힘들고 배우는 것도 힘들다. 열 받는 것도 스트레스 쌓이고 맞는 것도 두렵다. 문제될 것이 전혀 없었는데 문젯거리를 만들어 놓고 다툼을 일으키고 있다.

중생이 그렇다. 고통이라는 것이 전혀 없었는데 고통이라는 것을 만들어 놓고 수많은 고통을 받는다. 이것 참 할 짓이 아니다.

起信論 依覺故迷 若離覺性 則無不覺

깨달음 때문에 미혹함이 있다. 만약에 깨달음이라는 성질을 벗어나면 불각이라는 것도 없다.

해 뜨는 곳을 동쪽이라고 했기 때문에 서쪽이라고 하면 틀린다. 아예 방향 자체가 없다면 틀릴 일이 없다. 상대적 개념이 없기 때문이다.

118

부처가 있기 때문에 중생이 있다. 부처가 없다면 중생이 있겠는가. 마찬가지로 깨달음이 있기 때문에 깨닫지 못함이 있다.

깨닫지 못하고 사는 중생이라 해도 그 삶은 진지하고 치열하다. 그런 삶이 전부라고 알고 있다. 그래서 범부들은 나름대로 주어진 삶을 충실하게 살다가 죽는다. 적어도 부처가 이 세상에 나타나기 전까지 그들은 그 삶이 최고로 값지고 가치 있는 줄 알았다.

그런데 부처가 나타나 버렸다. 금덩어리가 최고인 줄 알았는데 다이아몬드가 나타난 것이다. 이때 금덩어리에 식상한 여유 있는 사람들은 새롭게 다이아몬드를 구하려고 하지만 그렇지 못한 자들은 그전처럼 금덩어리로 만족하고자 한다.

여유 있는 사람들은 복 있는 사람들을 말한다. 그들은 세속법을 버리고 불법을 구하고자 한다. 하지만 복 없는 사람들은 불법을 갖다 줘도 받아들이지 못한다.

그들은 부처를 싫어한다. 부처가 위험하다고 한다. 맞는 말이다. 그들의 삶을 송두리째 뽑아버리는 가르침을 설하기 때문이다. 그들은 누구에게나 위안받고 칭찬받으려 한다. 그러나 부처는 그들의 삶을 직설적으로 꾸짖어 부수어버린다. 그러므로 제똑똑이 범부들은 부처를 어떻게든 경계하고 외면하려 한다.

그런 사람들에게는 깨달음의 법이란 것은 없다. 물론 불각이라는 것도 없다. 오로지 부처가 나타나기 전처럼 그냥 살아왔던 대로 그렇게 살아가고 있을 뿐이다. 그들에게는 그게 삶의 다인 것이다.

起信論 以有不覺妄想心故 能知名義 爲說眞覺 若離不覺之心 則無

眞覺自相可說

불각의 망상심이 있으므로 이름과 뜻을 아는 것이다. 그런 자들을 위해 진각을 말한다. 그렇지만 만약에 불각의 마음을 떠나버리면 진각의 자상이라고 가히 말할 수 없다.

거울이 없던 때가 있었다. 고작해야 맑은 우물에 자신의 모습을 비춰보던 그런 시절 이야기다.

유명한 대갓집에 무남독녀 딸이 있었다. 그 딸은 누가 보아도 박색인데 그 집은 물론 그 누구도 그 딸에게 못났다는 말을 하지 못하였다. 부모에게 그 말을 하면 부모가 상처받고 딸에게 말하면 딸이 충격을 받을 것이기 때문이다.

그래서 그 딸아이를 만나면 일부러 너 참 이쁘다. 넌 어쩜 그리도 잘생겼니 하는 말투로 인사를 하였다. 그러다보니 이제 그 딸아이가 정말로 자기가 이 세상에서 제일 이쁘게 잘생겼는 줄 알고 점점 더 교만해져 가는 것이었다.

부모는 비록 못난 얼굴이지만 단 하나뿐인 자식이었기에 금지옥엽으로 키웠다. 예쁜 옷과 맛있는 음식은 물론 무엇 하나도 소홀함 없이 딸자식이 해 달라는 대로 모두 다 해 주면서 공주처럼 키웠다.

그러던 어느 날 부모가 집을 비운 사이 결국 사단이 났다. 그 집에 거울장사가 들어온 것이다. 행상인은 그녀를 보고 그 집의 하인으로 생각했다. 고래등같은 기와집 주인 집 딸이라 하기에는 그 어디에도 복스러운 복덕상이 없었기 때문이다.

행상인은 쌀쌀맞게 대하는 아이에게 예쁘지도 않는 처녀가 뭐 그러냐고 하면서 거울을 들이밀었다. 부모가 있었으면 어떻게든 그것을 못 보게 말렸을 텐데 부재중이다 보니 막을 방법이 없었다.

딸아이는 거울에 비친 자신의 얼굴을 처음으로 대하였다. 우물이 있었지마는 그녀는 귀한 신분이라 단 한 번도 물을 긷는 일을 하지 않았으므로 우물 속의 자신을 보지 못하였다.

그래서 거울에 비친 자신의 얼굴을 보고 너무 놀랐다. 이제까지 세상에서 단 하나뿐인 제일 예쁜 아이로 생각했는데 이제 보니 세상에서 제일 못난 아이로 드러났기 때문이다.

그 아이는 너무 창피했다. 부모에게도 창피했고 주위 사람들에게도 창피했다. 정말 큰 충격을 먹은 것이다. 행상인이 떠나고 난 뒤에 그 딸아이는 더 이상 괴로움을 견디지 못하고 목을 매는 극단적인 선택을 하고 말았다.

그 딸아이는 적어도 거울장사가 오기 전까지는 행복했었다. 그러나 거울을 대하고 자신이 지지리도 못생겼다는 것을 알게 되었다. 여기까지가 바로 불각이라는 망상심을 아는 단계다.

그리고 정말 창피함을 느낀 것은 진짜로 예쁜 미인들이 따로 있다는 것을 안 것이다. 그것이 불각에 대한 진각이다. 물론 진각은 본각이다.

그 딸아이가 못나지 않고 진짜로 잘생겼다면 거울에 비친 자신의 모습을 보고도 그냥 덤덤하게 받아들였을 것이다. 이미 잘생겼기 때문에 거울을 봐도 크게 놀랄 일이 아니기 때문이다.

이처럼 범부는 못생겼으면서도 다 제멋에 겨워 산다. 그 누구도 못생겼다 말하지를 않는다. 그러다보니 진짜로 잘생긴 우리 위의 생명체들에게 조금도 부끄러움을 느끼지 않고 교만만 부리고 있다.

그러다 불교를 만난다. 불교의 거울로 자신을 비춰보라고 내민다. 그럴 때 화들짝 놀란다. 쥐구멍에라도 숨고 싶을 정도로 자신이 부끄럽고 수치스럽다. 이렇게 느끼는 자는 두 가지 길을 택한다. 하나는 극단적인 선택이고 하나는 혁명적인 변혁이다.

복 없는 범부는 주로 앞에 것을 택한다. 그러므로 불교를 대면하지 않으려 한다. 자신의 초라함이 그대로 드러나기 때문에 그렇다. 범부가 불교를 쉽게 받아들이지 못하는 이유가 바로 여기에 있다. 그래서 그들은 사는 길을 놔두고 죽음의 길을 택한다. 가련하다.

그보다 더 심각한 것은 그 거울이 잘못되었다고 하는 중증중생이다. 자기는 잘났는데 거울이 정상거울이 아니다고 한다. 그래서 거울을 깨어버리려 한다. 그래서 그들은 불교를 욕하고 불교를 등지고 불교를 훼손하려고 한다.

海東疏 初中亦二 先明不覺依本覺立 後顯本覺亦待不覺

처음 가운데 둘이 있다. 먼저 불각은 본각을 의거해 세워진 것이라는 것을 밝히고 뒤에는 본각 또한 불각을 상대로 있다는 것을 나타내고 있다.

처음은 근본불각이다. 불각은 자체적으로 존립할 수 없다. 태어나는 순간부터 치매에 걸린 신생아는 없다. 모두 다 정상적으로 살아가다가 그렇게 된다. 마찬가지로 처음부터 불각의 작용은 없다. 본각이 병이 들면 불각이 나타나는 법이다. 그러므로 불각은 본각에 붙어 있다는 것을 밝힌다고 하였다.

치매는 고쳐야 한다. 고치지 못하면 정말 큰 우환덩어리다. 고치고 자 하는 이유는 거기에 정상의 모습이 들어 있기 때문이다. 그러므로 정상적인 본각을 제시해 비정상적인 불각을 밝혀 나가고자 하는 것이다.

海東疏 初中有三 謂法 喩 合 初中言不如實知眞如法一故者 根本無明 猶如迷方也

처음 가운데 세 가지가 있다. 법과 비유와 결합이다. 처음 가운데서 말한 여실하게 진여법이 하나인 것을 알지 못하기 때문에 한 것은 근본무명을 말하는데 그것은 마치 방향을 잃은 것과 같다.

진여법은 하나다. 생멸법은 천태만상이다. 건강한 몸은 하나다. 병 든 몸은 구석구석으로 세분화된다. 건강하면 자신의 몸을 못 느낀다. 병들면 부분마다 아야 하는 신음소리가 그치지 않는다.

내 마음이 건강하면 세상을 하나로 본다. 내 마음이 병들면 무엇 하나도 만족스런 것이 없다. 전부가 불만투성이다. 그래서 입으로는 늘 아픈 소리만 하고 표정은 항상 우거지상이다.

몸이 아픈 것은 병 때문이듯이 내 마음이 온전치 못한 것은 거기에 근본무명이 들어 있기 때문이다. 근본무명은 원래부터 내 마음속에 들어 있다. 그것은 마치 밝음과 어둠이 함께 붙어 있는 것과 같다.

방향은 목적지를 안고 있다. 목적지가 없다면 방향은 의미가 없다. 그처럼 목적지가 없으면 방향 자체가 없다.

우리에게는 목적지가 있다. 그것은 본각으로의 회귀이다. 그런데 근본무명이 가려 천지분간을 못하게 만들어 버렸다. 그래서 범부는 목적 없는 삶을 살고 있는 것이다.

海東疏 不覺心起而有其念者業相動念 是如邪方 如離正東無別邪西 故言念無自相不離本覺

불각심이 일어나 망념이 있게 된다는 것은 업상이 움직인 망념인데, 이것은 방향을 잘못 안 것과 같다. 정확히 동쪽을 떠난다면 달리 잘못된 서쪽도 없어진다. 그래서 망념은 자상이 없어서 본각을 여의지 않는다고 한 것이다.

　방향을 잘못 안다는 것은 기준점을 잃었다는 뜻이다. 기준점은 중심이다. 중심은 변하지 않는다. 그런데 그 가온자리가 정확하게 어딘지 모른다면 중심을 잡을 수 없다. 그러면 방향을 몰라 헤매게 된다.
　방향을 모르면 서쪽을 동쪽이라고 한다. 그래서 해 뜨는 광경을 보고자 서쪽으로 간다. 그렇게 계속하면 결국 해 뜨는 것을 보지 못하고 지쳐 쓰러진다. 인간의 삶도 마찬가지다. 방향을 잘못 잡고 사는 인생은 행복을 찾는다는 것이 불행을 받아들이는 방향으로 나아간다.
　그래서 **화엄경**에 진리를 모르는 그것이 어리석음이다. 그러면 방향을 잃는다고 하셨고, **원각경**에서는 범부는 四大와 생각을 몸과 마음으로 잘못 알고 있다. 이것은 참을 잃고 거짓에 집착한 것이다고 하셨는데 바로 삶의 방향을 잘못 잡고 있다는 말씀을 에둘러 표현하신 것이다.

능엄경에서는 어리석음의 결과는 背覺合塵배각합진이다. 그 결과 본각이 갖고 있는 오묘하고 원만한 성품을 잃게 되는 것이다고 하셨다. 배각합진은 깨달음을 등지고 어리석음을 좇는다는 뜻이다. 이것 역시 삶의 방향타를 잘못 잡은 경우에 일어나는 일이다.

海東疏 喻合之文 文相可見也
비유와 결합의 문장은 글의 양상을 보면 가히 드러날 것이다.

불각에 대한 문장을 풀이할 때 법과 비유, 그리고 결합의 방식을 쓴다고 하였다. 법은 불각에 대한 명제로 지금까지 설명하였다.

비유는 방향으로 참과 거짓을 구분하였다. 그리고 결합은 그렇지마는 불각은 본각을 벗어나지 않는다는 뜻으로 결론을 맺고 있다. 이런 서술은 원문을 보면 그대로 잘 드러나 있다고 한 것이다.

海東疏 次明本覺亦待不覺 於中有二 初言以有不覺妄想心者 無明所起妄想分別 由此妄想能知名義
이어서 본각 역시 불각을 상대한다는 것을 밝히고 있다. 그 중에 둘이 있다. 첫 번째로 불각에 망상심이 있다는 것은 무명이 일으킨 망상분별이다. 이 망상분별에 의해 이름과 뜻을 알게 된다고 하였다.

일단 무엇을 드러냈다고 하면 그 상대가 있다. 본각 역시 불각을 상대로 한 이름이다. 불각이 없다면 본각이 없다. 아버지가 없다면 어머니가 없다. 동쪽이 없다면 어떻게 서쪽이 있겠는가.

불각은 그냥 있지를 못한다. 쇠는 그냥 있지를 못한다. 불각에는 무명이 작동하고 쇠에는 습기가 작용한다. 둘 다 가만히 있지를 못한다. 불각은 무명에 의해 망상분별이 일어나고 쇠는 습기에 의해 부식되기 시작한다.

범부는 이 망상분별로 세상을 살아간다. 그래서 이 세상에 나타난 모든 것들에 이름을 붙이고 그것을 기록한다. 그리고 그것을 후대에게 전한다. 후대인들은 그것을 기준으로 물상의 이름을 알고 그 뜻을 이해한다. 그것이 불각의 의식이 행하는 지각작용이다. 그것은 망념이다. 망념은 망상을 키운다. 망상은 다시 망념을 일으킨다. 망념은 망령된 생각이다.

그래서 **지지경**에는 여덟 가지 망념이 있다고 했다. 쉽게 설명하면 다음과 같다.

1. 자성망상. 모든 물상은 각각 특별한 자성이 있다는 생각.

2. 차별망상. 상하 장단 대소 미추 색상을 차별하는 생각.

3. 섭수적취망상攝受積聚妄想. 학문과 정보를 보유했다고 자신을 지식인이라고 여기는 생각.

4. 아견망상. 나는 엄연한 사실로 존재한다는 생각.

5. 아소망상. 세상에 나와 내 것이 있다는 생각.

6. 염망상. 사랑하고 좋아하는 것을 기억하여 잊지 않으려 하는 생각.

7. 불념망상. 미워하고 싫은 것들은 기억하고 싶지 않다는 생각.

8. 염불염구상위망상念不念俱相違妄想. 위 6번과 7번을 서로 어긋나게 생각하는 것인데, 예를 들면 사랑하니까 헤어진다거나 싫지만 좋다 하는 따위의 뒤범벅된 생각들이다.

故有言說說於眞覺 是明眞覺之名待於妄想也

그렇기 때문에 언어로 진각을 말하는 것이다. 이 진각의 이름은 망상을 상대해 밝힌 것이다.

선생이 있기에 학생이 있고 학생이 있기에 선생이 있다. 평화가 있기에 전쟁이 있고 고요가 있기에 천둥이 있다. 불각은 세상에 있는 모든 것들을 상대적으로 나누는 심리작용을 일으킨다.

범부가 세상을 분별한다. 범부는 망상심을 갖고 있기 때문이다. 망상심을 갖고 있는 범부에게 세상을 하나로 보라고 하면 그것이 가능하겠는가. 그것은 불가능하다. 그러기에 범부는 범부의 신분으로 사는 것이다. 망상심을 벗어나 버리면 범부에게 분별을 벗어나라고 말할 필요조차 없다.

상대적 개념으로 세상을 보면 정답이 나오지 않는다. 모두 다 자기 기준으로 본다. 오고 감도 그렇고 맞고 틀림도 그렇다. 이쪽에서 보면 태어나는데 저쪽에서 보면 죽은 것이다. 이쪽에서 보면 義士의사가 되는데 저쪽에서 보면 테러리스트다. 이쪽에서 보면 맞는데 저쪽에서 보면 틀린다.

상대적 관념은 서로 간에 분쟁과 투쟁을 야기한다. 그래서 인간이 망상으로 분별하는 세상에는 평화가 깃들지 못한다. 범부가 사는 이 땅에 전쟁 없이 서로 간에 평화가 이뤄질 수 있다는 것은 거북이 등에서 털을 찾는 것만큼이나 불가능한 이유가 여기에 있다.

海東疏 若離不覺則無眞覺自相可說者 是明所說眞覺必待不覺
만약에 불각을 떠나버리면 진각의 자상은 말할 게 없어진다. 이것은 말한 바 진각은 반드시 불각을 상대하고 있다는 것을 밝힌 것이다.

악이 없다면 선은 없다. 악을 짓는 악마가 없는데 선을 짓는 보살이 어떻게 있겠는가. 그러나 세상에는 악이 있고 선이 있다. 중생세계는 반드시 상대적 분별관계가 있다. 이 분별을 떠나버리려면 적어도 삼현보살은 넘어가야 한다.

십지보살이라고 해도 분별을 쓰지 않을 뿐이지 내면에는 잔존해 있다. 그러다 제8 원행지를 넘어가면 일체의 분별이 떨어진다.

그런데 자꾸 범부를 보고 분별을 없애라고 한다. 분별하는 마음을 내려놓으라고 한다. 이 말은 앉지도 못하는 영아에게 일어나서 뛰어라고 주문하는 것과 같다.

세상에 범부가 있다면 어떻게 성인이 없겠는가. 그래서 성인은 범부를 상대로 존경을 받는다. 그러므로 성인은 범부를 제도한다. 만약에 제도 받을 범부가 없다면 성인이라는 이름조차 없다. 그것이 바로 불각이 없으면 진각이 없다고 한 것이다.

그래서 **원각경**에 幻覺환각으로 진각을 설하지마는 그것 또한 이름이 환각이 되는 것이다고 하셨다.

진각은 불각의 思考사고로 설명되어지는 것이 아니다. 그러므로 불각의 기준으로 설명한 것이라면 그것도 결국 불각의 범주에 들어가고 만다는 말씀이다.

[海東疏] 若不相待 則無自相 待他而有 亦非自相 自相旣無 何有他相
是顯諸法無所得義

만약에 상대하지 않으면 자상도 없다. 他相을 상대해 있다면 또한 自相이 아니다. 자상이 이미 없다면 어떻게 타상이 있겠는가. 이것은 제법은 얻는 바가 없다는 뜻을 나타낸 것이다.

범부의 행복은 상대적 행복이다. 범부는 자기 마음의 행복을 모르기 때문에 상대방을 기준으로 행복의 척도를 삼는다. 나는 집 두 채를 가지고 있고 상대는 한 채를 가지고 있다. 그럴 때 행복하다. 그런데 상대방이 어느 날 집 세 채를 가지게 되면 그때부터 나는 불행해진다. 그래서 범부의 행복에는 진정한 행복이 없다.

범부는 언제나 상대방보다 더 크고 더 많이 가지고자 한다. 거기에 행복이 있다고 생각한다. 그것은 행복이 아니다. 그것은 나와 타인을 비교한 우월감이고 교만심이다. 그러니까 범부는 독립적이지 않다.

그러므로 범부는 혼자서 행복을 맛볼 수 없다. 행복이 뭔지 모르기 때문이다. 그러므로 언제나 상대방과 경쟁한다. 거기서 이기면 행복해 한다. 그것은 자체적인 행복이 아니다.

행복은 스스로 만들어야지 상대방에 의해서 만들어진 행복은 행복이 아니다. 상대방과 세상이 다 내 곁을 떠나가도 내가 행복할 때 그때서야 진정한 행복을 맛보는 것이다.

그러기에 위 문장에서 他相을 상대해 있다면 自相이 아니다라고 말씀하신 것이 바로 이런 뜻이다. 즉 상대적 관념에서 전제된 이름은 모두 다 절대적인 自相이 아니라는 것이다.

海東疏 如下文言 當知一切染法淨法皆悉相待 無有自相可說
저 아래 글에 말하기를, 일체의 염법과 정법은 모두 다 상대적이어서 자상이라고 가히 말할 것이 없다는 것을 마땅히 알아야 한다고 했다.

염법은 중생세계고 정법은 부처세계다. 이것은 상대적 개념이다. 부처의 세계를 말하다 보니 중생의 세계를 말했다. 그렇다면 부처의 세계가 따로 있다는 것인가. 아니다. 부처의 세계는 따로 있는 것이 아니라 중생세계 속에 부처의 세계가 있다. 그래서 부처의 세계는 중생의 상대적 분별로부터 떠나 있다고 하는 것이다.

그래서 禪에서 상대적 분별을 떠나 버리기 위해 제자가 물으면 스승은 전혀 엉뚱한 말로 받아쳐 버린다. 같이 대화를 주고 받아 봐야 상대적 대화이기 때문에 언어를 떠난 진면목을 제자에게 드러낼 수가 없기 때문이다. 운문선사에게 누가 이렇게 물었다.

"道란 무엇입니까?"
"去거."

대답이 황당하다. 그럴 수밖에 없다. 도를 어떻게 설명한단 말인가. 그래서 영 엉뚱한 대답이 나왔다. 어떤 뜻을 품은 함축적인 대답이 아니다. 그냥 던져버리는 말이다. 그러기에 이 대답에 어떤 의미를 붙일 필요가 없다.

이 괴팍한 대답은 묻는 자가 기대하는 대답과 완전히 빗나갔다. 그럴 때 진리가 나타난다. 하지만 사람들은 이 대답에 또 어떤 자기 나름대로 사족을 붙인다. 자유롭고 거침없이 가는 것이다. 물이 흐르는 것처럼 가는 것이다 등등으로 풀이를 한다.

백이면 백 사람에게 물어봐도 다 다른 풀이를 한다. 글을 잘 쓰는 사람은 매끄러운 문자로 풀어낼 것이고 말을 잘 하는 사람은 유수같이 그 뜻을 설명할 것이다. 대신 글도 잘 못쓰고 말도 잘 못하는 사람은 그냥 알아도 등신처럼 가만히 앉아 있을 것이다.

하지만 그 누구도 이 질문에 대한 대답의 뜻은 모른다. 그러므로 차라리 몰라서 가만히 있는 사람이 더 가까이 가 있는지 모른다.

운문선사의 성격과 평소의 사례로 그렇게 대답했을 거라고 말하는 사람은 아직도 상대적 관념에서 꿈을 꾸고 있는 사람이다. 선은 관습적이고 선례적인 상대적 관념을 허물어버리는 작업이기 때문이다.

하지만 여기서는 중생을 어떻게 설명할 수 없어서 임시로 부처를 상대적 개념으로 내세웠다. 중생은 고통을 받고 부처는 즐거움을 누린다는 형식으로 상대를 두었다. 그렇지마는 부처와 중생은 상대가 아니다. 이 둘은 동일 선상에 있고 같은 몸체로 존재한다.

海東疏 智度論云 若世諦如毫釐許有實者 第一義諦亦應有實 此之謂也

지도론에서 만약 세속의 진리에 털끝만큼이라도 진실이 있다면 제일의
제 또한 응당히 진실이 있는 것이다고 하였는데, 이것을 말한 것이다.

범부의 세계와 부처의 세계는 분리되어 있는 것이 아니다. 손바닥
과 손등은 분리되지 않는다. 손등이 중생세계면 손바닥이 부처세계
다. 손등의 삶이 고통스럽다면 손바닥의 삶으로 뒤집어 살면 된다.
삶의 방향을 아예 바꿔버리는 것이다.

그런데 그것이 쉽게 되지 않는다. 한번 고착된 이념의 사상은 끝까
지 바꾸려 하지 않는다. 설령 대를 이어 죽는다 해도 손등을 뒤집는
삶을 살려 하지 않는다.

삶과 죽음, 즉 영원과 무상은 같이 공존한다. 그처럼 부처와 중생
도 한 마음에 붙어 있다. 어느 쪽을 선택해 사느냐에 따라 고통과
안락이 갈라진다.

꿈과 생시는 구분되는 것이 아니다. 다 한 몸에서 나타난 모습이
다. 그래서 **지도론**에 세속에 있는 모든 것들은 다 제일의제에 있는
것이다고 한 것이다.

B. 지말불각

a. 삼세

海東疏 △此下廣顯枝末不覺 於中有二 先明細相 後顯麤相

여기서부터는 지말불각을 나타낸다. 거기에 두 가지가 있다. 먼저는

섬세한 모습을 밝히고 뒤에는 거친 모습을 드러낸다.

근본불각이 뿌리라면 지말불각은 나무줄기와 가지들이다. 뿌리는 보이지 않는다. 땅 속에서 아주 섬세하면서도 미세하게 작용하여 물기를 빨아들인다. 이것은 우리가 볼 수가 없다. 그렇지만 줄기와 가지가 밖으로 드러나 있기에 뿌리가 있다는 것을 대번에 알 수가 있다.

그래서 뿌리를 細相세상이라고 하고 줄기와 가지를 麤相추상이라고 한다. 지말불각을 드러내는데 섬세한 모습부터 설명한다. 하지만 보이지 않기 때문에 이해하기가 어렵다.

그래도 뒤에 거친 모습을 설하게 되면 바로 우리의 모습을 직접 설명하는 것이기 때문에 금방 알 수가 있을 것이다.

起信論 復此依不覺故生三種相 與彼不覺相應不離 云何爲三

다시 이어서 불각에 세 가지 종류의 모습이 일어난다. 그것이 불각과 더불어 상응해서 떨어지지 않는다. 이를테면 무엇이 셋이란 말인가.

불각은 가만히 있지를 못한다. 불각은 무명을 불러들여 숙주인 본각을 오염시킨다. 그 오염시키는 과정에 세 가지가 있다. 물론 이 세 가지는 아주 섬세하게 작용한다. 그러므로 三細삼세라고 한다.

삼세는 범부의 영역이 아니다. 범부는 일단 무엇이 밖으로 드러나야 아는 수준이다. 그 전에는 알 수가 없다. 병도 마찬가지다. 병이 몸속에서 오랫동안 작업을 해 오다가 밖으로 표출이 되어서야 자신이 병들었는지 알 수가 있다.

그러므로 범부는 이 삼세를 육안으로 확인할 수 없다. 수도꼭지에서 물이 나온다면 그 물의 원천은 산속의 작은 옹달샘으로부터 시작한다. 하지만 사람들은 그 물을 어디서 취수해서 어떻게 자기 집까지 수도관으로 연결하였는지 모른다. 기껏해야 싱크대에 수돗물이 나오지 않으면 왜 물이 나오지 않느냐 하는 수준이다.

마찬가지다. 범부가 이렇게 있다면 범부가 될 수밖에 없는 시발점이 있어야 할 게 아니냐는 것이다. 그처럼 이 불각의 대목에서는 어떻게 해서 범부가 생겼는지 그 과정을 세밀하게 적시하고 있다. 그 세밀한 부분이 바로 三細라는 것이다.

起信論 一者無明業相 以依不覺故心動 說名爲業 覺則不動 動則有苦 果不離因故

첫 번째는 무명업상이다. 불각에 의해 마음이 동요되는데 그것을 業이라고 한다. 깨달으면 동요가 없다. 동요하게 되면 苦가 있다. 果는 因을 벗어나지 않기 때문이다.

여기서부터는 중생이 되어 가는 과정을 순차적으로 설명한다. **혈맥기 3권** 始覺 부문에서는 망념이 어떤 과정을 거쳐서 범부를 죄악의 구렁텅이에 빠뜨리는지 그 순서를 밝혔었고, 여기 이 不覺에서는 망념이 어떻게 작용하여 중생이 고통을 받는지 그 과정을 설명하고 있다.

무명업상은 무명이 작업하는 상태를 말한다. 무명은 어리석음의

134

다른 이름이다고 수없이 말해 왔었다. 그러니까 어리석음이 작동하기 시작하면 고통받는 중생이 나타난다는 것이다.

그렇다면 무명이 작동하지 않으면 어떻게 되는가. 그렇다면 중생은 없다. 중생은 무명이 작동한 결과로 나타난 불완전생명체이다. 그러므로 깨달으면 무명이 없으므로 마음이 동요하지 않는다. 마음이 일단 동요하게 되면 반드시 고통이 따라 붙는다.

정년퇴직을 한 어떤 사람이 재미있는 텔레비전 프로를 찾다가 우연히 귀촌에 대한 이야기를 들었다. 그것을 보고 자기도 전원생활을 하면 좋겠다는 생각이 들었다. 서정이 있고 소박함이 있는 목가적 삶을 꿈꾸어 왔는데 그 프로에 완전히 필이 꽂힌 것이다.

어렵게 가족들의 동의를 얻고 난 뒤에 이튿날부터 전국의 지리부도를 살펴보기 시작했다. 이쪽으로 가면 뭐가 안 좋고 저쪽으로 가면 뭐가 안 좋고 해서 방향을 선택하는 것부터 머리가 아프기 시작했다.

힘든 결정을 하고 난 뒤에 몇 시간이 걸리는 그 지역으로 자동차를 운전해 내려갔다. 그리고는 부동산을 찾아 마땅한 땅을 찾았는데 다행히 가격에 맞는 흡족한 빈집이 하나 나와 있었다.

무엇보다도 구미를 당긴 것은 그 집터 옆에 물이 흐르는 계곡이 있었는데 여름에 물놀이하기가 딱 좋았다. 진짜 꿈꾸던 전원생활에 안성맞춤이었다.

그때부터 그는 밤잠을 설쳐가면서 그 빈집을 부순 자리에 그림 같은 전원주택을 마음속으로 짓기 시작했다. 날마다 그는 이리저리 뛰어다니면서 갖고 있던 전 재산을 다 긁어모았다. 모자란 부분은 은 행에 저리로 대출을 받아서 무사히 잔금을 치르고 이전등기까지 별 탈없이 진행되었다.

그리고서 건축사무소를 찾아 2층으로 된 주택 설계를 의뢰했다. 복비가 아까웠는데 설계비까지 만만치 않아 기분이 떨떠름했다. 하지만 가격이 맞고 택지가 좋아 꿈같은 내 전원주택이 실재로 건축된다는 마음에 그냥 잊어버리기로 했다.

토목공사가 이뤄지고 건축이 시작되면서 틈나는 대로 현장을 찾았다. 갔다 왔다 하는데 4시간 이상이 걸리는 장거리 운전이지마는 그것도 부푼 마음에 참아낼 만은 했다.

예상했던 工期공기가 늦어지자 건축소장과 자주 말다툼이 일어났다. 집은 거의 완성이 되어 가는데 뭔가가 매끄럽게 마무리가 되지 않는 것 같아 마음이 점차 불안하고 불편했다.

마지막으로 전기를 넣고 수도를 개설했다. 수도는 상수도가 들어가지 않아 계곡물을 끌어왔다. 그리고 준공검사를 신청했다. 몇 번인가 클레임이 걸리고 또 뜯어고치고 해서 드디어 준공검사가 나고 주택등기를 마쳤다.

추운 겨울이 지나고 봄이 오는 계절에 이사를 했다. 부푼 마음과 설레는 기분으로 가재도구를 싣고 꿈에 그리던 농촌으로 낙향을 했다.

그때부터 그는 노년의 떫은맛을 보기 시작했다. 이튿날 동네 이장이 오더니 마을 개발비를 달라고 했다. 뭐지 하면서 얼마냐고 물었다. 300만 원이라고 했다. 뭐 이런 일이 다 있나 하면서 200만 원에 합의를 보았다. 그리고 마을 경로당에 들러 무릎을 꿇고 자기의 모든 신상을 까발려 마을주민이 되는 의식을 치렀다.

농사철이 다가오자 트랙터가 논을 갈아엎었다. 트랙터 큰 바퀴에 끼어 나온 큰 흙덩이들이 농로 여기저기에 흩어져 있다. 차바퀴에 흙덩이가 끼일까 봐 요리조리 지그재그로 운전을 하다보면 꼭 강아지가 봉 코스를 훈련받는 기분이다.

사정이 생겨 급하게 병원이나 시장을 보러 갈 때에는 농기계들의 운행을 피해 도둑고양이처럼 재빠르게 틈을 보아 다녀와야 했다.

한쪽 외진 곳에 살다 보니 집으로 들어오는 진입로에 못된 사람들이 생활폐기물이나 일반쓰레기를 몰래 버리고 간다. 몇 번을 치웠는데도 계속 그러하니 이제 잡히기만 하면 그냥 두지 않겠다는 악발이 치밀어 오른다.

가뜩이나 마을사람들이 밭에 깐 비닐이나 각종 농약병 같은 것들을 길가에 버리고 가서 기분이 좋지 않았는데 거기다 양심 없는 자들이 의자나 변기뚜껑 같은 것들을 진입로 좌우 숲에 던지고 가서 정말 화가 머리끝까지 올라선 것이다.

모내기가 끝나고 장마가 시작되었다. 마당에는 잡초들이 본격적으로 올라오고 집안에서 새어나오는 빛 때문에 밤만 되면 날벌레들이 수도 없이 달려들었다. 그와 함께 추녀는 물론 벽면에 이어 현관문까지 거미가 줄을 쳐서 집 주위조차 마음대로 걸어 다닐 수가 없다.

이제 여름이 되었다. 집 옆에 흐르던 계곡물이 시원하게 흘러내릴 때쯤 마을 사람들의 친인척들이 피서를 오기 시작했다. 그들은 목 좋은 계곡에다 텐트를 치고 고기를 구워먹으며 노래와 소음을 여름내내 일으켰다.

계곡물이 흐르는 것을 보려고 집을 지었는데 정작 그는 계곡물의 혜택을 전혀 보지 못했다. 그러면서 번번이 계곡을 청소하는 일을 도맡았다. 거기다가 마당과 텃밭에 잡초를 뽑고 채전을 가꾸는 것이 보통 힘든 일이 아니었다.

어디를 가려고 자동차문을 열고 닫으면 모기가 기습적으로 들어왔다. 운전하는 사이 얼굴이나 발을 물어서 정말 왕짜증이 났다. 파리도 마찬가지다. 차를 세우면 보이지 않다가도 주행을 하면 밉살스럽게 나타나 시야를 어지럽혔다.

여름은 정말 더웠다. 도시는 어디든지 햇빛을 피할 수 있었는데 농촌에는 햇빛을 피할 만한 곳이 거의 없었다. 깊은 산 같으면 몰라도 야산의 나무들에게는 자기들조차 숨 쉬는 것이 버거울 정도로 뙤약볕은 강렬했다. 그럴 때 윙윙거리며 힘겹게 돌아가는 에어컨 실외기소리가 심란한 마음을 더 요란하게 만든다.

가을이 다가왔다. 겨우 승용차가 지나갈 정도의 폭을 열어두고서 마을 사람들이 농로에다 벼를 길게 널어놓았다. 가끔가다 농기구들이 집으로 들어가는 길에 놓여 있으면 차에서 내려 수고롭게 치워야 하는 불편함까지 떠안아야 했다.

그러다 겨울이 오니 이제 난방이 큰일이었다. 마을사람들은 농촌 복지차원에서 모두 면세유를 쓰고 있는데 자기만이 농사를 짓지 않으니 그 혜택을 받을 수 없다. 그러다보니 보일러 돌아가는 소리가 심장의 알피엠을 올렸다 줄였다를 반복시킨다.

드디어 1년을 살았다. 살아 본 결과는 너무 힘든 나날이었다. 기름차를 부르는 것도 택배를 받는 것도 병원을 가는 것도 정말 불편하기 짝이 없었다. 그런 패턴으로 다시 내년을 맞이한다 생각하니 겁이 날 정도로 농촌에 정나미가 떨어져버렸다.

이제 집을 내어 놓았다. 딱 1년을 살고 그렇게도 원하던 귀촌으로부터 탈출하려고 하는데 집이 팔리지 않는다. 물론 싸게 내어 놓으면 팔리겠지만 전 재산을 투자하고 거기다가 대출까지 받아 지은 집인데 완전 헐값으로 팔수도 없는 노릇이었다.

그런 상태로 그는 가족들의 끊임없는 원성을 들으며 오늘도 그 집에서 버티고 있다. 내가 그를 만났을 때 그는 정말 죽고 싶은 마음이라고 했다. 마음 한번 잘못 일으킨 대가로 너무 고통스런 결과를 맞이하고 있는 것이다.

그처럼 중생이 고통 받는 이유는 가만히 있던 마음이 움직인 결과로 나타난다. 원인은 움직임이고 결과는 고통이다. 그래서 원문에 결과는 원인을 벗어나지 않는다고 하였다.

한자에 慟통이라는 글자가 있다. 마음 옆에 움직일 동 字가 붙어서 서러워할 통 자가 되었다. 통곡할 때 이 자를 쓴다. 마음이 움직이면 서럽게 울게 된다는 뜻이다.

그렇다면 마음을 안 움직이면 고통이 없다는 말인가. 몇 번인가 말했지마는 마음이 움직이지 않으면 고통이 없다. 하지만 범부는 마음이 움직일 수밖에 없다. 그것이 문제다. 물이 움직이지 않으면 만상을 다 비춘다. 하지만 바람이 그렇게 두지를 않는 것과 같다.

물은 가만히 있고 싶어도 바람이 움직이도록 만들듯이 중생의 마음이 움직이지 않으려 해도 무명의 바람이 그냥 두지 않는다. 그렇다면 무명풍이 제일 문제가 아닌가. 바로 그것이다. 이 무명풍을 어떻게 잠재우느냐가 바로 불교 수행의 제일 큰 관건이 된다.

起信論 二者能見相 以依動故能見 不動則無見

두 번째는 능견상이다. 움직임에 의해 능견이 나온다. 움직이지 않으면 능견은 없다.

무명업상에 의해 두 번째인 능견상이 나온다. 첫 번째는 마음을 움직이도록 하는 단계였는데 이제 마음이 움직인다. 그러면 주체가 생긴다. 그것은 세상을 내 기준으로 보는 주관적 관점이다. 마음이 움직이지 않으면 세상과 내가 분리되지 않고 하나로 있다.

그런데 지금은 마음이 움직이기 때문에 我라는 주체적 모습이 나타난다. 我라는 것이 나오면 그때부터 我와 세상은 상대적으로 대립한다. 그 결과는 항상 비통으로 끝난다. 세상은 결코 나에게 호의적이지 않다. 어떻게든 나의 뜨거운 눈물을 보려고 한다.

起信論 三者境界相 以依能見故境界妄現 離見則無境界

세 번째는 경계상이다. 능견에 의해 경계가 망령되게 나타난다. 능견이 없으면 경계가 없어진다.

주체가 생기면 객체가 나타난다. 내가 있으면 세상이 있다. 그 세상을 경계라고 한다. 세상은 나의 망념만큼 나타난다. 내가 한국에 있으면 한국이 보이고 내가 미국에 있으면 미국이 보인다.

나의 마음이 작으면 세상은 작게 보이고 내 마음이 크면 세상은 크게 보인다. 모든 것은 내 마음의 척도에서 비롯된다. 그러므로 내 눈에 보이는 것은 실제가 아니라 망현이다. 망현은 가짜모습이라는 뜻이다.

눈을 감아버리면 세상은 없다. 마음이 움직이지 않으면 세상은 없다. 물이 움직이지 않으면 파도는 없다. 그러므로 마음이 움직이지 않으면 죽는 세상이 없다. 그래서 마음이 움직이지 않는 부처는 죽지 않는다.

병든 눈으로 세상을 보면 세상은 병든 모습으로 나타난다. 병든 눈을 치유하고 세상을 보면 병든 세상은 없다. 그래서 부처에게는 병든 세상은 없다. 중생들이 병든 세상에 살고 있기 때문에 그들을 치유하시려고 병든 세상에 오신 것이다. 그래서 원문에 능견이 없으면 경계가 없어진다고 한 것이다.

능견은 보는 주체고 경계는 보아지는 대상이다.

[海東疏] 初中亦二 總標 別釋 初中言與彼不覺相應不離者 本末相依 故曰相應 非如王數相應之義 此爲不相應染心故

첫 문장 가운데도 둘이 있다. 묶어서 표시하고 나눠서 풀이하는 것이다. 처음 가운데서 말한 불각과 상응해서 떨어지지 않는다 한 것은 본말이 서로 의지하기 때문에 상응이라고 했다. 그것은 王數가 상응한다는 뜻은 아니다. 그것은 염심과는 상응하지 않기 때문이다.

첫 문장은 三細삼세를 말한다. 三細를 풀이하는데도 먼저 三細가 어떻다는 것을 밝히고 뒤에는 三細를 떼어서 풀이한다는 말씀이다.

본말은 근본불각과 지말불각이다. 근본불각은 이미 설하였고 지금은 지말불각 중에 삼세를 말하고 있다. 이 둘은 불각과 연결되어져 있다. 자손에 조상의 DNA가 서로 연결되어져 있듯이 이 둘은 불각과 떨어지거나 분리될 수가 없다.

왕수는 心王과 心數를 말한다. 심왕은 의식작용의 본체고 심수는 심왕의 종속으로 일어나는 정신작용이다. 심왕과 심소는 서로 상응하지마는 여기서 말하는 상응과는 다르다. 여기서 말하는 상응은 염심과는 상응하지 않는 것이기 때문이다.

이 상응과 불상응은 뒤에 가면 다시 나올 것이다. 그때 가면 다시 풀어줄 것이다.

別記 此中先三相是微細 猶在阿黎耶識位 後六麤相 是餘七識 但望彼根本無明 皆是所起之末 通名枝末不覺也

이 중에서 먼저인 삼세는 미세하다. 그 움직임은 아려야식의 자리에 있다. 뒤에 육추의 모습은 모두 칠식이다. 단 저 근본무명 쪽에서 보면 모두 다 근본무명이 일으킨 지말이다. 그래서 그 전체를 지말불각이라고 한다.

삼세는 무명업상과 능견상과 경계상이다. 이것은 미세해서 범부로써는 상상할 수 없다. 그것은 8식의 자리에 있기 때문이다.

물속에서 사는 물고기는 땅위의 세계를 상상할 수가 없다. 제 아무리 대단한 물고기라 하더라도 물 밖으로 나올 수가 없다. 그처럼 6식과 7식을 갖고 사는 범부와 삼현은 보살의식인 8식의 삼세를 가늠해 볼 수가 없다.

눈앞에 보이는 큰 물상은 눈에 보이지마는 작은 물상은 돋보기가 있어야 볼 수가 있다. 돋보기로도 보지 못하는 물상은 광학렌즈를 부착한 현미경으로 들여다봐야 그것이 무엇인지 알 수가 있다.

마찬가지로 6식을 갖고 보면 6식에 맞는 세상만 보인다. 지금 우리 눈에 보이는 세상이 그것이다. 7식을 갖고 보면 더 아름답고 더 정밀한 세상을 볼 수가 있다. 그러다 8식을 갖고 보면 더 오묘하고 더 신비스런 세상을 볼 수가 있다.

그러므로 8식에 있는 三細는 범부와 삼현의 인식세계가 아니다. 그 세계는 8식의 보살자리다. 그 밑에 있는 7식은 삼현들의 자리이고 다시 그 밑에 있는 6식의 세계는 범부들의 세계다. 그래서 이 三細는 범부는 물론 삼현보살까지도 전혀 감이 잡히지 않는 경계라고 하는 것이다.

지말불각을 분리하면 삼세와 육추로 나뉜다. 하지만 그것은 하나로 연결되어져 있다. 그 하나가 바로 근본불각에서 나온다. 그러므로 그 둘을 하나로 부르면 지말불각이라고 하는 것이다고 하였다.

위 문장 두 번째 글에서 猶를 오히려 라고 풀이하면 안 된다. 여기서는 움직일 猶 자로 보아야 문맥이 상통한다.

海東疏 別釋中言無明業相者 依無明動 名爲業相故 起動義是業義 故言心動說名爲業也

떼어서 풀이한 중에서 무명업상이라고 한 것은 무명에 의해 움직이는 것을 이름하여 업상이라고 한다. 기동이 바로 업의 뜻이다. 그래서 말하기를 마음이 움직이는 것을 업이라 한다고 하였다.

태풍이 생겨나는 것을 누가 알까. 아무도 모른다. 태풍이 생기고 나면 알 수 있는데 생기기까지 활동하는 그 에너지를 누가 알 것인가. 아무도 모른다. 그것은 자연만이 안다.

중생의 마음에 무명이 지속적으로 작용하면 불각이 요동한다. 그것을 누가 알까. 아무도 모른다. 그것은 십지보살이라도 모른다. 관세음보살 문수보살 지장보살 같으신 분이 십지보살이다. 그분들도 모른다. 아시는 분은 오직 부처님뿐이다.

그러므로 무명업상의 단계는 그 어떤 중생이라도 모른다. 그래서 무명이 작업을 거는 모습이라고 하는 것이다. 무명도 보이지 않고 작업도 눈치 채지 못하는 상태에서 공격을 받아 중생이 되는 것이다.

매미는 7년 동안 땅 속에서 애벌레로 있다가 밖으로 나와 성체가 된다. 그래서 그렇게 요란하게 운다. 세상에 존재하는 기한이 너무 짧아서 울고 또 서럽게 운다. 그 매미 애벌레가 그렇게 오랜 세월 동안 땅 속에 있는 것을 본 사람은 아무도 없다. 그러나 거기서 밖으로 나갈 준비를 7년이나 하고 있었기에 밖으로 나온 것이다.

암은 보통 5년 동안 제자리에 웅크리고 있으면서 밖으로 드러날 기회를 엿본다. 그러다 숙주의 몸이 면역의 균형을 잃으면 그때 나타난다. 그러므로 내 몸에서 암이 자라나는 것을 알 수가 없다. 그만큼 그것은 은밀하게 작용하고 있다. 그렇게 작용하는 움직임을 무명업상이라고 한다.

海東疏 覺則不動者 擧對反顯 得始覺時 則無動念 是知今動 只由不覺也

144

깨달으면 움직이지 않는다는 말은 그 반대를 든 뜻을 나타낸 것이다. 시각을 얻게 될 때에는 동념이 없어진다. 그러므로 지금 움직이고 있다면 그것은 단지 불각 때문에 그렇다는 것을 알아야 한다.

깨닫지 못하면 마음이 움직인다는 뜻을 말한다. 부처는 마음이 움직이지 않는다. 범부는 바람 앞에 나뒹구는 비닐봉지처럼 움직인다. 구르는 돌에는 이끼가 끼지 않는다. 움직이는 마음에는 공덕이 일어나지 않는다. 그래서 움직이는 마음을 가라앉히고자 선원에서 참선을 한다.

사람들은 조석으로 마음이 변하는 사람을 조심한다. 사랑도 마음이 죽 끓듯이 움직이는 자를 싫어한다. 마음은 어지간해서 움직이지 않아야 한다. 하지만 가진 것 없는 범부가 그렇게 하기에는 너무 힘들고 요원하다.

始覺은 수행해서 얻어지는 깨달음이라고 말했다. 그러므로 깨달으면 마음이 움직이지 않는다. 사람들은 깨달음이 뭐 굉장한 사건처럼 부풀게 생각하는데 사실은 움직이는 자기 마음을 정지시켜 버리는 것이 깨달음이다.

그런데 그게 안 된다는 거다. 말이야 쉽지 마음이 어디 내 말을 듣던가. 듣고는 싶어도 밖으로의 세상과 안으로의 무명이 나를 그렇게 놔두지 않는다. 밖으로 휘둘리고 안으로 들쑤셔서 조금도 가만히 있지를 못하게 만드는데 어떻게 내 마음을 정지시킬 수가 있단 말인가.

그러므로 범부의 마음이 정지된다는 것은 불가능한 일이다. 범부는 불각의 상태에 있기 때문이다. 즉 범부는 선후의 차이와 상하의 구별이 있을지언정 다 같은 미완의 존재라는 사실을 언제나 알고 있어야 한다.

그러므로 그렇게 잘난 사람도 없고 특별히 못난 사람도 없다. 잘난 사람이라고 유세를 부릴 필요도 없고 못난 사람이라고 해서 기죽을 이유도 없다. 계급장을 떼고 목욕탕에 들어가면 다 똑같이 배불뚝이 못난 모습들인데다가 다 같이 죽음의 길로 나아가는 계약된 신세들이기 때문이다.

海東疏 動則有苦者 如得寂靜 卽是極樂 故今云動卽是苦也

마음이 움직이면 꿈가 있게 된다는 것은 적정을 얻으면 곧 극락이 된다. 그러므로 지금 마음이 움직인다면 곧 꿈라는 것이다.

세상에는 크게 두 부류의 생명체가 살아가고 있다. 하나는 마음을 쓰는 중생이고 또 하나는 마음을 쓰지 않는 부처다.

중생이야 눈앞에 널브러져 어디서든 다 보이지마는 부처는 어디에 있는지 보이지 않아서 믿기지 않는다고 해도 부처는 분명히 이 우주공간에 중생들만큼의 많은 숫자로 엄연히 존재하고 계신다.

보지 않아서 믿을 수 없다고 한다면 사막 도마뱀도 눈이 있지마는 우리를 보지 못한다. 똑같은 지구에서 살고 있지마는 그들은 우리를 절대 보지 못한다. 그런데 우리는 그들을 보고 있다.

일반인들에게 오픈되기 전 지리산 청학동에 사는 아이들은 세상에 서당밖에 없는 줄 알았다. 그들이 세상에 명문 대학들이 널려 있고 수도 없이 많은 대학생들이 그곳에서 각자의 전공을 살리고 있다는 것을 상상이나 할 수 있었겠는가.

믿기지 않으면 이렇게 생각해 보면 쉽게 이해가 된다. 하늘에 태양이 있으면 달이 있고 지상에 밝음이 있으면 어둠이 있다. 인간에 병이 있으면 약이 있고 고통이 있으면 즐거움이 있다.

모두가 다 짝으로 존재한다. 그런데 중생은 왜 외톨이어야 하는가. 그러므로 중생도 분명히 짝이 있다. 그게 바로 부처다. 중생이 병들어 있다면 부처는 건강하게 있고 중생이 고통 속에 있다면 부처는 즐거움 속에 있어야 한다. 그래야 이치가 맞다.

그래서 중생이 마음을 움직여서 고통 속에 있다면 부처는 마음을 쓰지 않아서 즐거움 속에 있는 것이다.

마음을 거칠게 움직이면 지옥의 고통이 있게 되는 것이고 마음을 전혀 움직이지 않으면 정토의 극락이 되는 것이다. 즉 지옥이 있으면 정토가 있고 극심한 고통이 있다면 그만큼의 부피로 극락이 있다는 것이다.

탐욕하는 마음이 계속해서 일어나면 결국 주거지가 주택에서 감옥으로 바꾸어진다. 그러면 자유로운 시민의 신분에서 감금된 죄수로 둔갑된다. 그처럼 마음 한번 잘못 일으키면 지옥과 극락이 갈라져 버린다. **금강경오가해**의 말씀이다.

毫釐有差 호리유차

天地懸隔 천지현격

털끝만큼이라도 어긋나면
천지만큼 사이가 벌어진다.

그러므로 지금 마음이 움직이고 있다면 그 신분은 중생이고 중생은 고통 속에 들어 있다. 다른 말로 하자면 중생은 고통을 받고 있어야 정상이라는 것이다. 중생의 신분으로서 고통을 받지 않고자 하는 바람은 물속에 있으면서 물을 묻히지 않기를 바라는 것과 같다. 이것은 결코 가당하지가 않다.

세상이 왜 이러냐고?! 세상이 왜 이리 점점 힘들어지느냐꼬?!

이거 뭔 뚱딴지같은 소리인가. 그럼 이 세상이 여태까지 고통의 구덩이라는 것을 진정 몰랐단 말인가. 제국주의와 파시즘만이 동물농장이 되는 것은 아니다. 민주주의와 자유민주주의라는 이름을 달고도 동물농장은 반드시 된다.

부처는 수천 년 전에 이미 그것을 아시고 이 세상은 사바세계라고 입이 닳도록 말씀하셨다. 그런데 그것을 아직까지도 정녕 모르고 있었더란 말인가. 조지오웰의 날카로운 정치풍자도 그냥 겉도는데 어찌 이런 부처님말씀이 제대로 받아들여졌겠는가.

사바Sabha라는 말은 어쩔 수 없이 감내하고 참아야 한다는 뜻의 범어다. 외적인 정치문제와 함께 망념의 치성은 범부의 머리를 점점 옥죄고 정보의 과적은 인간의 삶을 더욱더 복잡하게 만드는데 어떻게 이 세상에서 안락과 평안을 기대할 수 있단 말인가.

아직도 멀었다. 지금의 세상은 아무리 험난하고 각박하다고 한들 그래도 죽겠다는 소리라도 마음껏 소리칠 수 있지 않는가. 조금 더 나아가면 가슴이 턱턱 막혀와 숨조차 쉴 수 없는 세상이 올 것이다. 그러면 이 세상은 진짜 화택이구나 하는 사실을 뼈저리게 느끼게 될 것이다.

그래서 부처는 고통 받는 중생들에게 극락세계를 제시하면서 사바세계의 고통이 싫은 자는 모두 그쪽으로 가라고 하셨던 것이다. 그분이 보시기에 거기만이 일체중생이 가야 하는 영원한 안전지대라 생각하셨기 때문이다.

여기서 성사가 말씀하신 극락은 우리가 알고 있는 서방 극락세계와는 다른 의미다. 지금은 마음을 논하고 있기 때문에 요동과 적정을 들어 고통과 극락을 상대적으로 말씀하시고 있다. 그러므로 이 극락은 마음의 지극한 즐거움을 뜻할 뿐 저 멀리 떨어진 극락의 세계를 말씀하시는 것은 아니다.

극락세계는 계속해서 언급하지마는 대승불교의 종착지다. 이 극락세계를 빼놓고는 그 어떤 중생도 대승경전도 따로 존립할 수 없다. 그만큼 극락세계는 불교 속에서 매우 중요하고 그 비중 또한 대단히 크다.

그러나 지금의 불교는 선종사상 때문에 이 가르침을 대중들에게 크게 열어서 밝혀주지 못하고 있다. 대단히 아쉽고 매우 불행스런 일이 아닐 수 없다.

물론 이 **기신론**도 마지막에는 극락세계로 대미를 장식할 것이다. 어떻게 마무리하는지 알고자 하시면 중간에서 물러서지 말고 끝까지

잘 견뎌내시기 바란다. 그러면 그때 산더미 같은 보물을 얻는 것처럼
엄청난 이익을 챙겨갈 수 있을 것이다.

海東疏 業相是無苦 無明是無集 如是因果俱時而有 故言果不離
因故

업상은 苦가 없다. 무명은 集이 없다. 이와 같은 것은 인과가 함께
할 때 苦가 있게 된다. 그래서 말하기를 果는 因을 벗어나지 않는다고
한 것이다.

　업상은 작업하는 단계다. 그러므로 아직 苦를 일으키지 않는다.
그러므로 苦가 없다고 했다.

　어둠은 나에게 아무 문제가 없다. 적어도 어둠과 내가 떨어져 있을
때는 어둠이 나에게 어떻게 하지를 못한다. 그런데 내가 어둠 속으로
들어가면 그때부터 문제가 일어난다. 문제를 일으키는 자는 나지 어
둠이 아니다.

　무명은 어둠이다. 어둠은 어리석음이다. 어리석음은 아무 능력도
없고 힘도 없다. 집착도 없고 분별도 없다. 모양도 없고 색깔도 없다.
하지만 그것에 둘러싸이면 큰 문제가 생긴다. 어리석음은 독자적으
로 행동하지 않는다.

　무명이 어리석음이라고 했다. 살아 있는 내가 그 어리석음과 함께
할 때 가공할 힘을 발휘한다. 어리석으면 가치를 모른다. 그러므로
가치 없는 것에 집착한다. 가치가 있는 것에 집착하면 어리석다고
하지 않는다. 범부들은 어리석기 때문에 정말 가치 없는 중생의 삶에

집착한다. 그래서 가련하고 불쌍하다고 한다.

업상은 작업을 하는 것이라고 했다. 그런데 그 작업에 어리석음이 개입되면 손발만 고생하고 결과는 없어진다. 결과가 신통찮으면 원인이 문제가 있다. 동쪽으로 방향을 잡으면 동쪽이 나오고 서쪽으로 방향을 잡으면 서쪽이 나오는 것과 같다.

어리석은 행동은 어리석은 결과가 나온다. 어리석은 결과는 고통을 일으킨다. 그 고통은 어리석은 시작이 있기 때문에 결과가 그렇게 나온다. 그래서 원문에 결과는 원인을 벗어나지 않는다고 한 것이다. **계초심학인문**의 경구다.

智學成菩提
愚學成生死

지혜를 배우면 깨달음을 이루고
어리석음을 배우면 生死를 이룬다.

고 한 것이 바로 이 말씀이다.

海東疏 然此業相雖有動念 而是極細能所未分 其本無明當知亦爾
그런 이 업상은 비록 동념은 있으나 지극히 미세하므로 능소가 나눠지기 전이다. 근본이 되는 무명도 마땅히 또한 그렇다는 것을 알아야 한다.

업상은 작업하는 단계라고 했다. 그러나 나에게 아무러한 낌새가 없다. 충치는 밖으로 드러나기 전에는 아무런 조짐이 없다. 그러나 안에서는 계속해서 벌레가 치아를 갉아먹고 있다. 그런 상태를 업상이라고 한다.

업상은 나에게 어떠한 신호도 주지 않기 때문에 아무 느낌이 없다. 그러므로 충치가 시작되어도 나는 모른다. 아직 나와 충치가 분리되기 전이기 때문이다.

운동도 마찬가지다. 기분 좋게 운동을 하면 처음에는 몸에 아무러한 부담이 없다. 그러다 시간이 지나면 이제 피곤해진다. 이미 몸 안에서는 피로가 축적되고 있었던 것이다. 그런데 나 자신은 모른다.

能所라는 말은 주체와 객체다. 그러니까 能은 나 자신이고 所는 나 자신에게 영향을 주는 외부의 힘이다. 업상의 단계는 이 둘을 느끼지 못한다. 하지만 작업은 현재진행형이다. 그래서 원문에 업상은 미세한 작용이기에 능소가 분리되기 전이라고 하였다.

무명도 마찬가지다. 무명도 너무 미세한 것이기에 범부들은 모른다. 알면 왜 무명 속에서 살아가겠는가. 위에서 몇 번이나 말했다. 무명은 어리석음이라고 했다. 그 무명은 너무 미세하게 작용해서 알 수가 없다. 일단 드러나 봐야 무명이 작업을 하였구나 라고 알 수가 있다. 그만큼 무명 또한 작업이 미세하다는 것이다.

海東疏 如無想論云 問 此識何相何境 答 相及境不可分別 一體無異
저 무상론에 이르기를, 묻겠다. 이 식은 어떤 모습이며 어떤 경계인가? 답해 주겠다. 그 모습과 경계는 가히 분별할 수 없다. 그것은 한 덩어리여서 달라짐이 없다.

성사가 인용하신 **無想論**은 어떤 것인지 전해오지 않는다. 그런데 그 인용한 내용이 **無相論**에 나오고 있다. **無想論**에 있는 내용이 **無相論**에도 나올 수 있기 때문에 그 **無想論**이 이 **無相論**이라고 단정할 수는 없다.

고려대장경은 물론이고 중국의 속장경과 건융장경, 그리고 일본의 신수장경에도 **無想論**으로 판각되어져 있지만 중국의 현수대사가 쓴 **기신론의기**에는 **無相論**이라고 되어 있다. 만약에 **無想論**이 **無相論**이라면 고려대장경을 판각할 때 어떤 견본을 썼는지 의심스럽다.

그렇지 않으면 판각자가 잘못 오각했을 수도 있다. 적어도 우리가 성사를 봤을 때 **無相論**을 **無想論**으로 잘못 쓰시지는 않았다고 생각하기에 그렇다.

이 識은 무명업상이 일으키는 지각작용을 말한다. 지금은 상태를 말하고 있기 때문에 무명업상이라고 하지마는 지각의식을 설명할 때는 무명업식이라고 표현한다. 그 지각의식의 설명은 얼마 뒤에 자세히 나올 것이다.

그러니까 **無想論**에 이런 문장이 있다는 것이다. 즉 이 무명업상은 어떤 모습이고 어떤 수준의 단계냐고 묻는 것이다.

그 답은 이제까지 말해 왔듯이 이것은 아직 뭐라고 말할 단계가 아니라는 것이다. 그래서 분별을 할 수 없다고 했다. 피곤이 우리 몸에서 나오지만 처음에는 피곤함이 없던 것처럼 이것도 그 단계라서 우리 몸과 피곤이 아직 분리되기 전이라고 하는 것이다.

일체여서 달라짐이 없다는 것은 우리 몸과 한 덩어리로 있기 때문에 특별히 피곤함을 느끼지 않는 상태와도 같다는 것이다. 그러니까 아직 불각이 표시가 나게 밖으로 드러낸 모습이 없는 단계에 있는 것이다.

海東疏 問 若爾 云何知有

묻겠다. 그와 같다면 어떻게 그것이 있다는 것을 알 수 있단 말인가?

다시 묻는다. 만약에 무명업상이 그렇게 밖으로 표시가 나지 않는다면 어떻게 그것이 있는 줄 알고 거기에다 무명업상이라는 이름을 붙일 수 있는가이다.

어떤 것이 밖으로 드러나야 무엇이라고 이름 붙일 수 있는 것인데 아무것도 없는 상태라면 어떻게 그 이름을 무명업상이라고 하느냐는 것이다.

海東疏 答 由事故知有此識 此識能起一切煩惱業果報事

답해 주겠다. 행하는 일 때문에 이 식이 있다는 것을 알 수 있다. 이 식은 능히 일체의 번뇌와 죄업의 과보에 대한 일을 일으키기에 그렇다.

TV 화면에 화면이 나타나기 전에는 어떤 영상이 나오는지 알 수가 없다. 그런데 리모컨을 켜면 즉각 영상이 나온다. 그 전에는 어떤 영상이 허공 속을 배회하고 있는지 모른다. 전원을 켜봐야 방송국에서 그런 영상물을 만들었는지 알 수가 있다. 결과로 인해 원인을 알게 되는 것이다.

인간도 마찬가지다. 현재의 인간이 있다면 그 인간의 시초가 있었을 것이다. 그러나 그 시초가 뭔지 모른다. 하지만 시초가 있었기 때문에 현재의 우리가 있다. 그러므로 우리가 있기 때문에 인간의 시초가 있다는 것은 당연하다.

무명업상이 일으키는 의식작용도 마찬가지다. 번뇌로 죄업을 짓고 그 과보를 받게 되면 그렇게 만드는 원천이 무엇인지 알아봐야 하지 않겠는가. 그래서 근원으로 거슬러 올라가 보면 이 무명업식이 나온다. 그래서 이 무명업상이 있다는 것을 알게 된다는 것이다.

海東疏 譬如無明常起 此無明可欲分別不 若可分別 非謂無明 若不可分別 則應非有 而是有非無

비유하자면 무명은 항상 일어난다. 이 무명은 가히 분별할 수 있는 건가. 없는 건가. 만약에 분별할 수 있다면 무명이 아니다. 만약 분별할 수 없다면 그것은 응당히 있지 않아야 한다. 그렇지만 있다. 없는 것이 아니다.

무명업상은 계속해서 말하지마는 범부로서는 알 수 없는 분야이다. 그래서 범부가 의심한다. 이것이 정녕 있는 것인지 없는 것인지 의아해 한다.

그래서 無明을 비유로 들었다. 무명은 어떤 형상이 없기 때문에 분별할 수가 없다. 냄새도 없고 움직임도 없다. 그런데 그것이 불각을 자극하여 망념을 만들어 낸다. 그 결과로 중생은 고통 속에서 살아간다.

무명은 있는 것인가. 없는 것인가. 있고 없고는 분별로써 정의하는데 형체가 없으니 분별을 할 수가 없다. 분별이 가능하다면 왜 무명이라고 했겠는가. 그래서 원문에 분별이 가능하다면 그것은 무명이 아니다 라고 하였다.

그러면 없는 것인가. 아니다. 없지도 않다. 그것 때문에 이렇게 중생이 나타나 있는데 어떻게 없다고 할 수 있겠는가.

海東疏 亦由欲瞋等事 知有無明 本識亦爾 故此等文意 正約業相顯本識也

또한 탐욕과 진에같은 일을 하므로 무명이 있다는 것을 알 수 있다. 본식 또한 그러한 것이다 라고 하였다. 그러므로 이런 문장의 뜻은 바로 업상을 잡아 본식을 드러내고 있는 것이다.

중생 중에 범부는 언제나 탐욕과 진에에 휘둘린다. 탐욕이 없는 범부를 본 적이 있는가. 있다면 그 사람은 바보다. 그렇지 않으면 범부를 넘어서 있다. 성내지 않는 범부를 본 적이 있는가. 있다면 그 사람은 천치다. 그렇지 않으면 그 사람은 我空의 법을 깨달은 현자다.

그러므로 범부는 탐욕과 진에를 가지고 있다. 진에는 신경질이다. 그것을 만드는 것이 바로 무명이다. 그래서 무명이 보이지 않지마는 무명이 있다는 것을 알 수가 있다.

바람을 본 적이 있는가. 아무도 바람을 본 적이 없다. 하지만 나무가 흔들리면 바람이 거기 있다는 것을 안다.

그처럼 범부가 엄연히 있다면 그 기원이 분명히 있을 것이 아닌가. 그렇게 역으로 올라가면 식의 원천인 제8 아려야식이 나오게 된다는 것이다.

그러므로 **무상론**에서 말하고자 하는 것은 이미 탐애와 진에가 있다면 무명업상이 있는 것이고, 그것이 있다면 제 8아려야식인 본식이 거기에 있다는 것이다.

海東疏 第二能見相者 即是轉相 依前業相轉成能緣 故言以依動能見 依性靜門則無能見 故言不動則無見也

두 번째인 능견상은 곧 전상이다. 앞의 업상을 의거해 다음으로 능연을 이룬다. 그래서 말하기를 움직임에 의해 능견이 있다고 하였다. 그러나 성품이 적정하다는 문 쪽으로 보면 능견은 없다. 그래서 움직임이 없으면 보는 것이 없다고 하였다.

우리는 지금 불각을 공부하고 있다. 불각이 어떻게 작용하여 중생이 되었는지를 살펴보고 있다. 그것이 三細와 육추다.

삼세는 그 과정이 섬세해서 보살들이 아는 계위다. 그러므로 우리는 알 수가 없다. 그러나 뒤의 육추는 그 과정이 거칠게 나타나기 때문에 우리가 쉽게 이해할 수 있다.

지금은 三細 중에서 두 번째인 능견상을 접하고 있다. 첫 번째는 물론 무명업상이다. 거기서 한 번 더 아래로 내려온 단계가 능견상이다. 그래서 업상을 의거해 능견의 인연을 만든다고 한 것이다.

능견은 주체다. 즉 我아가 드디어 나타나는 단계다. 我가 나타나면 좋을 것 같지마는 전혀 그렇지 않다. 我가 나타남과 동시에 황막한 세상을 개체별로 상대하여 살아가야 하기 때문이다. 그러므로 我가 나타났다는 것은 고통의 시작이다. 그래서 그 고통을 벗어나기 위해 무아의 가르침을 내세웠다.

하지만 어리석은 사람들의 我는 강하고 굳세다. 그것이 자기라고 착각하기 때문에 그 我를 보호하기 위해 자신을 대단히 야물게 단련한다. 반대로 똑똑한 사람들은 그 我를 어떻게든 버리려고 무진장 애를 쓴다.

我는 잘못된 시발이다. 我라는 생각이 아상이다. 아상은 인간사회가 급작스럽게 발달할수록 상처를 크게 받는다. 그래서 아상이 센 사람들은 인간관계에서 상처를 받는 것보다 자연이나 동물들을 가까이 하는 경우가 있다.

다수의 사람들이 등산이나 애완동물을 갑자기 좋아하게 된 점도 이런 현상 때문이다. 무정물이거나 동물들은 나를 상처내지 않는다. 그들은 언제나 사람 속에서 다친 我를 치유할 준비가 되어 있다. 그들은 늘 나를 위로해 주는 내편이기에 그렇다.

아상이 센 사람들은 남에게 상처를 받기 쉬운 사람들이다. 그래서 주로 혼자 움직이는 외톨이 성향을 갖고 있다. 그런 사람들이 이런 책을 읽는다. 이 책은 하나도 재미없고 흥미롭지 않지만 사람관계보다는 더 쉽고 더 편할 수가 있다.

반면에 성격이 좋아 사람관계가 무난한 사람들은 이 책을 보지 않는다. 웃고 떠들고 다니는 것만 해도 재미있고 바쁜데 이렇게 따분한 책이 눈에 들어올 리가 없다. 그래서 책만 보면 질려버려서 바로 하품이 나오고 잠이 쏟아진다. 잠드는 것도 부러울 정도로 잘도 잔다.

성정문은 성품이 적정하다는 쪽이다. 그것은 열반의 세계를 말한다. 거기엔 我가 움직이지 않는다. 그래서 보는 주체의 능견이 없다. 그러므로 나我라는 중심이 없다. 그래서 열반에는 고통이 없다고 하는 것이다.

海東疏 反顯能見要依動義

그와 반대로 능견이 나타나면 그 근본이 움직이고 있다는 뜻이다.

성정문의 반대는 성동문이다. 성동문은 성품이 움직인다는 쪽이다. 그러니까 성정문은 진여의 세계고 성동문은 생멸의 세계가 된다.

마음이 정지하면 진여의 세계에 卽合즉합하는 것이고 마음이 움직이면 중생의 세계에 들어와 있다는 것이다. 진여의 세계는 열반이다. 거기에는 我라는 자체가 없기 때문에 움직이지 않는다.

그러나 생멸의 세계는 我가 강하게 움직인다. 我가 있다면 보는 주체가 있다. 그것은 마음의 본체가 움직이고 있다는 반증이다.

海東疏 如是轉相雖有能緣 而未能顯所緣境相 直是外向 非託境故

이와 같은 전상은 비록 능연은 있으나 반연하는 경계의 모습은 아직 나타나지 않는다. 바깥쪽으로 향하지마는 경계에는 의탁하지 않은 상태다.

전상은 능견상이다. 전상은 업상에서 한번 아래로 떨어진 모습이고 능견상은 我라는 주체가 생겨서 세상을 내 기준으로 보는 것을 말한다. 즉 전상은 상태고 능견상은 작용을 말한다.

그러나 我는 생겼지마는 세상은 아직도 나에게 나타나지 않고 있다. 하지만 내면은 바깥의 세계를 끌어당기고자 하는 강한 욕망을 일으킨다. 그래서 능연은 있으나 능연의 대상은 아직 나타나지 않고 있다고 한 것이다.

알에서 막 부화한 새 새끼의 눈은 감겨져 있다. 자기는 있되 남은 없다. 자기는 있지만 세상은 없다. 어미는 있되 보이지 않는다. 그래서 어미와 세상을 보고자 하는 강한 욕망이 일어난다.

남학생들 여럿이 모여서 호들갑을 떨고 있기에 뭔가 싶어 어깨너머로 슬쩍 보았다. 한 학생의 손에 새 새끼 한 마리가 처량하게 울고 있었다. 나무나 지붕의 둥지에서 떨어져 미아가 된 것 같았다. 그때 학생들은 그 새 새끼를 모두 다 새아기라고 불렀다.

느낌이 좀 거시기하다고 개를 개라 부르지 않고 강아지라고 부르는 시대에 살고 있다. 인간이 개보다도 못하다는 소리를 들을까 봐 아예 개라는 고유명사를 없애버리고자 한 모양이다.

그 바람에 소 새끼는 송아지, 말 새끼는 망아지, 개 새끼는 강아지인데 이제는 어른 개와 새끼 개의 이름을 혼용하고 있다. 어른 개를 강아지라고 부르고 새끼 개를 개아기라고 부른다.

갑자기 웬 개타령이냐 하겠지마는 새 새끼가 아니고 새아기가 아니냐고 한마디 할까 싶어서 미리 방어전을 폈다.

위 원문 마지막에 있는 直 자는 곧을 直 자가 아니라 향할 直 자다.

그 대목 마지막 字가 또 향할 向 자다. 앞에도 향한다는 뜻이고 뒤에도 향한다는 뜻이 거푸 들어가 있다. 그만큼 능견상은 밖을 향해 나아가고자 하는 욕망이 세다는 의미를 가지고 있다.

海東疏 如攝論云 意識緣三世及非三世境 是則可知 此識所緣境不可知故 此言不可知者 以無可知境故

섭론에 이르기를, 의식은 삼세와 비삼세의 경계를 반연한다. 그것은 잘 알 것이다. 그러나 이 식이 반연하는 바 경계는 가히 알 수가 없다고 했다. 가히 알 수 없다는 말은 가히 알 만한 경계가 없다는 것이다.

섭론은 무착보살이 지은 섭대승론이다. 기신론만큼이나 대승에 대한 해설로 유명하다고 했다. 똑같이 보살이 지었다. 1세기에 마명보살이 살았고 5세기에 무착보살이 활동했다. 7세기에 원효성사가 나타났다.

기신론에서의 의식은 6식이다. 우리가 사용하는 보편적 인식작용이다. 이것은 어느 범부나 다 쓴다. 그러나 섭대승론은 이 의식을 전식까지 끌어 올린다. 그러다보니 이 의식은 과거현재미래와 그 이상의 세계까지도 다 훑는다고 한다. 기신론보다 담당하는 범위가 그만큼 크고도 넓다. 그 이유는 의식의 대상에는 한계가 없기 때문이다는 것이다.

기신론에서의 의식에 비교하면 섭론의 의식은 하늘만큼 차원이 높다. 기신론의 전식은 10지보살들의 차원인데 섭대승론은 거기에다 범부의 인식작용인 의식을 포함시켜버린 것이다.

우리는 지금 **기신론**을 교재로 공부하고 있다. 성사는 **기신론**의 내용을 좀 더 알기 쉽게 풀이하기 위해 **섭론**을 끌어오셨다. 그로 인해 **섭론**에서의 의식은 **기신론**에서의 의식보다 더 넓게 적용하고 있다는 것을 알게 되었다.

성사가 여기에서 일부러 **섭론**을 인용한 것은 **기신론**의 내용을 더 부각시키기 위해서이다. 그러므로 우리는 **기신론**에 기준을 두어야 한다. 그래야만이 불각이라는 매듭이 풀린다. 그렇지 않으면 그 매듭이 풀리기는커녕 그 내용이 좌충우돌로 더 꼬여버리는 수가 있다.

앞으로도 마찬가지다. 성사가 어떤 경전이나 어떤 논서를 인용하더라도 우리는 언제나 **기신론**의 핵심을 잊어버리면 안 된다. 더 나아가서 **기신론**이 어떤 말을 하더라도 **해동소**의 잣대로 이해해야 한다. 우리는 지금 **기신론**을 배우기 위해 **해동소**를 보고 있기 때문이다.

기신론의 전식에는 반연하는 대상이 없다. 대상이 아직 나타나지 않은 상태이기 때문이다. 그래서 원문에 무엇을 반연하는 바는 알 수가 없다고 한 것이다. 반연은 끌어당기는 인연이나 사물을 말한다.

海東疏 如說十二因緣始不可知 此亦如是 是約轉相顯本識也
마치 12인연을 설해도 그 시작을 알 수 없는 것처럼 이것 또한 그와 같다. 이것은 전식을 잡아 본식을 나타내고 있다.

12인연은 **십이인연경**에 잘 설명되어져 있다. 이 경전은 중생이 삼세를 거치며 이 세상에 존재하는 과정을 열 두 파트로 나눠서 설명한 원시불교의 가르침이다.

1. 無明. 어리석음을 바탕으로 하고 있다.

2. 行. 방황하는 움직임이 일어난다.

3. 識. 의식이 작용한다.

4. 名色. 이름과 형상을 갖고 태어난다.

5. 六處. 거기에 여섯 가지 감각기관이 있다.

6. 觸. 세상의 모든 물상과 접촉한다.

7. 受. 고통과 즐거움 같은 것들을 받아들인다.

8. 愛. 고통을 피하고 즐거운 삶을 살려고 한다.

9. 取. 자기가 좋아하는 것들을 가지고자 한다.

10. 有. 그렇게 하기 위해 죄업을 짓는다.

11. 生. 그 죄업의 인과로 다시 태어난다.

12. 老死. 그래서 늙고 병들어 죽는다.

1번과 2번은 금생에 태어나도록 하는 과거의 원인이다. 그 결과로 3번에서 7번까지 현생에 태어나 살고 있다. 8번부터 10번까지는 지금 살아가면서 내생에 태어나는 원인을 만든다. 그 결과 내생에 또 태어나서 늙어 죽는다. 이 삼세의 순환이 피할 수 없는 범부의 운명이다.

12인연의 시작은 무명이다. 그렇지마는 무명이 어떻다는 것을 모른다. 형체와 색깔이 없기 때문이다. 그러나 그 시작에 의해 중생은 11가지 과정을 회전한다. 그래서 무명이 있다는 것을 유추한다.

그와 같이 본식인 아려야식은 알 수가 없다. 하지만 전식이 있음으로 해서 본식이 있다는 것을 알 수가 있다는 것이다.

海東疏 第三境界相者 卽是現相 依前轉相能現境界 故言能見故境界妄現

세 번째 경계상은 현상이다. 앞의 전상에 의거해 경계가 나타난다. 그러므로 능견 때문에 경계가 망녕되게 나타난다고 하였다.

三細의 마지막은 경계상이다. 경계는 세상 모든 것들을 말한다고 했다. 능견상은 주체고 경계상은 객체다.

주체와 객체는 같이 나타난다. 글로 쓰고 말을 하다 보니 전후의 순서가 있는 것 같지마는 사실 주체가 있으면 객체는 나타나기 마련이다. 눈으로는 보지 못해도 느낌과 감촉으로 세상이 있다는 것을 먼저 감지한다. 그러므로 주체가 나타나면 반드시 객체가 나타나게 되어 있다.

거울은 주체고 사물은 객체다. 이 둘은 동시에 작용한다. 아무것도 투영하지 않는 빈 거울은 없다. 반드시 무엇인가를 현재 비추고 있다. 그와 같이 주체가 일어나면 객체가 나타난다.

그 나타난 객체는 망녕되다고 했다. 망녕은 실체가 없는 허상을 말한다. 그러니까 주체의 눈동자에 비춰지는 객체의 물상은 전부 허상이 된다. 거기에는 실체가 없다. 이 문제는 뒤에 다시 나올 것이다. 그때 아주 잘 풀이해 줄 것이다.

如四卷經言 大慧 略說有三種識 廣說有八相

저 사권경에서 대혜여. 간략하게 말하자면 세 종류의 식이 있고 널리 말하자면 8상이 있다.

세 종류의 식은 다음 문장에 나올 것이다. 뒤에 나온 8상은 **사권경**에서도 별다른 해석이 없다. 보통 두 개의 명제가 주어지면 순서대로 설명하시는데 특이하게도 앞에 세 종류만 언급하시고 뒤에 것은 그대로 넘어가고 있다.

그래서 짐작컨대 8상은 의식세계 전체를 뜻하고 있는 것 같다. 위 문장에서 널리 말하자면 한 부분이 바로 이 말이다. 적게 보면 세 가지고 넓게 보면 여덟 가지 모습을 가지고 있다는 말씀이다.

앞에는 識이라고 했고 뒤에는 相이라고 한 것은 앞에는 세분된 개체를 말하고 뒤에는 전체의 모습을 말하고 있기 때문이다.

海東疏 何等爲三 謂眞識 現識 分別事識 譬如明鏡持諸色像 現識處 亦復如是

어떤 것들이 셋이냐 하면 진식과 현식과 분별사식이다. 비유하자면 밝은 거울과 같이 모든 색상을 가지는 것처럼 현식이 작용하는 것 또한 다시 이와 같은 것이다고 하셨다.

진식은 진여가 일으키는 무분별지다. 그것은 제8 아려야식 속의 진여를 말한다. 아려야식에는 본각과 불각이 화합되어져 있는데 그 중 본각만을 일컫는다. 그것은 불생불멸한다. **승만경**에서는 이것을 자성청정심이라고 하셨다.

현식은 아려야식이다. 아려야식에서 분별사식이 나온다. 불 켜진 방안에서 문틈으로 새어나오는 희미한 불빛과도 같다. **능가경** 말씀이다.

外實無有色
唯自心所現
愚夫不覺知
妄分別有爲

밖에는 진실로 아무것도 없다.
오직 내 마음에 나타난 것이다.
어리석은 범부는 그것을 알아차리지 못해
허망되게 가짜 세계를 분별하고 있다.

기신론에서는 6식만 분별사식인데 비해 **능가경**에서는 6식과 7식 둘 다를 분별사식으로 본다. 그리고 현식을 8식으로 보고 본각을 진식으로 본다.

海東疏 又下文言 譬如藏識頓分別知 自心現身及身安立受用境界
또 그 아래 문장에서, 비유하자면 장식이 한꺼번에 분별해 아는 것처럼 자기 마음이 나타낸 몸과 자신이 만든 경계를 수용하는 것과 같은 것이다고 하셨다.

능가경 말씀은 계속된다. 이 문장은 **사권능가경**에서 대혜보살이 마음을 맑히는 방법에 대하여 질문한 대답 중에 하나다.

먼저 대혜보살은 이렇게 질문한다. 자신의 마음속에 들어 있는 번뇌의 흐름을 어떻게 제거해 청정해질 수 있느냐 하는 방법을 묻는다. 그러면서 그것을 제거하는데 한꺼번에 제거하는 것인가 아니면 점차적으로 제거해야 하는 것인가 하고 공손히 여쭙는다.

부처님은 이에 대해, 점차적으로 제거하는 것이지 한꺼번에 제거하는 것은 아니다. 붉은 암몰라 과실도 점점 익어가는 것이지 한꺼번에 익는 것은 아니다. 여래가 일체중생이 갖고 있는 自心의 번뇌를 제거해 청정케 하는 것도 점점 청정하게 하는 것이지 한꺼번에 청정하게 하는 것은 아니다 라고 하셨다.

그러면서 비유를 드셨다. 도자기를 만드는 도공이 모든 그릇을 만들 때 점차적인 과정을 거쳐서 만들지 한꺼번에 후딱 만드는 것은 아니다고 하시면서 여래가 중생을 청정하게 하는 데도 이와 같이 점차적으로 청정하게 하는 것이지 한꺼번에 하는 것은 아니다고 하셨다.

또 다른 비유를 드셨는데 그것은 大地다. 대지가 서서히 만물을 육성시키는 것이지 한꺼번에 초목을 일으키는 것은 아니다고 하시면서 여래가 중생의 마음을 청정케 하는 것도 이와 같이 점점 청정케 하는 것이지 한꺼번에 청정케 하는 것이 아니다고 하셨다.

중생이 스스로 청정하려고 하면 부처가 도와주신다. 씨앗이 움트려고 하면 밖에서 자연이 도와주는 것처럼 수행자가 자신의 마음을 깨닫고자 한다면 부처님이 도와주신다. 그 도와주시는 속도는 점진적으로 돕는 것이지 한꺼번에 왕창 돕는 것이 아니라고 하신다. 그것은 한꺼번에 부처님의 가르침을 왕창 받아들일 그릇이 안 되기 때문이다.

이미 몇 개의 비유를 드셨는데도 중생이 잘 알 이해하지 못할 것 같으셨는지 부처님은 다시 또 비유를 드신다. 마치 음악과 글 그림 또는 기술을 배우는 사람처럼 점차적으로 나아가는 것이지 한꺼번에 바로 이루어지는 것은 아니라고 하시면서 부처님도 일체중생의 수행을 도와주시는데 그처럼 점진적인 방법을 쓴다고 하셨다.

여기까지는 수행에 대한 점진적인 방법을 말씀하시었다. 즉 중생의 習氣와 죄업은 수행으로 점차 없애는 것이라고 하신 것이다.

그리고는 바로 뒤에 그 반대되는 말씀도 하셨다. 깨달음을 이루는 것은 점진적이 아니라 대번에 이뤄지는 것이라고 하시면서 또 다른 비유를 드셨다.

맑은 거울은 구분 없이 일체만물을 한꺼번에 나타낸다. 부처님도 일체중생의 자심 속에 들어 있는 번뇌를 없애어 청정케 하는데 거울처럼 분별없이 청정한 경계를 한꺼번에 다 드러내신다.

마치 일월이 일체의 물상에 한꺼번에 비치듯이 여래도 중생의 마음속에 들어 있는 번뇌와 습기로 인해 過患과환을 당하는 것을 보시고 그것들을 한꺼번에 없애주시고자 불가사의한 지혜와 최승업의 경계를 나타내 보이신다.

비유하자면 장식이 한꺼번에 분별해 아는 것처럼 자기 자신이 만든 몸과 및 자신이 만든 경계를 감각기관이 그대로 수용하는 것과 같다.

모든 보신불도 그와 같이 한꺼번에 준비가 된 중생을 성숙시켜 수행자로 하여금 색구경천에 편안하게 앉도록 한다. 비유할 것 같으면 법신불의 세계에 보신불의 광명이 밝게 비추어 모든 중생을 깨달은 성인으로 나아가도록 하는 것과 같다.

그러함으로 해서 일체 법에 드러난 모습들 중에 성품이 있는 자거나 성품이 없는 자거나 악한 소견을 가진 자거나 망상을 가진 자거나 간에 모두 다 그 광명을 받으면 일시에 번뇌가 없어지는 것이다고 하셨다.

여기까지가 **능가경**의 한 문단이다. 이 속에 위 원문의 문장이 들어 있다. 밑에서부터 위로 세 번째 문단이 그것이다.

장식藏識은 블랙홀처럼 일시에 모든 것들을 다 빨아들인다. 그 빨아들임은 분별과 구별이 없다. 그 빨판 역할을 하는 것이 장식이 만들어 낸 몸이다. 그 몸이 만들어 낸 것이 감각기관이다. 그 감각기관에 의해 세상 모든 것들은 다 받아들여진다.

장식이 중생의 몸을 만들었다. 이것은 한꺼번에 만들어지는 것이다. 중생의 몸은 실상에서 나온 허상이기 때문에 그림자처럼 일시에 나타난다. 그 몸에 붙어 있는 감각기관이 세상의 육진을 상대하는데 상대하는 것마다 즉시 그대로 반응한다.

즉 눈이 물상을 볼 때 한꺼번에 그대로 본다. 귀가 소리를 들을 때 소리를 나누어서 단계적으로 듣는 게 아니다. 전체로 즉시 들린다. 그처럼 우리 마음이 세상을 상대할 때 그대로 상대한다는 뜻에서 부처님이 이 말씀을 비유하신 것이다.

보셨다시피 위 **사권능가경**의 내용에 두 가지 깨달음이 들어 있다. 위에 문장은 점오漸悟를 말씀하신 것이고 아래 문장은 돈오頓悟를 말씀하신 것이다. 점오는 점차 깨닫는 것이고 돈오는 한꺼번에 깨닫는 것을 의미한다.

참고로 조사불교에서 점오와 돈오 같은 수행과 깨달음의 상관관계를 간단히 설명한다. 출처는 당나라 규봉대사가 지은 **선원제전집**이다.

1. 점수돈오漸修頓悟
2. 돈수점오頓修漸悟
3. 점수점오漸修漸悟
4. 돈오점수頓悟漸修
5. 돈오돈수頓悟頓修
6. 돈수돈오頓修頓悟
7. 수오일시修悟一時

위의 것을 알기 쉽게 풀이하면 다음과 같다.
1. 단계적 수행으로 한꺼번에 깨닫는다.
2. 한꺼번에 수행하고 단계적으로 깨닫는다.
3. 단계적 수행에 단계적으로 깨닫는다.
4. 한꺼번에 깨닫고 단계적으로 수행한다.
5. 한꺼번에 깨닫고 한꺼번에 수행한다.
6. 한꺼번에 수행해 한꺼번에 그것을 마친다.

7. 수행과 깨달음의 단계는 함께 나아간다.

위 **능가경** 말씀에는 점오와 돈오가 상충되거나 위배됨이 전혀 없는데도 참선이 꽃을 피우던 당나라 때의 수행자들은 각 파마다 위에서 말한 일곱 가지 이론을 내세우며 끝없는 논쟁을 일으켰다.

그런 행태를 도저히 눈뜨고 볼 수가 없어서 화엄학의 대가인 규봉대사가 **선원제전집** 100권을 써서 그들이 내세우는 이론을 조목조목 비판하고 회통하여 소모적인 논쟁을 해소하려고 애를 썼다.

그런데도 아직까지 우리나라 선종에서는 돈오돈수가 옳으니 돈수점오가 옳으니 하고 있다. 정말 할일 없는 사람들이 천 년을 넘어가며 영양가 없는 시비와 쟁론을 벌이고 있는 것이다.

이보다 더 충격적인 일이 터지고 있는 것을 보았다. 자칭 70만 구독자를 넘어간다는 어느 이상한 유튜브 법사가 돈오돈수에 대한 질문에 아래와 같은 기상천외한 답변을 뇌까렸다.

"정확히 神과 접신하는 순간이다."

멍청한 자에게는 멍청한 제자가 있다고 하더니 정확히 이 말을 증명한 것이다. 물어 볼 사람에게 물어 봐야 하는데 그 제자라는 사람은 물어 볼 번지수를 잘못 찾아서 위와 같은 기괴한 대답을 들어야 했다. 문제는 그 말을 듣고도 무엇이 잘못되었는지를 모르고 마지막에 청중 모두가 박수를 쳐 감사의 예를 올리고 있었다.

차라리 뒷다리를 들고 오줌을 갈기는 덩개에게 돈오돈수를 물었다면 덩개는 그보다 더 멋진 대답을 해 주었을 것이다. 멍! 멍! 이렇게 신나도록 짖어줬을 것이니까 말이다.

別記 頓分別者 是能見相 自心及現等 是境界相 瑜伽論中亦同此說
한꺼번에 분별한다는 것은 능견상이고 자심이 나타낸 몸 등은 경계상이다. 유가론 가운데서도 이와 같이 설하고 있다.

능견상은 전식이고 경계상은 현식이다. 즉 전식은 주체고 현식은 객체다. 보는 바가 있으면 보이는 것이 있다. 이 둘은 같이 작용한다.
그러므로 능견상이 있으면 경계상이 있게 되어 있다. 단 이것은 범부 쪽으로 향할 때 그렇다. 반대로 부처 쪽으로 올라갈 때는 경계상이 없어져도 능견상은 있다.
유가론은 미륵보살이 짓고 무착보살이 엮었으며 현장법사가 한역을 했다고 했다. 대승의 대표적인 논서로서 법상종의 교과서다. 권수는 100권으로 되어 있다고 앞에서 한 번 설명한 바 있다.
참고로 위 해동소에서 성사가 사권경을 끌고 와 현식을 설명하시는 데 인용한 경전의 글귀가 좀 다르다. 사권경에서는 –自心現及身安立– 으로 되어 있는데 해동소 문장은 –自心現身及身安立– 로 되어 있다. 그런데 여기 별기에서는 自心及現等으로 되어 있다. 전체적인 뜻은 이해할 수 있으나 왜 이렇게 달리 쓰셨는지 그 의도는 감히 잡히지 않는다.

別記 如是等文 是約後二相說 此二雖有二分 不離業相 是唯量門

業相雖無能所 含有二分 是唯二門

이런 등의 문장은 바로 두 가지 모습을 잡아 설한 것이다. 이 두 가지는 비록 둘로 나눠졌으나 업상으로부터 벗어나지 않고 있으므로 유량문이고, 업상은 비록 능소가 없으나 두 개로 나누어진 것을 갖고 있으므로 유이문이 된다.

두 가지 모습은 능견상과 경계상이다. 이 둘은 겉으로 보기에는 엄연히 나눠진 상태다. 하지만 이 둘은 아직 업상의 영역으로부터 벗어나지는 않고 있다. 그래서 唯量門유량문이라고 한다.

유량문은 한없이 벌려 나갈 수 있는 용적이다. 즉 한 개의 뿌리에서 수많은 가지와 잎을 만들어 낼 수 있는 잠재적 능력을 말한다. 이것은 가지와 잎이 아무리 많아도 그 근본 뿌리는 하나라는데 기준을 둔다.

그러나 업상은 능견상과 경계상이라는 두 단계를 가지고 있다. 업상의 단계에서는 능소인 주체와 객체가 출현하지 않는다. 그러나 일단 업상에서 나가버리면 능견상과 경계상으로 나누어진다. 그래서 唯二門이라고 한다. 이것은 한 개의 뿌리에서 두 줄기가 생긴 것과 같다는 이론이다.

別記 此三皆是異熟識攝 但爲業煩惱所惑義邊 不別業相動轉差別轉相等異 是故總說爲異熟識

이 셋은 모두 이숙식에 들어간다. 한갓 업번뇌에 미혹된다는 뜻으로 보면 업상이 동전하여 전상이 된 차별이 있지만 전상 단계로 달라졌다고 구별되지는 않는다. 그러므로 묶어서 이숙식이라고 한다.

셋은 무명업상과 능견상과 경계상이다. 이 셋은 모두 제8식의 범주에 있다. 8식은 아려야식이라고도 하고 이숙식이라고 한다. 즉 이 셋은 아려야식의 단계다. 현재는 나눠져 있지만 그 바탕은 아직도 아려야식에 머물고 있다는 말이다.

이 단계는 비록 작업하는 번뇌에 미혹되어 업상이 전상이 된다고 해도 독자적인 전상을 만들지는 못한다. 그래서 아직도 이숙식에 머물고 있다고 하는 것이다. 이것은 꼭 다 큰 자식이지만 혼자서 독립하지 못하고 부모와 더불어 한 집에 사는 것과 같다.

부모라는 말이 나왔으니 3권에서 마치지 못한 **마투포사카경**을 연속해서 연재한다.

사마는 장님이 된 부모님을 모시고 천천히 오두막으로 돌아왔다. 그리고는 부모님을 침대에 눕히고 안정을 취하게 했다.

부모가 쉬고 있는 동안 그는 칡넝쿨을 잘라 와 그분들이 쉽게 방향을 찾을 수 있도록 사방에다 줄을 치기 시작했다. 부엌과 화장실은 물론 정원을 지나 건너편에 있는 아버지의 오두막까지 줄을 연결하는 것이었다.

사마는 부모님께 약속한 것처럼 정성을 다해 몸과 마음으로 봉양했다. 강에서 물을 길어오고 음식을 만들며 식사수발을 들었다. 그리고 식사 후에 쓰는 이쑤시개까지 세밀하게 신경을 썼다. 그분들이 식사를 다 마치고 나면 그가 식사를 하고 그분들이 취침을 하면 그때서야 그도 잠자리에 들었다.

그는 그의 부모를 안락하게 모시면서 늘 존경해 마지않았다. 틈이 날 때는 그를 따르는 사슴들과 함께 숲속으로 들어가 먹을 것을 구하였다. 이 효성에 감동한 숲속의 신 킨나라는 그에게 맛있는 과일과 견과류, 그리고 다양한 베리에 이어 씹어 먹을 수 있는 뿌리가 있는 곳을 가르쳐 주기도 하였다.

"스트로베리 아사이베리 블루베리는 잘 알지요?"
"물론입니다."
"그렇다면 물베리는 뭔지 아십니까?"
"?"
"뽕입니다."

뽕은 영어로 물베리mulberry라고 한다. 경상도사투리에 배린다는 말은 오염시킨다는 뜻이다. 즉 옷을 배렸다는 말은 옷이 얼룩졌다는 것이다. 그러니까 뽕이라는 영화는 우리의 풍속을 배려놓는다고 그렇게 이름을 붙인 것 같다. 사실은 물베리가 아니고 멀베리이지만.

집에 돌아오면 다시 물을 길어 놓고 음식을 만들어 올렸다. 그리고 언제나 따뜻하게 목욕물을 데워 놓았다. 그러다보니 장님인데도 그들은 전혀 불편함이 없이 안락하게 지내게 되었다. 그런 부모님들을 보는 사마는 한없이 기뻤고 대단히 즐거웠다.

그때 바라나시국의 왕은 필리약까였다. 어느 날 왕은 뜬금없이 자기가 직접 잡은 사슴고기가 먹고 싶었다. 그래서 나라의 전권을 그의 모친에게 맡기고 아무도 몰래 사냥도구를 챙겨서 히말라야 숲속으로 애마를 타고 사냥을 떠났다.

미가삼마타 근처에 다다르자 사슴발자국들이 보였다. 그래서 그는 그곳을 사냥터로 잡고 잡목 사이에 매복하였다. 그리고는 화살에 독을 바르고 사슴의 무리가 강가에 물을 마시러 돌아오는 것을 기다렸다.

그때 사마는 숲속에서 먹을 것들을 채취하여 집으로 돌아오고 있었다. 집에 도착해서는 부모님께 무사히 다녀왔음을 알리고 빠른 시간 내에 강에 가서 목욕을 하고 물을 길어 오겠다고 하였다.

오두막을 나서자 그를 따라다니던 사슴들이 함께 물을 마시러 가겠다고 몰려들었다. 사마는 그들 중에서 가장 수려한 두 마리를 골라 부드럽게 멍에를 채웠다. 그리고 그들 등에 물동이를 가지런히 얹고 앞서서 강가로 나아갔다.

잡목 속에서 웅크리고 있던 왕은 드디어 사슴들의 발자국소리를 들었다. 그는 입맛을 다시고 자세를 고쳐 앉으며 사슴들이 나타나기를 숨죽여 기다렸다.

드디어 그들이 나타났는데 왕은 눈이 휘둥그레졌다. 금빛이 나는 몸매를 가진 아주 잘생긴 청년 하나가 두 마리의 사슴과 함께 수많은 사슴들을 대동하고 의기양양하게 걸어오는 것이 생생하게 보였던 것이다.

내가 이제까지 살아오면서 저렇게 아름다운 인간을 보지 못했다. 저 청년은 신인가 아니면 이 강의 용인가.

한번 물어봐야겠다고 생각한 그는 순간적으로 주춤하였다. 신이라면 하늘로 날아갈 것이고 용이라면 물속으로 사라져버릴 것이다. 이걸 어떡하지. 이 경이로운 광경을 궁중으로 돌아가 신하들에게 말하면 그들은 모두 헛소리를 한다고 하겠지 라고 생각하였다.

넋을 잃고 뚫어져라 바라보는 사이 청년이 옷을 벗고 강물 속에 들어가 목욕을 하는데 그 몸이 너무너무 아름다워 눈이 부실 정도였다. 두 마리의 사슴은 강가에 서서 한가로이 물을 마시고 서 있는데 그 광경은 한 폭의 신비로운 안락신선도와 같았다.

그는 정신을 차릴 수가 없었다. 내가 다스리는 나라에 저런 신비스런 청년이 있었다니 도저히 믿어지지가 않았다. 어떻게든 잡아서 누군지 알아봐야 되겠다고 생각한 왕은 활을 들었다.

그리고 그를 조준해 화살을 날렸다. 물동이를 머리에 얹으려고 두 팔을 올리던 찰나 그 화살은 사마의 오른쪽 가슴을 정확히 관통했다.

사슴들은 화들짝 놀라 공포에 떨며 사방으로 흩어졌다. 사마는 참을 수 없는 큰 고통을 누르면서 부모의 식수를 담은 물동이를 끝까지 이고 강둑으로 힘겹게 걸어 나왔다. 강둑에 닿아 물동이를 내려놓고 그는 가슴에 박힌 화살을 힘써 뽑았다. 그러자 붉은 피가 주르르 흘러내렸다.

사마는 고통을 참으면서 모래를 두 손으로 끌어 모아 베개를 만들었다. 그리고 부모가 계시는 오두막을 향해 반듯이 누웠다. 비록 핏자국으로 얼룩져 있지만 그의 수려한 몸은 모래 위에 놓인 금상의 조각과도 같았다.

나는 이 히말리야산에 적을 두지 않았다. 나는 누구에게도 적의를 가지지 않았다. 조용히 중얼거리는 그의 입으로 피가 흥건히 새어 나왔다. 그는 고개를 돌려 좌우를 둘러보았다. 하지만 아무도 보이지 않았다.

세상은 언제나 상대적인 상태로 유지하고 있다. 해가 있으면 달이 있고 불이 있으면 물이 있다. 남자가 있으면 여자가 있고 진짜가 있으면 가짜가 있다. 그처럼 성자가 있으면 악마가 있다.

중생의 위대한 스승 석가모니부처님에게도 그에 걸 맞는 악마가 있었다. 천신으로는 욕계 제6천 타화자재천왕이고 인간으로는 제바달다가 바로 그들이다.

魔마는 상대하는 자에 따라 등급이 다르다. 작은 인간은 작은 마가 붙고 큰 인간에게는 큰 마가 달려든다. 큰 마는 작은 인간들을 방해하지 않는다. 작은 인간들은 작은 마가 상대해도 충분하기 때문이다.

고오타마 싯다르타를 상대하는 魔는 이 세상에서 가장 강한 魔라야 했다. 그는 곧 부처가 될 후보자기 때문이다. 여기서 그를 못 막으면 그는 부처가 된다. 그러면 그의 광명에 의해 마의 세계가 만천하에 드러나 버린다. 그러므로 어떻게든 그가 부처가 되는 것을 막아야 한다. 그들에게는 실로 절박한 순간이다.

그때 그를 대적할 수 있는 최고의 마가 나타난다. 바로 타화자재천천왕이다. 이름은 파순이다. 파순은 인간이 자기보다 더 높은 지위로 올라가는 것을 결코 원하지 않는다.

욕계의 모든 중생들을 모두 다 자기 밑에 두고자 하는 욕심에서 누구라도 욕계를 뛰어넘어 색계로 올라가거나 깨달음을 이뤄 삼계를 벗어나고자 하는 자들을 절대로 그냥 두지 않는다.

그래서 고오타마 싯다르타가 대각을 이룰 때 무수한 공격을 개시했고 집요한 회유를 시도했던 것이다.

괴정이라는 농부의 딸 길선이 무 황제의 총애를 받기 시작했다. 삶이 너무나 가난해서 궁녀가 되었다. 숙종에게 발탁된 무수리 숙빈 최 씨처럼 그녀도 무수리로 있을 때 기적처럼 무 황제의 눈에 들어 성은을 입었다.

예절과 절도를 익힌 제후들 집안의 황후보다 투박하고 거친 움직임의 무수리가 좋아 무 황제는 자주 길선의 방에 들렀다. 그러다보니 길선은 자기도 모르게 황제가 아닌 한 남자로 그를 받아들이게 되었다.

어느 날 운우를 즐기고 있는데 난데없이 길선이

"폐하. 백성들도 모두 이렇게 하고 삽니까?"

"그렇다."

"아니 되옵니다 폐하. 이렇게 좋은 것은 우리만 해야 합니다. 백성들에게는 이렇게 하지 말라고 칙명을 내리소서."

이렇듯이 욕계에서 가장 욕심 많은 자는 자연적으로 욕계의 제일 위에 사는 왕이 된다. 그래서 그 누구도 자기보다 더 좋고 더 안락한 세계로 나아가는 것을 원치 않는다.

그래서 결국 타화자재천의 천주가 욕계 6천의 전 하늘을 다스리는 것이 아니라 색계의 초선천왕인 범천왕이 욕계 6천을 관리감독하게 된 것이다.

인간으로써의 마왕은 제바달다다. 그는 부처님의 아버지 정반왕과 형제간인 곡반왕의 아들이다. 그러니까 부처님과는 사촌동생이 된다. 우리가 잘 아는 아난다존자의 형이 바로 이 사람이다.

혈통이 왕자라서 그런지 아주 잘생긴 외모와 풍채를 갖추고 있었다. 그는 부처님을 흠모해 그분의 제자가 되었다. 그러나 선천적으로 명예욕과 시기심을 타고 났다. 그래서 늘 부처님과 대척관계에 섰다. 부처님이 만 중생의 공경과 예배를 받는 것을 보고 그도 부처님처럼 위대한 성자가 되고 싶었다.

제바달다는 열심히 수행했다. 정확히 12년간 누구도 따를 수 없을 정도로 뼈를 깎는 수행을 이어나갔다. 하지만 그는 큰 깨달음을 이루지 못했다. 후일 그가 부처님을 공격할 때 자주 이 기간을 언급했다. 싯다르타는 6년을 고행했지마는 나는 그 두 배인 12년을 고행했었다고 큰소리쳤다.

수행에 대한 회의와 부처님에 대한 원망이 커져가면서 적대감도 그만큼 깊어갔다. 지금쯤 그도 큰 깨달음을 얻어 무수한 사람들에게 공경과 공양을 받아야 하는데 그렇지 못하다보니 상대적 열등감과 자신의 무력감에 상당히 기분이 나빴고 그것이 시기심으로 이어져 부처님을 향해 말할 수 없는 질투를 일으키게 되었다.

제바달다는 궁여지책으로 십력가섭을 찾아가기로 마음먹었다. 십력가섭은 목건련과 대등할 정도로 굉장한 신통력의 소유자다. 십력가섭의 신통력은 신체적인 것과 심령적인 것이 있었다. 신체적인 것은 둔갑술과 은신술 등 네 가지 신통을 말하고 심령적인 것은 선정에 들어 천계의 움직임을 알고 천문과 지리 점성과 풍수 같은 것들을 터득하는 것을 말한다.

부처님은 십력가섭이 때때로 쓰는 신통술을 내심 못마땅하게 여기셨다. 급기야 부처님은 모든 제자들에게 내 제자는 외적으로 신통술을 쓰거나 내적으로 심령술을 써서 사람들의 인기를 끌어서는 안 된다고 율장에 못을 박아버렸다.

신통과 영통이라는 것은 깨달음에 의해 자연적으로 나오는 것이지 세속의 이익과 명예를 위해 그것을 익히고 드러낸다는 것은 수행자의 본분이 아니다고 하신 것이다.

하지만 제바달다의 귀에는 그 계율이 통하지 않았다. 그에게 필요한 것은 하루빨리 그도 부처님처럼 만 중생의 공경과 예배를 받고 싶은 욕망뿐이었다.

드디어 그는 부처님을 떠나 바라나성에서 수행하는 십력가섭을 찾아갔다. 그리고 자신의 의도를 숨기고서 십력가섭이 갖고 있는 신통술을 아무도 모르게 비밀리에 습득하기 시작했다.

그 분야가 자기와 잘 맞아떨어졌는지 그 어렵다는 내외의 신통술을 별다른 장애없이 일취월장하게 하루하루 잘 익혀나갔다.

전문가가 10년을 배운다면 돌팔이는 3년 만에 모든 것을 다 배우고 마는 것과 같이 그는 7년 만에 그 비법들을 결국 모두 다 마스터했다.

신통과 영통술을 다 익힌 그는 제일 먼저 왕자들 중에서 누가 가장 욕심이 많은지를 살펴보았다. 마가다국의 아사세왕자가 부왕에 대해 대단한 적개심을 가지고 있다는 것을 알았다. 그래서 그는 마가다 국을 향해 총총히 발걸음을 옮겼다.

바라나의 국경을 넘어가는데 한 여인의 지성스런 경배를 받았다. 어린 여자를 데리고 있었는데 둘 다 보통의 미모가 아니었다. 그런데 언뜻 보니 그들의 관계가 특이하였다. 그래서 급히 영통술로 그들의 관계를 살펴보고는,

"따님이십니까?"
"아닙니다. 우리는 한 남편을 모시고 있습니다."
"오!!! 당신들은 모녀관계입니다."
"뭐랏꼬요?!"

이 충격적인 한마디를 툭 던지고 제바달다는 표표히 떠나갔지만 연화색은 그 자리에 돌덩이처럼 굳은 자세로 멍하니 서 있었다.

"형님! 왜 그러고 계십니까?"
"아 아, 아니다!"

무거운 발걸음으로 집에 돌아온 연화색은 그 여자아이의 이력을 소상히 캐묻고 찬찬히 그녀를 뜯어보았다. 틀림없이 그의 딸이다. 그녀는 정말 소름이 끼치도록 화들짝 놀랐다.

연화색은 왕사성에서 자란 꿈 많던 처녀였다. 나이가 차서 울선국 의 우선나읍이라는 총각에게 시집을 갔다. 딸 하나를 낳고 행복한

결혼생활을 하고 있는데 어느 날 우선나읍이 가끔씩 들르는 자기 친정어머니와 비밀스레 간통하는 것을 보고 큰 충격을 받았다.

그대로 집을 나온 그녀는 눈물을 뿌리면서 서북쪽으로 정처 없이 걸었다. 그러다 지쳐 쓰러진 곳이 바라나성의 어떤 큰 집 앞이었다. 바라나성은 부처님이 성도하시고 난 뒤에 다섯 명의 비구들에게 처음으로 설법하신 곳으로 유명하다.

또 거기에는 간지스강이 있어서 예로부터 수많은 죄인들이 그 강에 목욕을 하면서 죄업을 씻는 곳이기도 하다.

연화색은 무엇에 끌린 듯 자기도 모르게 그 바라나성으로 들어가 큰 저택 앞에 쓰러진 것이다. 그 집의 주인은 몇 년 전에 상처喪妻를 하고 혼자 사는 유명한 거상이었다. 마침 다른 나라로 장사를 하러 나가는데 집 앞에 초췌하게 쓰러진 연화색을 보게 되었다. 거상은 그녀가 가여워서 내가 돌아올 때까지 이 여인을 잘 보살피라고 하였다.

오랜 방랑과 배고픔으로 형색과 몰골이 말이 아니었지만 그 집 하인의 지성스런 보살핌에 의해 연화색은 점차 아름다운 옛 모습으로 돌아왔다. 거상이 귀가해 보니 절세의 미인이 그를 기다리고 있었다.

거상은 이것은 하늘이 내려준 인연이다 하면서 그녀를 아내로 맞이하였다. 연화색은 전처가 낳은 아이 하나를 키우면서 십 수 년을 누구도 부러울 것 없이 행복하게 살았다. 그러던 중 남편이 사업차 울선국을 다녀오던 중 예쁜 여자아이 하나를 데리고 왔다.

누구냐고 물었더니 울선국의 여관에 묵었는데 이 여자아이가 그곳에서 모진 구박을 받으면서 허드렛일을 하고 있었다고 하였다. 사연을 들어보니 아비라는 작자가 노름빚으로 이 아이를 그 여관주인에게 팔았다는 것이었다.

그래서 불쌍하고 가련해서 거금을 주고 사왔다고 하였다. 연화색은 그 아이가 측은하여 딸처럼 잘 거두어 주었다. 그러면서 자기 대신 주인과 한방을 쓰도록 하였고 성심으로 남편을 섬기도록 하였다. 그런데 오늘 제바달다에게 청천벽력 같은 소리를 들었던 것이다.

연화색은 울부짖었다. 과거에는 어머니와 내가 한 남자를 모시더니 이제는 딸과 내가 한 남자를 모시고 사는 신세가 되었구나 하면서 그 집에서 뛰쳐나와 또 정처 없는 방랑의 길을 떠났다. 그래서 발이 닿은 곳이 비사리성이었다.

비사리성에서 그녀는 자신의 기막힌 운명과 남자에 대한 저주스런 원망으로 창녀가 되었다. 자포자기한 심정에서 자신을 끝없이 학대하고 괴롭혔다. 그러던 중 그 나라로 포교를 나온 목련존자를 만나게 되었다.

목련존자의 인과설법을 듣고 연화색은 세속의 모든 과거사를 뒤로하고 출가를 결심하였다. 목련존자는 부처님을 양육한 마하파사파제가 수행하는 대림정사로 그녀를 보내 수행을 하게 하였다. 그녀는 거기서 정식으로 출가를 하여 비구니의 삶을 살게 되었다. 이 여자가 바로 연화색비구니다.

불교 역사에서 남자로 가장 잘생긴 스님은 아난다존자고 여자로 가장 잘생긴 스님은 연화색이라 할 만큼 그녀의 미색은 가히 독보적이었다.

이 연화색비구니가 후일 부처님을 향한 제바달다의 악행이 너무

심한 것을 보고 더 이상 두고 보지 못해 그를 직접 찾아가 날카롭게 꾸짖었다. 하지만 제바달다가 그렇게 양심이 있는 자가 아니었다. 도리어 가녀린 연화색비구니를 무차별하게 폭행하여 죽음에 이르게 하였다. 연화색비구니는 그렇게 해서 사바세계의 기구한 삶을 끝맺는다.

언제가 될지는 몰라도 아마 이 연화색비구니에 대한 영화나 드라마가 제작될 것이다. 그러면 거기서 아주 멋지고 풍부한 내용이 쏟아질 것이라 기대하여 본다.

어쨌거나 연화색과 작별한 제바달다는 자기가 갖고 있는 최대한의 신통술을 써서 왕사성 사람들을 현혹시켰다. 그 소문은 삽시간에 퍼져 제2의 부처가 나타났다고 온 성안이 떠들썩하였다. 그 소문과 함께 제바달다는 성안으로 들어가 아사세왕자를 단독으로 만났다.

"태자의 관상을 보니 전 세계를 제패할 전륜성왕의 모습입니다."
"그것이 정말입니까?"
"그렇습니다. 제가 그렇게 되도록 도와드리겠습니다."

전륜성왕은 황제 중에 황제다. 기독교에서 예수를 왕 중의 왕이라고 하는데 불교에서는 황제 중에 황제를 전륜성왕이라고 부른다. 전륜성왕은 부처가 이 세상에 출현하는 것만큼이나 희귀하게 나타난다. 세속인들은 알렉산더 대왕이나 칭기즈칸을 두고 전륜성왕과 같다고 하지마는 분명히 알아두어야 할 것은 전륜성왕은 대륙의 한 부분이 아니라 세계 전체를 제패해 자기 명령권에 둔다는 사실이다.

우담발화가 3천년 만에 한 번 희귀하게 꽃을 피우듯이 복덕과 지혜가 충만한 귀인 한 명이 아주 희귀하게 이 세상에 탄생한다.

그때 그 자가 지혜가 더 많으면 부처가 되고 복덕이 더 많으면 전륜성왕이 된다. 전륜성왕은 세간에서 가장 위대한 왕이 되고 부처는 출세간에서 가장 거룩한 성자가 된다.

부처는 깨달음의 지혜로 중생을 제도하고 전륜성왕은 무력으로써 중생을 굴복시킨다. 부처는 언제나 자비의 빈손이고 전륜성왕은 칼을 들고 수많은 병력을 거느린다.

복덕은 한정이 있으므로 전륜성왕은 죽는다. 그러나 지혜는 끝이 없으므로 부처는 죽지 않는다. 전륜성왕은 부처의 세계를 모른다. 그러나 부처는 전륜성왕의 세계를 꿰뚫어본다.

그러므로 비록 전륜성왕의 위세라 해도 부처의 수준에 비하면 태양 앞의 북극성 정도밖에 되지 않는다. 그래도 세속 왕들이 가지는 최고의 로망은 전륜성왕이 되어 세상을 맘껏 호령하는 것이기 때문에 아사세왕은 그 소리에 두 귀가 번쩍 띄었다.

그때부터 아사세왕은 허황된 꿈을 꾸기 시작하였다. 어떻게든 빨리 왕이 되어서 세계를 제패해야 되겠다는 야무진 계획을 세우기 시작한 것이다.

부왕인 빈비사라왕이 불교역사상 최초로 부처님을 위해 영취산에다 죽림정사를 지어 올릴 때 온 왕사성 백성들이 기뻐했지마는 그만은 예외였다. 부왕이 빨리 자기에게 왕위를 전위해 주지 않고 부처님을 도와 왕권을 더 튼튼하게 해 나가고 있다는 데 대한 불만이었다.

그럴수록 왕자는 제바달다에게 더 매달릴 수밖에 없었고 제바달다는 그런 왕세자의 위호와 재력을 최대한 이용해 그의 교단을 착실히 다져나갔다. 그러니까 왕세자의 다급함은 제바달다에게 최고의 호기가 된 셈이다.

둘은 찰떡궁합이었다. 그들 둘 다 끝없는 욕망을 갖고 있었기 때문이다. 하나는 부처의 지위를 빼앗는 일이고 또 하나는 전륜성왕을 도모하는 일이었다.

왕세자의 위세를 입은 제바달다의 교세는 눈부시게 번창해 나아갔다. 그만큼 왕세자의 마음도 곧 전륜성왕이 될 것이라는 부푼 기대에 한껏 들떠 있었다.

제바달다 교세가 완전히 기틀을 잡아가자 그는 드디어 왕세자에게 반역할 것을 종용했다. 이제 때가 되었다는 말을 들은 왕세자는 반역을 일으켜 그의 부왕인 빈비사라왕을 감옥에 가두고 결국 왕위를 찬탈하였다.

감옥에 갇힌 왕은 굶어죽는 형벌을 받았다. 그래서 그 누구도 음식을 갖고 왕을 만날 수가 없었다. 이 황망한 사건을 당한 왕의 부인인 위제희는 밤새도록 눈물을 흘리면서 왕을 살리는 방법을 궁리하였다.

날이 밝자마자 그녀는 깨끗이 몸을 씻었다. 그리고는 굵은 진주보석이 박힌 여러 줄의 목걸이에 박힌 진주알들을 모두 빼내었다.

깨끗하게 씻은 몸에다 꿀을 바르고 보석을 뺀 서너 줄의 긴 진주목걸이에는 물을 채웠다. 그리고 왕을 면회해 꿀을 핥고 목을 축이도록 했다. 그래서 왕은 오랫동안 굶어죽지 않고 버텨낼 수 있었다.

위제희부인과 빈비사라왕은 감옥에서 처절하게 부처님을 불렀다. 지극지성으로 부처님을 찾았다. 업보의 세상에서 벌어진 이 혈육의 싸움이 너무 싫었다. 부처님의 설법을 듣고 하루빨리 이 인과의 죄과로부터 벗어나고 싶었다.

부처님은 영취산 죽림정사에 계셨다. 그리고 하나도 빠짐없이 이 사건을 바라보고 계셨다. 빈비사라왕과 위제희부인이 그분을 지성으로 애타게 찾는다는 것을 아시고 신통제일인 목련존자와 다문제일인 아난다존자를 먼저 보내 그들을 위로토록 하였다.

드디어 그들이 설법을 들을 정도로 마음이 안정되어 있다는 것을 아시고 부처님은 허공을 걸어 그들에게 나아가셨다. 예수는 갈릴리 호수를 걷는 기적을 행했다 하는데 부처님은 영취산과 왕사성의 허공을 왕복하시었으니 신통의 등급이 어느 정도 차이가 나는지 가히 짐작할 것이다.

설법의 요지는 사바세계는 서로 간의 인과에 의해 고통으로 살아가야 함이 끝이 없으니 윤회가 끊어진 극락세계에 태어나라는 말씀이었다.

그리고서 그들에게 극락세계의 장엄함을 열여섯 부분으로 바라볼 수 있는 방법을 설해주셨다. 그것을 보통 16관법이라고 부른다. 그리고는 옆에 있던 아난존자에게 나의 설법을 경전으로 엮어 후세에 길이 남기라고 하셨다. 그렇게 태어난 경전이 바로 **관무량수경**이다.

왕자로 있던 아사세가 왕이 되자 제바달다의 기세 또한 하늘을 찌르는 듯했다. 그래서 그는 즉시 부처님과 차별화하는 다섯 가지 반대

되는 교법을 내세웠다. **유부비나야파승사**에 보면 내 제자는,

1. 우유나 치즈를 먹어서는 안 된다.

2. 생선이나 고기를 먹어서는 안 된다.

3. 소금을 두고 먹어서는 안 된다.

4. 시주받은 의복을 다시 재단하여서는 안 된다.

5. 개인 수행처를 만들어서는 안 된다.

위 다섯 가지는 부처님이 허락하신 계율이다. 그런데 제바달다는
이 계율에 맞서서 이보다 더 금욕적인 삶을 파격적으로 제시한 것
이다.

십송율에서는

1. 죽을 때까지 떨어진 옷만 입는다.

2. 죽을 때까지 걸식만 한다.

3. 죽을 때까지 하루에 한 끼만 먹는다.

4. 죽을 때까지 길바닥에서만 산다.

5. 죽을 때까지 육식을 하지 않는다.

고 하였다. 이것이 불멸 백년 후에 가라욕왕이 제2회 부처님말씀을
비야리성 사퇴가람에서 결집할 때에 非法이라고 인정한 10사의 단
초가 된다.

이상한 사람들은 합리적인 수행을 하는 사람들보다 금욕주의자들
이나 고행주의자들을 맹목적으로 따르는 경향이 있다. 부처님이 중
도의 수행법을 제시하셨지만 그들은 부처님보다 더 강도가 높고 더

빡센 계율을 제시한 제바달다에게 더 많은 호응을 보였다.

그래서 그의 위상과 교세는 나날이 더 높아만 갔다. 부처님이 영취산에서 대승의 **법화경**을 설하실 때에 뭐 이런 가르침이 다 있나 하면서 5천 명이나 되는 부처님의 제자들이 자리를 박차고 일어나 제바달다에게로 간 사실은 그의 인기가 그때 얼마나 대단하였는지 가늠하는 일대 사건이었다.

제바달다는 석가모니부처님을 확실히 없애고 그가 단 하나밖에 없는 부처가 되고 싶었다. 그래서 어떻게든 부처님을 없애고자 혈안이 되어 있었다.

그래서 그는 자기를 따르는 500여 명의 일반 무리들에게 석가모니를 죽이라고 명령하였다. 그들이 흉기를 들고 기원정사에 쳐들어가자 보다 못한 범천왕이 천군을 내려 보내 그들의 진입을 막아버렸다.

그러자 그들은 기원정사 바깥에서 투석대를 세워 놓고 부처님이 계시는 곳을 향하여 투석과 돌팔매질을 했다. 그것 역시 천군들이 막아내 버리자 그들은 뿔뿔이 흩어졌다.

이 무참한 계획이 실패로 돌아가자 제바달다는 직접 영취산으로 올라가 부처님이 거주하시는 방 쪽으로 거대한 바위 하나를 굴렸다.

바위덩이는 굉음을 내며 굴러가 기원정사의 건물을 부수고 부처님을 덮쳤다. 그것을 본 금비라 신이 급히 그것을 막았지마는 바위의 파편 하나가 부처님 오른쪽 새끼발가락을 찔러 피를 나게 했다.

그 시도도 실패로 끝나자 그는 또 다른 방법을 획책했다. 그것은 잘 훈련된 코끼리로 부처님을 공격하기로 한 것이다. 그는 조련사를 불러 가장 사나운 코끼리 한 마리를 빌려달라고 했다. 조련사가 코끼리를 데리고 오자 그 코끼리에게 술을 잔뜩 먹여서 이성과 자제를 잃도록 했다.

그리고는 때를 기다렸다. 마침 부처님이 죽림정사를 떠나 왕사성으로 들어가신다는 확실한 정보를 얻었다. 제바달다는 그 코끼리와 함께 부처님이 나타나기를 숲속에서 기다렸다.

얼마 지나지 않아 부처님과 여러 제자들이 저 멀리 모습을 나타내었다. 기회는 이때다 라고 생각하고 그는 큰 소리로 술 취한 코끼리에게 저 부처를 밟아 죽여라고 명령하면서 앞으로 내쫓았다. 술에 잔뜩 취한 코끼리는 맹렬한 기세로 부처님을 향해 돌진해 갔다.

제자들은 혼비백산하며 모두 부처님 뒤로 물러섰다. 그것을 본 부처님은 조금도 동요 없이 의연하게 서서 코끼리가 가깝게 다가오도록 기다렸다. 코끼리는 괴성을 지르면서 부처님 쪽으로 무섭게 질주해 갔다.

코끼리가 부처님 앞에 다다르자 부처님은 오른쪽 손을 번쩍 들었다. 코끼리가 멈칫하면서 섰다. 그러자 부처님이 아주 조용한 음성으로

"내가 억겁 동안 살생을 하지 않았는데 너는 왜 나를 해치려 하느냐?"

이 한마디에 그렇게도 기세등등하며 씩씩대던 술 취한 코끼리가 졸지에 덩개처럼 풀이 죽어버렸다. 그리고는 눈물을 흘리며 무릎을 꿇었다.

독화살을 맞은 사마도 아직 나타나지 않은 그에게 왜 나를 쏘았느냐고 묻고, 나 역시 수많은 세월 동안 그 어떤 생명체에게든 살의를 품은 적이 없는데 어떻게 나를 죽이려고 하느냐 하고 물었던 것이다.

도대체 누가 나를 쏘았는가. 브라만인가. 무사인가. 아니면 사냥꾼인가. 내가 기억하지 못하고 있는 과거의 적인가. 나의 육체는 먹을 수 없다. 내 피부는 가죽이 될 수 없다. 그런데 왜 나를 쏘았을까.

그의 숨소리는 점차 가늘어져 갔다. 그런 그가 마지막으로 있는 힘을 다해 보이지 않은 자를 향해 소리쳤다. 당신은 누구인가. 왜 날 쏘았는가. 솔직하게 말을 좀 해 달라.

그 소리를 듣고 왕은 두려움에 떨었다. 비록 내가 독을 바른 화살을 쏘았지마는 그는 고통을 참으면서도 나를 저주하지 않고 증오하지도 않고 있다. 왕은 젊은이의 태도에 기가 죽었다. 그래서 그가 죽기 전에 솔직하게 모두 대답해야 되겠다고 생각했다.

그는 잡목에서 비틀거리며 나와 사마에게 다가갔다. 그리고는 그의 옆에 무릎을 꿇고서 자백했다.

"나는 바라나시국의 필리약까 왕입니다. 나는 사슴을 사냥하러 왔습니다. 나는 명사수입니다. 그 어떤 목표물이든 백발백중으로 맞추는 활 실력을 가지고 있습니다. 그런데 당신은 도대체 누구십니까?"

사마는 숨이 끊어질 것 같은 희미한 목소리로,

"나는 사마라고 합니다. 사냥꾼의 후예로써 금욕수행자의 아들입니다. 그런 제가 독이 묻은 날카로운 화살을 맞았습니다. 당신은 나를 죽여서 무슨 이익을 취하고자 하십니까?"

이 질문을 받은 왕은 너무 죄송하고 부끄러웠다. 그래서 그는 거짓

말을 했다.

"사고였습니다. 저는 단지 사슴을 잡고자 했습니다. 당신을 쏘고자 하는 의도는 없었습니다. 그런데 어떻게 이런 지경까지 왔는지 저도 모르겠습니다."

"여기 있는 모든 사슴들은 나에게 길들여진 사슴입니다. 그래서 그 무엇에도 겁을 내지 않고 있습니다. 여기에 모든 생명체들은 서로를 해치지 않습니다. 그러므로 여기에는 두려움이라는 것이 없는 곳입니다."

이 소리를 듣고 왕은 너무 괴로웠다. 이렇게 순수무구한 사람을 쏘아 죽어가게 만들고도 바른 말을 하지 않고 단순한 사고라고 둘러대는 자신이 너무 슬펐다.

"솔직히 말하면 당신을 잡으려고 하였습니다. 죽이고자 하는 마음보다도 어떻게든 당신을 사로잡아야 되겠다는 욕망으로 당신을 쏘았습니다."

그 후회스런 목소리를 듣는 사마의 눈에서는 뜨거운 눈물이 주르륵 흘러 내렸다.

"그런데 도대체 당신은 누구십니까? 어떻게 이 산속에 홀로 살고 있습니까? 가족은 어디에 있습니까?"

사마의 입에서는 계속해서 검붉은 피가 흘러 나왔다. 그 피는 목덜미를 타고 내려가 모래바닥에 꾸역꾸역 스며들어갔다. 그는 거의 죽어가는 목소리로 힘겹게 대답했다.

"산속에 우리 부모님이 살고 있습니다. 그분들은 장님들입니다. 그분들에게는 물도 없고 남겨진 음식은 며칠 분뿐입니다. 내가 없으면 그분들도 죽습니다. 내가 죽는 것은 아무렇지도 않지마는 그분들이 굶어죽는다고 생각하니 너무 가슴이 아픕니다."

떠듬떠듬 말하는 사이에도 사마의 검붉은 피가 물컹물컹 입 밖으로 쏟아져 나왔다.

"죽음은 운명입니다. 하지만 그분들을 두고 죽는다는 것이 괴롭습니다. 그분들은 내가 돌아오기만을 문밖에서 애타게 기다리고 있습니다. 오늘 밤까지 내가 돌아가지 않으면 밤새도록 나를 부르다가 내일 아침 날이 밝으면 나를 찾아 온 숲속을 헤맬 것입니다. 그러다가 죽을 것입니다. 저는 그것이 슬픕니다."

그의 숨소리는 이제 거의 멎을 듯하였다. 눈물로 범벅이 된 검은 눈동자는 붉게 충혈되어 있었다.

"그분들을 잘 모시겠다고 약속하였는데 이제 다시 그분들을 보지 못하고 눈을 감게 되었습니다. 그분들께 죄를 짓고 말았습니다."

왕은 슬프면서도 감탄했다. 자기의 죽음은 초연하게 받아들이면서도 부모를 걱정하는 이 효성어린 젊은이를 죽이고 말았다는 데 대한 때늦은 자책감으로 가슴을 쳐야 했다. 그때 숲속에 흩어져 있던 모든 사슴들이 일제히 목을 놓아 슬프게 우는 것이었다.

사마의 눈이 드디어 감겨지기 시작하였다. 죽음으로의 세계로 들어가는 것이었다. 그러자 어디서 날아왔는지 수많은 산새들이 모여들어 그를 애타게 바라보며 슬픈 노래로 죽음을 애도하는 것이었다. 이 이야기는 다시 5권으로 넘어간다. 독자들의 양해를 구한다.

別記 爲無明風所動義邊 從細至麤動轉差別 是故細分立三種相

무명의 바람으로 움직인다는 뜻으로 보면 미세한 것으로부터 거친 데 이르기까지 동전하여 차별된다. 그래서 자세히 나누어 세 가지 모습을 내세웠다.

불각을 건드리는 무명의 작업은 처음에는 세지 않아 불각이 크게 동요하지 않는다. 그러다 무명이 세력을 얻어 점차 세게 때리기 시작하면 그때야 크게 동요하기 시작한다. 그러면 한 덩어리로 있던 이숙식이 무명업상과 능견상 경계상으로 나눠진다.

부모와 한 집안에 살면 한 식구가 되지만 도저히 더는 못 버티겠다는 자존심의 바람이 일면 부모와 같이 살 수가 없다. 그래서 자식은 바깥으로 독립해 나간다. 부모와 핏줄은 같지만 이제는 한 집안에서 살지 못하고 분가한다. 하지만 분가는 하되 그 뿌리는 부모에게 있으므로 완전한 독립은 하지 못하고 있는 것과 같다.

위에서는 무명이 작업하는 강도가 내면에서 부글거리는 상태고 지금 여기서는 내면에서 밖으로까지 불거져 나온 상태다. 그만큼 무명이 작업하는 단계가 본격적으로 더 강해졌다는 것이다.

別記 又此三但爲無明所動 故在第八 後六乃爲境界所動
이 세 가지는 다만 무명이 움직인 것이다. 그러므로 제8식에 있다. 뒤에 6식까지는 경계가 움직인 것이다.

지금 우리는 불각 중에서 지말불각을 공부하고 있다. 불각은 우리 마음이 갖고 있는 무지의 원천적 요소다. 거기서 지금 현재의 범부까지 내려오는 단계를 설명하고 있다.

무명업상은 우리가 감지할 수 없다. 내 몸은 형체를 갖고 있다. 그런데도 현재 내 몸 안에서 무슨 일이 진행되는지 나는 모른다. 그런데 어떻게 몸보다 천 배 만 배 더 오묘한 마음의 움직임을 알 수가 있겠는가.

그러므로 우리 마음이 내면에서 어떤 작동을 거쳐서 밖으로 드러나는지 알 수가 없다. 그 내면은 세상에서 가장 가까우면서도 가장 먼 곳이다. 비록 내 마음이라고는 하지만 그것이 얼마나 깊고 으슥한지 도저히 감을 잡을 수가 없다.

거기서 무명이 불각을 건드리기 시작한다. 그때는 아직 내가 생기기 전이다. 그래서 알 수가 없다는 것이다. 그 차원은 제8 아려야식이기에 그렇다.

그 다음 단계가 나의 출현이다. 도대체 我라는 존재가 어떻게 생겨났는지 모른다. 과거도 我고 현재도 我며 미래도 我인 내 자신은 도대체 누구인지 알 수가 없다. 이것도 제8 아려야식 범주에 있기 때문에 알 수가 없다.

세 번째로 나타난 것은 경계상이다. 이 세상은 어떻게 생겼는지 모른다. 내가 어미에게서 태어나 보니 세상은 이렇게 이미 있었다. 이 세상은 도대체 왜 생겼는지 어떻게 만들어졌는지 알 길이 없다. 이것 역시 제8 아려야식 범주에 있으므로 알 수가 없다.

그런데도 범부들은 8식의 경계인 이 세상을 연구한다. 세상은 우주다. 짧게 보면 이 세상이고 넓게 보면 우주다. 이 세상과 우주는 연결되어져 있다. 그래서 세상이 우주고 우주가 세상인 셈이다.

범부가 세상을 알려고 한다. 그게 가당키나 한 것인가. 이 세상은 가까워서 알고 우주는 멀어서 모른다는 것인가. 이 세상과 우주는 하나이기 때문에 세상을 모르면 이 우주도 모르는 법이다.

고대 중국의 백과사전인 회남자에서는 宇宙우주에서 宇는 공간이라고 하고 宙는 시간이라고 했다. 천자문에서는 宇는 넓고 宙는 거칠다고 했다. 그러니까 우주는 무한한 시간과 온갖 사물을 포함한 공간을 말하는 것이다. 물론 거기에는 우리 지구도 포함된다.

영어에서 코스모스와 유니버스라는 단어가 있다. 이 말은 천체 공간만의 이름이다. 즉 시간이 들어가 있지 않다. 단지 그들은 넓고 넓은 하늘 저 높은 곳을 광대한 우주라고 생각했던 것 같다.

그렇다면 우주는 언제 생겼을까. 얼마 전까지만 해도 우주과학자들은 137억 년으로 보았다. 그러나 지금 유럽우주국ESA과 미국항공우주국NASA이 초정밀플랑크우주망원경으로 관측한 결과 1억 년쯤이 더 된 138억 년으로 수정하였다.

그러면 우주의 크기는 어느 정도나 될까. 지금까지 우주연구를 위해 발명한 최고의 망원경은 허블울트라딥필드다. 이 망원경으로 우주의 경계를 대충 가늠할 수가 있다고 한다.

우주의 지름은 천문학자들이 빛의 속도로 계산할 때 초속 30만 킬로로 950억 광년 동안 가야 우주의 끝에 다다른다. 빛은 일 초에 30만 킬로미터를 간다. 즉 지구를 일곱 바퀴 반을 도는 셈이다.

그러면 우주의 끝에는 무엇이 있을까. 무한으로 생각하지만 우주는 끝이 있다고 한다. 하지만 그 끝이 약간 휘어진 구형이기 때문에 끝은 있되 경계는 없다고 한다. 그러니 우주는 결국 유한하면서도 광활하여 그 경계가 없다는 것이다.

그리고 우리가 알고 있는 저 우주의 끝 지점 그 너머에는 우주가 없는 것처럼 보이기에 그냥 막연하게 적막한 세계나 궁창의 어둠만이 있다고 한다.

이런 말들은 참 할 짓 없는 사람들이 만들어 낸 공허한 소리들이다. 우주는 범부로써는 사실 신묘막측神妙莫測한 세계다. 범부가 그것을 안다는 것은 그냥 허튼 소리에 불과하다. 그것은 그냥 억측이며 추정일 뿐이기에 그렇다.

그렇다면 우주는 어떻게 생겼을까. 사람들은 빅뱅이론을 내세운다. 즉 원시의 알이 대폭발을 일으켰다. 그것이 점점 팽창되어감에 따라 폭발을 연속해 행성과 은하계가 나타나게 되었다고 한다. 이런 이론이 대세다. 하지만 이것 역시 어디까지나 그냥 가설에 지나지 않는다.

그래서 범부 중에서는 우주를 아는 자가 없다. 그냥 막연한 추측으로 여러 이론을 가설로 내세우는 사람들 밖에 없다. 천체과학박사들 억만 명이 모여 우주를 논한다 해도 그것은 달팽이들이 큰 고목나무를 더듬는 것과 같은 것이기에 그렇다.

플라톤은 말했다. 천문학은 우리 영혼이 위를 바라보게 하면서 우리를 이 세상에서 다른 세상으로 이끈다고 했다. 맞는 말이다.

내가 어렸을 때 산으로 둘러싸인 산골에서 살았다. 사방으로 둘러싸인 산과 들까지가 내 우주 전부였다. 그 너머에는 아무것도 없고 출렁이는 바다가 있다고 상상하였다. 성장해서 그 산들을 넘어보니 또 다른 산들이 있고 또 그 산을 그렇게 넘고 넘어보니 드디어 거기에 바다가 있었다.

바다를 넘어보니 또 산이 나오고 또 바다가 나왔다. 아무리 비행기를 타고 날아가 봐도 거기에 또 산이 있고 바다가 있었다. 이제 그 바다와 산 너머를 헤아리고 있다. 그러므로 플라톤의 말은 나에게 어느 정도 일리가 있다고 생각한다.

물리학자 스티븐 와인버그는 우주를 이해하려는 노력은 인간의 삶을 광대극보다는 조금 나은 수준으로 높여주고 다소나마 비극적 품위를 지니게 해주는 아주 드문 일 중의 하나다 라고 했다.

비극적 품위라는 말이 재미있다. 한때 고독을 씹지 않으면 청춘이 아니라는 말이 있었다. 만물의 영장이라고 하는 인간이라면 적어도 우주 정도는 생각해야 한다는 자조적 어투다.

부처님은 우주를 무량하고 무변하다고 하셨다. 무량은 시간을 말하고 무변은 가없음을 뜻한다. 그 우주를 허공이라고 표현한다. 그 허공을 위 성정본각에서는 마음으로 비유하셨다. 그러므로 그 세계는 범부는 모른다. 항상 우주의 부분만 더듬고 있는 꼴이다.

그러므로 자칭 천체과학자나 우주학자들이 우주를 말하는 것은 팩트도 없고 증거도 없다. 그냥 좋게 말하면 추정이고 가설이지만 안 좋게 말하면 모두 궤변이고 억지다.

하나 분명한 것은 우주는 생명을 갖고 있다는 것이다. 거대한 블랙홀로 숨을 들이마시고 광대한 화이트홀로 숨을 내쉬고 있다. 모든 우주의 찌꺼기를 블랙홀로 정화하여 다시 화이트홀로 내뿜는 것이다. 마치 바다가 오염된 강물을 빨아들여 맑은 수증기를 토해내는 것과 같다. 그러므로 우주는 나름대로 이 세상에서 가장 큰 생명체가 된다.

부처님은 또 우주는 무한하다고 하셨다. 그러므로 유한의 생각을 갖고 있는 범부로써는 그 무한의 영역을 상상할 수가 없다. 여기서 분명히 알아야 할 것은 우주는 범부가 알 수 있는 범주가 아니라는 것이다. 자기 자신도 모르는데 우주를 논한다는 것은 원숭이들이 모여서 인간세상을 연구하고 논하는 것과 같이 아무런 답이 나오지 않는다.

진정으로 우주를 알려고 하면 과학적 도구보다도 수행적 직관으로 아는 것이 더 정확하다. 쓸데없이 용을 쓰며 시간을 허비하는 것보다 차라리 수행을 해서 자신을 한 단계 올려서 직관하는 것이 더 효과적이라는 말씀이다.

그렇지 않으면 봉사가 코끼리 더듬는 것 밖에 되지 않는다. 왜냐하면 눈앞에 보이는 세상은 우주와 연결된 제8 아려야식의 범주이기 때문에 그렇다.

別記 故在七識 卽由是義 故說七識一向生滅 不同黎耶俱含二義也
그러므로 그것은 7식에 있다. 이런 뜻이기 때문에 7식은 한결같이 생멸한다. 그렇다고 해서 아려야식이 두 뜻을 함께 가지고 있다는 말과는 같지 아니하다.

제8 아려야식은 없어지지 않는다. 그것이 중생의 마음이기에 그렇다. 중생의 마음은 중생의 신분으로 있는 한 없어지지 않는다. 없어진다고 하면 유물론자거나 무신론자이다. 그러므로 제8식은 없어지지 않고 영원히 생멸한다. 그 대신 8식의 비늘 같은 7식들은 수시로 생기고 없어진다.

이 아려야식에 8식과 7식이 함께 들어 있다고 생각하면 안 된다. 8식이 바닷물이라면 7식은 그냥 냇물이고 6식은 오염된 물이다. 물의 원천은 바다가 맞지마는 바닷물 속에 담수인 7식과 오염된 물인 6식의 요소가 함께 들어 있는 것은 아니다. 위 마지막 문장이 바로 이 뜻을 말한 것이다.

海東疏 此論下文明現識云 所謂能現一切境界 猶如明鏡現於色像 現識亦爾 以一切時任運而起常在前故

이 논서 하문에 현식을 밝히면서 말하기를, 이른바 일체경계를 나타내는 것이 밝은 거울처럼 색상을 나타낸다. 현식도 또한 그와 같이 일체 時에 걸림없는 색상을 일으켜 항상 그 안에다 둔다고 하였다.

상태로 말하면 업상 전상 현상이고 작용으로 말하면 업식 전식 현식이다. 그러니까 현상은 모습이고 작용은 현식이다. 현식의 작용은 밝은 거울에 색상을 나타내는 것이고 현상은 그 나타난 색상이 된다.

三細의 내용은 이쯤에서 마무리된다. 즉 본각과 불각이 화합된 우리 마음에서 불각이 무명과 합세하여 작업을 하는 것이 무명업상이다. 그래서 주체인 내가 나오고 객체인 세상이 내 앞에 펼쳐져 있다는 것이다. 이것이 三細다.

이 三細는 아려야식의 범주라서 보살들이라야 알아보는 단계다. 그러므로 범부의 식견으로는 이 단계를 상상할 수 없다. 그러므로 이것을 세 가지 섬세한 모습이라고 했다.

중생이 되는 과정은 구상차제로 이루어져 있다고 했다. 이제 아홉 단계 중에서 섬세한 세 단계는 끝이 났다. 마지막으로 아래 문장에서 삼세 중에서 가장 거친 現相을 다시 거론하여 결론짓고 육추로 넘어 간다.

海東疏 如是等文 約於現相以顯本識 如是現相既在本識 何況其本 轉相業相 反在六七識中說乎

위와 같은 문장은 현상을 잡아 본식을 나타내고 있다. 그처럼 현상은 이미 본식에 있는데 어찌 하물며 그 근본인 전상과 업상이 거꾸로 6식이나 7식 가운데 있다고 말할 수 있겠는가.

위에서 말한 문장은 **사권경**의 말씀과 **기신론** 저 아래 글귀다. 현상 은 현식을 말한다. 그것의 자리는 본식인 아려야식에 있다는 것을 결론짓고 있다.

현상은 전상 업상과 더불어 아려야식 범주에 있다고 몇 번이나 말 했었다. 그곳은 범부의 머리로써는 접근불가의 영역이다. 6식이나 7식을 갖고 8식인 본식을 탐색할 수는 결코 없는 것이다. 이것은 마 치 피라미 잡는 뜰채를 가지고 상어를 잡으려 하는 것과 같다.

들어봤을 것이다. 불교는 과학이다고. 불교가 과학적인가? 불교는 결코 과학적이지 않다. 과학은 누가 만들었는가. 6식을 쓰는 인간들 이 만들었다. 불교는 8식을 뛰어 넘는 가르침인데 어떻게 과학으로 불교를 증명할 수 있단 말인가. 불교는 인간이 만든 과학 저 너머에 있다.

심리학으로 **해동소**를 연구하는 자가 있다. 웃기는 사람이다. 땅에서 뛰는 강아지가 바다의 고래를 연구하는 것만큼이나 전혀 이치에 맞지 않는 개설이다. 고작 의식의 작용 및 의식의 현상을 밝히는 심리학의 잣대로 의식과 意 그리고 마음을 초월하는 **해동소**의 세계를 푼다는 것은 병아리가 사람의 마음을 분석하려고 하는 것처럼 진짜 말도 안 되는 농설이라 아니할 수 없다.

그래서 범부는 모른다. 우리가 이렇게 있지마는 우리 마음의 시작점과 우리 자신의 출현을 상상할 수가 없다. 범부는 고작 이 三細 밑에 단계에서부터 그 능력을 발휘하고 있을 뿐이기에 그렇다.

b. 육추

起信論 以有境界緣故 復生六種相 云何爲六

경계를 반연함으로 해서 다시 여섯 종류의 모습이 생긴다. 이를테면 어떻게 여섯이 되는가.

경계는 눈앞에 나타난 세상 전부다. 이 세상은 현상이다. 현상을 보고 이제 여섯 가지 마음의 작용을 일으킨다. 그것이 육추다. 6추는 여섯 가지 거친 모습이라고 했다.

범부는 현식에서 나타난 것에서부터 시작한다. 이것은 위에서 한 번 언급했다. 범부는 모른다. 이 세상이 어떻게 생겨났는지 알지 못한다. 그것은 범부가 눈을 뜨고 보니 이미 이 세상이 이렇게 펼쳐져 있었기 때문이다.

그래서 神을 모시는 종교에서는 신이 세상을 창조했다고 한다. 그리고 神같은 것은 없다고 하는 무신론자들은 원래부터 세상은 거기 있었다고 한다. 하지만 불교에서는 이제까지 말했다시피 그것은 현식이 만들었다고 한다. 그런 세상을 이제 범부들이 어떻게 요리하는지 여기서 그들의 지각작용을 한번 살펴보도록 하자.

起信論 一者智相 依於境界 心起分別 愛與不愛故
첫째는 지상이다. 경계를 의거해 마음으로 분별해서 애와 불애를 일으킨다.

6추의 첫 단계가 智相이다. 지상은 세상을 분별해서 아는 단계다. 이것은 6추 중에서도 가장 첫 단계다.

범부는 눈앞의 세계를 그냥 보지 않는다. 보는 즉시 분별해서 자기의 머릿속에 집어넣는다. 예를 들어 꽃이 보인다고 하면 그냥 꽃으로 보지 않는다. 아름답다 아름답지 않다 그냥 그렇다로 분별해 나눠버린다.

꽃은 아름답지도 않고 아름답지 않지도 않다. 꽃은 꽃일 뿐이다. 아름답고 안 아름답고는 그것을 보는 범부들의 마음에 의해 나누어진다. 장미는 아름답고 호박꽃은 아름답지 않은가. 그런 美와 醜추는 꽃 자체하고는 아무 상관이 없다.

사람도 마찬가지다. 좋은 사람이 어디 있고 안 좋은 사람이 어디에 있단 말인가. 다 자기 기준으로 좋은 사람이 있고 안 좋은 사람이 있다.

교도소에서 수감생활을 하는 수인들 중에서도 좋은 사람이 있고 사회복지사업을 하고 있는 사람들 중에서도 안 좋은 사람이 있다. 좋고 안 좋고의 기준은 다 나의 기준으로 선이 그어진다.

범부의 눈에 보이는 사물은 現相이다. 현상은 무명에 의해 나타난 가짜 모습이다. 그러므로 사물이 好惡호오를 떠나 있듯이 사람도 호오를 떠나 있다. 호오를 그렇게 떠난 분이 부처님이고 호오에 묶여 사랑과 미움에 가슴이 타는 자가 중생이다.

원문에 마음으로 분별해서 愛와 不愛를 일으킨다고 하였는데 궁극적으로 그 愛는 중생세계를 말하고 不愛는 부처세계를 뜻한다. 중생은 기껏 고차원적인 생각을 한다고 해도 결국 중생세계를 愛로써 탐하게 되어 있다. 그것은 그렇게 되도록 되어 있기에 그렇다.

起信論 二者相續相 依於智故 生其苦樂 覺心起念 相應不斷故

둘째는 상속상이다. 지상을 의거해 고와 락을 일으킨다. 각심으로 망념을 일으켜 상응하여 끊어지지 않는다.

지상에 의해 세상을 알았다. 그러면 그것을 저장해 두어야 한다. 그것이 나에게 어떻게 작용하였는지 기억해 두어야 한다. 독이 되었는지 약이 되었는지 잊지 말아야 한다. 잊었다고 하면 다시 몸으로 부딪혀 그 정보를 재차 얻어야 한다.

그러므로 힘든 세상을 살아가야 하는 범부는 일단 무엇이라도 터득한 것이 있다면 마음 깊숙이 저장해 놓아야 한다. 먹을 것이 없을 때를 대비해 도토리를 여기 저기 숨겨 놓는 다람쥐처럼 아무도 모르게 그 정보를 내 마음 창고에다 깊이 숨겨 놓아야 한다.

다람쥐가 힘겹게 숨겨 놓은 도토리를 찾을 수 있는 확률은 30퍼센트 정도밖에 되지 않는다. 그처럼 마음 깊숙이 숨겨 놓은 삶의 정보도 오래되면 그 기억이 가물거리거나 아예 잊어버린다. 분명히 잊어버린다고 했다.

다람쥐가 도토리를 숨겨 놓은 것을 찾지 못하면 그 도토리는 썩어 없어진다. 하지만 범부가 저장해 둔 삶의 정보는 천만 년을 지나도 절대로 없어지거나 사라지지 않는다. 도토리는 물질이고 상속식은 비물질이기 때문이다.

중생은 누구나 다 육도윤회를 하고 있다. 그 육도를 돌아다니면서 살아온 경험을 하나도 빠뜨리지 않고 고스란히 축적해 놓고 있다. 그러다보니 다음 생애에 중생세계 어디를 가든 거기에 맞게 적응하면서 그 중생의 삶을 살아가게 된다.

한 번도 건축교육을 받지 않았던 새들이 바로 둥지를 틀고 한 번도 비행을 배운 적이 없는 나비가 꽃을 찾아 훨훨 날아다니는 것은 바로 전생에 이미 그 삶을 살아본 경험이 있기 때문에 그렇다.

억겁을 살아온 중생세계의 그 수많은 기억을 저장해 놓는 마음창고는 실로 상상할 수 없을 정도로 크고도 넓다. 나름대로 대단한 혁명이라고 하는 컴퓨터 저장기능인 기가단위라 하더라도 우리 마음의 저장능력에 비하면 해운대 바닷가 전체 모래 중에 단 한 개의 모래에도 미치지 못한다.

그렇게 이루 말할 수 없이 수많은 세월을 살아온 그 기억력에 의해 세상을 판가름하고 苦樂을 판단한다. 어떻게 하니 苦가 생기고 어떻게 하니 樂이 생긴다는 것을 智相의 단계에서 알아 금생에는 어쨌든 苦를 멀리하고 樂을 가까이하고자 한다.

그런 마음을 여기서 각심이라고 했다. 각심은 경험해서 얻은 지식이다. 그것을 갖고 살다가 또 거기서 얻은 정보를 다시 그 위에다가 다시 겹겹이 쌓아둔다. 그런 형식으로 중생세계의 삶은 끊임없이 계속된다. 그것을 상응해서 끊어지지 않는 삶이라고 한다.

상응은 세상과 맞추는 것이고 不斷은 영원히 끝나지 않는 중생의 삶을 말한다.

起信論 三者執取相 依於相續緣念境界 住持苦樂 心起著故

셋째는 집취상이다. 상속에 의해 반연된 경계를 생각한다. 주지하는 고락에 마음이 애착을 일으킨다.

상속은 전생부터 이어내려 오는 본능심이다. 이 마음에 의해 넓고 넓은 세상을 딱 자기 수준만큼의 그릇으로 받아들인다. 그래서 범부는 꼭 자기 아는 것만큼 세상을 본다고 한다.

금덩어리가 대단히 귀하다는 것은 상속에 의해 자동적으로 알게 된다. 그래서 본능으로 살아가는 유아들은 반짝이는 것을 좋아한다. 그들의 내면에 보석은 빛을 발한다는 것을 전생에 이미 터득하였기 때문이다.

집취상은 좋은 것들은 가지려 하고 안 좋은 것들은 버리려 하는 집착심이다. 사람들이 계속해서 소유물을 바꾸는 이유도 이런 심리에서다. 새로운 것들을 가졌다가도 더 좋은 것이 나타나면 그것을 버리고 또 다른 새것을 원하는 것이다.

智相에서 정보를 입력하고 상속상에서 그것을 담아둔다. 이제 다른 무엇을 가지려고 한다. 백화점에서 마음에 드는 옷을 하나 보았다. 알아보니 가치 있는 명품이라고 한다. 이게 智相의 수준이다.

돈이 없어서 살 수는 없었지만 늘 마음에 담아두고 있었다. 이게 상속상이다. 이제 그것을 어떻게든 가져야 되겠다고 하는 마음까지 왔다. 지금 이 단계가 정확히 그 시점이다.

그러므로 이 집취상은 중단이 없다. 중생이 있는 한 이 집취상은 언제나 중생과 함께 움직인다. 눈에 보이는 것은 어떻게든 가지려 하는 충동심이 일어나기 때문이다. 대신에 맘에 들지 않는 것은 아무도 모르게 버리려고 한다. 여기서 집착의 선택이 적나라하게 드러나는 것이다.

起信論 四者計名字相 依於妄執 分別假名言相故
넷째는 계명자상이다. 망집을 의거해 분별하고 거짓된 명칭과 언어를 쓴다.

계명자상은 이름과 문자를 씌우는 단계다. 세상에 처음부터 이름을 달고 나타난 물상이 어디 있던가. 아무것도 없다. 모두 다 이름 없이 태어났다.

그런데 지금은 모두 다 이름이 있다. 심해 바닥에 살고 있는 어류에서부터 하늘 끝까지 뻗혀져 있는 별들까지 모두 다 이름이 붙여져 있다.

인간들은 이름 없이 존재하는 것들을 그냥 놔두지 않는다. 반드시 이름을 붙이고 꼬리표를 달아 종의 분류를 해 버린다. 산과 들에 흩어져 있는 잡초들조차도 이름 없는 풀이 없다. 강과 바다에 살고 있는 생명치고 이름 없는 수중생물이 없다. 모두 다 이름을 붙여 두었다.

허망한 것을 집착한다고 해서 망집이라고 했다. 눈에 보이는 물상은 하나도 실체가 없다. 전부 다 가짜다. 가짜에다 이름을 붙이고 세밀하게 분류를 한다.

그러므로 그 이름도 가짜고 분류표도 가짜다. 어느 하나도 진짜가 없다. 인간이 하는 짓거리가 이렇다. 언제나 허상만 좇는다. 그러다가 죽는다.

누가 빨간 꽃을 장미라고 이름붙이고 정열이라는 꽃말을 붙였는가. 그렇다고 해서 그 꽃이 장미가 되는 것이고 그 꽃의 의미가 정열이 되는 것인가. 이거야말로 남의 영역에 푯대를 꼽고 자기 땅이라고 우기는 것과 뭐가 다른가. 그래서 성사가 위에서 그것을 망집이라고 표현하신 것이다.

유명한 시인 누가 말했다. 내가 그의 이름을 불러주었을 때 그는 내게로 와서 꽃이 되었다고 했다. 바로 그거다. 이름도 없고 뜻도 없는 한 떨기 꽃이었는데 거기다가 자기 색깔의 이름을 붙이고 자기 생각의 의미를 집어넣어 버리면 아주 이상한 그 무엇이 되어 버린다.

이제 그것을 가지고 시험문제를 낸다. 누가 그렇게 말했고 그 꽃은 무엇이냐고 한다. 그리고 그 꽃의 의미는 또 뭐냐고 한다. 틀리면 두들겨 맞고 맞으면 상을 받는 이 촌극을 망집의 연극이라고 부르는 것이다.

아이가 태어났다. 아이의 이름은 무엇인가. 아무도 모른다. 그런데 이름 없는 아이를 본 적이 없다. 모두 다 이름을 갖고 있다. 거기다가 한 술 더 떠 공주나 돼지 같은 애칭이나 별명까지 붙여 놓고 있다. 자기가 직접 낳은 자식이지만 그 아이의 진짜 이름은 부모도 모르고 그들 자식도 모른다.

강아지 한 마리를 데리고 왔다. 이름 없는 강아지가 우리 집에 오면 졸지에 이름이 주어진다. 보리가 되고 해피가 된다. 그러다가 버려버리면 다른 사람들이 데리고 가서 또 자기 기분에 맞는 이름을 갖다 붙인다.

세상이 나를 버려버리면 또 다른 세계에 태어나서 또 다른 부모가 나를 낳고 또 다른 이름을 붙인다. 그렇다보니 나는 단 한 번도 내 자신의 이름을 갖지 못하고 산다. 태어나서는 부모가 이름을 지어 주고 커서는 철학관이 나의 이름을 지어 준다.

그렇다면 진짜 내 이름은 도대체 무엇인가라는 의문은 한 번쯤 가져봐야 한다. 사람들은 고작 육체적으로 내가 당신의 자식이냐 아니냐 하는 것에만 관심을 가진다. 이제 나는 도대체 누구인가라는 마음에 대한 관심을 가질 때가 되었다.

사람마다 물상을 대하는 감정과 느낌은 다 다르다. 그 중에서 자기가 전공한 분야에 대한 연구결과와 자기가 관심 있는 사물의 느낌에 대해 글을 남긴다. 자기와의 대화는 생각이고 타인과의 대화는 언어라고 했다. 자기의 생각을 언어로 표현해서 활자로 세상에 내어 놓으면 책이 된다.

각양각색과 천태만상의 물상에 대한 이름이 나왔다면 이제 그것을 가지고 문자로 매끄럽게 각색한다. 그렇게 세계 각국에 산재해 있는 수만 개의 도서관에 채워진 수억만 권의 책들은 전부 허상에 대한 이야기들이다. 아무것도 실체적인 것은 없다.

표현력이 좋고 글재주 있는 사람들이 대체로 책을 쓴다. 그렇지 않은 사람은 속으로 생각만 하고 밖으로는 드러내지 않는다. 책을 낸 사람보다 그렇지 않은 사람들이 얼마나 많은 숫자로 사라져갔는지 생각해 보시기 바란다.

그런데 남아 있는 사람들은 책을 쓴 사람들의 기준으로 세상을 판단하고 거기에 맞추어 살아가려고 한다.

起信論 五者起業相 依於名字 尋名取著 造種種業故

다섯째는 기업상이다. 이름과 문자에 의한 외형을 찾아 집착해서 온갖 종류로 죄업을 짓는다.

죄를 짓는 단계까지 내려왔다. 智相에서 금은 가치가 있다는 것을 알았다. 상속상에서 그것을 잊지 않고 계속 마음속에 품어 왔다. 집취상에서 어떻게든 그것을 가져야 되겠다는 생각을 품었다. 계명자상에서 그것을 노래하고 찬탄하면서 그 가치를 글로 남겼다.

이제 그것을 무조건 쟁취하려고 한다. 가치가 있고 귀한 것은 이름과 문자에 의해 누구나 다 알고 있다. 그러므로 경쟁이 치열하다. 그것을 뚫고 내가 원하는 것을 가져와야 한다. 쉽게 가져질 리가 없다. 그때 술수와 편법이 동원되다보니 죄를 짓는다.

죄에 대한 벌은 저 멀리 있다. 우선은 내가 가져야 한다. 벌은 눈에 보이지 않는다. 일단 어떤 죄를 짓든 간에 우선 내 소유가 되어야 한다. 지금이 그 단계다. 이 단계 속에 중생 모두가 다 들어 있다.

사물로 비유를 드니 쉽게 느낌이 오지 않을 수도 있다. 그렇다면 사람을 대입시켜 보자. 아름다운 여자를 보았다. 그것을 아는 단계가 지상이다. 그 여자를 마음에 품고 있다. 그것이 상속상이다. 그 여자를 어떻게든 내 사람으로 만들어야 되겠다고 생각한다. 그것이 집취상이다.

그 여자를 보고 천사라고 부르고 사랑한다는 감정을 글로 써 보낸다. 이것이 계명자상이다. 이제 그 여자를 내 사람으로 만들기 위해 작전을 짜고 실행에 옮긴다. 이것이 기업상이다.

원문에 尋名심명이라고 한 名은 이름이 아니고 외형 名 자로 보아야 한다. 그래야 문장이 매끄럽게 풀린다.

起信論 六者業繫苦相 以依業受果 不自在故
여섯째는 업계고상이다. 죄업으로 인한 과보를 받아 자재하지 못하게 되기 때문이다.

업계고상이라는 말은 죄업에 묶이어 고생을 하는 모습이라는 뜻이다. 우리 중생들 모두가 다 이 지점에 있다. 아니 智相부터 이 업계고상 속에 다 들어 있다.

위 智相에서부터 예를 들어 온 여인을 기업상에서 내 여자로 만들었다. 순리대로 내 여자를 만들었다면 나는 가정에 있고 무리하게 내 여자를 만들었다면 나는 감방에 있다. 어떻게 했건 나는 둘 다 거미줄에 걸린 苦相에 있게 된다.

어떤 노래든지 간에 사람들이 부르는 노래를 들어보면 참 웃고픈 사실이 보인다. 노래가사의 내용을 말하는 것이다. 하나는 사랑이고 하나는 인생이다.

그 가사들의 내용은 한결같다. 사랑은 이별이고 인생은 허무하다고 결론짓고 있다. 부르는 사람도 끊임없이 그렇게 부르고 듣는 사람도 하염없이 그렇게 듣는다. 그것은 범부의 삶을 집약해 놓은 것이다. 하나는 내면적 허무이고 또 하나는 외면적 시련이다. 이 둘 말고 삶에 또 뭐가 있단 말인가.

아이들이면 몰라도 어른들은 삶을 예찬하는 노래가 없다. 그들은 안다. 그들은 삶이 너무 힘들고 고역스럽다는 것을 체험해서 안다. 그래서 그들은 인생을 기쁨으로 노래하지 않는다.

그러므로 사랑과 인생을 알면 안 된다. 그 실체를 알게 되면 이것들이 얼마나 유치하고 얼마나 덧없는 것인지를 통감한다. 그러면 정신이 번쩍 들어버린다. 그래서 인간들은 이 둘로부터 끝까지 깨어나지 않으려고 한다.

안개 속으로 가버린 사랑이라는 노래가 있다. 불멸의 가수 배호가 불렀다. 사랑이라는 것은 정말 괴롭고 허무하다는 내용이다. 이 노래를 아는 분들은 그래도 인생을 좀 아는 자들이다. 아직도 이 노래가 가슴에 들어오지 않거나 모르고 있다면 앞으로도 참 많이 인생을 더 듦으며 살아야 하는 자들이라고 말할 수 있다.

사랑이라면 하지 말 것을.
처음 그 순간 만나던 날부터
괴로운 시련 그칠 줄 몰라.
가슴 깊은 곳에 참았던 눈물이
야윈 두 뺨에 흘러내릴 때
안개 속으로 가버린 사람.

사랑! 참 아름답고 감미로운 말이다. 인간세상 자체가 이 사랑으로 시작하고 사랑으로 끝난다. 하지만 그 속에는 말할 수 없는 비참함이 서려 있다.

이성을 사랑한다. 죽을 듯이 사랑한다. 미칠 듯이 사랑한다. 그래서 그 다음 단계가 무엇인가. 반드시 이별한다. 너무나 슬퍼하고 괴로워한다. 그 속에서 나뭇잎 말라가듯이 인생은 시들어간다.

그걸 알면서도 지금 모든 사람들은 그 과정을 똑같이 밟아가고 있다. 그 속에서 남모르게 사랑의 아픈 상처를 하나하나 가슴에 쌓아가며 앞서거니 뒤서거니 줄을 지어 맥없이 인생패배자로 끝이 난다.

위의 노래는 어느 특정한 인간만이 가지는 슬픔과 고뇌가 아니다. 누구라고 할 것 없이 모두 사랑에 이은 이별과 허무로 점철된 삶을 산다. 정신을 차리고 나면 자기 가슴은 이미 숯덩이가 되어 있고 주위에는 안개 속으로 사라진 사람밖에 없다.

그가 간 지 반세기가 지났지만 수많은 사람들이 이 노래에 공감하여 슬프게 듣고 애잔하게 부른다. 비단 이 곡만이 아니다. 인간이 부르는 노래치고 회한에 차 있지 않는 노래는 하나도 없다. 왜냐하면 인생 자체가 사랑이든 인생이든 모두 다 실패로 끝나는 삶이기 때문에 그렇다.

그런데도 그들은 그들의 삶을 바꾸려 노력하지 않는다. 결과가 뻔한 사랑을 노래하면서도 사랑에 목숨 걸려고 한다. 인생이 허망하다는 것을 뻔히 알면서도 인생을 바쁘게 살려고 한다. 도대체 이 자들은 생각이 있는 사람들인가 없는 사람들인가 심히 의구심이 들 정도다.

이런 허망한 짓거리를 계속해서 반복하는 자들이 자칭 똑똑하다는 인간들이다. 이것을 어떻게 받아들여야 하나. 진흙탕 길로 가게 되면 구두를 닦지 않는다. 닦아봐야 힘만 들 뿐 소용없는 일이기 때문이다. 인생의 종말이 달콤한 사랑으로 시작해 서글픈 비극으로 끝나는 것이 자명한 이치인데도 자꾸 그 과정을 가르치고 있다.

한자에 사람 亻인 변에 사랑 愛가 붙은 優라는 글자가 있다. 이 자는 흐느껴 울 애 字다. 인간은 사랑을 하면 울게 된다는 기가 막힌 표현이다. 누가 만들었는지 몰라도 본인 스스로 여기에 대해 쓰라린 경험을 해 보지 않고서는 절대로 만들어 낼 수 없는 슬픈 의미의 글자다.

사랑은 중독이다. 중독은 죽음이다. 그러므로 누구든 사랑하면 그 사람은 죽는다. 마약에 중독되면 폐인이 되듯이 사랑에 중독되면 반드시 죽는다. TV가 방영하는 멜로드라마가 언제나 비극으로 끝을 맺는 이유가 여기에 있다. 그것을 지겹게 보고도 또 사랑을 갈구하고 사랑노래를 부른다는 것이 정녕 이해가 되는 것인가.

그렇게 죽음의 방향으로 한번 입력된 회로의 길은 결코 쉽게 고쳐지지 않는다. 기분 나쁘게 들릴지 모르지만 무명으로 시작된 범부의 일생은 누가 뭐라 해도 그것은 처음부터 이미 종친 삶이다.

그런데도 사람들은 말은 참 잘 한다. 끊임없이 남에게 조언하고 충고한다. 그러면 안 된다고 하고 또 한편으로는 그래야 한다고 한다. 그러는 자는 그럼 제대로의 인생을 살고 있단 말인가. 아니다. 그렇지 않다. 그들도 똑같이 죽음의 대열에서 대책 없는 행군을 하고 있기는 마찬가지다.

담뱃갑에 망가진 폐 사진을 보고도 흡연을 계속하는 사람들을 나무랄 필요는 없다. 그걸 나무라는 사람도 어차피 그 삶 자체가 죽음으로 나아가고 있기 때문이다. 담배로 죽는 것은 비참하고 담배를 안 피우고 죽는 사람은 뭐 고귀한 죽음인가. 어차피 죽어가는 노선에 있는 것은 다 똑같은 처지인데 누가 누굴 안타까워할 일인가.

자기도 죽어가는 길에 있으면서 타인들에게 사랑과 행복의 방법을 가르쳐 주겠다면 그 말을 제대로 들을 필요도 가치도 없다.

그렇다면 누구의 말을 들어야 한단 말인가. 바로 부처님의 말씀이다. 그분만이 범부의 삶과 사랑이 얼마나 부질없고 허망한 것인지를 정확히 꿰뚫어보신 분이기 때문이다.

그래서 **유가사지론**에 부처님의 말씀은 內明論이라고 하였다. 내명론은 자신의 내면을 밝히는 이론이라는 뜻이다.

그 내명론을 따라 나서지 않는 자들은 제아무리 똑똑하다 해도 다 빛 좋은 개살구고 실속 없는 허탕의 삶을 살아가고 있는 것이다.

인생을 그렇게 비관적으로 봐서야 어디 되겠느냐고 항변하지 말라. 인생을 자학하는 것이 아니라 인생을 직시해서 진실을 말하고 있을 뿐이다.

하도 오래 되어서 기억이 가물거리는 속가 집에서 있었던 일이다. 기르던 개가 힘들게 새끼를 낳았다. 그 뒤처리를 해주시던 할머니가

– 아이고. 무슨 좋은 꼴 보려고 이 세상에 태어났나. –

할머니는 아셨다. 그 강아지들의 마지막 운명이 어떻다는 것을 잘 알고 계셨다. 그들은 안타깝게도 자연사할 때까지 살 수가 없다. 모두 다 중간에서 비명을 지르면서 죽어야 한다. 배고픈 시절 그때는 그랬다. 그러기에 그들의 출산을 마냥 기뻐해 줄 수만은 없었던 모양이었다.

사람에게도 好喪호상은 없다. 말이 좋아 원적이니 선종이니 소명이니 하지만 모두가 다 처절하게 죽는다. 그들은 극심한 고통과 불안 속에서 죽어간다. 그런 사람에게 사랑한다고 한다. 그럼 뭐라고 해야 하나. 막다른 상태에 처한 사람들에게 특별히 해 줄 말이 뭐가 있는가. 딱히 할 말이 없어서 그냥 사랑한다는 말로 작별을 고한다.

영문학 역사상 가장 위대한 작가이면서 동시에 세계최고의 극작가로 꼽히는 윌리엄 세익스피어가 쓴 희곡의 대표작 햄릿에서 To be, or not to be, that is the question 이란 말이 있다. 이것을 세익스피어의 전설적 명언이라고 격찬한다. 따지고 보면 참 허접스런 말인데 사람들은 여기에 지나친 호들갑을 떤다. 호들갑을 떨 건더기가 뭐 있는가. 어떻게든 죽지 않고 사는 쪽을 택해야지. 그게 무슨 문제라고 심각한 고뇌 축에 든단 말인가.

인간은 사실 자신도 자신을 사랑하지 않는다. 자신을 사랑한다면 자신을 죽이지 않아야 한다. 그런데 자신을 살리려 하지 않고 자신을 죽이는 삶을 살고 있다. 그런 자들이 어떻게 남을 사랑할 수 있단 말인가.

사랑은 애틋하게 그리워하고 열렬히 좋아하는 마음이다. 삶의 마지막에 몰려 숨을 헐떡이고 있는데도 사랑이라는 말로 서툰 위로를 해야 하는 우리들 신세가 참 거시기하다. 거기에 분명 문제가 있다. 사랑으로 시작해서 사랑으로 끝나는데 왜 서로가 고통스런 죽음을 맞이하느냐이다.

진정으로 서로가 사랑한다면 같이 영원히 살 수 있는 방법을 찾아야 할 것인데 어떻게 뻔히 그 결과를 알면서도 사랑타령만 하고 있는지 정말 미치고 환장할 노릇이다. 이것은 서로 간의 사랑이 아니라 상호 간의 기만이다. **법구비유경** 말씀이다.

The wise man who show a thee
the dangers of mundane life.
Follow that man,
he who follows him will see eternity and death.

중생의 삶이 위험하다고
가르쳐 주는 자가 있다면
그를 따르라.
영원과 죽음을 보게 될 것이다.

연인이건 가족이건 서로가 애틋하게 사랑한다면 죽음으로 나아가는 삶을 날카롭게 꾸짖어야 한다. 죽음조차 사랑으로 포장해 버리면 죽음이 당연한 것처럼 받아들인다. 그러면 생사의 세계로부터 벗어나야겠다는 생각을 결코 일으키지 않는다. 그런 자들이 죽음이 뭐가 두렵고 뭐가 겁이 나서 영원의 세계로 힘차게 도약하려 하겠는가.

그렇다면 사랑하지 말란 말인가. 대단히 역설적이게도 인간을 사랑해서는 안 된다. 사랑하는 대신 연민의 마음을 가져야 한다. 모든 인간은 서로 간에 사랑의 대상이 아니라 연민의 상대가 되어야 한다.

결론을 내린다. 모든 인간은 사랑할 수 없는 존재다. 그들은 죽음 속으로 들어가고 있다. 그들을 사랑한다는 것은 그들에게 쓸데없는 위안을 줌과 동시에 자신도 그 길로 나아가는데 대한 정당성을 미리 확보하는 궁색한 변명을 하는 것이다.

그들은 불쌍한 존재다. 나도 불쌍한 존재다. 죽지 않는 길이 있는데 기어이 자기를 죽이고자 하는 그들은 부처님 말씀을 죽어도 안 듣는 자들이다. 그런 그들 사이에 무슨 고귀한 사랑이 있고 무슨 가치 있는 삶이 있겠는가.

"그래서 스님은 사람을 사랑하지 않습니까?"
"사랑한다고 하면 그 길이 정당한 줄 알 텐데, 어쩌겠나?!"

海東疏 次明麤相 於中亦二 總標 別釋

다음은 추상을 밝힌다. 그 중에 둘이 있다. 묶어서 표시하고 벌려서 해석한다.

기신론에서 삼세육추는 대단히 중요한 대목이다. 이런 구체적 설명은 그 어떤 논서에도 없다. 가만히 있던 마음이 움직여 범부가 되는 과정을 아홉 단계로 명확히 나누어 설명하는 이 이론은 가히 독보적이다.

그 아홉 단계를 다시 두 부분으로 나누었다. 먼저는 보살이고 뒤에는 삼현과 범부로 분리해서 설명하였다. 보살단계에서는 삼세가 있었고 삼현과 범부의 단계에서는 육추가 있다.

삼세는 위에서 이미 말하였고 이제는 삼현과 범부의 차원인 6추를 설명하려고 하는데, 먼저 6추를 묶어서 표시한다고 하셨다.

海東疏 初言以有境界緣者 依前現識所現境故 起七識中六種麤相 是釋經言境界風所動七識波浪轉之意也

처음에 경계의 반연이 있기 때문에 라고 한 것은 앞에 현식이 나타낸 경계 때문에 7식 가운데 6종의 추상이 일어난다. 이것은 경에서, 경계의 바람이 요동하므로 7식의 물결이 움직인다는 뜻을 풀이한 것이다.

이 문단은 6추가 왜 일어났는지 그 뜻을 묶어서 선언하고 있다. 6추의 바탕은 현식이고 현식의 바탕은 아려야식이다.

현식은 눈에 보이는 세상이다. 앞에서도 말했지마는 범부는 눈앞에 펼쳐진 세계를 진짜의 세계로 보고 있다. 그래서 세상을 만든 창조자가 따로 있다고 한다.

그들은 주체를 창조자로 두고 나를 창조된 객체로 본다. 하지만 불교는 그렇지 않다. 세상의 주체는 바로 나이고 내가 세상을 창조

했다는 것이다. 그래서 그들은 내가 죽어도 세상은 그대로 있다고 하고 불교는 내가 죽으면 나와 함께 나의 세상은 더 이상 존재하지 않는다고 한다.

능가경에서 고요한 바다에 바람이 불면 물결이 일어나지만 바람이 멈추면 그 물결은 사라진다. 그처럼 세상은 나의 망념에 의해 나타나지만 망념이 없어져 버리면 세상 같은 것은 없다 고 하신 말씀이 바로 이 뜻이다.

그러니까 불교는 내가 세상과 하느님을 창조하였다고 하고 저들은 하느님이 세상과 나를 창조하였다고 한다.

別記 以有境界緣故生六相者 前細相中 依能見現境界 非境界動能見

경계를 반연하므로 6추의 모습이 있게 된다는 것은 앞의 細相 중에 능견을 의거해 경계를 드러낸 것이다. 이것은 경계가 능견을 움직인 것은 아니다.

6추와 6상 6종은 같은 말이다. 細相은 三細다. 즉 무명업상과 능견상 경계상이다. 이 삼세는 우리의 인식영역 밖이다고 했다.

능견을 의거해 경계를 드러낸 뜻은 삼세 중에 마지막인 현상은 내가 만들어 낸 세상이라는 것이다. 주체가 엄연히 나다. 내가 우물 속에서 태어나면 세상은 우물과 하늘밖에 없고 내가 물속에서 태어나면 세상은 물과 하늘밖에 없다.

그러므로 내가 어디에 태어나느냐에 따라 세상모습은 나의 근기와 함께 비례한다. 거기다가 어느 정도의 시력을 가지느냐에 따라서 또 달라진다. 또 거기다가 태어난 집안에 따라 세상의 질과 모습은 달라진다.

그러므로 세상은 나의 기준에 의해 보아지고 재단된다. 그래서 원문에 경계가 능견을 움직인 것은 아니다고 하셨다. 이 말씀은 내가 세상을 움직이지 세상이 나를 움직이는 것은 아니다는 뜻이다. 즉 내가 세상의 주체여서 하느님을 내가 움직이는 것이지 하느님이 나를 움직이는 것은 아니다는 것이다.

別記 此後六相 爲彼所現境界所動 非此六種能現彼境

그 뒤 6상은 저 나타난 바의 경계에 의해 움직인다. 그러므로 이 6종이 경계를 나타낸 것은 아니다.

이 문장은 저 위의 말씀과 완전 반대이다. 위에서는 삼세를 말씀하셨고 여기서는 6추를 말씀하시고 있기에 그렇다. 즉 경계에 의해 내가 움직인다는 것이다. 이것은 주체가 세상이다. 세상에 의해 내가 달라진다는 것이다.

시간으로 예를 들면 자기가 시간을 관리해 시간을 지배하는 사람은 현식의 지위에 있고 반대로 시간에 쫓기어 정신없이 살아가는 사람은 6추의 의식에 있다. 똑같은 시간이지만 누가 주체냐에 따라 시간의 관리자와 종속자가 나눠지게 된다.

여인으로 예를 들면 내가 어느 이쁜 여인을 선택할 때까지는 내가 주도권을 쥐고 있다. 그것이 위 現相의 지위다. 그러다 어느 여인이 선택이 되어 버리면 그 여인이 이제 주도권을 쥐고 나를 들었다 놨다를 한다. 그러면 나는 그 여자에게 종속이 된다. 이게 바로 경계에 의해 내가 움직인다는 것이다.

그러니까 내가 세상을 만들었다고 하면 위 현상의 지위에 있고 세상이 나를 만들었다고 하면 이 육추의 지위에 있다. 즉 내가 하느님을 만들었다고 하면 나는 三細의 차원에 있고 하느님이 나를 만들었다고 하면 나는 육추의 차원에 있다는 것이다.

別記 別義如是 通而言之 彼亦還依自所現境 此還能作自所依境 今此論中 宜就別門 故言有境界故生六種相

나눈 뜻은 이와 같지만 둘이 통하게 말하자면 저것 역시 도리어 자신이 나타낸 경계고 이것 역시 돌아보면 자신이 만든 경계다. 이제 이 논 중에서는 마땅히 별문으로 나아갔기 때문에 경계가 있으므로 육종의 모습이 나타난다고 한 것이다.

이것도 그냥 넘어가도 될 말씀인데 성사의 노파심으로 쓰여진 것 같다. 이 문장에 경계라는 말이 세 번 나온다.

첫 번째의 경계는 경계상이다. 경계상은 능견상에 의해 나타난다. 보는 바가 있으니 보이는 바가 있게 된 것이다.

두 번째와 세 번째 경계는 지금 설명하고자 하는 6추의 세계다. 이 6추의 세계는 현상이 만들어 낸 외부세상이다.

그러니까 나눠보면 三細와 6추의 세계가 다르지마는 뭉쳐보면 그것들은 다 내 마음이 만들어 낸 지말불각이다. 그러나 그것을 지금 나눠서 설명하다보니 細相이 있으므로 6추의 모습이 나타난다고 하신 것이다.

次別釋中 初之一相 是第七識 次四相者 在生起識 後一相者 彼所生果也

이제 별석 가운데 처음 1상은 제7식이다. 다음 네 개의 모습은 생기식에 있고 뒤에 1상은 소생과다.

이제부터는 따로 따로 떼어서 풀이한다. 처음 1상은 6추 가운데서 智相이다. 이것은 제7식이다. 이 식은 소승의 아라한이나 대승의 초발심보살이 깨닫는 계위다.

다음 네 개는 상속상과 집취상 계명자상 기업상이다. 이것들은 제6식의 계위다. 6식은 범부의 세계다. 범부는 끊임없이 분별하고 계산하는 의식을 일으킨다. 그래서 범부는 生起識생기식을 가지고 있다.

범부의 의식은 정상적이지 않다. 그것은 범부의 머리에서 나온 것이기 때문이다. 좀 모자란 사람들은 좀 모자란 일을 벌인다. 정확히 이것이다. 범부는 지각인식을 가진 중생 중에서 가장 수준이 낮은 생명체다.

그러다보니 뭔가를 평생 동안 열심히 하기는 하는데 그 결과가 언제나 시원찮다. 모두 다 헛일을 한다. 가만히 있으면 본전이지만 천성적으로 원숭이처럼 가만히 있지를 못한다. 언제나 무슨 일을 도모하고 실행으로 옮긴다.

그래서 그 결과는 반드시 꽝으로 끝난다. 그것이 생기식의 결과다.

그래서 그것을 所生果라고 한다. **발심수행장**의 말씀이다.

有智人所行蒸米作飯 유지인소행증미작반
無智人所行蒸沙作飯 무지인소행증사작반

지혜로운 분들의 삶은 흰쌀로 밥을 짓는 것과 같고
어리석은 자들의 삶은 흰모래로 밥을 짓는 것과 같다.

똑같이 손발을 움직이지만 어리석은 범부는 언제나 헛고생만 한다
는 뜻이다.

海東疏 初言智相者 是第七識麤中之始 始有慧數分別我塵 故名智相
첫 번째로 말한 지상은 7식의 거친 모습 가운데서 첫 번째다. 드디어
혜수가 생겨나 我와 塵진을 분별한다. 그래서 지상이라고 한다.

기신론에서만 있는 九相次第구상차제는 3세와 6추로 나뉜다. 6추
중에 첫 번째가 智相이라고 했다. 여기서 慧數혜수가 생긴다.
혜수는 바깥세계에 대하여 옳은 것과 그른 것을 가리고 손해와 이
익을 계산하는 이기적인 정신작용이다. 그러함으로 해서 좋은 것은
가지려고 하고 나쁜 것은 피하고자 한다. 다른 데서는 심왕과 심소로
종속작용을 한다고 한다.
智相에서 이제 눈앞에 보이는 세상을 판단하고 구별한다. 거기서
얻어진 지식은 마음속에다 하나도 빠뜨림이 없이 야무지게 축적한다.

예를 들면 세상을 배우는 것이다. 현상은 거울에 세상이 보이듯이 훤하게 드러나지만 거기서 아래로 한 계단 더 떨어지면 마음이 혼탁해진다. 그러면 세상이 맑게 보이지 않는다. 그래서 그것이 무엇인지 남에게 배우고자 한다. 거기서 학교가 만들어지고 선생이 나오며 정보가 쏟아진다.

그래서 나를 상대로 나타난 塵진을 분별한다고 했다. 塵은 세상이다. 이제 눈앞에 보이는 세상을 탐구하는 것이다. 훤히 보인다면 탐구할 필요가 없다. 흐릿하고 침침하다 보니 무엇인지 탐구해서 알고자 한다.

하지만 탐구하는 주체가 이미 혼탁되어져 있다. 그러므로 아무리 연구해도 깔끔한 답이 나오지 않는다. 그래서 智相에서 배우고 터득한 모든 지식들은 전부 다 틀린다. 그것들로 근본적인 삶을 해결하려 하지만 결과는 모두 무용지물이 된다.

그러나 세속 사람들은 그 智相이 자신의 재산이라고 한다. 꼭 쓰레기를 모으는 호더노인처럼 그것들을 다양하게 모은다. 호더노인은 쓰레기를 자랑하지 않는다. 그러나 그들은 그 쓰레기 같은 지식쪼가리를 자랑한다.

그러므로 그들의 지식은 호더노인의 쓰레기보다 더 못한 것이 된다.

海東疏 如夫人經言 於此六識及心法智 此七法刹那不住 此言心法智者 慧數之謂也

226

저 부인경에 말씀하시기를, 6식과 심법지인 7법은 찰나도 그치지 않는다 고 하셨다. 거기서 말한 심법지는 혜수 이것을 말한 것이다.

부인경은 승만경이다. 7법은 7식을 말한다. 그리고 심법지는 혜수라고 하셨다. 그러므로 7식은 6식의 작용과 조금도 다르지 않다는 말씀이다.

7식에서 혜수가 생겨 6식에서 왕성하게 활동한다. 지금 범부들이 하는 인식작용과 정확하게 일치한다. 즉 7식에서 분별심이 생기는데 6식인 범부들이 그것을 토대로 거친 이해타산을 따지며 힘든 인생을 살아간다.

그러다보니 인생 자체가 매끄럽게 나아가지 않고 술 취한 사람처럼 좌충우돌로 뒤죽박죽되어 버린다. 인생은 그렇게 되도록 이미 세팅이 되어 있다. 그러므로 아무리 그렇게 하지 않으려 해도 그렇게 될 수밖에 없다. 그것이 범부의 인생이다.

여기 앙굴리마라의 이야기를 들어보면 알게 될 것이다. 1권에서 이어 온 앙굴리마라의 전생 이야기다.

요리사는 왕의 명령을 거역할 수가 없었다. 자기가 삶길 줄 뻔히 알면서도 불을 피우고 물을 끓여야 하는 처지가 기가 막혔다. 그렇지만 왕의 준엄한 명령을 따르지 않을 수도 없었다.

드디어 커다란 가마솥에 김이 올라오자 요리사의 전신에는 식은땀이 흐르기 시작했다. 물이 점점 뜨거워지자 그의 심장은 공포심으로 터져버릴 것 같았다. 어떻게든 물이 더디게 끓어야 하는데 야속한

물은 벌써 야단스럽게 뜨거운 거품을 일으키고 있다.

"배가 고프다. 아직도 물이 끓지 않는가?"
"폐하. 물을 다 끓였습니다."

요리사는 고개를 숙인 채 부들부들 떨며 대답했다. 그러자 왕이 일어났다. 그리고는 긴 칼을 들고 천천히 요리사에게 다가갔다. 땅바닥에 왕의 그림자가 보이는 순간 요리사의 목은 무참히 떨어졌다.

그는 그의 시신을 익숙하게 조각내어 가마솥에 던져 넣었다. 그리고는 반얀나무 아래에서 게걸스럽게 뜯어먹었다. 그때부터 왕은 철저하게 혼자가 되었다. 이제 아무리 좋은 사냥감을 구해 왔어도 반기는 자도 없고 끓여주는 자도 없이 혼자서 힘들게 요리를 해 먹어야 했다.

잠부디파의 모든 사람들은 모이기만 하면 정글 속에 숨어 있는 포리사다 이야기를 하였다. 그들은 누구나 할 것 없이 가공할 위세를 떨치고 있는 그의 식인행위에 치를 떨었지마는 딱히 어떻게 할 방법이 없었다.

그러던 어느 날, 한 사람의 부자 브라만이 그가 숨어 있는 정글을 지나가야 하는 일이 생겼다. 50대의 수레에 물건들을 가득 싣고 동서로 길게 뻗어 있는 포리사다의 정글을 지나 건너편 북쪽 성에 그것들을 팔러 가는 것이었다.

그는 포리사다에 대해 익히 알고 있었다. 그래서 정글로 들어가기 전 4명의 전문칼잡이들을 고용했다. 그들에게 많은 돈을 주면서 어떻게든 안전하게 정글을 무사히 건너게 해 달라고 부탁했다.

그는 수레들을 전후로 나누었다. 먼저 앞의 대열을 보내고 난 뒤 그는 그 뒤를 따랐다. 순백의 비단옷을 입고 하얀 백마가 끄는 수레의 화려한 카펫 위에 그가 앉았고 주위에는 칼을 든 4명의 보디가드가 그를 사방으로 호위하면서 정글로 들어갔다.

시끌벅적하게 마차의 행렬소리가 들리자 포리사다는 무슨 일인가 하면서 큰 나무 위로 올라갔다. 저 멀리 나름대로 무장한 카라반의 무리가 보였다. 그들은 사방을 경계하면서 잔뜩 긴장한 채 천천히 다가오고 있었다.

마차를 끄는 마부들이 제일 먼저 나무 밑을 지나갔지만 그는 그런 깡마른 인간들에게는 관심이 없었다. 그 뒤로 새하얀 비단옷을 입은 통통한 브라만이 그의 눈에 들어왔다. 회심의 미소를 날리는 포리사다의 입에는 벌써 군침이 돌았다.

그리고는 조용히 기다렸다. 브라만이 그가 숨어 있던 나무 밑을 지나가자 번개 같은 속도로 뛰어내리면서 벼락같은 소리를 질렀다.

"내가 포리사다다!"

이 섬뜩한 고함소리에 보디가드들은 순간 얼이 빠져버렸다. 그 사이에 포리사다는 브라만을 낚아채었다. 망연자실한 브라만의 몸통은 힘없이 포리사다의 어깨 위로 걸쳐졌다. 포리사다는 그를 메고 숲속으로 도망쳤다.

정신을 차린 보디가드들은 먼저 그들의 목부터 어루만졌다. 자신들의 목이 아직 붙어 있는지 확인하기 위해서였다. 그리고서는 모두 칼을 높이 들고 잡아랏 하면서 포리사다가 사라진 정글로 뛰어들었다.

그들은 포리사다를 뒤쫓았다. 포리사다는 어깨에 무거운 짐을 메고 뛰다보니 속도가 느려질 수밖에 없었다. 슬쩍 뒤돌아보니 그들이 바짝 다가와 있었다. 마음이 급한 포리사다는 있는 힘을 다해 더 빠른 속도로 뛰기 시작했다.

"아얏!"

우거진 잡목과 빽빽한 덤불을 헤치면서 뛰어가다가 그만 아카시아의 큰 가시에 발바닥이 찔려버렸다. 신음소리와 함께 다리를 절룩거리자 보디가드들은 용기를 내어 거세게 그를 추격했다.

어쩔 수 없이 그는 등에 멘 바라문을 어깨 너머로 흘려버리고 혼자서 도망가야 했다. 잘못하다가는 자기 목숨까지 위험에 처할 수 있다는 불안감에 그만 먹이를 버려 버린 것이다.

보디가드들은 땅바닥에 던져진 바라문을 이리저리 살펴보면서 정신을 차리도록 했다. 다행히 정신이 든 바라문이 크게 다친 데가 없다는 것을 확인하고는 더 이상 포리사다를 쫓지 않고 그를 부축해서 자기들 무리로 돌아갔다.

포리사다는 그들이 돌아가는 것을 보고 안도의 숨을 쉬었다. 그리고는 너무 너무 아픈 발을 절룩거리며 겨우 자기 처소로 힘겹게 돌아왔다. 그리고는 지쳐서 그대로 땅바닥에 쓰러졌다.

배는 고픈데 먹을 것을 제대로 구하지 못한 포리사다는 멍하니 하늘을 쳐다보았다. 하지만 하늘은 보이지 않았다. 그의 눈에는 반얀나무의 잎만 무성하고 그 뿌리가 가지가 되어 공중에 어지럽게 엉키어 있는 것만 보였다.

그는 이제 아무것도 할 수 없었다. 퉁퉁 붓기 시작한 발바닥의 상처는 이루 말할 수 없는 큰 고통을 주었다. 더 이상 방치했다가는 큰일 날 것 같아서 갖고 있던 예리한 칼로 가시를 끄집어내는 수술을 감행했다. 감염이 된 상처에 쇠파리가 알을 낳았는지 벌써 구더기가 슬기 시작했다. 그는 간절히 반얀나무 신에게 기도를 했다.

　"나무 신이시여. 당신이 저의 발을 일주일 내로 낫게 해 주신다면 저는 국왕 한 명과 평민 20명을 잡아 재물로 드리겠소. 그들의 내장을 끄집어내어 공중에 드러나 있는 당신의 뿌리들을 치장으로 다 덮어주겠소."

　그는 배고픔과 외로움, 그리고 상처의 아픔 속에서 일주일 동안 혼절 속으로 빠져들었다. 맨 정신으로는 도저히 버틸 수 없는 고통이었다. 깊은 혼절에서 깨어나 보니 상처는 더 이상 덧나지 않고 그런대로 나아 있었다.

　아무런 통증을 느끼지 않고 깨어난 그는 너무 기뻤다. 그래서 나무 신에게 한없는 고마움과 예배를 드렸다. 그리고 심한 허기를 느꼈다.

　그는 다시 칼을 차고 숲속에 숨어서 연약한 여행자를 노렸다. 그러나 아무도 나타나지 않자 멀리 자리를 옮겨 볼품없는 한 명의 농부를 간신히 잡았다. 바짝 마르고 늙은 노인이었다. 그래도 그 고기는 그를 다시 살인자로 만들어주는 활력을 주기에 충분했다.

　배를 채우고 난 뒤 나무 신에게 맹세한 약속을 지키기 위하여 그는 본격적으로 살인을 하러 마을과 가까운 숲으로 나아갔다. 그때 그곳을 바삐 지나가던 야차 하나가 우연히 포리사다를 보았다. 야차는 보통 인간의 눈에는 띄지 않는다.

야차가 급히 포리사다를 스쳐 지나가다가 이상한 느낌이 들어 그를 다시 훑어보았다. 그런데 그가 생면부지는 아니었다. 잠깐 기억을 더듬어 보니 전생에 아주 막역했던 사이였다. 야차는 반가운 나머지 그에게 말을 걸었다.

"친구! 나를 기억하는가?"

"아니. 나는 기억이 없는데."

멍해 있는 포리사다에게 야차는 한껏 뽐내는 말투로

"전생에 너도 야차였잖아. 우리는 함께 사람사냥을 하러 다녔고. 너는 정말 무자비한 킬러였어. 기억이 안 나?"

그를 뚫어져라 쳐다보다가 포리사다는 소리쳤다.

"그래 맞아. 이제야 생각이 난다. 만나서 반갑다. 친구!"

그들은 반가워서 서로 얼싸안고 재회를 기뻐했다. 그리고 땅바닥에 앉아 지나온 과거전생을 회상하며 낄낄대며 즐거워했다. 그리고는 현재의 상황에 대해서도 서로 이야기했다. 포리사다의 이야기를 다 듣고 난 뒤 야차는 붉은 눈을 껌뻑이며

"너의 실력으로는 그렇게 많은 사람들을 다 잡아 올 수가 없다."

"그럼 어떻게 하면 좋지? 나를 좀 도와줄 수 없겠나?"

"물론. 내가 도와주지."

그러면서 그는 지금 볼일이 있어서 바쁘게 어디로 가야 한다고 했다. 하지만 그가 가지고 있는 마법을 전수해 주겠다고 했다. 그 마법은 어마어마한 힘과 상상할 수 없는 속도를 갖추는 능력이었다.

포리사다는 있는 힘을 다해 그의 가르침을 받아들였다. 처음에는 상당히 어려운 도술이라고 여겼지만 몇 번 행하다보니 바로 습득이

되었다. 그것은 전생에 자기도 그 마법을 가지고 썼기 때문이었다.

그가 최종적으로 그 기술을 쓰자 힘은 코끼리와도 같았고 속도는 바람처럼 빨랐다. 그는 야차에게 고맙다고 했다. 그리고 그들은 또 다시 만나자고 하면서 서로 낄낄대며 헤어졌다.

포리사다는 바람 같은 속도로 마을과 부락을 휘젓고 다녔다. 그러면서 젊고 살이 찐 인간들을 잡아 맹세한 반얀나무로 돌아왔다. 그런데도 사람들은 그것을 눈치채지 못하였다. 얼마나 신속하고 빠르게 움직이는지 그 누구도 포리사다를 본 적이 없기 때문이다.

마을에서 잡아 온 포로들은 그가 없을 때 도망가지 못하도록 각기 손바닥에 구멍을 뚫어 밖으로 드러난 반얀나무 뿌리에 연결해 두었다. 그들은 큰 나무 밑에 굴비처럼 한 명 한 명 엮여져갔다.

그들은 통증으로 신음했다. 그리고 배가 고파 소리쳤다. 그들의 고통소리가 밀림 한가운데에 가득했지만 누구 하나 그 소리를 듣는 자가 없었다. 그들의 몸은 바람에 꺾인 꽃이 말라가듯이 그렇게 모두 하루하루 비참하게 말라갔다.

야차가 가르쳐 준 마법으로 그는 일주일도 되지 않아 19명의 인간들을 잡아 왔다. 이제 민간인 한 명과 왕 한 명만 더 잡으면 그의 맹세가 이루어지게 된다.

포리사다는 수타소마가 생각이 났지만 그래도 금생에 인간애가 조금은 남아 있었는지 그건 안 될 일이라며 스스로 고개를 저었다.

내가 그까지 잡아와 버리면 잠부디파의 인간세계는 완전히 황폐해져버릴 것이다. 그는 나의 친구이면서 나의 정신적 멘토였다. 바라건대 이 나무신이 그까지 잡아 오라고 하지 않았으면 정말 좋겠다고 생각했다.

그러면서 그는 배가 고파 포로들 중에 우선 한 명을 자기 몫으로 끌고 와 삶아 먹으려고 하였다. 그가 불을 피우는 것을 본 나무 신은 경악했다.

– 이 인간이 결국 저 많은 자들을 모두 죽여서 나에게 바칠 요량이구나. 난 사실 그의 상처를 치료해 준 적이 없다. 그런데도 저자가 나를 위해 이런 끔찍한 일을 벌이려고 하니 대체 어쩌면 좋은가.

어떻게 하면 저 끔찍한 일을 멈추게 할 수 있단 말인가. 내가 할 수 있는 일은 아무것도 없다. 나는 나무 신이고 저자는 인간이다. 그는 나를 보지도 못하고 내 말을 듣지도 못한다. 어떻게 하면 저 포악스런 악행을 막을 수 있을까 –

도저히 안 되겠다 싶어 나무 신은 사천왕의 도움을 받아야 되겠다고 생각했다. 그래서 이 남섬부주를 담당하는 증장천왕을 찾아 하늘로 올라갔다. 그의 긴박한 설명을 듣고 난 증장천왕은 너무 놀랐다.

이 문제는 대단히 중대한 일이라서 증장천왕 자신이 직접 해결할 수 없다고 했다. 그러면서 도리천의 천주에게 직접 가보자고 했다.

나무 신은 사천왕의 도움으로 도리천주를 배알했다. 도리천주인 제석천왕 역시 그것은 수많은 세월 동안 얽히고설킨 인과여서 어떻게 해결해 줄 수가 없다고 했다. 그러면서 그것을 풀려면 색계에 있는 범천왕에게 가서 말하라고 했다.

도리천주의 소개로 다시 범천왕을 친견한 나무 신은 간곡하게 도움을 청했다. 그러자 범천왕 역시

"나 역시 그들의 인과를 어떻게 할 수가 없다. 이 문제는 지상과

하늘의 신이 풀 사안이 아니다. 그러나 그 잔혹한 일을 멈출 수 있는 자가 지상에 한 명이 있긴 있다."

"그가 누굽니까?"

"수타소마 왕이다. 그대가 진정으로 그 많은 사람들의 생명을 구하고자 한다면 그를 찾아 부탁하라. 그가 해결해 줄 것이다."

"저는 인간과 대화할 능력이 없습니다."

"걱정마라. 내가 몇 개의 둔갑술과 언어술을 너의 몸에 집어넣어 줄 것이다."

"감사합니다. 그렇게 하겠습니다."

지상에 내려온 나무 신은 즉각 고행수행자로 변신했다. 그리고 포리사다가 사는 반얀나무로 다가갔다. 예민한 귀를 가진 포리사다는 저 멀리서 그에게 다가오는 발자국소리를 들었다. 처음에는 자기가 잡아 놓은 포로 한 명이 조심스레 도망치는 소린 줄 알았다.

잔뜩 긴장해서 그 발자국소리에 귀를 기울이고 있는데 한 명의 고행자가 소리없이 나타나 그의 옆을 묵묵히 지나가고 있는 것이 아닌가. 순간 그는 저 고행자를 잡으면 딱 마지막 한 명이 채워질 것이라고 여겼다.

그는 칼을 들었다. 그리고 그를 뒤쫓기 시작했다. 그런데 이상하게 거리가 좁혀지지 않았다. 그의 숨결은 거칠어지고 몸은 땀으로 범벅이 되어가는 데도 웬일인지 그가 따라잡히지 않았다.

"뭐야 이거?!"

코끼리 같은 힘과 바람 같은 속도로 19명을 일주일 만에 낚아챈 마법의 힘이 나에게 있는데 평온히 걷고 있는 저 고행자를 어찌 못

따라잡는다는 말인가 라고 의아해 했다. 고행자들은 누구라도 부르면 바로 서게 되어 있다. 그를 불러 세워 그때 잡아야 되겠다고 생각하고

"거기 가는 고행자. 서랏."

하고 소리를 질렀다.

"나는 섰다."

고행자는 조용히 대답했다. 그리고는,

"그러니 그대도 서라."

"무슨 말이냐? 그게."

포리사다가 되받았다. 고행자는 자기 목숨이 날아가도 거짓말은 하지 않는다. 그런데 그가 가면서 이미 섰다고 하니 무슨 뚱딴지같은 소리냐는 것이다. 설마 내 칼이 왜가리 깃털쯤으로 생각하는 것은 아니겠지 하면서 세차게 쏘아붙인 것이다.

이 대화는 무수한 세월이 지난 후 앙굴리마라가 석가모니부처님 당시에 태어나 시퍼런 칼을 들고 자기 어머니 대신 부처님을 잡으려고 뛰어가면서 소리 지른 내용과 똑같다.

그때 나무 신은 아름다운 자신의 모습을 드러내었다. 얼마나 그 자태가 신비한 모습인지 눈이 휘둥그레지고 숨이 멎을 지경이었다. 포리사다는 정신을 차리고 도대체 당신은 누구시냐고 물었다.

"놀라지 마라. 내가 바로 반얀나무 신이다."

나무 신은 그를 일단 안심시키고 나서

"위대한 왕 수타소마를 데리고 오너라. 그가 오면 바로 너의 맹세가 이뤄지는 것이 아닌가."

"수타소마라면 걱정 마십시오. 내가 즉시 잡아 오리다. 그러니 당신은 당신의 나무속에서 편안히 머물고 계십시오."

포리사다는 아주 자신 있게 말했다. 나무 신은 알겠다고 하면서 자신의 나무로 돌아갔다.

해가 빠지고 달이 뜨자 점성술에 대가인 그는 예측했다. 내일은 온 우주가 하나가 되는 뿌사날이다. 그때가 되면 모든 왕들은 그들의 머리를 특별히 씻는 의식을 치른다. 수타소마도 틀림없이 왕궁에서 멀리 떨어진 정원의 목욕탕으로 나아가 목욕을 할 것이다. 그때가 그를 납치하는 데 가장 이상적인 기회가 될 것이다고 판단했다.

수타소마왕도 이 포리사다에 대해서 들은 적이 있었다. 아주 야만적이고 흉폭스런 자로서 사람들을 잡아먹는 식인습관이 있다는 것을 들었다. 그뿐만이 아니라 백성은 물론 왕들까지도 그 앞에서는 꼼짝을 못한다고 했다. 그래서 수타소마는 1급 경호원들을 배치하기로 했다.

포리사다는 내일 아침이 그를 잡는 데는 다시없는 기회라고 여기고 경호원이 도착하기 전에 빨리 그 미가시라정원 속으로 잠입을 해야 한다고 생각했다. 그는 서둘렀다. 드디어 인다파따에 도착하는 즉시 바로 미가시라 정원의 목욕탕이 있는 숲속으로 들어가 우거진 큰 바나나 잎 사이에 몸을 숨겼다.

이튿날 새벽부터 경호원은 미가시라정원을 중심으로 배치되었다. 단지 정원뿐만이 아니라 정원으로 들어가는 길목마다 경호원을 빈틈없이 빽빽하게 배치하였다.

수타소마왕은 화려하게 장엄된 코끼리 등에 타고 의장대의 열병을 지나 경호원들의 호위를 받으며 궁중을 빠져나갔다. 그가 동쪽 문을 지나갈 무렵 군중들 속에 빼빼마른 한명의 수행자가 성문 옆에 서 있었다. 그가 수타소마를 보자 공손히 합장을 하고,

"폐하. 만수무강하십시오."

라고 하고 인사를 하였다.

예리하게 관찰하던 왕의 눈에 비쳐진 그 폼새가 예사롭지 않아 왕은 행렬을 멈추고 그가 있는 곳으로 다가갔다.

"수행자여. 당신은 누구십니까?"

"저의 이름은 난다입니다."

"그런데 여기는 어떻게 오셨습니까?"

"저는 수없는 세월 그 전에서 왔습니다. 듣건대 왕이 무척이나 신심어린 분이라 소문이 나서 당신에게 네 가지 진리에 대하여 말씀드리고자 왔습니다."

"네 가지 진리?!"

"그렇습니다. 그것을 저는 가섭부처님께 직접 들었습니다. 그것을 당신에게 되뇌어 드릴 테니 다시 궁으로 돌아갑시다."

수타소마는 귀가 번쩍 뜨였다. 가섭불에게서 전해들은 네 가지 진리라는 데 대하여 그의 가슴은 크게 두근거렸다.

"수행자여. 잘 오셨습니다. 그러나 불행히도 오늘은 뿌사날입니다. 저는 머리를 씻는 의식을 치러야 합니다."

"안 됩니다. 폐하. 지금 궁으로 돌아가셔야 합니다."

"빠른 시간 내에 의식을 치르고서 공경스럽게 당신의 설법을 들을 것입니다. 그러니 실망하거나 비난하지 마시기 바랍니다."

그는 수행비서에게 말했다.

"이분을 궁중으로 모시고 깍듯이 예우하라."

"폐하. 오늘은 가시면 안 됩니다."

"그래도 꼭 가야 합니다."

왕은 아쉬움을 남기고 앞으로 나아갔다. 그리고 드디어 정원에 있는 우물가에 도달했다. 그곳은 이미 코끼리를 탄 군인과 말을 탄 기병에 이어 마차군대와 보병들이 겹겹이 경계하고 있었다.

포리사다가 수타소마를 보았다. 왕은 완벽하게 무장을 하고 있었다. 그래서 갑옷들이 엄청나게 무거워 보였다. 그런 수타소마가 천천히 연못이 있는 쪽으로 다가오고 있었다.

포리사다는 바나나 잎 속에 숨어서 그가 완전히 옷을 벗을 때까지 기다려야 했다. 그래야 가벼워서 납치하기가 쉬울 것이기 때문이다. 그래서 숨을 죽이며 그의 움직임을 예리하게 지켜보고 있었다. 이 이야기는 분량이 많아 다시 5권으로 넘어간다. 여러분의 양해를 구한다.

海東疏 若在善道 分別可愛法 計我我所 在惡道時 分別不愛法 計我我所 故言依於境界心起分別愛與不愛故也

만약 선도에 있게 되면 좋아하는 법을 분별하여 아와 아소를 헤아리고 악도에 있을 때에는 좋아하지 않는 법을 분별하여 아와 아소를 헤아리기 때문에 경계에 의하여 마음이 일어나 愛와 더불어 不愛를 분별한다고 하였다.

善道와 惡道는 두 가지 편이 있다. 금생에 선도와 악도가 있고 죽어서 선도와 악도가 있다.

금생에 선도는 더없이 좋은 시절을 말하고 내생에 선도는 인간과 수라, 그리고 천상의 세계를 말한다. 금생에 악도는 말할 수 없는 고통의 삶이고 내생의 악도는 지옥 아귀 축생이다.

7식은 어느 곳에서나 분별작용을 하기 때문에 사정이 좋으면 좋은 대로 나와 내 것을 분별하고 사정이 나쁘면 나쁜 대로 나와 내 것을 분별한다. 좋아하고 안 좋아하고는 모두 다 바깥경계로 인해 구별된다.

아름다운 여자는 아름답게 보여서 그것을 마음에 간직하고 아름답지 않는 여자는 아름답지 않게 보여서 내 마음에 간직한다. 여자는 다 똑같은데 나에게 보이는 것이 아름답고 아름답지 못하게 저장한다. 그렇게 다르게 보이도록 만드는 것이 7식의 분별지인 智相인 것이다.

海東疏 具而言之 緣於本識 計以爲我 緣所現境 計爲我所 而今此中 就其麤顯 故說依於境界心起

자세히 말하자면 본식을 반연해 我라고 생각하고 나타난 경계를 헤아려 我所라고 한다. 지금 이 가운데서는 추상 쪽으로 나아간 것이기에 경계를 의거해 마음이 일어난다고 한 것이다.

我는 본식에 연결되어 있다. 본식은 아려야식이다. 본식에서 무명업식과 전식과 현식을 거치면서 我라는 존재가 만들어졌다. 我인 주

240

체가 나옴으로 해서 세상인 객체도 나왔다. 그 객체를 我所라고 한다.

아이들은 비누거품 놀이에 환장한다. 그러나 어른들은 그런 어린이놀이에 현혹되지 않는다. 범부들은 세상에 환장한다. 그러나 보살들은 그런 세상에 전혀 관심이 없다. 어른들이 비누거품이 가짜인 것을 알고 있듯이 십지보살들도 세상은 가짜라는 것을 알고 있기 때문이다.

어린이프로를 보고 좋아가는 아이들은 그 영상에 마음이 빼앗긴다. 이제 TV가 아이들의 마음을 사로잡는다. 세상을 보고 좋아가는 범부들은 세상이 그들의 마음을 빼앗는다. 그래서 성사는 경계를 의거해 범부의 마음이 일어난다고 하신 것이다.

海東疏 又此境界不離現識 猶如影像不離鏡面 此第七識直爾內向計我我所 而不別計心外有塵 故餘處說還緣彼識

또한 그 경계가 현식을 벗어나지 않음이 마치 영상이 거울의 면을 떠날 수 없는 것과 같다. 제7식은 곧바로 내면에서 我와 我所를 헤아린다. 그래서 마음 밖에 세계가 있다는 것을 따로 생각하지 않는다. 그래서 다른 곳에서는 도리어 저 식을 반연한다고 한다.

범부가 세상을 보는 것은 저인망그물이 물고기를 싹쓸이하는 것처럼 단 하나의 물상이라도 절대 놓치지 않는다. 설령 못 보았다 하더라도 눈동자에 들어온 이상 그것은 7식의 저장고에 그대로 축적된다. 그래서 영상이 거울 면을 떠나지 않는 것과 같다고 하신 것이다.

7식은 외부에서 받아들인 정보를 내면에서 주물럭거린다. 거기서

我와 我所를 헤아린다. 我는 나고 我所는 내가 가진 모든 것들이다. 이 식을 갖고 있기 때문에 세상과 동떨어져 살아도 마음은 세상을 꿈꾸며 살아가게 된다.

그래서 다른 논서에서는 7식은 외부세계를 탐색하는 것이 아니라 자기 자신 속에 들어온 세계를 다시 계탁해 분별하여 그릇되게 헤아리므로 그것은 현식과 같다고 하기도 하였다.

別記 別記云 但就我執之境 故說緣識 除我所執境 故不說亦緣境界
따로 기술하자면, 단 아집을 말하다보니 식을 반연한다고 했다. 아소가 집착하는 경계는 제외했다. 그래서 똑같게 경계는 반연한다는 말은 하지 않았다.

9상차제 중에서 가장 중요한 부분이 智相이다. 지상은 보살과 범부의 중간지점에 있다. 그러므로 범부가 보살이 되고자 한다면 반드시 이 지상의 계위를 거쳐야 한다.

그러다보니 성사가 이 智相을 설하시는 데 아주 많은 지면을 할애하시고 있다. 그만큼 그분이 보시기에도 이 지상은 쉽게 지나쳐서는 아니 되는 대목이라고 여기셨던 것 같다. 그래서 이 **별기**까지 나왔다. 그냥 넘어가도 되는데 좀 더 확실히 해 두기 위해서 **해동소** 중간에 일부러 이 대목을 넣어 두셨다.

별기의 내용은 我와 我所를 같이 설명해야 하지만 **해동소**는 我의 집착만 말한다고 했다. 그 이유는 我는 현식을 반연하고 있고 我所는 경계를 반연하고 있기 때문이다.

해동소에서는 계속해서 我를 주체로 설명하고 있기 때문에 일부러 경계까지는 언급하지 않고 있다는 것을 말씀하신 것이다.

海東疏 問 云何得知第七末那 非但緣識 亦緣六塵

묻겠다. 이를테면 제7말나가 식을 반연할 뿐만 아니라 또한 육진까지를 반연한다는 것을 어떻게 알 수 있단 말인가?

智相은 7식이라고 했다. 사실 이 7식의 범위는 설명하기가 매우 애매하다. 바닷물과 강물은 간단하게 설명할 수 있다. 바닷물은 염수고 강물은 담수다. 바닷물은 8식이고 담수는 6식이다. 이 둘은 확연히 달라서 나누기가 쉽다.

그런데 그 사이에 하나의 영역이 있다. 바로 바닷물과 강물이 만나는 지점이다. 이 지점은 바닷물에도 연결되고 강물에도 연결되어져 있다. 그러므로 7식은 6식과 8식에 걸쳐져 있어서 정확히 어떤 모습을 갖고 있다고 말할 수가 없다.

그래서 이런 질문을 했다. 위로는 현식을 끼고 아래로는 6식을 포함한 이 7식을 어떻게 이해해야 한단 말인가 하는 것이다. 識을 반연한다는 말은 현식을 말하고 육진까지 반연한다는 말은 6식을 뜻한다.

海東疏 答 此有二證 一依比量 二聖言量

답해 주겠다. 여기에 두 가지 증명이 있다. 하나는 비량에 의한 것이고 둘은 성언량에 의한 것이다.

두 가지 증명으로 답을 해 준다고 했다. 하나는 비량에 의해서 7식의 존재를 설명하고, 또 하나는 그 7식이 현식과 의식의 세계를 같이 꿰어 있다는 것을 성언량에 의해 증명시켜 주겠다는 거다.

뒤에 성사가 이 질문에 대한 해답을 주시겠지만 우선 알기 쉽게 먼저 설명한다. 비량은 세속에서, 척 보면 안다 하거나 안 봐도 비디오라는 말로 아는 방법이다.

옛날에 이 적절한 비유로 쥐와 소를 들었다. 부엌에서 덜거덕거리는 소리가 나면 쥐가 바가지를 건드리는 것이고, 담 넘어 두 개의 뿔이 지나가면 소가 걸어가는 것을 짐작해 알 수 있다는 것이다.

요즘 같으면 깊은 밤에 쓰르륵거리는 소리가 나면 바퀴벌레가 돌아다니고 있다는 것을 알 것이고 열어 놓은 창문 사이로 담배연기가 들어오면 누가 밑에서 담배를 피우고 있다는 것을 직감해 알 수 있다는 것이다. 이게 비량인 것이다. 그런 비량을 **유가사지론**에는 다섯 가지로 설명하였다.

1. 相比量 : 연기를 보면 불이 있다.
2. 體比量 : 밖을 보고 속을 유추한다.
3. 業比量 : 갑자기 나무가 흔들리면 새가 앉았다.
4. 法比量 : 세월이 무상하니 삶은 허무하다.
5. 因果比量 : 콩 심은 데 콩 나고 팥 심은 데 팥 난다.

성언량은 부처님의 말씀을 기준으로 알 수 있다는 논리다. 우리는 모르지마는 부처님은 천지에 일어나는 일들을 모두 다 아시기에 그분이 말씀하신 것에 기준하여 알 수 있다는 것이다.

하나는 세속적인 논리로 증명하고 또 하나는 부처님의 말씀으로 7식의 세계를 해부해 보여주겠다는 말씀이다.

海東疏 言比量者 此意根必與意識同境 是立宗也 不共所依故 是辨因也 諸是不共所依 必與能依同境 如眼根等 是隨同品言也

비량이라는 것은 의근은 반드시 의식과 같은 경계다. 그것은 立宗이다. 그리고 불공소의기 때문이다. 이것은 辨因변인이다. 불공소의는 반드시 능의와 같은 경계라서 그렇다. 이것은 마치 안근 등이 동품을 따르는 것이라고 말하는 것과 같다.

성사는 比量을 설명하는 데 고대인도의 논리학을 끌어오셨다. 삼지작법인데 먼저 의제를 세우고 다음에 이유를 밝히며 마지막에 비유를 들어 결론을 도출하는 방식이다.

위 문장에서 立宗은 의제를 세우는 것을 말하고 변인은 이유를 밝히는 것이다. 그리고 동품은 비유로 결론을 낸다.

예를 들면 대통령도 한국의 법률을 따라야 한다. 그도 국민이기에 그렇다. 다른 국민과 그도 같기 때문이다 라고 할 때 앞부분은 입종이고 중간부분은 변인이며 마지막부분은 비유가 되는 것이다.

이처럼 의근은 의식과 같은 경계라는 것은 입종이다. 불공소의 그것은 변인이다. 불공소의는 능의와 같기 때문이다 라는 것은 비유가 된다.

不共所依는 다른 것과 공통하지 않는 所依를 뜻한다. 예를 들면

眼根은 眼識만의 의지할 곳이 되고 耳根은 耳識만의 의지할 곳이 되는 것과 같다.

동품은 宗과 因, 그리고 비유의 이치가 맞는 것을 말한다. 그러므로 여기서는 안근은 안식과 같은 것이어야 한다는 것이다.

비량을 단순하게 이해하면 아주 간단한 문제지만 이렇게 어려운 삼지작법을 쓰는 이유는 혹시나 누가 이 문제에 대해 논란을 붙일까 싶어서이다. 그래서 아주 철저하면서도 완벽하게 설명하기 위해 이 **인명론**을 끌고 오셨다.

그러니 독자들은 소납이 설명한 현대의 이론으로 믿음을 가지고 인도에 그런 논리법이 있었구나 하는 정도만 아시면 충분할 것이다.

海東疏 或時不同境者 必非不共所依 如次第滅意根等 是遠離言也 如是宗因譬喩無過 故知意根亦緣六塵也

혹시 경계가 같지 않다고 한다면 반드시 불공소의는 아니다. 그러면 차제대로 의근 등을 없애게 되니 멀리 떨어진 말이다. 이와 같이 宗과 因 비유는 과실이 없다. 그러므로 의근도 육진을 반연한다는 것을 알아야 한다.

육근은 육진을 상대로 작용한다. 그 작용은 정확히 서로 상대적이다. 눈은 사물을 상대로 색깔과 모양을 인식한다. 귀는 소리를 상대로 성량의 크기와 음조의 고조를 인식한다. 그러므로 불공소의다.

그런데 눈이 소리를 상대하면 이것은 불공소의가 아니다. 그것은 동품이 아니다. 그런 방식으로 맞추면 6근 개개의 감각기관이 6진인 색성향미촉법 전체를 틀리게 상대하므로 이치에 맞지 않는다. 그러므로 이것은 이치와 멀리 떨어진 말이 된다.

하지만 안근은 형색을 반연하고 귀는 소리를 반연한다면 삼지작법으로 증명해도 과실이 없다. 그러므로 마지막에 意根은 六塵을 반연한다는 말은 이치에 합당하다고 하는 것이다.

[別記] 若言此意與意識不必同緣者 亦可眼與眼識不必同境 俱是不共所依故 眼等識根旣不得爾 無同類故 義不得成

만약에 의근이 의식과 더불어 반드시 동일한 반연이 아니라면 눈이 안식과 더불어 반드시 동일한 경계가 아니다. 그것은 불공소의기 때문이다. 안 등의 식근이 이미 그렇지 않다면 동류가 아니므로 그 뜻은 이뤄질 수 없다.

의근은 의식을 일으키는 뇌기능이다. 의식은 판단하고 상상하는 기능을 가지고 있다. 이 둘은 같이 작용한다. 그렇지 않으면 눈이 사물을 분별할 수 없다. 눈이 사물을 분별할 수 있는 것은 동질성을 갖고 있기 때문이다. 이것을 동류 또는 동품이라고 한다.

의근이 의식을 일으키고 눈이 사물을 분별할 수 있는 것은 감각기관 하나마다 하나씩의 작용 때문에 그렇다. 그것을 불공소의라고 한다.

불공소의는 개별 작용이고 공소의는 전체에 작용하는 것을 말한다. 범부는 여섯 개의 감각기관을 갖고 있는데 모두 다 개별 작용을 한다. 하지만 부처는 눈이 소리를 듣고 코가 세상을 보는 등 감각기관 전체를 당신 마음대로 조절해 사용하신다. 그래서 부처의 감각작용을 공소의라고 한다.

別記 若言此意非不共依者 則無不共依識不應起 如眼識等 只是自敎相違過失

만약에 의근이 불공소의가 아니라면 곧 불공소의의 의식은 응당히 일어나지 않아야 한다. 마치 안식 등과도 같다. 그러면 이것은 자교상위의 과실이 된다.

의근이 의식을 일으키는 것이 개별적 작용인 불공소의가 아니라면 개별적 작용인 불공소의의 의식은 없어야 한다. 이것은 범부가 뇌기능이 없으면 생각이 일어나지 않는 것과 같다.

그처럼 범부가 갖고 있는 한 개씩의 감각기관이 한 개씩의 바깥 경계를 담당하지 않는다면 이것은 전혀 이치에 맞지가 않다. 그런데도 이치에 맞다고 하면 자교상위에 떨어진다.

自敎相違자교상위라는 말은 고대인도의 논리인 인명학에서 쓰던 이론이다. 이 말은 내세우고자 하는 말의 종지와 자기들의 교리가 어긋나는 것을 말한다.

예를 들면 학교는 학생이 공부하는 곳이다고 종지를 내세우고는 그러나 학생은 학교에서 공부하지 않아도 된다고 하면 이것은 앞뒤의 논리가 맞지 않다. 그러므로 이것은 서로 어긋난다. 그래서 잘못된 과실이라고 한다.

別記 如佛經說 眼不壞故 眼識得生 乃至意不壞故 意識得生 乃至廣說

경전에서 말씀하시기를, 안근을 무너뜨리지 않고 안식이 생기듯이 의근을 무너뜨리지 않고 의식이 생긴다고 하시면서 널리 설하시었다.

우리는 지금 지말불각 중에 6추를 공부하고 있다. 그 6추 중에 첫 번째인 智相을 파악하는데 지상은 7식이다는 것을 배우고 있는 중이다. 그런데 그 7식이 범부의 눈에 보이지 않으니 도저히 그것을 못 믿겠다는 것이다.

그래서 **해동소**에서 이것을 설명하시다가 충분치 않다고 생각하시어 다시 **별기**를 붙인 것이다. 이 **별기**에서 우리의 감각기관이 세상을 상대하면서 일으키는 잠재의식 그것이 7식이다고 재차 설명하시고 있다. 그 가운데 불공소의가 나오고 불공의가 나왔으며 동품이 나오고 자교상위가 나왔다.

그냥 이 정도 하시고 넘어가도 될 법도 한데 인간들이 또 여기에 의문을 일으킬까 싶어서 성사는 당신의 말씀을 증명하기 위해 경전 하나를 인용하셨다.

그러나 아쉽게도 성사가 이것은 특별히 어떤 경전이다고 지목하지 않고 넘어가시다 보니 우리로써는 어느 경전에 이 말씀이 나오는지 알 수가 없다. 그러므로 그냥 부처님이 설하신 어느 한 말씀으로 받아들일 수밖에 없다.

別記 又論說此不共依 故知此意 但緣於識 不緣餘境 是義不成

또 논에서 설하기를, 이것은 불공의다. 그러므로 알라. 단지 식만을 반연하고 나머지 경계는 반연하지 않는다고 하면 그 뜻은 이루어질 수 없다.

이 論 역시 어떤 논인지 알 수가 없다. 하지만 이 논에서 意는 불공의의 논리로 인해 7식이 意가 되는 것이다는 것을 인용하시고 있다.

7식은 범부와 보살의 중간지점에서 작용하는 인식작용이다. 그러므로 인용한 이 논서에도 意인 7식은 위로는 8식을 반연하고 아래로는 6경을 반연하고 있다는 사실을 명확히 밝혀주고 있다.

만약에 7식이 불공소의라면 7식이 갖는 대상이 있어야 하지마는 이 意는 모든 경계를 상대로 반연하기 때문에 불공의라고 하는 것이다.

그래서 마지막에 모든 나머지 경계를 반연하지 않는다면 그것은 불공의가 될 수 없다고 하였다.

海東疏 若依是義 能依意識緣意根時 所依意根亦對自體 以有自證分故無過 亦緣自所相應心法 以無能障法故得緣

그 뜻에 의한다면 능의인 의식이 의근을 반연할 때에 의거한 바 의근 또한 자체를 상대하므로 자증분이 있게 되어 과실이 없다. 또한 스스로 상응하는 바의 심법을 반연해도 장애가 없게 되니 반연할 수 있게 된다.

능의는 주체다. 주체인 의식이 의근을 작용시킬 때 그 작동되는 의근 또한 자체인 의식을 상대해야 한다. 이것이 바로 불공소의다. 그러함으로 해서 스스로 자증분을 갖게 된다.

자증분은 법상종에서, 육근은 육진을 상대로 정확히 작용한다는 것을 자체적으로 증명하게 된다는 논리다. 그러하기 때문에 위에서 말한 자교위 같은 잘못이 없다고 한 것이다.

海東疏 諸心心所法皆證自體 是故不廢同一所緣 此義唯不通於五識 依色根起不通利故 但對色塵 非餘境故

모든 심과 심소의 법은 모두 다 자체를 증명한다. 그러므로 동일하게 반연하는 것이 잘못됨이 없다. 하지만 이 뜻은 오직 5식에는 통하지 않는다. 색근에 의해 일어나서 두루 통하지 않기 때문인데 그것은 다만 색진만을 상대하고 나머지 경계는 상대하지 않기 때문이다.

심은 심왕이고 심의 부속작용은 심소다. 즉 심에 심왕이 있고 심소가 있다. 그처럼 마음이 있으면 마음이 세부기능을 가진다. 이것은 그 자체가 증명이다.

그러므로 육근은 육진에 동일하게 작용한다. 그렇지 않으면 자교위에 떨어진다. 하지만 딱 한 가지는 예외다. 그것은 五識이다. 오식은 의식이 빠진 감각기관이다. 그래도 그것은 의식에 뿌리를 두고 있다. 의식 없는 감각기관은 손목이 없는 손가락과 같다.

그래서 색근은 색진만을 상대하고 나머지 기능을 일으킬 수 없다. 그러므로 이것은 의식에 의거하지 않고는 아무런 작용도 할 수 없기에 두루 통할 수가 없다고 한 것이다.

別記 莊嚴論云 已說求染淨 次說求唯識 偈曰 能取及所取 此二唯
心光 貪光及信光 二光無二法

장엄론에 이르기를, 염정을 구하는 것은 마쳤으니 다음은 유식을 구하
는 자에게 설한다. 게송으로 말하되, 능취와 소취 이 둘은 오직 심광이
다. 탐광과 신광 이 광명은 두 법이 없다고 하였다.

　장엄론은 대승장엄경론의 준말로 무착보살이 지었다. 성사는 다
시 이 논서를 끌고 와 비량의 이론을 설명하시고자 한다.
　거기에 능취와 소취 이 두 종류는 유식을 구하는 사람은 오직 심광
이라는 것을 알아야 한다. 능취는 주체고 소취는 객체다. 즉 탐욕으
로 무엇을 갖고자 하는 주체적 마음이나 그 가지고자 하는 객체적
물건 모두는 다 심광에서 비롯되는 것이라는 것을 알아야 한다고 하
였다.
　그것을 말해 심광을 떠나서는 따로 탐욕이나 믿음이나 염법이나
정법이 없다. 그러므로 탐광과 신광은 둘이 없는 것이다고 하였다.

別記 釋曰 上半者 求唯識人應知能取所取唯是心光 下半者 如是
貪等煩惱光 及信等善法光 如是二光 亦無染淨二法

풀이하자면 위의 반은 유식을 구하는 자에게 말하는 것인데, 응당히
능취와 소취는 오로지 이 심광임을 알아야 한다는 것이고, 아래의
반은 貪탐 등의 번뇌광과 信신 등의 선법광인데, 이와 같은 두 光에는
또한 염과 정의 두 법이 없다는 것을 알아야 한다는 것이다.

이 게송의 핵심은 유식으로 心光을 말하고 있다. 심광은 빛나는 마음이다. 이 빛나는 마음에는 주체와 객체인 상대적 개념과 주관과 객관의 상대적 작용이 없다. 비록 능취라는 주관적 주체와 소취라는 객관적 객체가 있다 하더라도 모두 다 마음의 소산물이다. 이것이 위 게송의 뜻이다.

심광에는 탐욕 등의 번뇌광과 신심 등의 선법광도 없다. 탐욕과 신심은 상대적 개념이다. 번뇌는 죽음을 당기고 선법은 영원을 이끈다. 그러므로 이 둘은 완전 반대의 뜻이다. 하지만 이 둘은 모두 심광에 들어 있다. 마치 선과 악은 상대적 개념이지만 모두 마음에 들어 있는 것과 같다. 이것이 아래 게송의 뜻이다.

마지막 문단의 뜻은 앞의 내용을 부연한 것이다. 즉 심광에는 빛나는 두 면이 있다. 하나는 번뇌광인데 그것은 중생세계를 만들어 내고 또 하나는 선법광인데 그것은 부처세계를 만들어 내고 있다. 하지만 그 둘은 다 하나의 심광에서 비롯되므로 원래 그 둘은 없는 것이다고 한다.

別記 何以故 不離心光別有貪等信等染淨法故 以此文證

왜냐하면 심광을 떠나서는 따로 탐 등과 신 등 같은 염정의 법이 없기 때문이다고 했다. 이러한 문장으로 증명이 되는 것이다.

중생의 마음은 신통방통하기도 하다. 아무것도 없는데 일체 것들을 만들어 낸다. 어떻게 마음을 먹느냐에 따라 도시에 살 수도 있고 시골에 살 수도 있다. 도시에 살면 도시에 사는 대로 온갖 인연을 만들어 내고 시골에 살면 시골에 사는 대로 또 온갖 인연을 만들어 낸다.

소유물도 마찬가지다. 태어날 때는 빈손으로 태어났는데 생각 여하에 따라 갖가지 물건들이 방안에 쌓여간다. 마음을 어떻게 먹느냐에 따라 이상하고 기이한 것들이 모두 다 내 공간에 들어온다. 그러므로 마음은 모든 물건을 만들어 내는 요술사와도 같다고 한다. 그래서 **화엄경**에

心如工畵師 심여공화사
畵種種五陰 화종종오음

마음은 화가와 같아서
온갖 종류의 인간들을 그려냅니다.

라고 하셨다.

그런 마음에 탐욕과 신심도 들어 있다. 탐욕의 결과는 지옥으로 가고 신심의 결과는 정토로 간다. 대로에 두 갈래 길이 나 있는 것처럼 한 마음에서 두 세계가 나눠지는데 어느 쪽으로 가느냐는 중생 본인의 선택에 달려 있다.

別記 故知諸心數法 亦爲心光所照 故不離心光 以不離心光故 卽是心光也

그러므로 알라. 모든 심수법 또한 심광에 의해 비춰진다. 그러므로

심광을 떠나지 않는다. 심광을 떠나지 않기 때문에 심광이 되는 것이다.

심수는 범부가 평소에 잔머리 쓰는 얕은 생각이다. 이 잔머리도 자기 마음속에 들어 있는 지혜의 광명인 불성에서 나온다. 중생이 쓰는 그 어느 지각작용도 다 이것에서부터 나오지 않는 것이 없다.

심광은 지혜의 광명, 또는 내광이라고도 한다. 여기에 두 가지 능력이 있다. 하나는 부처와 중생의 세계를 비추는 능력이고 또 하나는 중생의 내면을 비추는 능력이다.

아무리 찬란한 보석이라 하더라도 밖에서 빛을 주지 않으면 그것은 차가운 돌덩이에 지나지 않는다. 보석이 화려하게 빛나는 것은 밖의 빛으로 말미암은 것이지 자연적으로 자체 발광하는 것은 아니다.

부처의 광명이 얼마나 깊이 들어가느냐의 여하에 따라 중생은 살고 죽는다. 쾌청한 날 이불을 햇빛에 말려야 된다는 것을 아는 사람은 부처의 빛을 깊이 받아들여야 된다는 것도 알아야 한다.

태양은 전 중생계의 육신을 살린다. 항차 땅 속의 벌레도 태양열에 의해 살아간다. 태양이 없다면 땅은 즉시 얼어버리기 때문에 아무 생명체도 생존할 수가 없다. 그래서 일체중생은 태양을 중심으로 움직인다.

그렇다면 중생의 마음은 어떻게 해야 살 수 있는 것인가. 부처의 광명에 꽂혀야 한다. 그렇지 않으면 그 마음이 방황한다. 어디에 기준을 둬야 할지 몰라 6도를 윤회하면서 계속 허둥대게 된다.

똑같은 광명의 빛이지만 하나는 육신을 살리고 하나는 마음을 살린다. 이불이 햇빛을 받으면 병균의 소독이 되고 중생이 부처의 광명을 받으면 삼독이 제멸되게 된다.

녹녹한 이불이 태양빛을 받으면 까들까들해져서 포근한 숙면을 이루듯이 陰翳음습으로 젖어 온 중생의 죄업이 부처의 광명을 받으면 적취된 죄업이 소멸되어 더 없는 안락을 누리게 된다.

別記 如鏡中像 鏡光所照 是故此像不離鏡光 以不離故 卽是鏡光 當知此中道理亦爾

마치 거울 가운데 영상은 거울 광명이 비추는 것과 같다. 그러므로 영상은 거울의 광명을 벗어나지 않는다. 벗어나지 않기 때문에 즉시에 거울의 광명이 되는 것이다. 마땅히 알라. 이 가운데 도리 또한 그러한 것이다.

거울과 사물은 같이 작용한다. 거울을 벗어난 사물은 없고 사물이 없는 거울은 없다. 그처럼 현상의 8식은 지식의 7식을 받아들이고 지식의 7식은 현상의 8식에 영상이 된다. 그러므로 이 둘은 간극도 없고 떨어질 수도 없다. **신심명**의 말씀이다.

境由能境
能由境能
欲知兩段
元是一空

세상은 나로 인해 존재하고

나는 세상에 의해 존재한다.
양쪽의 존재를 알고 싶은가.
원래 하나의 空인 것이다.

아름다운 선귀다. 세상과 나는 상대적으로 존재한다. 그 상대적 관념은 공에서 부터 시작되었다. 그러므로 상대적 관념을 벗어나면 거기엔 하나의 공 밖에 없다는 것이다.

거울과 나는 같이 존재한다. 그러나 거울 속의 나는 원래 없다. 그뿐만 아니라 거기에 비춰지는 나도 없다. 이 둘은 결과적으로 모두 空한데 현식 속에서는 엄연히 존재하고 있다.

아귀다툼하면서 살아가야 하는 이 중생세상 그것은 현식에 의해 나타나 있다. 그래서 이 세상은 거울 속에 나타난 영상과도 같다고 했다. 그러나 범부는 그렇게 보지를 않는다. 눈앞에 보이는 모든 물상을 실제의 모습으로 본다.

그것은 마치 불나방이 거울에 비친 불꽃을 보고 달려드는 것과 같다. 분별과 차별로 살아가는 범부는 자기 눈앞에 펼쳐진 현상의 세계를 그냥 두고 보지 않는다. 어떻게든 거기에 마음을 붙이려고 한다.

그래서 그 세계에 대해 바로 愛와 不愛의 감정을 일으킨다. 그것이 7식이고 智識인 것이다.

別記 然雖似影像 無別本法所不緣者 設有本法心數 異影像心數者 則同一所緣之義不成故
그러니 곧 영상처럼 달리 본법에 의해 반연되지 않는 것이 없다. 가설로

본법의 심수가 영상의 심수와 다른 것이라면 곧 동일한 소연의 뜻은
성립되지 않는다.

영상은 반드시 실상이 있다. 영상은 智識이고 본법은 現識이다.
그러므로 지식은 현식에서 나오고 현식은 지식을 안고 있다. 이 말이
위에 무엇이든 본법에 의해 반연되지 않는 것이 없다고 한 말씀이다.
아들은 아버지의 얼굴이라고 한다. 그만큼 아버지와 아들은 내면
으로 서로 연결되어져 있다. 이것은 결코 거부할 수 없는 확증이다.
그러므로 부자지간이라고 한다. 어느 날 나이를 먹고 거울을 들여
다보면 돌아가신 아버지 얼굴이 문득 거울에 나타나게 되는 것도 이
런 이치다.
그래서 본법의 심수가 영상의 심수와 다른 것이라면 이것은 영상
이라고 할 수 없는 것이다고 한 것이다.

海東疏 聖言量者有經有 金鼓經言 眼根受色 耳根分別聲
성언량이라는 것은 경에 있는 말씀이다. 금고경에서 眼根은 색을 받아
들이고 耳根은 소리를 분별한다.

앞에서도 말했지마는 성언량은 부처님이 설하신 경전을 중심으로
논증하는 것이다. 부처님말씀이라고 해서 그냥 순수하게 수용하면
되는데 의심으로 쩔어 온 범부의 심성이다 보니 아무리 佛說이라고
해도 결코 믿지를 않는다. 참 어리석은 범부들이다. 그래서 **법화경**에

無智人中 무지인중
莫說此經 막설차경

지혜가 없는 사람에게는
이 경을 설하지 마라

고 하셨던 것이다.

사람들이 불경을 본다고 해서 다 믿는다면 이 세상에 중생의 씨는 말라버렸을 것이다. 그들은 믿지 않는다. 그냥 보았다고 하고 안다고 한다. 그래서 부처님말씀을 보고 믿음을 일으킨다면 수많은 전생에 남들이 행하기 어려운 선업을 지어온 결과라고 말할 수 있다.

박복하고 아만이 높은 사람은 불설이라고 해도 그 증명을 내어 놓으라고 한다. 그래서 성사는 **금고경**을 인용하셨다. 하기야 **금고경** 말씀을 인용한다고 해서 액면 그대로 믿지도 않겠지마는 자비심 많은 성사의 노파심이니 어쩌겠는가.

금고경은 몇 번 언급한 경전이다. 그 경전에서도 똑같이 눈은 형상을 받아들이고 귀는 소리를 받아들이며 의식은 일체법을 분별한다고 하셨다. 그러므로 이것은 위 비량의 삼지작법에서 증명한 불공소의가 되는 것이다.

[海東疏] 乃至意根分別一切諸法 大乘意根 卽是末那 故知偏緣一切法也
그리고 意根은 일체제법을 분별한다고 하셨다. 대승의 意根은 말나기

때문에 일체법을 두루 반연한다는 것을 알 수 있다.

대승의 의근이라는 말은 의식의 뿌리라는 뜻이다. 의식은 6식인데 그것은 뿌리를 가지고 있다. 그래서 그 뿌리를 7식인 말나라고 한다. 참고로 8식은 아려야식Alaya Vijnana이고 7식은 마나스식Manas Vijnana 이며 6식은 사드식Sad Vijjnana이다. 7식을 한자로 보통 말나末那라고 쓰기도 한다.

이 7식은 일체법을 다 받아들인다. 6식에서 눈은 형상을 받아들이고 귀는 소리를 받아들인다. 그처럼 6근은 상대하는 경계가 제각기 다르다. 하지만 이 7식은 모든 것을 다 반연해 수용한다.

海東疏 又對法論十種分別中言 第一相分別者 謂身所居處所受用 義 彼復如其次第 以諸色根器世界色等境界爲相
또 대법론 십종분별 중에서 첫 번째인 상분별이라는 것은 몸이 거처하는 장소와 그것을 수용하는 뜻을 말한다. 다시 그 차제와 같이 하여 모든 색근과 기세계의 색 등 경계로써 相분별을 삼는다.

대법론에 대해서는 이미 몇 번이나 설명하였다. 대법론을 지은 분이 안혜보살이다. 그분의 제자가 바로 이 대승기신론을 한역하신 진제라는 사실도 위에서 언급한 바가 있다.

그 대법론에 보면 허망분별이라는 대목이 나온다. 범부가 세상과 자기를 10가지로 분별하는데 그 중 첫 번째가 상분별이다.

상분별은 어떤 모습과 색깔을 보고 그에 맞게 분별하는 것이다.

끊임없이 말하지만 눈에 보이는 세상은 모두가 다 허망하고 거짓된 것이다. 허망이라는 말은 헛되고 망령스럽다는 뜻이다. 그런 세상을 보고 범부는 평생 거기에 끌려 다니면서 울고 웃는다.

그래서 범부가 갖고 있는 여섯 개의 감각기관은 밖의 여섯 가지 허망한 대상에 미혹되어 허덕이다가 결국 죽어간다고 하는 것이다. 이것을 **원각경**에서는 범부의 삶은 空華를 좇는 것이라고 하셨다. 공화는 눈앞에 아른거리는 허공의 꽃을 말한다.

색근은 범부의 몸이 갖고 있는 감각기관이고 기세계는 범부가 살고 있는 산하대지의 세상이다.

[海東疏] 第二相顯現分別者 謂六識身及意 如前所說取相而顯現故
두 번째 상현현분별이라는 것은 六識과 身과 意를 말한다. 이를테면 앞에서 말한 것과 같이 相을 취한 것이 확연히 나타나기 때문이다.

두 번째는 상분별이 나에게 작용하는 것을 분별하는 것이다. 앞에 것은 형상을 말하고 여기는 그것을 받아들여 개념을 세우는 것을 말한다.

예를 들어 돌들이 있다. 돌은 다 똑같은데 그 중에서 특별하게 생긴 돌이 있다. 이것이 상분별이다. 그런데 그 속에 어떤 무늬가 있다. 그것을 잘 씻고 잘 다듬어 받침대 위에 올려놓으면 멋진 수석작품이 된다. 그러면 그 돌이 갖고 있는 형태나 색채가 또 다른 모습으로 보이기 시작한다.

자연적으로 만들어진 돌의 무늬나 문양들을 보고 달마 같다느니 예수 같다느니 호랑이 같다느니 하면서 자기만족에 취해 그것들을 관상용으로 보는 것이다. 이것이 바로 상현현분별이다.

돌은 어디에 있든 돌 그 자체일 뿐인데 인간이 그 돌을 이렇다 저렇다로 의미를 두어 희귀물로 취급해 가격을 매기고 구분하여 상전처럼 모시기도 하고 개똥처럼 길바닥에 내동댕이치기도 한다.

그렇게 하는 주체적 기준은 我고 그것을 상대하는 것은 六識이며 그것에 의미를 두어 형상화시키는 것은 意이다. 그 意가 바로 제7식이다.

海東疏 此中五識 唯現色等五塵 意識及意 通現色根及器世界色等境界

그 중 오식은 오직 색 등의 오진만을 나타내고 의식과 의는 색근과 기세계의 색 등 경계를 통틀어 나타낸다.

五識은 五塵오진만을 나타낸다. 이것은 본능이라고 했다. 즉 눈은 형체를 보는 것으로 그친다. 의식은 그 형체에 대한 정의를 내리고 意는 그것을 마음에다 담아 놓고 기준을 삼는다.

그래서 6식인 의식과 7식의 意는 밖에 보이는 형체를 하나도 빠짐없이 모두 다 훑어서 의미를 부여한다. 그래서 色 등 경계를 통틀어 나타낸다고 한 것이다. 그러면 없던 번뇌가 일어난다.

처음에는 아무것도 없었는데 이제는 수많은 번뇌에 휘말린다. 백화점에 가기 전에는 물건에 대한 혜수의 번뇌가 일어나지 않았지만 거기서 맘에 드는 물건을 사지 못하였다면 그 물상의 번뇌에 잠을 이룰 수가 없다.

서울에서 살기 전에는 서울에서 일어나는 잡다한 일상의 번뇌는 없었다. 그런데 지금은 서울의 삶 속에서 온갖 번뇌로 몸살을 앓고 있다.

중생세계도 이와 똑같다. 이 세계에 오기 전에는 전혀 없던 번뇌가 지금은 번뇌의 치성에 골이 깨어져버릴 것 같다. 참고로 108번뇌가 어떻게 생겼는지에 대하여 설명한다.

우리 몸에 여섯 개의 감각기관이 있다. 보통 6근이라고 부르는데 안이비설신의다. 이것이 밖의 세계인 색성향미촉법인 6塵진을 상대하여 세 가지 감정을 일으킨다. 그것은 좋다와 싫다 그리고 무덤덤이다.

6根   6塵
1. 눈 = 色. 형태와 색깔.
2. 귀 = 聲. 소리.
3. 코 = 香. 냄새.
4. 혀 = 味. 맛.
5. 피부 = 觸. 촉감.
6. 생각 = 法. 환상.

6근이 6진을 상대한 것을 다 합치면 12가 된다. 즉 6×2는 12다. 여기에 좋다와 싫다에 이어 그저 그렇다는 세 가지 감정을 일으킨다. 그래서 3을 곱한다. 그러면 36이다. 다시 여기에 과거 현재 미래를 연결하는 3을 곱한다. 그러면 108의 숫자가 나온다.

그러므로 우리의 마음은 현재에만 있지 않다. 삼세를 관통하고 공간을 휘젓는다. 그런 마음의 부속작용이 번뇌다. 그 번뇌가 작게는 108개가 되고 크게는 팔만사천 개가 넘는다. 그것들이 범부의 머리에 꽉 차게 다 들어 있으니 어찌 머리가 안 무겁고 안 아플 수가 있겠는가.

이것만 생각해도 머리가 아픈데 이 숫자에다 이상한 해설을 붙이는 자가 있다. 어느 괴이한 인간이 유튜브에서 이 108이라는 숫자는 3代가 지은 죄라고 했다. 一代가 보통 36년이니까 三代는 108이라는 거다. 그래서 옛날에 三代에게 치성을 올린다고 해서 100일기도한다고 했다고 한다. 생각의 발상이 진짜 기이하기도 하다.

海東疏 設使末那不緣色根器世界等 則能現分別唯應取六識 而言及意 故知通緣也

설사 말나가 색근과 기세계 등을 반연하지 않는다면 곧 현현을 분별함에 오직 응당히 6식만을 취해야 하지만 및 意 라고 말하였기 때문에 통틀어 반연한다는 것을 알 수 있다.

말나는 7식이라고 했다. 기세계는 중생세계를 말한다. 이 7식이 모든 감각기관과 세상을 다 훑는다. 현현은 밝게 나타난 물상들이다.

우리가 알고 있기로는 세상의 모든 물상을 관찰하고 분별하는 것은 의식인 6식이 다 하는 것 같지만 실은 그 밑바닥에 7식이 있다는 것이다.

개울물과 강물은 분명히 다르지마는 개울물은 강물이 아래로 끌어당김으로써 흐르고 있다. 강물이 당기지 않고 개울물로 정지되어 있다면 개울물은 썩어버린다. 그러면 그 자체의 생명을 유지할 수 없다.

마찬가지로 6식의 의식은 혼자서 지각작용을 할 수가 없다. 그 밑에 7식이 내면작용을 하는 것이다. 8식은 藏識장식이므로 지각작용을 하지 않는다. 8식은 강물을 저장하는 바다와 같다.

그러므로 意라는 7식은 외부와 내부 전체를 훑으면서 좋고 나쁨의 분별을 야기하고 또 계산한다. 그래서 위 문장에서 意는 통틀어 모든 것을 반연한다고 한 것이다.

사실 이 7식의 세계는 대단히 어렵고 난해하다. 그래서 인간은 평생 智識의 세계를 더듬으며 산다. 그 더듬는 미끼는 知識이다. 즉 범부의 한평생은 분별심의 知識으로 智識을 더듬는 데 있다고 해도 과언은 아니다.

그만큼 이 智識의 세계는 인간들에게 영원한 미지의 세계다. 배워도 배워도 끝이 없고 알아도 알아도 마지막이 없는 것이 바로 智識의 범주다. 그래서 7식이 어렵다는 것이다.

물도 위가 있고 아래가 있지만 중간물은 없다. 하늘과 땅은 있는데 중간은 언급하지 않는다. 그처럼 6식과 8식의 사이에 있는 이 7식은 두 군데 다 걸쳐 있다. 그래서 이 7식을 잘만 쓰면 위로 올라가 부처가 되고 잘못 쓰면 아래로 내려가 지옥중생이 된다.

그러므로 이것만 딱 떼서 무엇이다 하기에 정말 어려워서 성사는 논리적으로 설명하고 또 경전과 논서의 말씀을 인용해가면서 이제까지 장구한 설명을 해 오신 것이다.

且置傍論 還釋本文

여기서 옆으로 간 논의는 그만두고 돌아와 본문을 풀이하기로 한다.

옆으로 간 논의는 智相에 대한 다각도의 설명이다. 즉 비량과 성언량으로 이제까지 智相을 설명해 온 것이다. 9相 차제 가운데서 三細는 끝이 났고 6추를 설명하고 있는데 그 첫 번째인 智相에 대한 설명이 너무 벌어졌었다.

이제 그 智相에 대해서는 이 정도로 끝내고 다시 본문으로 돌아가자고 하신 것이다. 본문은 물론 **기신론**의 글귀를 말한다.

海東疏 第二相續相者 是生起識 識蘊 是麁分別 徧計諸法得長相續

두 번째 상속상이라는 것은 생기식이며 식온이다. 이것은 추분별로써 모든 법을 두루 계산해서 영원히 상속하게 한다.

상속상은 연속해서 이어지는 모습이다. 생기식은 의식을 일으킨다는 말이고 식온은 그렇게 하도록 하는 그릇이다.

그릇도 여러 가지다. 자루 정도는 6식이고 가마니는 7식이다. 그리고 곡식창고는 8식이다. 작은 그릇이 차면 좀 더 큰 그릇에 담고 큰 그릇이 차면 창고에 넣게 된다. 識蘊식온은 가장 작은 의식의 그릇이다. 즉 자루 정도다.

그러니까 상속상은 7식인 지식에서 한 단계 더 아래로 내려간 상태다. 그것을 일으키는 것을 생기식이라고 하고, 그 일으켜진 識의 이름이 6식이다. 이것을 보통 범부가 쓴다. 그래서 범부를 의식 있는 동물이라고 한다.

이 의식은 사물을 거칠게 분별한다. 거친 분별은 실상을 제대로 파악하지 못한다. 섬세하게 깊이 관조하는 것이 아니고 눈에 보이는 껍데기만 훑어보고 판별한다. 그래서 거친 분별이라고 한다.

문제는 일시적으로 거칠게 판별하는 것으로 끝이 나는 것은 아니다는 것이다. 이리저리 거칠게 판별한 결과의 지식을 7식에 저장해 둔다. 그것을 다음 생애까지 끌고 가 지식의 기준을 삼는다. 그것이 바로 의식본능이라고 하는 것이다.

그러니까 금생에 잘못 안 것들은 금생에만 나를 힘들게 하는 것이 아니다. 그것이 적집되면 세세생생 삼계6도에서 끝없이 고통받고 한없이 방황하게 만드는 요인이 되는 것이다.

`海東疏` 又能起愛取 引持過去諸行不斷 亦得潤生 能令未來果報相續
또 애와 취를 일으켜서 과거의 모든 행위를 끌어와 끊이지 않게 하고 윤생하게 한다. 그로 하여금 능히 미래의 과보를 상속케 한다.

앞에서 말한 그 본능을 기준으로 또 금생에 그에 맞는 愛와 取취를 일으킨다. 애는 애착이고 취는 갖고자 하는 욕망이다.

대체로 전생에 음악을 좋아하던 사람이 죽으면 음악을 좋아하는 사람의 집안에 태어난다. 물론 운동을 좋아하는 사람은 운동을 좋아하는 사람의 집안에 태어난다. 거기서 전생에 익힌 습성을 토대로 다시 그것에 흥미를 느끼고 그것을 좋아한다. 그리고 또 그것을 갈고 닦는다.

한번쯤 TV에서 그런 사람을 보았을 것이다. 금생에 아무런 교육도 받지 않았는데 어떤 분야에 탁월한 소질을 보여주는 아이들이 있다. 노래를 잘 한다든지 언어를 잘 한다든지 아니면 그림을 잘 그린다든지 하는 아이들을 말한다. 사람들은 그런 아이들을 보고 선천적으로 그 재주를 타고 났다고 한다.

여기서 말하는 상속상이라는 것은 바로 그 선천적으로 타고난 성질을 말한다. 그것은 금생에 익힌 것이 아니다. 전생에서 익히고 금생에 나타나고 그것을 또 다듬어서 내생에 다시 이어지게 만드는 것이다.

海東疏 依是義故名相續相 不同前說相續心也

이런 뜻이기 때문에 상속상이라고 한다. 이것은 앞에서 말한 상속심과는 같지가 않다.

보통의 사람들은 금생에 태어나도 전생의 일들을 기억하지 못한다. 그것은 전생에 죽을 때 격렬한 고통을 받았기 때문이다. 하지만 가끔가다 정신적으로 큰 고통 없이 죽은 사람들은 금생까지 전생의 기억을 단편으로 기억하는 자들도 있다.

일반 사람들은 어젯밤 꿈도 잘 기억이 나지 않는다. 그래서 특이한 꿈은 잊어버리지 않도록 자다가도 글로 써 놓기도 한다. 그래도 온전하게 다 생각이 나지 않는다. 그런데 어떻게 전생을 기억하겠는가.

아버지가 어느 날 중학생인 딸에게 혼이 났다. 자신이 영아였을 때 차 속에서 오줌을 쌌다. 아버지는 별 생각 없이 자동차 보닛 위에 아이를 눕히고 기저귀를 갈았다. 오고가는 사람들이 많았지만 아이 기저귀 갈아주는 것은 예사로운 일이었기에 그냥 그렇게 무심코 뒤처리를 해 주었다.

그런데 오늘 그 생각이 언뜻 났다며 딸아이가 아버지를 공격했다. 왜 사람들 많이 보는 데서 기저귀를 갈았느냐고 따지는 것이었다. 깜짝 놀라서 어떻게 그것을 아느냐고 물었더니 너무 생생하게 기억이 난다고 했다. 그러면서 기저귀를 벗길 때 창피해서 죽는 줄 알았다고 했다.

우리 마음에 일어난 모든 생각들은 시간이 지나가는 것과 비례해 가랑잎 쌓여가듯이 켜켜이 적치된다. 그러므로 과거는 이미 지나갔지만 그 습성은 현재에 그대로 나타나 있다. 그리고 미래는 아직 오지 않았지만 현재의 습성이 모아져서 미래의 결과가 된다.

그래서 나는 과거 무량 백천만 년의 결과며 또한 동시에 미래 무량 백천만 년의 원인이기도 하다.

여기서 삼세인과가 나온다. 이 말은 삼세는 서로 연결되어 있어서 因이 果가 되며 果가 因이 되어 삼계를 맴돈다는 이론이다. 이것을 설한 것이 **삼세인과경**이며 거기 대한 특별한 논서는 **反故集**반고집이 있다.

거기에 보면 부유한 자는 많이 베풀었고 빈궁한 자는 욕심으로 가득 찬 삶을 살았다는 결과다. 지위가 낮은 사람은 교만한 결과고 장수하는 자는 자비를 많이 행해서다. 그리고 모든 감각기관이 제 기능을 잘하고 마음이 청정한 자는 계율을 잘 지켜서 그렇다고 한다.

상속상과 상속심은 다르다는 마지막 문장이 있다. 지금 여기서는 구상차제 속의 상속상을 말하고 있다. 이것은 범부의 죄업과 습성이 상속된다는 말이다. 그러므로 이 상속상은 인연에 의해 연결되는 것이다.

반대로 상속심은 우리 마음속에 들어 있는 자성의 진체인 영원성을 말한다. 그것은 없어지지 않는다. 영원하고 불변하다. 그것을 진여라고 했다. 그것하고 여기서 말하고 있는 상속상의 상속심하고는 전혀 같지 않다는 말씀이다.

예를 들면 바다는 영원성을 갖춘 상속이고 강물은 전변성을 갖춘 상속이다. 상속은 같지만 앞에 것은 변함없는 연속성을 가지고 있고 뒤에 것은 상황에 따라 무상한 변화성을 가지고 있다.

바다는 오로지 一味이며 징정澄淨하다. 그러나 강물은 온갖 불순물과 쓰레기들을 안고 흘러간다. 어떤 때는 맑다가도 어떤 때는 탁한 물이 되기도 한다. 흐르는 속도도 어떤 때는 빠르다가 또 어떤 때는 느리게 가기도 한다. 그래서 바다의 상속과 강물의 상속이 다르다고 하는 것이다.

海東疏 依於智者 依前智相爲根所生故 所依是細 唯一捨受 能依是麤 具起苦樂 故言生起苦樂也

지상에 의거한다는 것은 앞에 지상이 뿌리가 되어 이 상을 일으키기 때문이다. 그 소의는 細相이어서 오로지 한 개의 사수만 있지만 능의는 추상이라서 고락을 함께 일으키기 때문에 고락을 일으킨다고 하였다.

智相에서 상속상이 나온다. 智相은 細相에서 나온 모습이다. 細相

은 바로 업상 전상 현상이다.

細相은 捨受사수다. 사수는 고통과 즐거움이 없는 감각작용이다. 苦면 苦, 樂은 樂이어야 하는데 사수는 감정을 일으키지 않는다. 추우면 춥다고 하고 더우면 덥다고 한다. 하지만 어제와 똑같은 날씨면 특별한 느낌이 없다. 그것을 捨受라고 한다.

三細는 사수의 작용이 없다. 그냥 나타나 있을 뿐이다. 그래서 三細의 성자는 눈앞에 있는 자연을 그대로 본다. 그러나 智相을 가진 인간은 그것을 분별한다. 그리고 좋고 안 좋고를 가린다. 여기서부터 苦樂은 일어난다.

智相은 삼세와 육추의 중간지점이라고 했다. 분별이 문제가 있는 것이다고 안다면 분별을 버려 삼세에 올라가지만 분별이 꼭 필요한 것이라면 6추로 내려간다.

그래서 智相의 의지처는 三細고 상속상의 의지처는 智相이 된다. 한 단계 아래로 내려온 상태이기 때문에 이제 본격적으로 苦와 樂을 일으키게 된다고 한 것이다.

海東疏 又所依智相 內緣而住 不計外塵 故是似眠

또 의지하는 바는 지상이다. 반연된 것을 안에다 두고 바깥세상을 계탁하지 않는다. 그러므로 잠을 자는 것과 같다.

지금 우리는 6추 중에서 상속상을 공부하고 있다. 상속상은 智相에 의지한다. 의지한다는 말은 거기에 바탕을 두고 있다는 뜻이다. 나뭇가지는 나무줄기에 의해 지탱된다는 것과 같다.

智相은 밖으로 표시가 나지 않는다. 섬세한 자일수록 자신의 감정을 밖으로 드러내지 않는다. 대신에 거친 자들은 그 감정을 숨기지 못하고 즉시 나타낸다. 그처럼 이 智相은 범부의 의식 중에서 가장 섬세하다 보니 범부는 그것이 있어도 있는 줄을 모른다.

智相은 자체적으로 어떤 작용을 하지 않는다. 나뭇잎은 탄소동화 작용을 하고 나무뿌리는 영양분을 빨아올리지만 나무줄기는 자체적으로 어떤 작용을 하지 않는다. 다만 나무를 지탱시켜 주는 역할만 한다.

그처럼 지상은 내면으로 들어온 밖의 인연들을 보관하고 모아둔다. 그러므로 이 지상은 행동으로 바깥의 인연을 직접 만들지도 않고 직접 상대하지도 않는다. 그래서 원문에 바깥세상을 계산하지 않는다고 하였다.

지상은 물을 품고 있는 나무줄기 역할을 한다. 이것이 없으면 잎도 죽고 뿌리도 죽는다. 하지만 그 역할이 밖으로 두드러지지는 않는다. 그래서 성사는 이 지상을 두고 마치 잠을 자고 있는 것과 같다고 표현하셨다.

거칠게 마음이 움직이는 범부는 이 세계를 모른다. 이 지상의 세계는 아라한이나 대승의 10주보살이 터득하는 계위이다. 범부는 고작 여기서 한 단계 아래로 더 떨어진 상속상을 겨우 알고 있을 뿐이다. 그것을 그들은 잠재의식이라고 부르고 있다.

海東疏 此相續識 徧計內外 覺觀分別 如似覺悟 以之故言覺心起念

상속식은 안과 밖을 두루 헤아려 각관으로 분별한다. 그러므로 각오한 것과 같다. 그것을 말하다 보니 각심으로 망념을 일으킨다고 했다.

　상속식은 안과 밖으로 작용을 한다. 바깥 것을 판단해 안에다 둔다. 그리고 그 기준으로 또 밖의 것을 판단한다. 이것을 覺觀각관이라고 한다. 한자로 각관은 깨달아 안다는 뜻이지마는 실은 범부의 거친 의식작용이다.

　사람들은 이 각관을 잘 쓰는 자들을 똑똑한 자들이라고 한다. 말은 청산유수로 잘하고 교만은 교회의 첨탑을 무색케 한다. 그들은 꼭 깨달은 현자처럼 시건방지다. 그래서 각오覺悟한 것과 같다고 하셨다. **열반경**에

群盲評象
봉사들이 코끼리를 논평한다

는 말씀이 있다. 봉사들이 아무리 코끼리를 묘사해도 코끼리 전체를 담아내지 못한다. 그저 자기들이 만지는 부분만 목 아프게 설파할 뿐이라는 것이다.

　다리를 만진 자는 코끼리가 기둥과도 같다고 하고 꼬리를 만진 자는 코끼리가 총채와도 같다고 한다. 발등을 만진 자는 거북이 같다고 하고 등을 만진 자는 민둥산 같다고 한다. 하지만 제아무리 시끌벅적하게 떠들어도 그것은 진짜 코끼리하고는 거리가 멀다. 그 이유는 자기가 아는 것만으로 판단하기 때문이다.

그 아는 것은 과거 전생의 경험에서 일정부분 가지고 왔고 현재에 그것을 사용하고 있으며 미래에 그것을 기준으로 또 각관의 세계를 열어간다.

그 각관은 智相을 바탕으로 일으킨 분별력이다. 그것은 아무짝에도 필요 없는 지식이다. 하지만 그들은 그것을 자신으로 삼는다. 한 수 위에서 내려다보면 벽에다 자기의 똥을 칠해 놓고 좋아하는 치매 노인과도 같은 수준이다.

海東疏 起念卽時法執分別 識蘊與此麤執相應 偏馳諸境 故言相應不斷故也

망념이 일어날 때 법집이 분별된다. 그러면 식온이 거친 집취상과 상응해서 모든 경계를 쫓아간다. 그러므로 상응해서 단절되지 않는다고 하였다.

망념은 법집을 분별한다. 법집은 집착하는 대상을 말한다. 사람마다 다 자기의 업이 있고 색깔이 있다. 그런 시각으로 세상을 보면 세상이 각양각색으로 보인다.

범부는 세상을 봐도 자기 보고 싶은 것만 본다. 그래서 법집이 다 다르다. 기독교를 믿는 사람은 세상을 하느님이 창조했다고 하고 도교를 믿는 사람은 세상이 자연으로 생겨났다고 한다.

그러므로 법집은 절대성이 없고 일관성도 없다. 세상은 허상이기 때문에 절대성이 없고 세상은 변화하므로 일관성도 없다. 그런 것을 망념의 시각으로 보고 이렇다 저렇다 라고 아무리 답을 내놔도 그것은 깡통 답이 된다.

범부들은 세상에 뭔가가 있는 것 같아서 절대로 가만히 두지를 못한다. 어떻게든 분석하고 연구한다. 그림자는 골이 깨어지도록 연구하고 분석해도 답이 나오지 않는다. 그런데도 범부는 그 그림자가 실상이라고 하는 전제하에서 학교를 세우고 연구소를 개소해 가짜를 연구하고 분석한다.

그러면 識蘊식온이 깨춤을 춘다. 제 세상을 만나는 것이다. 식온은 의식작용이라고 했다. 그렇게 해서 만들어진 학술논문지가 대학교 도서관과 가정의 서고에 책장이 휘어지도록 가득 진열되어져 있다.

그런 저술들이 표준이 되어 뒤따라오는 후손들의 숨어 있던 집취상을 깨어나게 만든다. 그래서 집취상과 상응해서 단절되지 않는다고 하신 것이다.

海東疏 第三執取相者 卽是受蘊
세 번째인 집취상은 곧 수온이다.

6추 가운데서 세 번째까지 내려왔다. 지상에서 좋고 나쁘고를 내면으로 분별했다. 그것을 마음에 담고 있었다. 그것이 상속상이다. 상속상은 위 지상에 정보를 주고 아래로는 집취상에 행동을 가한다.

이제 무엇을 가지고자 하는 욕망이 일어난다. 이것이 집취상이다. 마음에 담고있던 생각들이 적극적인 행동으로 나타나는 단계다.

현장스님을 중심으로 五蘊오온은 구역과 신역이 갈린다. 구역에서는 오음이라고 했다. 그러나 현장스님이 **반야심경** 앞부분을 오온으로 한역하다보니 이것이 그 이후의 번역사들에게 시기의 표준이 되었다.

오온은 색수상행식이다. 즉 우리 몸을 구성하고 있는 다섯 가지 구성요소다. 나눠서 분석해 보면 다음과 같다. 蘊은 쌓을 온 字다.

色은 뼈대다.
受는 감각기관이고
想은 느낌이다.
行은 동력이고
識은 생각이다.

여기서 색수상행은 몸뚱이고 마지막 식은 의식이다. 그래서 인간은 몸뚱이와 의식으로 이루어져 있다고 한다. 그러니까 이 집취상을 오온에다 대비하면 受蘊수온에 해당한다는 것이다. 수온은 외부의 세계를 내면으로 받아들이는 감각기능이다.

海東疏 以依識蘊 分別違順 領納苦樂 故言依於相續乃至住苦樂等也
식온에 의해서 위순을 분별한다. 그리고 고락을 내면으로 받아들인다. 그래서 상속에 의하여 고락 등에 머무른다고 한 것이다.

좋고 안 좋고를 智相에서 분별했다. 그것을 상속상에서 내면으로 품어 왔다. 집취상에서 그것을 가지고자 할 때 우선 위순을 가린다. 위순은 나에게 맞거나 안 맞거나를 따지는 조건이다.

지상으로 아름다운 여자를 봤다. 상속상으로 그 여자를 아무도 몰래 가슴에 품어 왔다. 이제 집취상으로 그녀를 가지려고 한다. 그런데 잘못 건드리다가는 큰일 날 수 있다. 이것이 違위다. 하지만 잘될 수도 있다. 이것이 順순이다.

이 판단에 의해 고락이 갈린다. 고락은 슬픔과 기쁨이다. 잘하면 기쁨이 오고 잘못하면 슬픔을 갖게 된다.

가지지 않으면 고락이 없다. 가질 때라야만이 고락이 나타난다. 그렇다면 안 가지면 될 것이 아닌가. 그렇다. 안 가지면 된다. 三細에 있는 現相의 보살들은 가지지 않는다. 그냥 본다. 그래서 그분들에게는 苦가 없다.

범부는 그냥 보지 않는다. 무조건 가지고자 한다. 놔두면 다른 범부가 가져갈 것이기 때문에 내가 먼저 가지고자 하는 강한 탐욕이 일어난다. 그게 집취상이다.

집취상은 고락을 유발한다. 이쁜 여인을 가지겠다고 하면 苦가 따른다. 안 가지면 외형적인 苦는 없다. 그러면 苦로부터 해방된다. 그게 樂이다.

고락은 이 집취상에서 갈라진다. 위에서 말했다시피 범부는 절대로 그냥 두지 않고 어떻게든 가지려 하는 데 문제가 있다. 그것이 무엇을 어떻게든 가지고자 집착하는 모습이다.

海東疏 第四計名字相者 卽是想蘊 依前受蘊 分別違順等名言相 故言依妄執乃至名言相故也

네 번째는 계명자상인데 이것은 상온이다. 전에 수온에서 위순을 분별하고 이제 그에 맞는 이름과 언어를 만든다. 그러므로 망집을 의거해 이름과 언어를 만든다고 한 것이다.

계명자상은 이름과 문자를 붙이는 단계라고 했다. 즉 이제 이름과 문자가 나온다. 상속상에서 위순이 갈라졌고 집취상에서 위순에 따라 집착심이 일어났다.

이제 違는 버리려 하고 順은 가지려고 한다. 그러면 이름이 붙여지고 장부가 필요하다. 그래서 이름과 문자가 개발되어 나온다. 거래를 하기 위한 물품명과 출납장부가 필요한 것이다.

想蘊은 거친 느낌이다. 이것은 몸의 본능에 가깝다. 이것이 있기 때문에 동물들은 의식인 6식이 없이도 나름대로 살아간다. 이것 위에 의식이 있다. 의식은 본능보다는 더 섬세한 분별기능이다.

섬세라 해도 우리 위에서 보면 거칠기 한이 없다. 그 거친 생각으로 요리조리 따지고 분석한다. 손익차별로 대차계산을 한다. 손해는 겁이 나고 이익은 구미가 당긴다. 구미가 당기는 것은 이제 나름대로 가치와 조건을 따진다. 일단 가치가 있다 싶으면 거기에 몰입한다.

저 여인은 나에게 꼭 필요하다는 분별을 하였다. 가져도 큰 무리가 없다는 順의 조건을 가졌다.

이제 그 여인을 향해 온갖 이름과 문자가 나온다. 당신은 나의 천사라고 이름이 붙여진다. 그리고 당신은 한 송이의 장미꽃과도 같다며 언어로 유혹한다. 그와 동시에 문자를 빌려 연애편지를 쓴다. 맘에 드는 여인을 가지기 위해 이름과 언어, 그리고 문자가 총출동하는 단계까지 내려온 것이다.

어린 시절 크리스마스가 다가오면 공연히 기분이 좋았다. 그렇게 기분이 들뜨도록 만든 것은 무엇보다 캐럴송이었다. 그 노래가 크리스마스와 더불어 연말분위기를 한껏 띄웠다. TV 프로는 말할 것도 없고 백화점이나 일반가게는 물론 지하상가에까지 근 한 달 동안 귀가 얼얼하도록 듣고 또 들었다.

여유 없이 살던 사람들, 문화라는 것을 즐기지 못했던 사람들, 어떻게든 배고픔을 해결하려고 쉴 틈 없이 일만 하던 사람들에게 크리스마스는 종교를 떠나 우리들에게 색다른 삶의 활력을 넣어주었다.

지금 시대의 젊은이들에게는 나날이 좋은 날이고 日日이 축제 같은 일상이지만 그때는 크리스마스 하루만이 신이 내려준 특별한 날이었다. 요즘은 선물도 때와 장소를 가리지 않고 언제든 할 수 있지만 물건도 없고 돈도 없던 그 시절에는 그날만이 벼르고 벼르던 선물을 주고받기도 하였다.

그래서 오죽했으면 산타할아버지가 1년 동안 착한 일 많이 한 아이들에게 선물을 준다고 하였을까. 그만큼 남에게 무엇을 준다는 것은 그 시절에는 정말 어렵고 흔한 일이 아니었다.

그때는 사랑도 참 답답하게 했다. 남녀가 손을 잡는 것도 너무 어색했고 사랑한다고 말하는 것도 어쩐지 쑥스러웠다. 무조건 참고 미루면서 끊임없이 밀당을 했다. 그렇게 미루고 미루다가 크리스마스 이브가 되면 큰 용기를 내어 사랑을 고백하기도 했다.

너무 늦게 고백하면 큰일이 났다. 요즘같이 그때는 숙박시설이 많지 많았다. 그러다보니 너무 늦으면 여관방을 구할 수가 없었다. 이리 뛰고 저리 뛰면서 빈방을 찾아 애를 태우는데 무심한 통행금지 시간은 바로 코앞에 다가온다. 그러면 어쩔 수 없이 서로 아쉬움을 남기고 택시를 타고 헤어져야 했다.

여담이지만 그때 이런 말이 있었다. 여자를 사귀려면 11월 달에 사귀어라. 그래야 1달만 참으면 된다. 만약에 1월이나 2월 달에 사귀면 1년을 기다릴 수밖에 없으니 그러면 기다리다 죽을 수도 있다고 했다.

그래서 여복이 없는 나 같은 사람은 잘 나가다가 꼭 12월이 되면 깨져버린다. 그러면 다른 사람 좋은 일 시키려고 1년 동안 공주님처럼 잘 모시고 보호해 온 것밖에 되지 않는다. 이러면 정말 죽 쒀서 개주는 꼴이 된다.

남녀 간의 사랑놀음을 이야기하고자 하는 것이 아니다. 사람들이 전혀 없던 크리스마스이브라는 것을 정해 놓고 거기에 특별한 의미를 갖다 붙여버린 것을 말하는 것이다.

태양계에서 보면 1년 365일이 다 똑같은 날이지마는 인간이 어떤 날을 정해 기념일을 만들어 버리면 그날이 특별한 날이 되어 버리게 되는 것, 이것이 바로 계명자상이라는 것이다.

조상을 기리는 제사문화가 있다. 옛날 어른들에게는 죽은 조상만큼 귀한 존재가 없었다. 찢어지게 가난한 후손들이라 해도 제사상을 차릴 때는 어떻게든 사과 배 하나씩은 샀고 조기나 문어 혹은 상어고기 같은 것들을 올렸다.

어른들에게는 제삿날이 허리가 휘어지는 날이 되었지마는 아이들에게는 그날만큼 좋은 날도 없었다. 철없고 배고픈 아이들에게는 제삿날이 제일 맛있는 음식을 배불리 먹을 수 있는 날이었기 때문이다.

비록 과일 속살은 집안 어른들에게 다 돌아가고 기껏해야 깎아 놓은 껍데기를 주워 먹는 처지에 불과했지만 새콤달콤한 그 껍데기 맛은 평소에는 상상도 하지 못하던 감칠맛이었다.

생선들도 마찬가지다. 산간오지에 살던 사람들은 바다생선 굽는 냄새만 맡아도 정신이 없었다. 나에게 얼마만큼 돌아오고 안 돌아오고의 배당문제는 상관이 없다. 그냥 집안에 경사 난 것처럼 그저 좋았다. 마치 개가 눈이 오면 자기에게 아무런 이익도 없는데도 아이들과 함께 마냥 좋아서 날뛰는 것과 같은 기분이었다.

그러다 제사가 끝나면 하얀 쌀밥을 먹었다. 여름날에는 꽁보리밥에다 된장을 먹고 겨울에는 무밥에다 시래기를 먹었는데 그날만큼은 윤기가 잘잘 흐르는 하얀 쌀밥과 문어가 들어간 탕국을 먹었다. 거기다가 짭조름한 상어산적 한 쪽을 반찬으로 곁들이면 그 맛이 얼마나 좋은지 정신줄을 놓을 정도였다.

그 제사 음덕은 밤을 지세면서 베풀었다. 냉장고가 없던 시절이어서 남은 음식들을 보자기로 대충 덮어서 부뚜막에 둔다. 그리고는 제사를 모신다고 힘들었던 피곤한 몸을 누인다. 그러면 밤새도록 쥐와 벌레들이 들락거리며 그 음식들을 뜯어먹는다. 한 집안에 사는 모든 생명체의 입들이 함께 포식을 하는 즐거운 날이 되는 것이다.

조상을 기리는 마음이야 어느 특정한 날이 있겠느냐마는 특별히 제삿날을 정해 놓다보니 어른들은 조상의 얼을 기리며 흐트러진 몸

가짐을 바로 하여서 좋고 아이들은 색다른 여러 가지 음식을 먹어서 좋은 데다 그 음덕으로 미물들까지 만찬을 즐겨서 좋았다.

거기다가 동네 친한 어른 몇몇을 초청해 아침밥을 같이 먹으면서 덕담을 나눠서 좋았고, 당일은 들에 일을 나가지 않다보니 소가 하루 쉬어서 좋고 생선뼈다귀와 남겨진 음식들은 개와 고양이를 기쁘게 해서 좋았다. 이것이 바로 그 옛날 쥐뿔도 없이 살던 시절에 꼭 필요 했던 제사라는 문화였다

그래서 그때 제사는 가난한 사람들에게 역기능보다는 순기능 역할 을 톡톡히 해 주었다. 그래서 헛제사라는 것도 나왔다. 제사가 없는 집에서 거짓 제삿날을 만들어 제삿밥을 먹는 것이다. 그러나 지금은 나날이 먹을 것이 천지다 보니 그런 제사음식에 침을 흘리거나 껄떡 거리는 일이 없어졌다.

팔월 추석이 되면 차례상을 차린다고 어느 집이나 오일장을 보고 제사음식을 준비했다. 배고픈 시절이다 보니 제사음식이 만들어지 는 부엌문 앞에는 아이들이 침을 삼키며 그 자리를 떠나지 못하고 서성거렸다.

거기서 이상적으로 만들어 낸 음식이 호박전이다. 호박은 붉은색 을 띠기 때문에 제사상에 오르지 못했다. 추석이 가까이 오면 호박들 이 산야에 누렇게 익어갔다. 그래서 그 호박들로 전을 만들어 제사 음식을 보고 껄떡이는 아이들 입을 우선 틀어막았던 것이다.

뜨끈뜨끈한 호박전 하나씩을 들고 골목으로 뛰어나가면 다른 아이 들도 여지없이 호박전을 들고 있었다. 그 시간에 엄마들은 안심하고 제사상에 올리는 전들을 부치는 것이었다.

"붉은 음식을 제사상에 올리지 않는 이유가 무엇입니까?"
"밝은 대낮에 귀신이 돌아다닐 수 있는 것인가?!"

제사상에는 붉은 음식을 놓지 않는다. 그래서 고춧가루가 붉다고 제사음식에는 쓰지 않는다. 조상이 사는 명계는 어두운 세계다. 어두운 곳에 사는 생명체는 붉은빛 하고는 상극이다. 그래서 붉은 음식을 피한다.

귀신은 밤에만 온다. 그것도 칠흑같이 깜깜한 밤에만 온다. 그래서 제사는 자고로 자시에 지낸다. 자시는 밤 11시와 1시 사이다. 그 시각은 어제와 오늘이 갈리는 지점인데 그게 바로 산 날과 죽은 날이 겹치는 날이다. 그때야만이 귀신이 이 세상과 저 세상을 함께 넘나들 수 있다.

그 시각은 집안의 모든 가축이 깊은 잠을 잔다. 그러므로 귀신이 움직이는 데 방해를 받지 않는다. 그럼 개는 어떤가. 개는 신경 쓸 필요 없다. 개는 죽은 조상을 알아보므로 깨어 있어도 짖지를 않는다.

그런데 요즘의 제사는 그렇지 않다. 시간도 그렇고 음식도 그렇다. 그런 것에 구애받지 않는다. 시간은 자기들 편리한 쪽으로 맞춘다. 어차피 초저녁에 지내도 되는 제사라면 벌건 대낮에 지내면 또 어떤가.

넝쿨식물인 수박이나 참외 같은 과일은 제사상에 올리면 안 된다. 하지만 누가 요즘 그것을 따지는가. 열대과일 용과도 올리는데 까짓 것 토마토는 왜 못 올리는가. 비늘이 있는 조기도 올리는데 장어구이면 어떻고 고래고기면 또 어떻단 말인가.

"사과는 붉잖아요?"

"붉은 사과만 있는 것인가?"

제사문화가 기승을 부리던 시절은 성리학의 전성시대인 이조시대였다. 그때는 사과가 붉지 않고 요즘의 국광 같은 푸른 사과였다. 다른 사과라 해도 그냥 약간 불그스레한 색만 띠고 있었다. 그런 사과를 유전자 재배합과 햇빛반사포로 지금처럼 붉은 사과를 만들어 내었던 것이다.

그러므로 이 시대의 제사는 조상을 위하는 것이 아니라 자기들을 위한 제사가 되어 버렸다. 제사의 주체가 조상이 아니라 후손들이 되어 버린 것이다. 조상이 싫다 해도 후손이 좋으면 되는 것이고 조상이 좋다 해도 후손이 싫으면 거절해 버리는 세대가 되었다.

아직도 다수의 사람들이 제사상을 차리면서 언제나 한마디씩 아는 체를 한다. 홍동백서와 조율이시 어동육서 좌포우혜를 따진다. 이미 제사의 순기능이 사라지고 조상을 모시는 마음 자세가 틀어져 버렸는데 그런 케케묵은 제사규범을 왜 쓸데없이 지키고 따지는지 알 수가 없다.

그런 왜곡된 제사는 이제 지낼 필요가 없다. 그런 명목상의 제사문화는 여기서 제발 그만두어야 한다. 제삿날이 아니라도 먹을 것이 천지이고 제삿날이 아니라도 쉬는 날들이 너무 많은데 구태여 제삿날을 고집해서 계속 지낼 필요는 없다.

정신없이 삶에 쫓기어 살다보면 부모의 은혜도 잊고 형제의 우애도 잊게 된다. 부모를 생각하고 형제간에 우의를 돈독케 하는 의미에서 제삿날이거나 명절을 기리는 역할이 아니고 오히려 가족간의 불화를 초래하는 명절증후군에 시달린다면 이런 제사들은 과감히 없애버려야 한다.

그러므로 서양의 크리스마스 절정기가 우리에게서 사라졌듯이 우리의 제사풍습도 다 계명자상으로 만들어진 것이니 이제 미련 없이 버려버릴 시대가 되지 않았느냐는 것이다.

海東疏 第五起業相者 卽是行蘊

다섯 번째 기업상이라는 것은 곧 행온이다.

이제 다섯 번째까지 내려왔다. 행온은 행동으로 옮기는 것을 말한다. 계명자상까지는 마음으로 생각을 했다. 그런데 이제 행동으로 옮기는 단계까지 내려왔다. 이것은 마치 四相이 滅相에 이른 것과 같다.

"四相이 무엇입니까?"
"**혈맥기** 3권을 보면 잘 나와 있습니다."

밖으로 드러나지 않으면 인과가 만들어지지 않는다. 그저 내 속만 태우다가 만다. 그러므로 남을 미워하거나 짝사랑은 나만이 괴로운 일이다. 남은 나의 속을 모른다. 그러므로 반응이 없다. 반응이 있어야 서로 간에 인과가 만들어진다.

起業기업은 죄업을 일으킨다는 말이다. 이윤창출을 목적으로 하는 사업도 발음상 기업쇼業이라고 한다. 그런 기업은 물건으로 중생세계를 움직이고 이 기업은 죄업으로 내 몸과 마음을 움직인다.

앞에 것은 소득을 위해 기업을 하고 뒤에 것은 살기 위해 기업을 한다. 그러니까 앞에 것은 단체가 기업을 하고 뒤에 것은 개인이 기업을 하는 것이다.

둘 다 살려고 하는 의욕은 똑같은데 앞에 것은 세상을 죽이고 뒤에 것은 자신을 죽인다. 개인의 어떤 죄업도 정당성이 없듯이 기업의 어떤 이익사업도 공정성이 없다. 공정성이 있다면 그 기업은 즉시 망할 수밖에 없다.

실업이라는 말도 재미있다. 實業은 생산 제작 판매 같은 경제적인 사업을 말하고 失業은 그런 일을 하다가 자의거나 타의적으로 그만둔 상태를 말한다. 똑같은 발음인데 완전히 차이가 난다. 그러면서도 궁극적으로는 같다. 實業者는 언제든지 失業者가 되고 失業者는 또 언젠가는 實業者가 되기 때문이다.

海東疏 依於想蘊所取名相 而起思數造作善惡 故言依於名字乃至造種種業故也

상온으로 취한 名相에 사수를 일으켜 선악을 만들어 내기 때문에 名字에 의한 온갖 가지 죄업을 짓는다고 하였다.

상온想蘊은 앞의 계명자상이다. 名相은 그것의 준말이다. 사수思數는 이해를 타산하는 심리작용이다.

영악하다는 인간이 이해타산의 셈법으로 기업을 하면 진짜 손해를 보지 않고 이익을 창출해 낼 수 있을까. 인간만큼 이해에 밝은 자들이 세상천지에 어디 있는가. 분명 인생에 큰 이익을 만들어 내고 말 것이다.

그런데 그게 아니다. 인간이 하는 일은 전부 다 허탕이다. 그렇지 않으면 어떻게 내가 죽을 수 있단 말인가. 죽으려고 용을 쓰지 않았다면 어떻게 죽는단 말인가.

어떠한 마인드로 기업을 했기에 죽을 때 아무것도 챙기지 못하고 간단 말인가. 무슨 사업을 그렇게 한단 말인가. 도대체 무슨 장사를 어떻게 하기에 모두 다 마지막에 빈털터리로 끝난단 말인가.

인간이 이 세상에 올 때는 뭔가 큰일을 해 보려고 불법입국을 했다. 누구 하나 이 땅에서 그들을 불러들인 자는 없다. 전부 초청장 없는 비자로 이 땅에 들어 와 불법체류를 하고 있다. 하기야 여권을 발행한 국적도 없는데 무슨 비자를 받아서 왔겠는가.

그래서 누구 할 것 없이 큰 야망과 꿈을 안고 여기서 인생사업을 하고 있지마는 아무도 E-7비자가 없다. 모두 다 불법이민으로 돈을 벌고 있다. 그러다가 이 땅에서 나갈 때는 완전 떨거지로 떠나간다. 어디로 간다고? 그것도 모른다. 불쌍하게도.

한때 부산 영도에 가면 큰돈을 벌 수 있다고 했다. 하지만 누구든지 그 돈을 영도 밖으로는 갖고 나가지 못한다고 했다. 그래서 사업하는 사람들은 겁이 나서 영도로 못 들어간다고 했다. 웃기는 소리다. 어차피 어디에서 기업을 하던 죽을 때는 아무것도 가져가지 못하는 것이 인생사업이다. **자경문** 글이다.

來無一物來
去亦空手去
自財無戀志
他物有何心
萬般將不去
惟有業隨身

올 때 한 물건도 없이 왔다.
갈 때도 빈손으로 간다.
내 재산에도 아쉬워하는 생각이 없는데
남의 것에 무슨 마음이 있겠는가.
모든 것은 가져가지 못한다.
다만 죄업만이 나를 따라간다.

사람들은 흔히 공수래공수거라고 한다. 빈손으로 와서 빈손으로 간다는 뜻이다. 과연 그럴까. 그렇다고 하는 사람은 공산주의 사상을 가진 유물론자거나 헛똑똑이 무신론자라고 말할 수 있다.

빈손으로 와서 빈손으로 가면 그나마 본전이다. 그런데 그게 아니다. 올 때는 전생의 죄업을 갖고 왔다. 평생 동안 그 죄업을 바탕으로 다시 새로운 악업을 지었다. 그러면 원래의 죄업보다 더 보태어졌다.

그러니까 죽을 때는 올 때의 죄업보다 더 엄청나게 불어난 상태로 죽는다. 기존에 있던 죄업의 결과로 이 각박한 세상에 태어났는데 다시 또 수많은 죄업을 보태고 죽으니 내생에는 이보다 더 나쁜 세상에 가 태어나게 된다. 그것은 안 봐도 뻔할 뻔 자다.

머리가 둔한 사람이 있다. 빚이 많다. 그런데 사업을 한다. 그러면 빚을 갚게 될 것인가. 빚을 보탤 것인가. 물론 빚을 더 보태고 끝을 낸다. 이것과 정확히 같은 이치다.

죄업을 짓는 데는 몸과 입, 그리고 마음이 동원된다. 몸으로는 살생과 도둑질, 그리고 간음을 한다. 입으로는 거짓말과 발림 말, 두말과 악한 말을 한다. 이것을 구업이라고 한다. 이것들은 무력을 쓰지 않지마는 그 피해는 몸으로 하는 죄보다도 더 크고 더 심하다.

펜은 칼보다 더 무섭다 라는 말을 들어 봤을 것이다. 펜 역할을 하는 것이 바로 네 가지 입으로 짓는 죄다. 몸으로 짓는 죄는 상대의 몸에 직접 상처를 입히지마는 입으로 짓는 죄는 상대를 부추겨 죄를 짓도록 하거나 상대의 내면을 깊이 후벼 파버리는 일이다.

마지막으로 마음으로 짓는 죄는 탐욕과 성냄, 그리고 어리석음이다. 이것은 자기 자신을 파멸시켜 버림과 동시에 타인도 파멸시켜 버린다. 그래서 죄업 중에서 가장 무서운 것이 바로 탐진치라고 한다. 그것을 다른 말로 세 가지 독약이라고 해서 三毒이라고도 부른다.

그 삼독에 의해 천만 가지 죄업을 짓고 간다. 그렇게 많은 죄를 지었는데 어떻게 이 세상과 다음 세상에서 마음 놓고 평안히 살기를 바라는가. 그렇다면 그 인간은 도둑놈 심보를 가진 자가 틀림이 없다.

海東疏 第六業繫苦相者 依前行蘊所造之業 而受三有六趣苦果

여섯 번째인 업계고상은 앞에 행온을 의거해 지은 바 업으로 삼유와 육취의 고통스런 과보를 받는 것이다.

업계고상은 위에서도 말했지마는 죄업에 묶여서 고통을 받는 모습이라는 뜻이다. 정확히 우리가 이런 상태에 처해 있다.

죄를 지은 죄수가 감옥에서 자유로운 삶을 살아갈 수 없다. 마찬가지로 죄업을 가진 범부가 사바세계 어디에서든 자유롭게 살아갈 수가 없다. 작은 죄를 지으면 시멘트 감옥에 가고 큰 죄를 지으면 은산철벽의 사바감옥에 갇히는 것이다.

우리는 죄수들이다. 기분 나쁠지 몰라도 이것은 불편한 진실이다. 감옥의 죄수는 죽으면 밖으로 나가지만 이 땅의 죄수는 죽어도 삼계를 빠져나가지 못한다. 기껏해야 다른 곳으로 이감된다. 감옥의 죄수는 죽음으로 해서 그 수형이 끝나지마는 사바의 죄수는 죽으면 또 다른 감옥으로 가 다시 수감된다.

다른 곳의 감옥은 삼유와 육도다. 삼유는 욕계 색계 무색계고 욕계는 욕망으로 가득 찬 6도의 세계다. 그 욕망은 명예욕과 음욕, 그리고 식욕의 왕성함이다. 우리는 지금 이 속에 있다.

색계는 욕망은 뛰어넘었지만 자신의 신체와 정신적인 번뇌로 인해 자유롭지 못하다. 이 천계는 마음의 청정과 안주의 등급에 의해 18천으로 나뉘어져 있다.

다음은 무색계다. 이 세계는 형체가 없다. 순수 정신적인 세계다. 사람들은 흔히 다시는 이런 몸을 받고 싶지 않다고 하는데 그러려면 무색계에 가 태어나야 한다.

그런데 범부의 복으로써는 가히 쳐다볼 수 없는 곳이다. 정말 어림없는 곳이다. 그들은 이 욕계에서조차 살기가 힘들어 죽겠다고 야단들이다. 그런데 어찌 이런 복 가지고 언감생심 어떻게 그 높은 차원의 하늘세계에 태어날 수 있단 말인가. 그냥 범부에게는 넘사벽의 아득한 이상향일 뿐이다.

무색계는 4등급의 하늘로 나뉘어져 있다. 그냥 한번 읽어보시라는 뜻으로 그 4등급 천계의 이름을 말해본다. 공무변처天 식무변처天 무소유처天 비상비비상처天이다.

어쨌거나 욕계의 범부는 여기서 일정한 기간 동안 번뇌로 속을 끓이고 손발로 고생하면서 갖가지 죄를 짓다가 생을 마쳐야 한다. **마하지관**에 이런 범부의 삶을 열 가지로 구분해 설명해 놓은 것이 있다.

1. 無明昏闇. 무명에 덮여 앞이 캄캄하고 불안하다.
2. 外可惡友. 나쁜 친구를 사귈 수밖에 없다.
3. 善不隨從. 선심을 없애고 좋은 일을 하지 못한다.
4. 三業造惡. 三業으로 악을 짓지 않을 수 없다.
5. 惡心徧布. 악심으로 도처에서 악을 행한다.
6. 惡心相續. 나쁜 마음이 떠날 줄을 모른다.
7. 覆諱過失. 지은 악행을 어떻게든 덮으려고 한다.
8. 不畏惡道. 지옥에 가는 것을 두려워하지 않는다.
9. 無慙無愧. 부끄러워하거나 참회할 줄 모른다.
10. 捨無因果. 삼세의 인과를 믿지 않는다.

이것이 현재 범부가 살아가는 운명이다. 이 열 가지에 대한 소행의 결과는 너무나도 확연하다. 이렇게 해 놓고도 좋은 세상에나 좋은 사람이 자기 곁에 오기를 원한다면 그 사람은 확실히 정상적인 사람은 아니다.

콩 심으면 콩이 나고 팥 심으면 팥이 난다. 악행을 저지르면 그에 합당한 고통을 받게 되고 선을 행하면 그에 걸 맞는 안락이 찾아온다. 그러므로 고통을 피하고 싶으면 선을 행하면 된다. 그것은 너무나도 당연한 논리다. 그렇다면 선을 어떻게 행할 것인가.

1. 深信因果. 인과는 명확하다는 것을 믿는다.
2. 生慙愧心. 미안하고 부끄러워하는 마음을 낸다.
3. 生大怖畏. 악도의 세계에 떨어질까 두려워한다.
4. 發露懺悔. 잘못한 것은 진정어린 참회를 한다.
5. 斷相續心. 나쁜 악습관을 끊어버린다.
6. 發菩提心. 깨닫고자 하는 마음을 일으킨다.
7. 斷惡修善. 십악을 끊고 십선을 행한다.
8. 守護正法. 정법을 어떻게든 수호한다.
9. 念十方佛. 언제나 시방의 부처님을 생각한다.
10. 觀罪性空. 죄업은 그 성품이 空하다는 것을 직관한다.

海東疏 故言依業受果不自在故也
그래서 죄업에 의해 과보를 받으므로 자재하지 못한다고 하였다.

우리는 죄업에 의해 나타난 죄수의 모습이다고 했다. 이런 범부는 나고 죽는 두 가지 큰 고통 속에서 허덕이고 있다.

태어나고 싶지 않아도 태어나야 하고 죽고 싶지 않아도 죽어야 한다. 내 삶 자체가 내 의지대로 되는 것은 아무것도 없다. 그래서 범부는 아무것도 자유롭게 할 수가 없다. **삼장법수**에는 이런 것이 20가지가 있다고 했다.

1. 빈곤이다. 가난을 면하기 위하여 보시를 해야 하는데 할 수가 없다. 마음은 있는데 주머니가 비어 있다. 남들처럼 베풀고 싶지만 여유가 없다.

2. 수행이다. **발심수행장**에서 누군들 산속에 들어가 수행하고 싶지 않겠느냐고 하셨다. 그런데 그게 쉽지 않다. 성사는 그 이유로 욕망과 집착에 얽혀 있기 때문이라고 하셨다.

현실에 만족한 자들은 厭生死苦염생사고가 일어나지 않는다. 염생사고는 생사의 고통이 몸서리치도록 싫다는 뜻이다. 이것이 일어나지 않는데 어떻게 이보다 더 좋은 세계를 원하겠는가. 그들은 다가오는 고통의 죽음을 인지하지 못하고 산다. 그들은 자신이 이미 천국에 살고 있다고 여긴다.

잡아함경에 보면 네 종류의 말이 있다고 하셨다. 첫 번째 말은 주인이 올라타면 즉시 앞으로 나아간다. 이런 말은 채찍이 필요 없다. 인간으로 말하면 다른 동네의 사람이 사고로 죽었을 때 그 죽음은 나에게도 불시에 일어날 수 있다고 기겁을 하는 자다. 이런 사람은 그때 즉시 수행으로 나아간다.

두 번째 말은 주인의 채찍이 올라갈 때 앞으로 나가는 것이다. 그러면 채찍을 맞을 필요가 없다. 이것은 자기 동네에 누가 병들어 죽었다는 소리를 들었을 때다. 그 소리를 듣고 삶은 정말 무상한 것이구나 하고 놀라워한다. 그래서 나도 그런 병이 들기 전에 바로 수행에 나아가야 되겠구나 하는 생각을 일으킨다.

세 번째 말은 주인의 채찍이 엉덩이에 한번 떨어져야 움직이는 말이다. 이것은 평소에 존경하던 사람이거나 친척 중에 누가 죽었다는 소리를 들었을 때다. 그 죽음을 보고 잠깐이나마 정말 죽음은 슬프고 고통스런 것이구나 한다. 그리고는 바로 잊어버린다.

네 번째 말은 엉덩이가 찢어지도록 맞고서야 앞으로 나가는 말이다. 자기 부모나 형제, 또는 처자식이 죽어야 비로소 죽음의 공포를 느끼는 자들이 여기에 속한다.

앞의 세 번째까지는 그렇게 큰 슬픈 느낌이 없었는데 이제는 그 죽음이 자기 앞에서 이루어졌다. 억장이 무너져서 엉엉 운다. 그러나 그것으로 끝난다. 더 이상 그 죽음이 자신의 인생을 바꿔주지 못한다. 며칠이 지나면 언제 그런 일이 있었느냐는 듯 바로 생활전선에 나아가 입에 풀칠하느라고 그 비극을 금방 잊어버린다.

첫 번째 말은 준마고 두 번째 말은 양마다. 세 번째 말은 평마고 네 번째 말은 둔마다. 미안하지만 이 글을 읽으시는 당신은 여기 어느 말에 해당이 되시는가.

3. 불교다. 불교가 이 땅에 나타난 지가 2,500년이 훨씬 넘었다. 그런데도 이 가르침을 못 받고 있는 자들이 60억이 넘는다. 다들 영원히 살려고 하지만 영원히 사는 방법을 몰라 맥없이 죽어간다.

그들은 불경을 만나는 인연이 없다. 불경이 팔만사천이나 되지만 그들에게는 아무것도 주어지지 않는다. 그래서 그들은 고통의 세상을 벗어나는 방법을 모른다. 그들은 여래가 내린 정법의 혜택을 전혀 받지 못하고 있다.

4. 구도심이다. 목숨은 이미 끝나게 되어 있다는 것을 알면서도 구도의 장도에 나아가지 않는다. 허망하기만 한 몸을 도구로 써서 어떻게든 이 화택에서 벗어나야 하는데 그들은 자신을 위해 자신의 몸을 순교하지 않는다. 대신에 자신의 몸을 위해 자신의 마음을 기꺼이 바친다.

5. 시간이다. 두 가지의 시간이 있다. 하나는 세속적 시간이고 둘은 출세간적 시간이다. 세속적인 시간은 중생에게 주어진 한정된 시간이다. 그들은 평생 시간에 쫓기다가 시간에 의해 죽는다. 그 시간을 중생 의도대로 줄였다 늘였다를 할 수가 없다.

출세간적 시간은 부처님을 만나는 기준이다. 부처님을 만나고 싶어도 만날 수 없다. 복덕이 갖추어져야 그분이 이 세상에 태어날 때 같이 태어나 그분의 설법을 들을 수 있다. 천만다행히 인간의 몸으로 이 땅에 왔건만 언제나 그 분의 앞이나 뒤의 시대에 출생한다.

그래도 다행히 선근이 있으면 그분이 남기신 말씀을 따라 생사를 벗어나는 방법을 찾겠지마는 그것도 아니라면 한 고을에 10개의 사찰이 있다 해도 자기하고는 전혀 무관한 일이 된다. 그래서 **자경문**에

雖在佛時不順佛敎則何益 수재불시불순불교즉하익
縱値末世奉行佛敎則何傷 종치말세봉행불교즉하상

비록 부처님 당시에 태어나도 부처님말씀을 따르지
않았다면 무슨 이익이 있었겠으며

가령 말세에 태어났다 하더라도 불교를 받들어 행한다면
무슨 걱정을 하겠는가.

라고 하였다.

6. 성질이다. 성질을 참을 수가 없다. 중생세계에 내 마음대로 되
는 게 뭐가 있던가. 이리저리 다 성질낼 일만 가득하다.

성질은 망심에 의한 욕망에서 비롯된다. 그 사실을 잘 알고는 있지
만 부아가 일어나면 애간장이 타고 상대방을 힘들게 해 원한의 인과
를 만들어 낸다. 내 마음이고 내 성격이지마는 내가 어떻게 할 수가
없다.

7. 욕구다. 눈은 높고 돈은 없다. 시시한 것은 맘에 들지 않고 좋은
것은 비싸서 가질 수 없다. 좋고 아름다운 것 누구나 다 알고 있지만
형편이 되지 않으면 그림의 떡이다. 빌딩숲 같은 아파트들이 셀 수
없이 많지마는 땅 한 평 없는 거지들에게는 다 그림 속의 궁전들일
뿐이다.

8. 세력이다. 세력을 갖고서 下心을 하기가 어렵다. 아무리 그렇게
하지 않으려 해도 나도 모르는 사이 목에 힘이 들어가고 배가 앞으로
나온다. 사람은 다 똑같은 줄 알면서도 내가 힘을 가지면 왜 그들을
깔보고 얕보는지 그 심성 참 고약하기만 하다.

9. 억울함이다. 상대방에게 능욕을 당하면 마음이 편하지 않다.
내가 잘못하고 내가 부족해서 욕을 얻어먹는 것은 그래도 괜찮지마
는 아무 잘못도 없는데 큰 누명을 쓰거나 되도 않은 오해를 받을 때
는 그 분함이 삭혀지지 않는다. 밤새도록 뒤척이면서 그만 잊자고

해도 가슴에 엉긴 응어리는 풀리지 않는다. 그런데 그런 일이 다반사로 이 세상에는 일어난다.

10. 무심이다. 일을 하면 무섭게 한다. 시간과 체력을 조절해야 하는데 그렇지 않다. 벌린 일에 사력을 다한다. 잘되면 잘되는 대로 정신을 뺏기고 못 되면 못 되는 대로 애가 타서 살 수가 없다. 무엇을 해도 마음 편한 일이 없다. 세상사 참 무심하기가 어렵다.

11. 공부다. 사람들마다 다 편한 일을 도모한다. 그렇게 하려면 공부를 많이 해야 하는데 공부머리가 틔지 않는다. 조금이라도 어렵고 재미없는 것을 배우고자 하면 따분하고 지루해서 금방 하품이 나온다. 일 년에 책 한 권 읽는다는 것이 죽기보다 힘들고 어렵다.

12. 하대다. 나이가 많으면 내가 많은 것이지 젊은이들하고는 상관이 없다. 내 인생 내가 살다 늙었는데 왜 젊은이들에게 늙음의 보상을 원하나. 고참이 되면 공연히 으스대며 졸병을 갈군다. 시어머니가 되면 아무것도 아닌 것 갖고 며느리 트집 잡아 위세를 떤다. 그런 심보를 제어하기가 어렵다.

13. 아만이다. 가진 것도 없고 배운 것도 없지만 남에게 지기는 싫다. 조금만 고개를 숙이면 되는데 그렇게 되지 않는다. 심사가 틀리면 상대가 나에게 좋은 말을 해도 역겹고 좋게 꾸짖어도 기분이 떫다. 말로는 고맙게 다 받아들인다고 해도 마음은 물과 기름처럼 융해가 되지 않는다.

상대방의 장점을 칭찬하기도 힘들다. 자존심 때문이다. 잘한 것에 박수를 쳐주는 것도 어렵다. 시기와 질투심 때문이다. 못하는 것에 대한 선의의 질책도 하기 어렵다. 욕을 얻어먹을까 봐 눈치를 보기 때문이다. 이래저래 사람 사는 세상은 정말 고되고 힘이 부친다.

14. 스승이다. 스승을 잘 만나면 인생에 굴곡이 없다. 스승이 그 길을 이미 알고 있기 때문이다. 하지만 못된 스승을 만나면 마지막에 원망과 회한을 남긴다. 어떻게든 눈 밝고 명징한 스승을 만나야 하는데 내 복에 그런 스승이 나타날 리가 없다. 설령 나타나 있다 하더라도 근기가 약한 자는 스승의 가르침이 들어오지 않는다. 그저 그 스승의 움직임만 보고 의혹심만 일으킨다.

15. 견성이다. 견성은 자기의 본성을 보는 것이다. 다른 사람도 아니고 다른 물건도 아닌데 왜 내가 내 마음을 모르는지 알 수가 없다. 내 마음의 본성을 확실히 알아야 내가 나를 관리하고 조절할 텐데 내 마음 나도 모르니 답답하고 갑갑하기만 하다.

16. 세상이다. 추운 것은 추워서 싫고 더운 것은 더워서 싫다. 하지만 피할 수는 없다. 살려면 하기 싫어도 해야 하고 하고 싶어도 안해야 한다.

세상의 유행에 무심하기가 어렵다. 내가 세상의 중심인데 언제나 세상에 휘둘린다. 바깥세상의 유행과 풍조에 말로는 초연하고 싶다고 해도 조건과 환경이 허락되면 나도 모르게 벌써 그에 젖어 속물이 된다.

17. 방편이다. 살아가는 데 난관에 봉착할 때가 많다. 앞이 캄캄하고 암담하다. 어려움만 쌓이고 해결책은 보이지 않는다. 어떤 난관이든지 그것들을 해결하는 방법만 안다면 무슨 문제가 있고 어떤 걱정이 있겠는가. 하지만 그런 방법이 쉽게 떠오르지 않는다.

18. 평등이다. 가족은 물론 사람들 사이에서 평형의 마음을 가지

기가 어렵다. 성자도 아닌데 어떻게 마음을 평등하게 가질 수 있단 말인가. 아무래도 친소가 있고 원근이 있다. 사람을 대하는 친소의 표시를 내지 않아야 하는데 그런 표정을 숨기기가 어렵다.

19. 사람이다. 세상에서 뭐니뭐니 해도 사람 다루는 것만큼 복잡한 것이 없다. 내 마음은 그렇지 않는데 상대방은 이상한 오해나 곡해를 한다. 아무리 아니라고 해도 들어주지 않는다. 내 속을 열고 뒤집어서 보여주고 싶어도 그럴 방법이 없다. 정말 사람 제대로 사귀는 것만큼 세상에 힘든 것이 없다. 진짜 이 땅에서 인간관계는 심히 어렵기만 하다.

20. 시비다. 시비로부터 자유로울 수가 없다. 세상에 맞고 틀리는 것은 아무것도 없다. 내 쪽에서 보면 맞는 것이 저쪽에서 보면 틀릴 수가 있다. 주체와 방향에 따라 옳고 그름이 수시로 바뀐다. 오늘은 맞다가도 내일은 틀릴 수도 있고 오늘은 틀리다가 내일은 맞을 수가 있다. 그런 시비로부터 자유로울 수가 없다. 그래서 사람들과 틀어지기도 하고 원한을 맺기도 한다.

그래서 범부의 삶은 한없이 껄끄러워 매끄럽지 못하다. 그것이 바로 자유자재하지 못하다고 한 것이다. 그런데도 참 용케도 다 잘 살아간다. 삐꺽대고 덜컹거려도 이 인간세상이 돌아가는 것 보면 참 신기하고 기이하기만 하다.

起信論 當知無明能生一切染法 以一切染法 皆是不覺相故

마땅히 알라. 무명은 능히 일체의 염법을 생출시킨다. 일체의 염법은 모두 다 불각의 모습이다.

마땅히 알라고 하는 말씀에는 그만한 이유가 있다. 그만한 이유는 무명이라는 것에 대한 정의다.

무명은 어리석음이다. 염법은 중생세계다. 그러므로 무명은 중생세계를 만든다. 중생세계는 어리석음으로 만들어졌기 때문에 완전한 구석은 한 군데도 없다. 모두가 다 문제투성이고 부실덩어리다.

무명은 세상만 만드는 것이 아니다. 거기에 사는 중생도 만든다. 그것은 청정한 자신의 진여를 덮어버려서 그렇다. 그 청정한 진여가 불성이다. 불성은 불이 나오는 성품이다. 그 불성을 무명이 덮어버린 것이 마치 불 꺼진 교실과도 같다.

불 꺼진 교실에서 배우면 뭘 배우고 가르치면 뭘 가르칠 수 있단 말인가. 무언가를 열심히 가르치고 무언가를 열심이 배우지만 결과는 서로 간에 경쟁과 반목만 일으키게 한다. 거기서 어찌 이 세상에 안락과 평화가 있으리라 기대하겠는가.

그러므로 이 세상 모든 물상은 미치광이들이 만들어 놓은 해괴한 작품들 그 이상도 아니고 그 이하도 아니다. 이것을 원문에서 불각상이라고 하였다. 무명에 덮인 마음이 불각이다. 그 불각이 만들어 놓은 세상이 이 중생세계라는 것이다.

그러니까 불각이 만든 세상은 완성과 완벽은 없다. 모두가 다 흠투성이고 결함투성이다. 인간이 건축해 놓은 아파트나 건물들을 보면 대번에 알 것이다. 거기에 어디 완성이 있고 완벽함이 있던가.

애초에 완벽을 기대한 바람이 잘못이다. 완벽하지 못한 사람이 만들었는데 어찌 완벽한 건물이 나오겠는가. 사실 자기 자식도 완벽하게 못 만들어 내는데 물상이야 더 말할 게 뭐 있겠는가.

불교는 엄밀히 말하자면 이 무명을 없애는 방법을 설파한 종교다. 아니, 사실은 그렇지 않다. 무명을 없애는 것이 아니라 불성을 일으키면 무명은 저절로 사라진다. 마치 불빛이 있으면 어둠은 물러나는 것과 같다.

정확히 불교는 이 무명을 없애기 위하여 불성을 일으키는 가르침이다. 그것이 대승불교다. 즉 대승을 일으키기 위한 밝은 가르침이다. 대승은 우리의 진짜 마음인 부처라고 했다. 그렇게 하기 위해서는 먼저 믿고 그 다음 단계에서 이 무명이 어떤 것인지를 배워야 한다. 그리고 수행하고 증득하는 것이다. 송나라 때 **종경록** 100권을 지은 연수영명스님의 계훈이다.

信而不解 增長無明
解而不信 增長邪見

믿기만 믿고 배우지 않으면
어리석은 무명만 더해진다.
알기만 알고 믿지를 않으면
삿된 소견만 더해진다.

海東疏 第三總結 如前所說六種麤相 依於現相所現境起

세 번째는 묶어서 결론짓는 부분이다. 앞에서 말한 여섯 개의 거친 모습은 현상에 나타난 경계로 일어난다.

세 번째는 이제까지 설명한 불각의 결론이다. 그렇다면 첫 번째와 두 번째는 무엇인지 기억이 나시는가. 첫 번째는 근본불각을 밝혔고, 두 번째는 지말불각을 나타내었다. 그 다음이 이 대목이다. 즉 세 번째로 위의 두 불각을 묶어서 결론짓는 부분이라는 것이다.

6추는 지상 상속상 집취상 계명자상 기업상 업계고상이었다. 이 과정을 설명한 것은 우리가 지금 업계고상에 처해 있다는 것을 명확히 보여주기 위해서이다.

사람들은 곤란한 입장에 처하거나 어려운 문제에 봉착하면 의례히 내가 왜 이런 고통에 휘말리어 자유롭지 못하는가 라고 한탄한다. 그래서 그 연유를 장구하게 설명해 주었다.

업계고상은 죄업에 의해 생로병사를 처절하게 받는 단계다. 한때 세상을 위협하던 메르스나 사스의 치사율은 고작 1프로 미만에 그쳤지만 이 업계고상에 걸리면 치사율 100프로를 넘는다.

현재도 마찬가지다. 세상을 흔들고 있는 코로나바이러스도 사회적 거리두기나 마스크 착용으로 인해 일시적 苦相을 면할 수는 있지만 이 업계고상에 제대로 걸리면 그 어떤 방법으로도 죽음을 피할 수 없다.

그런데도 어리석은 사람들은 죽음보다 코로나바이러스를 더 겁낸다. 그것은 코로나는 면전에 있고 죽음은 저 멀리 있다고 생각하기 때문이다.

앞에서 말한 6추는 現相에 의해서이다. 現相은 눈앞에 나타난 세계를 말한다. 분명히 기억해 두어야 한다. 6추는 現相에 의해 나타난 중생의 모습이라는 것을 기억해 두어야 한다.

302

6추는 내 의지대로 사는 삶이 아니다. 내가 웃고 싶어서 웃고 울고 싶어서 우는 것이 아니라 세상에 의해서 울고 웃는 것이라는 사실을 명심해야 한다.

그러니까 나의 삶은 내 자의적인 삶이 아니다. 세상이 나를 웃기고 나를 울린다. 나를 들어 올리고 나를 내리꽂는 것이다.

이것은 꼭 TV 드라마에 빠진 사람과 같다. 드라마 화면은 원래 없었다. 그것은 가짜다. 그런데 그 화면에 넋이 나가면 그 화면과 하나가 되어 자기도 모르게 웃고 울고 박수치고 욕하고 하는 행동을 일으킨다.

영아들은 TV 화면이 진짜인 줄 안다. 거기에 사람도 살고 있고 동물도 그 속에 살고 있는 줄 안다. 그처럼 범부는 이 세상이 진짜인 줄 알고 있다. 이 천지 무대에서 움직이는 모든 물상이 現相에서 나타난 가짜의 모습인데도 진짜 실상이라고 여기고 있으니까 그렇다.

海東疏 三種細相 親依無明 如是六三 總攝諸染

그리고 세 가지 細相은 직접 무명에 의한다. 이와 같이 6추와 3세는 모든 염법을 통틀어 함섭하고 있다.

드라마 속에 배우는 PD가 집어넣었다는 것을 아는 사람은 범부다. 이들은 동물도 아니고 영아도 아니다. 그러므로 그런 자들을 어른이라고 부른다. 어른들의 수준은 딱 여기까지다.

비록 어른이라고 해도 이 세상 무대에 누가 사람과 만상을 집어넣었는지는 상상을 하지 못한다. 꼭 드라마를 보는 어린이가 누가 TV

속에다 저렇게 진짜같은 가짜무대를 집어넣었는지 상상도 하지 못하는 것과 같다.

위에서 분명 말했다. 現相은 6麤추를 만들었다고 했다. 그렇다면 現相은 누가 만든 것인가. 現相은 바로 轉相이 만들었다. 轉相은 누가 만들었나. 業相이 그렇게 만들었다. 그렇다면 業相은 누가 만들었는가. 그것은 무명이 만들었다는 거다.

그 무명은 누가 만들었는가. 그것은 원래부터 있었다. 그것을 작용하도록 만든 것이 나에게 있었던 불각이다. 불각은 어디에 있는 것인가. 그것은 나에게 있었다.

그러므로 드라마는 작가가 가공의 세계를 만들어 넣은 것이고 이 세상은 나의 불각이 무명과 합세해 이 환상의 세계를 만들어 놓았다는 것이다.

海東疏 是故當知無明住地 能生一切染法根本 以諸染相雖有麤細 而皆不覺諸法實相

그러므로 마땅히 알라. 무명주지는 능히 일체 염법을 일으키는 근본이 된다. 모든 염상이 비록 추세가 있지만 그것은 모두 제법의 실상을 깨닫지 못해서 그런 것이다.

무명주지는 혈맥기 2권에서 상세하게 설명한 바가 있다. 무명은 어리석음이고 어둠이다고 했다. 어둠 속에서 살려고 발버둥치면 주위가 뒤죽박죽이 되어 버리듯이 어리석은 인간이 머문 장소는 엉망진창이 된다.

개인이 아니라 단체가 그렇다면 그 세상은 아수라장이 된다. 중생이 사는 삶의 무대가 바로 이런 상태다.

어리석은 자는 겁난다. 세상에 무서울 것이 없다. 하룻강아지가 범이 무섭지 않은 것은 뭐가 뭔지 모르기 때문이다. 그만큼 어리석음은 무섭다. 자기 죽을 줄 모르고 달려들기 때문이다.

범부가 세상에 도전하는 것이 또한 그렇다. 범부는 어리석음을 무기로 도전한다. 그러므로 마지막에는 모두 다 맥없이 쓰러진다. 知彼知己면 백전백승인데 무지로 덤비는 범부의 눈에는 그런 전략이 없다. 그저 닥치는 대로 무모한 도전을 한다. 그것이 범부의 가엾은 인생이다.

염상은 오염된 세계다. 거기에도 좋은 세계가 있고 나쁜 세계가 있다. 그나마 좋은 세계는 3細의 무명만 있고 나쁜 세계는 6추의 경계가 있다. 보살은 3細의 수준에 있고 성문과 연각은 6추에서 가장 높은 智相의 수준에 있다. 그 밑으로는 일반 범부가 있다. 그래서 위에 麤細추세가 있다고 하였다.

제법은 세상이다. 이것은 무명이 만들어 놓았다. 학예회를 하기 위해 교실 칸막이를 뜯었다. 그리고 무대를 장식하기 위해 무대배경에 꽃들과 산들을 그려 넣었다. 무엇을 하기 위해 임시적으로 급조된 모습이다. 이것이 諸法이다.

실상은 무엇인가. 실상은 학예회를 하려고 교실 칸막이를 뜯어내기 전의 교실이다. 인위적이고 가공적인 작위를 하지 않은 원래 모습이다.

흰 화선지에 산수화의 그림을 그렸다. 이제 화선지는 보이지 않고 산수화만 보인다. 검은 칠판에 백묵으로 난잡한 낙서를 하였다. 칠판은 보이지 않고 낙서만 보인다. 화선지와 칠판은 실상이고 산수화와 낙서는 제법이다.

멀쩡한 정신을 가진 사람이 바보 펜터마임 연기를 한다. 사람들은 그 연기에 흠뻑 빠져 울고 웃는다. 그 사람은 어디를 가고 연기자만 보인다. 그 사람이 실상이고 연기자는 제법이다.

실상과 제법은 공존한다. 범부는 제법을 보고 성인은 실상과 제법을 같이 본다. 제법은 반드시 실상을 기초로 일정기간만 머문다. 범부는 인연으로 잠깐 나타난 제법만 보다 보니 그 내면에 실상이 있는 줄을 모른다.

우리는 지금 이 세상에서 덧칠 된 제법을 본다. 그 내면의 진실된 모습인 실상은 보지 못한다. 그래서 범부는 한평생을 살아도 세상의 실상인 진면목은 하나도 보지를 못하고 죽는다고 하는 것이다.

그러니까 중생은 부처세계에 살면서도 오직 중생노릇을 한다. 봉사는 밝은 대낮인데도 눈을 감고 더듬거린다. 밝음이 없어서가 아니라 밝음을 보는 눈동자에 문제가 있어서 그렇다.

부처는 두 세계를 같이 넘나든다. 그분은 눈을 뜨고 있다. 그러나 중생은 그분도 눈을 감고 있는 줄 안다. 그래서 그들과 함께 봉사노릇을 하면서 그들에게 눈을 뜨는 방법을 가르치신다.

제법은 무상하고 실상은 영원하다. 제법은 중생세계고 실상은 부처세계다. 이 둘은 함께 공존한다. 부처세계와 중생세계는 사람의 앞뒤와 같다. 앞이 중생세계면 뒤가 부처세계다. 이 둘은 떠나서는 어떤 세계도 독립할 수 없다.

그러므로 불국토를 건설하자는 슬로건은 완전 난센스다. 이미 불국토는 여기에 건설되어져 있다. 다만 범부가 그것을 모르고 한쪽인 오탁악세에 살고 있을 뿐이다. 범부의 눈동자를 먼저 고치면 바로 해결될 것을 죄 없는 부처세계만 不在상태라고 들먹이고 있다.

[海東疏] 不覺之相是無明氣 故言一切染法皆是不覺相故
불각의 모습은 바로 무명의 기운이기 때문에 일체염법은 모두 불각의 모습이라고 했다.

불각은 무명을 즉시 끌어들인다. 시체가 있으면 파리가 금방 달라붙듯이 불각에는 무명이 즉각 달라붙는다. 파리가 알을 낳아 구더기를 만들어 그 본체를 파 먹어버리듯이 무명이 합세한 불각은 내 자신을 사정없이 파먹어버린다.

불각은 혼자서는 힘을 쓰지 못한다. 무명이 붙어야 발동한다. 무명은 어두운 기운을 가지고 있다. 그 어둠이 불각을 움직이게 만든다. 이제 불각이 움직인다. 그 움직임의 끝에 범부가 태어난다. 거기서 범부의 힘든 나날이 계속된다.

나의 재산은 나의 불각이 힘들게 끌어 모은 것들이다. 그래서 그것은 영원하지 않다. 조금만 허술하게 다루면 바로 나가버린다. 물질뿐만 아니라 내가 만든 가정도 가족도 다 불각이 만들어 낸 소산물이다.

무엇 하나 안전하거나 완전하지 않다. 모두가 다 불안불안하다. 조금만 소홀히 다루면 순식간에 다 뒤틀어지거나 없어져버린다.

불각으로 만들어진 세상 모든 것은 깨지기 쉬운 유리컵과 같다.

약간만 다른 인연을 가하면 또 다른 모습으로 변형된다. 범부들은 그렇게 될까 싶어서 언제나 노심초사한다. 사랑도 그렇고 권력도 그렇다. 모든 것들이 다 위태위태하다. 마치 외줄을 타는 곡예사처럼 그렇게 산다. 그것이 범부의 고달픈 일생이다. 그 이유는 불각으로 삶의 바탕을 삼고 있기 때문이다.

海東疏 第二依義別 解有三分內 第一略明功能 第二廣顯體相如是 二分竟在於前

둘째는 뜻에 의거하여 각각 풀이하였다. 풀이한 것에 세 부분이 있었다. 첫째는 간략하게 그 공능을 밝혔고 두 번째는 널리 불각의 체상을 나타내었는데 그것은 앞의 설명으로 마친다.

여기서 말한 둘째는 **혈맥기** 3권 중반부에 아려야식에 대한 설명이 나온다. 그 설명 바로 뒤에 세모 표시가 된 제목의 차례가 나오는데 그 과목 중에 하나다.

거기에 이렇게 되어 있다. 이 밑으로는 두 번째로 뜻을 따라 개별로 풀이한다. 거기에 세 가지가 있다. 첫째는 뜻을 묶어서 간략히 그 공능을 밝히고, 둘째는 뜻을 따라 따로 해석하면서 널리 그 체상을 나타내며, 셋째는 같고 다름을 밝히는 것이다.

위 제목에서 보면 이제 둘째까지가 설명이 되었다는 것이다. 이제 셋째가 남았다. 그러니까 지금부터는 마지막 남은 셋째의 문단이 시작된다는 말씀이다.

起信論 復次覺與不覺有二種相 云何爲二 一者同相 二者異相

다시 돌아가서 각과 더불어 불각에는 두 종류의 모습이 있다. 이를테면 어떻게 둘이 되는가. 첫째는 동상이고 둘째는 이상이다.

  同相동상은 같은 모습이고 異相이상은 다른 모습이다. 각과 불각은 같은 모습인가 다른 모습인가. 같다면 동상이고 다르다면 이상이다.

  부처와 중생은 같은 모습인가. 다른 모습인가. 같다면 동상이 되는 것이고 다르다면 이상이 된다.

  지금부터 부처와 중생의 차이, 즉 각과 불각은 어떤 차이가 있느냐를 살펴보는 내용이 시작된다.

ⓔ **동상**

起信論 言同相者 譬如種種瓦器 皆同微塵性相 如是無漏無明種種業幻 皆同眞如性相

동상이라는 것은 비유하자면 온갖 도자기는 모두 흙먼지와 같은 성상이다. 그와 같이 무루와 무명의 온갖 업환은 모두 진여의 성상과 같다.

  미진微塵은 흙먼지다. 그러니까 온갖 도자기는 흙먼지와 같은 성상을 가지고 있다. 성상은 성질의 바탕과 속성이다. 그래서 그 어떤 도자기와 기와라도 흙먼지 없이는 이뤄지지 않는다. 겉으로는 분명히 그 모습이 다르지마는 성상은 똑같은 것이다.

  흙먼지가 뭉치면 도자기류가 나오고 나노단위로 깨어 부수면 흙먼지가 된다. 그러므로 이 둘의 성상은 같다.

無漏무루와 무명이 있다. 무루는 진여고 무명은 어리석음이다. 무루는 새는 구멍이 없다는 뜻이다. 뭔가가 가득한데 새는 구멍이 없으면 그대로 있게 된다.

세상 천지에 그대로 가만히 있는 것이 무엇이 있는가. 모두 다 인연에 의해 천변하고 변화한다. 조금도 가만히 있는 것이 없다. 계속해서 많아지고 줄어든다. 그러나 단 한 가지만은 그렇지 않다. 그것은 진여다.

진여는 空이라고 했다. 그래서 空사상을 편 **반야심경**에서 불생불멸 불구부정 부증불감이라고 하셨다. 또 **기신론** 앞 문장에 진여를 풀이하면서 일체법이 모두 진실하기 때문에 眞이라 하고 일체법이 모두 다 동일하여 한결같기 때문에 如라고 한다고 하였다.

그 진여는 바로 본각이고 그것을 여기서 무루라고 한 것이다. 그러니까 본각과 무명은 같다는 것이 동상의 이론이다.

그렇다면 본각과 무명은 같은 것인가. 본각은 신해하고 신령하며 각조하는 능력이 있다고 했는데 어떻게 그것이 무명하고 같다고 하는가. 본각은 그야말로 불성이고 무명은 어둠인데 어떻게 그것이 같다고 하는가이다. **증도가**로 유명한 영가스님 법문이다.

無明實性卽佛性
幻化空身卽法身

무명의 진실된 성품이 곧 불성이고

도깨비 같은 헛된 몸이 곧 법신이다.

업환은 죄업으로 나타난 도깨비 같은 삶을 말한다. 그러니까 그런 삶도 다 불성인 진여가 그렇게 만든다는 것이다.

起信論 是故脩多羅中 依於此眞如義故 說一切衆生本來常住入於
涅槃
그런 까닭으로 수다라 가운데서 이 진여의 뜻에서 보면 일체중생은 본래 상주하여 열반에 들어가 있다.

수다라는 경전이라고 했다. 무슨 경전인지는 뒤에 성사께서 밝혀 주실 것이다. 거기에서 일체중생은 본래부터 열반에 들어가 있다고 하셨다.

그런데 지금 우리는 중생이다. 그런데 열반에 들어가 있다고 하니 의아할 것이다. 그 이유는 이 대목이 同相을 말하고 있기 때문이다.

아무리 많은 형제라도 그 근원은 같다. 그들은 모두 한 명의 아버지에게서 태어났기 때문이다. 그것을 동상이라고 한다. 세속에서는 이것을 同生이라고 한다. 같은 구멍에서 태어났다는 뜻이다.

이처럼 일체중생은 모두 다 부처의 본성에서 태어났기 때문에 전부 다 열반에 들어 있다는 것이다. 부처의 본성은 열반이고 상주이다. 상주와 열반은 같은 말이라고 했다. 상주는 영원함이고 열반은 중생의 모든 죄업이 떨어진 상태라고 위에서 한 번 설명하였다.

起信論 菩提之法 非可修相 非可作相 畢竟無得 亦無色相可見

보디의 법은 닦을 수 있는 상이 아니며 조작할 수 있는 상이 아니다. 필경에 얻을 바가 없다. 또한 색상도 볼 수가 없다.

보디Bodhi는 깨달음이다. 깨달음의 법이란 깨달음 그 자체를 말한다. 즉 깨달음은 닦아서 얻어지는 것이 아니다. 닦는다는 말은 수행이다. 그러니까 깨달음은 범부가 수행을 해서 증득되어지는 것이 아니다는 말씀이다.

그뿐만 아니라 깨달음은 어떤 인위적인 조작으로 이뤄지는 것이 아니다고 하셨다. 인위적인 것은 깨닫기 위한 몸부림이다. 그러니까 마음을 깨닫기 위해 범부는 죽도록 용을 써도 깨달음을 이룰 수는 없다.

깨달음은 얻어지는 것이 아니다. 깨달음은 원래 거기 있었다. 깨달음이 없어진 것이 아니라 깨달음을 막은 것이 있었다. 그 막은 것만 치우면 깨달음은 거기에 있다. 그 막은 것을 치우는 것이 수행이다.

태양이 먹구름 속에 들어가면 세상은 깜깜해진다. 그렇다고 해서 태양이 없어진 것은 아니다. 먹구름이 걷히면 태양은 자동적으로 드러난다. 태양은 없어졌다가 다시 나타난 것이 아니라 원래 거기 그대로 있었다.

그처럼 깨달음은 구하는 것이 아니다. 구한다는 말은 없어진 것을 찾는다는 말이다. 없어지지 않았기 때문에 구할 것이 없다. 깨달음의 세계에서는 불완전한 중생이라는 것은 원래 없다. 그러므로 그들에게 깨달음이 어떻게 된 것이 아니다.

깨달음은 어떤 색깔이나 모습이 없다. 그것은 어떤 칼라나 틀을 갖고 있지 않다. 그래서 범부의 눈으로는 볼 수도 없고 만질 수도 없다. 아예 볼 수 있는 대상도 아니고 만질 수 있는 경계도 아니다.

起信論 而有見色相者 唯是隨染業幻所作 非是智色不空之性 以智相無可見故

색상으로 볼 수 있다는 것은 오직 오염을 따른 업환으로 조작된 것이다. 그것은 智色이 아닌 불공의 성품이다. 그래서 지상으로써는 가히 볼 수가 없다.

색상은 세상에 나타난 모습이다. 범부는 세상을 본다. 하지만 자기 몸에 붙어 있는 등은 볼 수가 없다. 몸의 등조차도 못 보는 범부의 시력으로 세상을 본다. 그 정도밖에 안 되는 시력으로 세상을 보면 그 세상이 얼마나 보이고 또 어떻게 보이겠는가.

아무리 좋은 궁전이라고 해도 인간보다 한 수 낮은 동물들 눈에는 그렇게 보이지 않는다. 그래서 아무 곳에나 오줌을 갈기고 똥을 싸버린다.

관광객들에게 팔만대장경각을 열심히 설명하던 학인스님이 있었다. 그 스님은 대장경에 대한 프라이드가 대단했다. 그래서 그 신비와 위엄을 드높이는 뜻에서

"미물인 새도 이 대장경각 위로는 날지 않습니다."

그때 야속하게도 한 마리의 산새가 그 위를 무심히 날고 있었다.

그 스님은 즉시 변명했다.

"부모가 위독하다는 전보를 받은 모양입니다."

그런데 그 새가 똥까지 싸버렸다.

"전보를 받고 정신이 나간 모양입니다."

깨달음은 색상이 없다. 색상은 모양과 색깔이라고 했다. 그러므로 범부는 볼 수가 없다. 성문이나 연각 보살도 다 보지 못한다. 그것을 본 자는 오로지 부처님밖에 없다. 그것은 눈으로나 마음으로 보는 색상이 아니기 때문이다.

범부가 눈으로 볼 수 있는 색상은 업환으로 조작된 모습들뿐이다. 너무 크거나 너무 미세한 것은 볼 수가 없다. 그저 벌레처럼 먹고 살만한 범위 내의 물상들만 본다. 그 이상이나 그 이하의 것들은 볼 수가 없다.

그러므로 범부에게 보여진 세계는 환영이고 신기루다. 智色은 지혜의 껍데기 모습이다. 범부들이 상상하는 그런 모습이다. 그러나 지혜의 본체는 어떤 특정한 모습이나 특별한 색깔을 가지고 있지 않다.

不空은 공덕과 자비가 충만한 상태다. 이런 것들은 범부의 인식 밖에 있다. 그러므로 범부가 생각하는 지혜의 모습으로는 그 세계를 볼 수가 없다. 그 세계는 범부의 식견 저 너머에 있기 때문이다.

그런데도 범부는 자꾸 깨달음의 세계를 가르쳐달라고 한다. 이것은 어린이가 어른의 세계를 보여달라고 조르는 것과 같다. 그때 어른은 어떻게 해야 하나. 어떤 방법으로 그들을 이해시킬 수가 있나. 백 번을 말하고 천 번을 설해도 아이들은 무슨 말인지 감을 잡지 못한다.

그때 어린이 같은 범부들을 먹잇감으로 사이비선각자가 나타난다. 그들은 막힘없는 언어로 깨달음을 설명한다. 정말 깨달은 사람처럼 잘도 설명한다. 듣는 사람들은 뭐가 뭔지 모른다. 그럴 수밖에 없다. 설하는 자가 깨달음을 얻지 못하였으면서도 깨달음을 설하고 있고 듣는 자가 깨달음을 이해하지 못하는 수준인데도 그것을 듣고 앉아 있으니 둘 다가 완전 따로 국밥이 된다.

설하는 자가 자기도취에 빠져 횡설수설하다가 할 말이 막히면 되레 듣는 자를 공격한다. 알아듣겠느냐고. 아니면 잘 알아들었느냐고 다그친다. 어리석은 범부는 멍하니 쳐다보다가 자기의 무지가 탄로 날까 봐 알겠다며 연신 고개를 끄덕인다. 그리고는 큰 소리로 알았다고 대답한다. 그러다 마지막에는 박수서비스로 마무리한다. 코미디 같은 유튜브방송들이다.

그래서 부처님은 깨달음에 대해 한마디도 설하실 수가 없었다. 그래서 어쩔 수 없이 연기경을 설하셨다. 그들을 일단 어른으로 성장시키고자 하신 것이다. 어른만 되면 그 세계를 안 가르쳐주어도 자동적으로 이해를 할 수 있기 때문이다. 그처럼 그분은 모든 중생을 단계적으로 성장시켜 깨달음의 세계를 스스로 찾도록 도와주시고자 하신 것이다.

ⓓ이상

起信論 言異相者 如種種瓦器 各各不同 如是無漏無明 隨染幻差別

性染幻差別故

異相이라는 것은 갖가지 도자기는 모두 같지를 않다. 그와 같이 무루와 무명은 오염을 따르다 보니 업환의 차별이 있고 그 본성도 오염되어 환차별이 있게 된다.

비록 똑같은 흙먼지로 도자기를 만들었다고 해도 도공들의 개성과 취향으로 각양각색의 도자기가 빚어진다. 본질은 하나인데 후천적인 작위가 들어감으로 해서 천태만상의 현상이 드러나는 것이다. 그 것이 異相이상이다.

아버지는 한 명인데 그 자식들마다 생각과 습성이 다 다르다. 도저히 한 아버지 밑에서 태어났다고 할 수 없을 정도로 모두 다 특성이 있고 개성이 있다. 이것이 현상으로 나타난 異相이다.

異相은 정확히 우리 범부의 모습들이다. 모두 다 불성의 바다에서 죄업으로 나타난 개개인의 형상이다. 이것을 앞에서 우리는 슈퍼마켓에서 진열된 각종의 음료수와도 같은 모습이다고 했다. 그 음료수물은 모두 바다에서 나온 것인데 회사들의 상품기획에 의해 각기 환차별의 모습으로 진열되어 있으니 그렇다.

무명은 혼자서 작동할 수 없다. 그것은 바이러스가 혼자서 작동하지 못하는 것과 같다. 바이러스는 동물의 체내에 들어가야 작동이 가능하다. 활동을 일으킬 숙주가 없으면 어떻게 할 수가 없다는 것이다.

그처럼 무명은 불각에 달라붙고 불각은 본각을 오염시킨다. 그 결과로 본각인 부처가 일개 보잘것없는 범부로 바뀌어져 버린다. 오염에 의한 죄업의 힘에 의해 그렇게 되었다. 그것을 업환으로 인해 만들어진 차별된 모습이라고 한다.

술에 만취한 사람은 비틀거린다. 자기는 가만히 있는데 땅바닥이 파도처럼 출렁거려 균형을 잡을 수 없다고 한다. 전혀 상상하지 못하던 현상이 술에 의해 나타난다. 그처럼 본각이 죄업에 취해 버리면 이런 희한한 중생세계가 나타나 나를 후려치는 것이다. 그것을 보고 환차별이라고 한다. 도깨비처럼 원래는 없는 것인데 현실에는 엄연히 이런 중생세계가 있어 나를 너무 너무 힘들게 하는 것이다.

海東疏 第三明同異相 此中有三 總標 列名 次第辨相

세 번째는 동상과 이상을 밝히는 대목이다. 그 중에 셋이 있다. 묶어서 표시하고 이름을 열거하며 차례대로 그 모습을 판별하는 것이다.

동상과 이상에 대해 확실히 아셨을 것이다. 부연하자면 물과 얼음은 동상인가 이상인가. 동상이라면 어떻게 물과 얼음이 같은가 이고, 이상이라면 어떻게 물과 얼음이 다른가 이다.

이 문제에 대하여 먼저 전체적인 뜻을 요약해서 표시하고 그 다음에 동상과 이상을 구분해 설명한다.

그리고 세 번째는 동상과 이상이 갖고 있는 특징과 모습에 대하여 분석하는 순서로 풀이한다.

海東疏 辨相之中 先明同相 於中有三 一者引喩 二者合喩 三者引證

모습을 판별하는 중에서 먼저 동상을 밝힌다. 거기에 셋이 있다. 첫째는
인유고 둘째는 합유며 셋째는 인증이다.

정겨움을 표현하기 위해 동생을 동상이라고 한다고 했다. 그런 것
이 또 있다. 손자를 손주라고 한다. 청동오리를 청둥오리라고 부른
다. 이런 변형된 말들은 한자를 보지 않으면 무슨 말인지 통 감을
잡을 수 없다.

한자가 없는 우리말은 쉽고 편한 것 같으나 결정적일 때는 완전히
암호가 되어 버린다. 그 암호해독은 바로 유래된 한자다. 그러므로
소리글자보다 뜻글자가 더 정겹고 더 친숙하게 느껴지는 한국인들의
정서에는 기본한자를 반드시 배워야 한다. 그렇지 않으면 후일 한글
암호해독서를 갖고 다녀야만 서로 간에 깊은 감정의 소통을 할 수
있게 될 것이다.

소리글자는 단순하다. 대표적으로 영어가 그렇다. 섬세하고 오묘
함을 표현하지 못한다. 그래서 대승불교의 경전이 영어로 번역되기
가 정말로 난해하고 어려운 과제가 되어 있는 것이다.

어쨌거나 동상을 밝히는 데 세 가지가 있다고 하셨다. 먼저 비유를
끌어오고 다음에 비유를 결합하고 마지막에 그것에 대해 증명을 인
용한다는 것이다.

海東疏 第二中言無漏者 本覺始覺也 無明者 本末不覺也
두 번째 가운데서 말한 무루는 본각과 시각이다. 무명은 본말불각이다.

無漏무루에 대해 어느 儒生유생이 한 말이 생각난다. 부처는 무루다고 하니 그럴 수밖에 없다고 했다. 무슨 말이냐고 물었더니 부처님은 여자가 없기 때문에 정자를 방사할 이유가 없다고 했다. 漏루字를 보고 정자를 방사하는 샐 루 字로 해석한 것이다.

사람은 다 자기 아는 것만큼 생각한다고 하더니 어쩜 그렇게 설명하는지 놀라웠다. 어느 道家의 사람은 금강경 속에 四相을 보고 해와 달, 그리고 별과 북극성이라고 하였다. 참 생각의 발상이 기발하였다. 그렇다면

"기신론 속의 四相은 무엇입니까?"
"아상 인상 중생상 수자상입니다."
"띄웅!"

무루는 완전체다. 그리고 무명은 그것을 불완전한 상태로 만든다. 그것이 불각이다. 불각에는 근본불각과 지말불각이 있다.

근본불각은 불성에 원래부터 붙어 있는 불각을 말하고 지말불각은 삼세육추를 말한다. 삼세육추가 대단히 생소한 언어로 들려진다면 당신의 아이큐는 정확히 78이다. 그런 사람은 교회를 가거나 도교를 믿어야 한다.

교회는 하느님을 무조건 믿으면 되는 것이고 도교는 자연의 섭리만 따르면 된다. 하늘과 자연 그 너머에 마음이 있다. 불교는 그 마음을 논하기 때문에 두뇌가 좋지 못하는 사람이 이것을 배우면 머리가 터져버릴 수가 있다. 불교를 배우다가 이상한 짓거리를 하는 사람들

대부분이 다 이런 부류들이다.

此二皆有業用顯現 而非定有 故名業幻

이 둘은 모두 다 업의 작용에 의해 분명하게 드러난다. 그렇다고 해서 고정되어 있는 것은 아니다. 그러므로 업환이라고 한다.

둘은 무루와 무명이다. 무명과 불각은 혼자 있으면 움직이지 않는다. 다만 같이 붙어야 움직임이 일어난다고 했다. 이 둘은 떨어질 수가 없다. 그러므로 무명이 곧 불각이고 불각이 즉 무명이다.

그러니까 불각이 무루인 진여를 요동시켜 죄업을 짓도록 만든다. 그 결과로 없던 중생이 턱 나타난다. 분명하게 드러난다는 말이 바로 우리 자신이 이렇게 분명히 나타나 있다는 뜻이다.

비록 우리가 이렇게 나타나 있다 하더라도 사실은 고정된 실체가 있는 것은 아니다. 인연에 의해 나타나고 인연에 의해 사라지면서 메들리 삶을 사는 것이다. 그래서 관음시식에 보면 태어났다고 해서 어디서 왔으며 죽었다고 해서 어디로 간 것이 아니다면서,

生也一片浮雲起
死也一片浮雲滅
浮雲自體本無實
生死去來亦如然

삶은 한 조각의 구름이 일어난 것이고

죽음은 한 조각의 구름이 사라지는 것이다.

구름은 그 자체가 본래부터 실체가 없는 것,

생사로 오고 가는 것도 또한 그와 같은 것이다

고 영가에게 말한다. 그래서 영가가 다시는 이런 허망한 삶을 살지 말고 깨달음의 세계에서 참다운 삶을 살아라 고 각성시킨다.

유마경과 **능가경**과 보리유지가 번역한 **금강경**, 그리고 구마라지바의 **금강경**에서는 우리의 허망 된 모습을 별 그늘 등불 도깨비 물거품 꿈 번갯불 건달바성 환영 구름 등으로 표현하시고 있다. 그만큼 우리의 모습은 풀잎에 이슬이고 바람 앞에 등불이다.

그처럼 죄업으로 나타난 우리의 형상은 잠깐 사이에 나타나서 맥없이 사라지도록 수많은 인연으로 뭉쳐져 있다. 그것이 바로 업환이라는 것이다.

[海東疏] 第三中言本來常住入於涅槃菩提法者
세 번째 가운데서 말한 본래 상주하여 열반인 보디의 법에 들어 있다는 말은

본래와 상주 열반 보디는 다 같은 말이다. 본래는 근본을 말하고 상주는 영원함을 뜻한다. 열반은 상태를 말하고 보디는 작용을 일컫는다.

이 중에서 우리는 주로 열반이라는 말을 많이 들어왔다. 그것은 범부가 갖고 있는 죄업이 너무 심중하다 보니 그것을 다 없앤 자리를

돋보이게 하려고 열반이라는 단어를 즐겨 쓴 것이다. 그만큼 죄업을 등진 수행의 증과가 대단하고 수승하다는 뜻이기도 하다.

海東疏 如大品經言 以是智慧 斷一切結使 入無餘涅槃 元是世俗法 非第一義

저 대품경에서 말씀하시기를, 지혜로써 일체의 결사를 끊고 무여열반에 들어간다는 것은 원래 세속법이다. 그것은 제일의가 아니다.

대품경은 위에서 한 번 언급하였지마는 600권짜리 空사상의 집합 경전이다. 그런데 정확히 말해서 이 문장이 600권 어느 부분에 있는지 확인이 되지 않고 있다. 현장스님이 번역한 이것 말고 또 다른 대품경 같은 것들이 분명히 있었기 때문에 성사가 그것을 보시고 그 중 한 문구를 인용하시지 않았나 생각한다.

정명경에도 아주 흡사하게 위의 문장이 나온다. 정명경은 유마경이다. 우리는 보통 범부가 부처가 되려면 수행을 해서 번뇌를 끊고 열반에 들어간다고 알고 있는데 뜬금없이 그것을 여기서 세속법이라고 하셨다.

세속법은 세상 사람들이 생각하는 그런 수준의 방법이다. 하기야 본질 쪽에서 보면 연기의 가르침이 모두 세속인의 눈높이에서 설해진 것이기 때문에 세속법이라고 안 하실 수도 없을 것이다.

第一義라는 말은 절대 진리다. 인위적으로 만들어지거나 조작되어지는 것이 아닌 원래 그 자체를 제일의라고 한다. 우리의 진짜 마음은 원래부터 부처로 있는 상태이기 때문에 제일의 진리라고 하는 것이다.

결사結使는 번뇌의 다른 이름이다. 한자로 보면 만들어진 죄업이 나보고 시킨다는 뜻을 갖고 있다. 그래서 범부는 자동적으로 죄업을 지을 수밖에 없다.

열반을 크게 두 가지로 나눈다. 유여열반과 무여열반이다. 유여열반은 성문이나 연각의 열반을 말하고 무여열반은 부처님의 열반을 뜻한다. 즉 유여열반은 아직도 꽉 차지 않은 열반이라는 뜻이고 무여열반은 남음이 없이 완벽하게 충족되었다는 의미이다.

예를 들자면 부처님의 열반이 바다라면 성문의 열반은 웅덩이정도 되고 아라한의 열반은 호수정도가 된다. 이 둘의 공통점은 바다로 나아가다 제자리에 머물러 버린 상태라는 것이다.

제각기 생명의 근원인 물을 담고 있지마는 그 포용의 차이가 이렇게 크다. **열반경**에서 웅덩이나 호수에는 작은 물고기가 살고 바다에는 큰 고기가 사는 것처럼 물의 크기에 따라 담겨지는 공덕과 지혜가 다르다 고 하셨다.

그래서 성문이나 연각의 열반을 유여열반이라고 하고 부처님의 열반을 무여열반이라고 한다. 그렇다면 보살의 열반은 뭔가 할 것이다. 보살 열반은 없다. 보살은 바다를 향해 흘러가는 강물과도 같기 때문에 중간에 머무름이 없다.

반니원경에 보면 부처님의 열반에 여덟 가지 공덕이 있다고 하셨다. 그것은 상주 적멸 不老 不死 청정 虛通허통 不動 쾌락이다.

허통은 천지가 다 통하여 있다는 말이다. 작은 집일수록 갑갑함이 더하지만 크면 클수록 전후좌우가 툭 터져 있어서 가슴이 확 트이게 된다. 그래서 허통이라고 하셨다. 그 외의 것들은 설명을 안 해도 다 잘 아실 것이다.

海東疏 何以故 空中無有滅 亦無使滅者 諸法畢竟空 卽是涅槃故
왜냐하면 空 중에는 滅이 있을 수 없다. 또 멸하게 하는 것도 없다. 제법이 필경에 공하여 열반이기 때문이다.

空에는 滅이 없다. 滅이 없는데 어떻게 生이 있겠는가. 뿐만 아니라 滅하도록 하는 것도 없고 生하도록 하는 것도 없다. 空 중에는 주체와 객체 자체가 없다.

사람들은 **반야심경**이라고 하니 바로 지혜로운 마음의 경전이라고 한다. 반야가 지혜로 번역되기 때문에 그렇게 반풍수들이 이상하게 풀이를 하고 있다.

아주 중요한 것은 반야부 경전, 즉 실상경전에는 우리의 마음이라는 것이 원래부터 없다고 가르친다. 거기에 空이 있다. 그 空 속에는 마음이라는 명사가 들어갈 수가 없다. 이것이 대승불교의 독창적 이론이다.

다른 종교에서는, 특히 부처님 당시에 브라만 종교에서는 우리를 움직이는 특별한 주재자가 내 속에 있다고 했다. 그것을 그들은 아트만Atman이라고 했다. 그러나 한 단계 더 발전된 대승불교는 그런 것은 원래 없다고 단호하게 말뚝을 박아버렸다. 그것이 空인 것이다.

그러므로 불교는 마음을 논하는 종교가 아니다. 마음을 닦는 가르침도 아니다. 마음은 원래 없는 것이다고 역설한다. 그래서 불교 속에는 참선만 있지 명상은 없는 것이다.

그럼 무슨 뜻으로 **심경**이라고 하는가. 心은 마음을 뜻하는 것이 아니고 정확히 심장을 말하고 있다. 마음과 심장은 완전히 다르다. 마음은 무엇의 주체고 심장은 무엇의 핵심이라는 뜻이다. 주체는 무엇이 있다는 것이고 핵심은 무엇이 있다는 것을 도와주는 조사다.

그래서 **반야심경**은 반야부 경전의 핵심이 되는 경전이라는 뜻이다. **대품반야경** 600권을 농축시키면 결국 **반야심경**이 되기 때문이다. 역으로 말하면 **반야심경**을 풀면 **대품반야경** 600권 플러스알파가 나오는 것이다.

제법이 필경에 空하다는 것은 삼라만상 산천초목 일월성신 남녀노소 모든 것들이 완벽하게 空하다는 말이다.

필경은 마지막까지라는 뜻이므로 완벽하다는 말이다. 뚜껑 있는 거울을 닫아버리면 방금 비추던 모든 물상이 졸지에 사라져버리는 것처럼 세상은 완벽하게 空하게 되는데, 그것을 열반이라고 하는 것이다.

海東疏 又言 何義故爲菩提 空義 是菩提義 如義 法性義 實際義 是菩提義

또 말씀하시기를, 무슨 뜻이기에 보디라 하느냐 하면 空의 뜻이 바로 보디의 뜻이며, 如의 뜻과 법성의 뜻과 실제의 뜻이 바로 보디라는 뜻이다.

대품반야경의 말씀은 계속된다. 무엇을 깨달음이라고 하느냐 하면 空을 말한다고 했다. 空은 텅 빔이다. 그래야 허통이 된다.

如는 한결같음이다. 법성은 법계의 성품이고 실제는 진실된 이치를 말한다. 바꿔 말하면 깨달은 자는 그 마음이 空하고 한결같고 법계의 성품에 계합하고 진실된 이치에 즉합한다는 것이다.

[海東疏] 復次諸法實相 不誑不異 是菩提義故

다시 말하자면 제법의 실상이며 속이지도 않고 달라지지도 않는 것이 바로 보디의 뜻이라고 하셨다.

제법의 실상은 허상이 아닌 실재의 모습이다. 속이거나 거짓말 하거나 사람을 현혹케 하거나 그 마음이 달라지거나 하는 것은 깨달음이 아니다. 禮記에

幼子常視無誑
어린아이는 있는 그대로 보고 속이지 않는다

고 하였다. 전생의 죄업을 말하지 않은 유교적 시각에서는 어린아이야말로 순진무구한 자연 그대로라고 생각했다. 어린아이는 말에 기교를 부리지 않는다. 오로지 진실만 이야기한다. 그 진실은 본래 그대로를 뜻한다.

하지만 불교는 다르다. 어린아이 그 마음속에는 억겁을 살아온 중생의 죄업과 습성이 그대로 담겨 있다. 고목에 새싹이 나온다고 해서 그 나무가 새나무인 것은 아니다. 작년에 늙은 잎이 떨어지고 금년에

새로운 잎이 다시 돋아났다고 해서 새나무가 될 수는 없다.

그처럼 아이들도 불각의 마음을 갖고 있는 한 무량겁을 살아가는 중생의 한 단면에 지나지 않는다. 그러므로 아이들이라 해서 너무 크게 신성시하거나 천사화 할 필요는 없다. 모두 다 죄업에 의해 움직이는 가련한 존재들일 뿐이다.

海東疏 當知此中約於性淨菩提 本來淸淨涅槃 故諸衆生本來入也

마땅히 알아야 한다. 그 가운데서 성정보디를 말하다보니 본래청정을 열반이라고 했다. 그러므로 모든 중생이 본래 열반에 들어가 있다고 하셨다.

성정보디는 성정본각을 말한다. 본각 속에 성정본각과 수염본각이 있었다. 성정보디는 그 성상 자체가 깨달음이란 말이고 수염본각은 죄업에 끌려다니므로 그 본성이 중생으로 오염되었다고 한 것이다.

우리의 마음 중에 性相인 불성은 본래 청정하다. 그래서 **승만경**에 자성청정심이 열반이라고 하셨다. 그러므로 현상이 아닌 본질적으로 보면 우리는 모두 다 열반에 들어가 있는 것이다. 이것이 바로 중생을 同相으로 보는 관점이다.

海東疏 非可修相者 無因行故 非可作相者 無果起故

닦을 수 있는 모습이 아니라고 한 것은 인행이 없기 때문이고 조작하는 모습이 아니라는 것은 일으킨 결과가 없기 때문이다.

깨달음은 닦아서 이뤄지는 것이 아니다. 본래 닦이어져 있는 것이다. 거울에 오물이 묻어 있어서 자기가 잘 보이지 않는다면 어떻게 할 것인가.

하나는 그냥 두고 보는 것이고 또 하나는 그 오물을 닦아내는 것이다. 앞에 것은 범부의 삶이고 뒤에 것은 수행자의 삶이다.

수행자가 아무리 그 오물을 닦아낸다고 해도 거울 자체를 닦는 것은 아니다. 거울은 안 닦아내도 그냥 그대로 완성되어져 있다. 그래서 그것은 닦을 수 있는 모습이 아니라고 하신 것이다.

사람들은 흔히 마음을 닦는다고 한다. 실상 쪽으로 보면 마음은 사실 닦는 것이 아니다. 우리의 진짜 마음은 원래부터 오염되어 있지 않다. 그 마음 자체를 덮고 있는 오염물질인 불각을 닦아내는 것이다.

그러므로 본질적으로 보면 불각을 닦는다고 표현해야 정확하다. 하지만 거울을 닦는다고 하듯이 마음을 닦는다고 쉽게 말하고 있는 것이다.

범부에게 당신 얼굴에 검정이 묻었다고 하면 후딱 닦는다. 자신의 가오가 죽기 때문이다. 그 정도가 바로 범부의 수준이다.

그러나 당신의 마음이 오염되어 있다고 하면 별 반응이 없다. 물이 오염되면 썩듯이 마음이 오염되면 죽을 수밖에 없다. 그래서 범부가 죽는다. 그런 소리를 들어도 별 반응 없이 그저 그러려니 한다. 그들의 삶은 목숨보다 가오가 더 중요하다고 여기고 있는 것 같다.

달마대사가 중국에 온 이유가 무엇인지 아시는가. 그런 영화도 있다. 달마가 동쪽으로 온 이유가 뭔가 라는 주제로 만들어진 영화다. 그 답이야 뻔한 게 아닌가. 동쪽에 불법을 전하러 왔지 뭐 별 일 하러 왔었겠는가.

그렇다면 부처님이 이 땅에 오신 이유는 무엇이라고 생각하시는가. 그거야 중생을 제도하러 오신 것이 아닌가 할 것이다. 그렇게 보는 것을 연기경전의 시각이라고 한다.

연기경전은 중생을 부처로 만드는 가르침을 말한다. 대표적인 경전은 소승의 **아함경**과 대승의 **화엄경**과 **열반경**이다. 거기에는 가르치는 부처도 있고 제도 받는 중생도 있다. 즉 죄업의 오염물질에 덮이어 숨도 못 쉬고 헐떡이는 중생들에게 그 오염물질을 먼저 씻어라고 하는 가르침이다.

그 외에 또 다른 뜻이 있단 말인가. 그렇다. 그보다 한 수 더 올라가면 이제 본질을 드러낸다. 연기경은 현상을 따라 설하셨지만 좀 더 차원이 깊어지면 본질인 실상을 언급하시게 된다. 그 가르침이 바로 **반야심경**과 **금강경** 같은 실상경전이다.

실상경전에서는 중생을 말하지 않고 그 진면목인 부처를 말한다. 즉 오염 대신 청정을 말하고 죄업 대신 공덕을 드러낸다. 연기경전에서는 죄업을 부각시키고 실상경전에는 광명을 나타낸다. 연기경전에서는 죄업에 묶인 중생이 있고 실상경전에는 그런 중생은 원래 없다고 한다.

다른 말로 하자면 연기경전은 일체중생이 꿈속에서 가위눌리는 삶을 살고 있다고 하고 실상경전에서는 꿈이라는 것이 원래 없기 때문에 가위눌림으로 고통 받는 중생은 원초적으로 없다고 한다.

결론을 내리자면 연기경전에서는 부처님이 이 땅에 오신 이유가 중생을 제도하러 오셨다는 것이고 실상경전에서는 중생 그대들은 이미 제도되어 있다 라는 것을 선언해 주시기 위해 오셨다는 것이다.

그래서 연기경전에서는 부처님이 자비로운 구세주이시고 실상경전에서는 위대한 스승으로 묘사되는 것이다.

"부처는 우리에게 어떤 분이십니까?"

"자비로운 구세주이시면서 위대한 스승이십니다."

"옳거니!"

[海東疏] 畢竟無得者 以無能得者 無得時無得處故

필경에 얻을 게 없다는 것은 얻는 자도 없고 얻는 때도 없고 얻는 곳도 없다는 것이다.

필경은 마지막을 말한다. 마지막까지 뭔가를 얻을 것이 없다. 왜냐하면 실상 쪽에서 보면 우리 마음은 이미 완벽하게 다 갖추고 있기 때문이다. 그래서 시간을 내어가며 닦을 필요도 없고 장소를 가려가며 수행할 필요도 없다.

거기에는 얻어야 할 주체가 없다. 그러므로 얻고 잃고 하는 부분적 개념이 없다. 이미 전체로 가득 차 있기 때문에 얻어야 할 특정한 시간도 없고 얻을 수 있는 장소도 없다,

깨달으면 空하다고 했다. 空은 不空과 하나라고 했다. 불공은 충만이라고 했다. 그래서 텅 비면 충만하다고 했다. 그렇기 때문에 본질적으로 깨달아 있는 상태에서는 무엇인가 다시 얻을 주체도 없고 얻게 될 객체도 없다.

이것을 **반야심경**에서는 無智亦 無得以無所得故라고 하셨다. 無智는 지혜라 할 것도 없다는 것이다. 우치한 중생이 있어야 그 상대적으로 지혜를 말하는데 중생 자체가 없는데 무슨 지혜가 있겠는가. 그래서 無智라고 하셨다.

無得은 얻을 것이 없다는 뜻이고 以無所得은 얻어야 할 무엇도 없다는 말씀이다. 앞에 것은 얻어야 하는 주체고 뒤에 것은 얻게 되는 대상이다. 깨달음의 세계에서는 나도 없고 나에게 필요한 그 무엇도 없다. 즉 주체와 객체가 완전히 사라져 평등일여가 되어 있다는 말씀이다.

海東疏 亦無以下 猶是經文 而非此中所證之要 但是一處相續之文 是故相從引之而已

역무 이하는 딸려 온 경문이다. 이것은 이곳을 증명하는 데 중요한 글은 아니다. 다만 한 문장에 이어진 글이다 보니 위 문장을 따라 인용되어져 왔을 뿐이다.

위 **기신론** 원문에 亦無가 있다. 亦無 그 밑에 色相可見이 있다. 지금 우리는 본각과 불각이 같으냐 다르냐를 두고 원효성사의 **해동소**를 보고 있다. 즉 동상과 이상을 판별하고 있는 중이다.

원문인 **기신론**에서 동상을 설명하는데 성사는 그 증명을 **대품경**에서 끌고 오셨다고 했다. 거기에 보면 亦無가 나온다. 그 역무 이하에 달려온 **色相可得**은 이 동상을 설명하는 데 크게 중요한 부분이 아니라는 것이다.

그것은 논주인 마명보살이 **대품경**을 인용하다 보니 중간에 끊어버리기가 어중간해서 그냥 다 가져와 썼을 뿐 다른 의미는 없다고 하신 것이다.

海東疏 明異相中 先喩 後合 合中言隨染幻差別者 是無漏法 性染幻差別者 是無明法

異相을 밝힌 가운데는 먼저 비유하고 후에 결합했다. 결합 중에서 말한 오염을 따른 환차별은 무루법이고 본성이 오염된 환차별은 무명법이다고 했다.

후에 결합한다는 말은 앞의 비유와 뜻을 합해서 결론을 낸다는 것이다. 오염을 따른 환차별이 무루법이라고 말한 것은 성정본각을 일컫는 말이다. 본각이 오염을 따르면 전혀 없던 환 같은 차별이 일어난다.

할머니가 정신이 멀쩡하면 아들을 대할 때 아무 문제가 없다. 그런데 그 할머니가 치매에 걸리면 사정이 달라진다. 할머니는 그 할머닌데 아들을 대하는 태도가 이상하다. 이제 아들을 보고 당신 누구냐고 차별하기 시작한다. 차별은 무루의 본각이 오염되면 나타나는 필연적인 경계의식이다.

그러니까 할머니를 살아서 움직이도록 하는 생명체는 똑같은데 의식이 달라진 것이다. 부처의 성품을 가진 쪽에서 보면 지극히 정상적인 부처였는데 오염물질이 서서히 뇌에 쌓이면서 무지의 치매가 왔다. 그게 바로 중생의 모습으로 나타난 우리들이다.

부처와 중생의 본래 마음은 동일한데 치매에 걸리면 본각은 숨어 버리고 불각만 드러난다. 그 숨어버린 부처의 본성이 바로 무루법 이다.

위에서 말했지마는 본성이 오염된 것은 성정본각을 말한다. 거울 은 오염되지 않는다. 오염된 것은 거울의 표면이지 거울이 아니다. 그렇게 오염되면 죄 없는 거울이 물상을 차별한다. 오염되지 않으면 있는 그대로를 비추는데 오염이 되어 버리면 이상하게 굴절된 모습 을 나타낸다. 이것이 무명법이다.

지금 범부는 위에 두 개를 다 쓰고 있다. 하나는 수염환차별을 쓰 고 하나는 성염환차별을 쓴다. 그래서 부처의 본성을 갖고 있으면서 중생노릇을 하고 있기에 異相이라고 하는 것이다.

[海東疏] 何者 本末無明 違平等性 是故其性自有差別

왜냐하면 본말무명이 평등성을 어기었다. 그런 까닭으로 자성에 차별 이 있게 된 것이다.

본말무명은 근본불각과 지말불각이다. 항상 하는 말이지마는 무 명과 불각은 서로 떨어지지 않고 함께 움직인다. 그것이 평등성인 부처의 본성을 어겼다. 그래서 전체가 부분으로 깨져버렸다.

모든 국가가 하늘을 하나로 보면 일체만민이 편안하다. 그러나 전 체인 하늘을 자기의 영공이라고 선을 그어버리면 그때부터 평화는 깨져버린다. 그것이 바로 전체가 부분으로 깨져버리는 일이다.

바다도 마찬가지다. 바다를 하나로 보면 인간세상에 투쟁과 전쟁이 없어진다. 그러나 인간은 그 하나의 바다를 다 쪼개놓고 있다. 인간은 무엇이든지 전체로 보지 않고 부분으로 나눠서 상대를 반목과 경쟁의 대상으로 삼는다.

그래서 우리 개개인의 마음마다 원망과 분노, 증오와 회한이 있다. 원래 그런 것은 없었는데 불각에 의해 그런 것들이 생겨서 서로 얽히고설키어 찌지고 볶고 있다.

海東疏 諸無漏法 順平等性 直置其性 應無差別 但隨染法差別之相 故說無漏有差別耳

무루법은 평등성을 따르기에 그 본성을 그대로 두면 응당히 차별이 없다. 단지 염법차별의 모습을 따라가므로 무루에 차별이 있다고 한 것이다.

평등성은 한 덩어리를 말한다. 즉 전체다. 형제는 전체다. 그런데 기대가 많은 아버지가 형제를 차별한다. 그러면 하나이던 형제가 졸지에 갈라진다. 즉 동상이 이상이 되어 버리는 것이다.

우리의 마음도 마찬가지다. 원래는 세상과 한 덩어리였다. 그런데 그 마음이 오염되어 버리면 쪼개져 버린다. 그러면 차별이 나오고 집착이 나온다.

허공 같은 무루의 마음은 집착도 없고 차별도 없다. 그런 마음이 쪼개져 버리면 내 것을 챙기기 위해 집착이 나오고 차별이 생긴다. 그래서 무루에 차별이 있다고 한 것이다.

海東疏 謂對業識等染法差別 故說本覺恒沙性德 又對治此諸法差別 故成始覺萬德差別

이를테면 업식 등 염법의 차별을 상대하다 보니 본각의 항사 성공덕을 말하였고, 또 그 모든 법의 차별을 대치하다 보니 시각의 이룸과 만덕의 차별을 설하게 되었다.

차별이 나오면 안 된다고 하면서 염법과 정법의 차별을 말하는 것은 무엇인가. 차별은 무루의 환차별이라고 하면서 끊임없이 중생과 부처를 상대적으로 두고 분별하는 것은 무엇인가 하고 의아해 할 것이다.

그래서 이런 대목이 나왔다. 원래 우리의 마음에는 차별이 없었다. 그런데 고통 받는 중생이 있다 보니 고통이 없는 세계로 이끌기 위해 본각의 항사 성공덕을 설하시게 된 것이다. 항사 성공덕은 본각이 갖고 있는 공덕이 간지스강 모래알처럼 많다는 뜻이다.

멀쩡한 사람이 환자가 되어 고통스러워하고 있다. 이제 어떻게든 원래의 건강을 찾으려고 노력한다. 그러다 자신이 병을 이기면 원래의 본 모습을 찾게 된다. 그러면 자신에게 원래 병이라는 것은 없었지만 건강관리를 잘못하면 병이 생긴다는 것을 알게 된다.

중생은 모두 죽을병에 걸린 환자다. 이 죽을병이 자신을 너무 고통스럽게 하고 있다면 빨리 치료를 받아야 한다. 다행히 스승을 잘 만나 치료를 제때 받으면 병 걸린 중생은 부처가 된다. 부처가 되고 보면 병 걸린 중생은 원래 없었다는 것을 깨닫게 된다.

그래서 부처와 중생은 하나이지만 현재는 그렇지 않기 때문에 어쩔 수 없이 차별을 써서 각자 떼어놓고 설명하고 있다고 하는 것이다.

別記 別記云 是故無漏 但隨彼染而有差別 不由自性有差別也
따로 기술하자면, 그런 까닭으로 무루가 단지 저 오염을 따라가 차별이
있게 된 것이지 자성으로 말미암아 차별이 있는 것은 아니다.

　나무는 무루다. 바람은 무명풍이다. 나무가 대책 없이 바람에 의해
흔들리는 것이지 나무 자체적으로 흔들리는 것은 아니다.
　그처럼 내 마음의 본각이 불각의 무명을 따라가다 보니 세상을 차
별로 보게 되는 것이지 본각 스스로 오염이 되어 세상을 차별로 보는
것은 아니다는 것이다.

海東疏 然如是染淨 皆是相待 非無顯現 而非是有 是故通名幻差別也
그와 같은 염정은 모두 다 상대적으로 밝게 나타나지 아니함이 없다.
그렇다고 해서 그것이 있는 것은 아니다. 그러므로 함께 환차별이라고
명명한 것이다.

　오염이 되면 異相이고 청정하면 同相이 된다. 오염되면 고통이 따
르고 청정하면 안락이 나온다. 오염되면 생사에 휘말리고 청정하면
생사로부터 벗어난다.
　현상의 세계에서는 엄연히 이렇게 異相의 차별이 확연하게 나타나
고 있다. 그러나 본질 쪽으로는 그런 것이 없다. 오로지 본각인 同相
만 있다. 그래서 세상 모든 것들을 幻환 같은 차별이라고 한 것이다.

환 같은 차별은 이상의 현상이다. 그것은 원래 없던 고통을 만들어 낸다. 그러므로 그 반대인 본질로 나아가야 한다. 하지만 사실 현상과 본질은 같다.

중생이 생로병사를 간단없이 하고 있으므로 자꾸 同相만 말할 수도 없고, 그렇다고 본질에서 조금도 벗어나지 않은 중생인데 異相이라 단정할 수도 없기 때문에 불각을 정리하면서 원래 중생은 무루의 환차별로 나타나 있다고 하였다.

海東疏 上來廣釋立義分中是心生滅竟在於前

위로부터 오면서 널리 입의분 가운데 심생멸을 풀이해 왔다. 그것을 이제 마친다.

기신론 한 권을 다섯 분과로 나누어 풀이하고 있다. 인연분 입의분 해석분 수행신심분 권수이익분이다. 이 가운데서 지금 해석분을 공부하고 있다.

해석분 속에 심진여의 문과 심생멸의 문이 있었다. 심진여의 문은 **혈맥기** 2권과 3권에서 이미 풀이하였고 심생멸문은 3권에서 시작하였는데 그 첫 번째가 심생멸이었다. 이제 그것을 마친다는 것이다.

海東疏 △此下第二釋其因緣 於中有二 先明生滅依因緣義 後顯所依因緣體相

이 밑으로는 두 번째로 그 인연을 풀이한다. 거기에 둘이 있는데, 먼저는 생멸이 인연에 의한다는 뜻을 밝히고 뒤에는 그 의지하는 인연의 체상을 나타낸다.

여기서부터는 두 번째로 생멸하는 인연을 풀이한다고 했다. 그렇다면 첫 번째는 무엇이었던가.

우리는 아직도 생멸문에 있다. 이제 겨우 생멸문 속에 들어 있는 심생멸만 풀이해서 마친 상태다. 중생이 당면한 가장 절박한 과제는 생멸을 벗어나는 것이다. 그런 전제하에서 지금까지 생멸심이 뭔지를 배워 왔었다.

생멸하는 마음은 어떻게 만들어졌는가에 대해 아려야식을 들었고, 그 아려야식 속에 무엇이 들어 있는가에 대해서는 각과 불각이 들어 있다고 했다.

각에 대해서는 우리가 원천적으로 갖고 있는 불성의 본각을 들었고 불각에 대해서는 삼세육추로 중생이 되어가는 과정을 설명했다.

이제부터는 생멸하는 원인과 조연을 밝혀나갈 것이다. 먼저 생멸하는 이유는 인연에 의해서라는 것을 밝혀주고, 다음에는 그 인연의 체상을 나타내 줄 것인데, 그 문제는 본문에 들어가면 자연적으로 알게 될 것이다.

海東疏 △初中亦二 總標 別釋
첫째 중에 둘이 있다. 총표와 별석이다.

첫째는 생멸하는 인연을 말한다. 거기에 두 문단이 있다는 것이다. 우선은 그 내용을 묶어서 표시하고 뒤에는 하나하나 나눠서 풀이를

해 주시겠다는 말씀이다.

모든 중생은 다 죽기를 겁낸다. 그래서 지렁이도 밟으면 꿈틀한다고 했다. 그런데 의식 있는 인간은 아직도 끊임없이 새드엔딩을 맞이하고 있다.

죽고 싶은 자는 아무도 없다. 그런데 죽어야 한다. 이것만큼 끔직한 일이 세상천지 어디에 있단 말인가. **법구경** 말씀이다.

All beings tremble before danger,
all fear death.
When a man considers this,
he does not kill or cause to kill.

모든 생명들은 위험에 떤다.
모든 생명들은 죽음을 두려워한다.
이것을 고려해
죽이거나 죽도록 하지 말라.

그런데 나는 나를 죽이고 있다. 살생은 나를 죽이거나 남을 죽이거나 남을 죽게 만들거나 남을 죽이는 것을 보고 좋아하는 것이다고 **사분율**은 말씀하시고 있다.

나는 죽고 싶지 않은데 내가 나를 죽이고 있다. 자살이다. 이것은 살생 중에서 가장 심중한 살생이다. 누가 극단적 선택을 했다고 뉴스에 나온다. 사람들은 놀란다. 그러면서 왜 꼭 그래야만 했을까 하면서 극도로 안타까워한다.

그들이 하는 순간의 극단적 선택만이 자살이 아니다. 세월을 빌려 서서히 자살해 가는 우리도 이미 극단적 선택을 한 자들이다. 아나운서도 시청자도 누구나 할 것 없이 모두 다 이미 그 길에 올라서 있는 운명들이다.

(ㄴ) 생멸인연

起信論 復次生滅因緣者 所謂衆生依心 意 意識轉故

다시 이 생멸하는 인연은, 이를테면 중생이 心을 의거해 意와 意識을 쓰기 때문이다.

혈맥기 3권에서 생멸문 밑에 첫 번째의 부제로 심생멸을 달아야 하는데 그만 놓치고 말았다. 이제 여기에 두 번째로 생멸인연이 나오는데 어쩔 수 없이 지금이라도 중간에 제목을 넣어야 할 것 같아 위에 제목을 걸었다. 독자들의 양해를 바란다.

범부는 자신의 죽음에 대해서 대단히 관대하다. 그들은 죽음을 겁내지 않는다. 그들은 행복을 꿈꾼다. 평안한 삶을 원한다. TV 오락프로를 즐긴다. 여행을 간다. 맛있는 것을 찾아 헤맨다. 그들은 자신이 죽어가는 과정에 있는데도 자기도취와 착시시간에 빠져 아까운 시간을 탕진하고 있다.

자신의 도취는 자신이 처한 상태를 망각시킨다. 자신이 언제 죽을지도 모른다는 사실을 완전히 잊게 만든다. 시간은 절대성이 없다.

나는 젊으니까 괜찮다는 착각을 주어 그 죽음으로부터 벗어나는 방법을 찾지 못하도록 하고 있다. 사실 인간에겐 내일이 먼저 올지 내생이 먼저 올지는 아무도 모른다.

어쨌거나 모든 경전도 다 그렇게 말씀하시지마는 **기신론**의 이 문장에서 중생이 생멸하는 이유를 단도직입적으로 내갈겼다.

그것은 범부가 갖고 있는 마음을 기준으로 意와 의식을 쓰기 때문에 죽는다는 것이다. 병은 그 원인을 규명해 백신을 개발한다. 죽음도 그 원인을 규명해 살 수 있는 방법을 제시했다. 그것이 바로 이 말씀이다.

心은 8식이고 意는 7식이며 의식은 6식이다. 마음은 십지보살이 쓰고, 意는 삼현보살과 아라한이 쓰며 의식은 범부가 쓴다. 마음은 의식의 창고이고 意는 잠재의식이며 의식은 거친 생각을 한다.

영어로 말하면 심은 Mind 가 되고 意는 Soul 이 되며 의식은 Spirit 가 된다. 또는 마음mind 영혼subconsciousness 의식consciousness 이라고도 한다.

이것을 바꿔 말하면 거친 생각을 하지 않으면 의식이 떨어지고 잠재된 의식을 없애면 7식인 말나식이 없어지며 저장된 모든 식을 없애버리면 8식인 아려야식이 소멸된다. 그러면 중생의 신분으로부터 해방된다고 하는 것이다.

海東疏 初中言因緣者 阿黎耶心體變作諸法 是生滅因 根本無明熏動心體 是生滅緣

처음 가운데서 因緣이라고 한 것은 아려야의 심체가 변해 제법을 만들었는 것이 생멸의 因이 되고, 근본무명이 심체를 움직여 요동시킨 것이 생멸의 緣이 되는 것이다.

  중생계에서 똑똑하기로 둘째가라면 서러울 정도로 영악한 범부가 왜 속절없이 죽어야 하는가에 대한 원인과 조연을 아주 명징하게 짚어 주셨다. 거기에 두 가지가 있다.
  한 가지는 그 원인을 아려야식으로 보고 조연을 근본무명으로 보는 것이다. 아려야식은 본각과 불각이 혼합된 것이다. 본각은 진여고 불각은 무명이다. 그러니까 아려야식이 없다면 본각도 없고 불각도 없게 된다.
  바꾸어 말하면 아려야식에 불각이 들어 있기 때문에 거기서부터 생멸의 싹이 발동된다고 보는 시각이다. 그것을 원인으로 본다.
  조연은 그 아려야식에 들어 있는 생멸의 씨앗, 즉 불각을 기동시키는 힘이다. 그것은 근본무명이다. 아무리 씨앗이 있더라도 그 씨앗을 싹트게 하는 외부의 조연이 없으면 그 씨앗은 그대로 있다. 하지만 그 씨앗을 움트게 만드는 것이 근본무명이다. 그것을 성사는 생멸의 조연으로 보셨다.

  생멸의 핵 = 아려야식의 본체 = 원인
  핵의 태동 = 근본무명 = 조연

  海東疏 又復無明住地諸染根本起諸生滅 故說爲因 六塵境界能動

七識波浪生滅 是生滅緣

또 무명주지는 모든 염법의 근본이다. 그것이 모든 생멸을 일으키므로 因이 된다. 육진경계는 7식의 파랑을 기동시켜 생멸케 하니 생멸의 緣이 된다.

또 한 가지는 무명주지를 생멸의 원인으로 보고 바깥세상을 생멸의 조연으로 보는 것이다.

설령 불각이 있다고 해도 무명주지가 없으면 불각은 있으나마나 다. 진공상태에서는 쇠가 녹슬지 않는다. 습기가 없기 때문이다. 습기가 있어야 쇠가 부식의 단계로 접어드는데 그것이 없으니 백 년 천 년을 두어도 그냥 쇠로 남아 있다.

그처럼 불각이 설령 생멸의 씨앗이라고 해도 무명이 거기에 붙지 않으면 그 씨앗은 씨앗의 역할을 할 수가 없다. 그래서 무명주지를 생멸의 핵으로 보는 것이다. 무명과 무명주지는 같은 말이다. 무명은 어리석음이고 주지는 그 상태를 유지한다는 말이다.

그 다음에 생멸의 조연은 6진경계라고 한다. 비록 내 마음이 일어났다 하더라도 외부세계에 마음을 빼앗기지 않으면 생멸할 수 있는 죄업을 짓지 않는다. 그러다보니 조연을 6진경계로 보신 것이다. 6진은 색성향미촉법이다.

생멸의 핵 = 무명주지 = 원인
생멸의 태동 = 6진경계 = 조연

依是二義以顯因緣 諸生滅相聚集而生 故名衆生

이 두 뜻에 의해 인연을 나타내었다. 모든 생멸상이 모이고 모여 태어난 자가 중생이다.

생멸의 인연은 위에서 말한 두 가지 종류의 因과 緣에 의해 확연히 드러났다. 그런 因과 緣으로 중생은 무량겁 동안 생사를 거듭하고 있다.

중생이라는 말은 情識이 있는 모든 생명체를 뜻한다. 정식은 감정과 의식이다. 세상에 살아 움직이는 것치고 중생 아닌 것이 없다. 미물에서부터 거대한 동물들 모두 정식을 가지고 있다.

어린아이부터 어른은 물론 신출내기 스님으로부터 대승십지보살까지 모두 다 중생의 범위에 들어 있다. 정확히 말해 살아 숨 쉬는 생명체 중에서 부처를 제외하고는 전부 다가 중생인 셈이다.

그렇게 폭넓은 중생의 범위를 좁히고 좁히면 일개 범부까지 축소된다. 그 범부를 인간이라고 한다. 그러니까 여기서 중생을 인간으로 좁혀서 설명하는 것이다.

사실 중생이라는 말은 舊譯구역이다. 구역은 옛날 번역이라는 뜻이다. 신역은 有情이라고 부른다. 구역과 신역은 현장법사를 중심으로 갈라진다고 하였다.

오음은 구역인데 현장법사가 **반야심경**에 오온이라고 한역하는 바람에 그때부터 오온이라고 부른다고 하였다.

현장법사는 7세기 스님이다. 그러니까 중국에 불교가 넘어온 시대가 대강 3세기로 보면 근 4백 년 동안이 구역 시기에 해당된다. 그 이후에 한역된 것을 신역이라고 부른다.

그러나 오온은 신역을 따르는데 有情은 아직도 구역인 중생을 많이 쓰고 있다. 물론 **기신론**도 6세기 번역이므로 중생이라고 한 것이다.

중생이라고 할 때 衆은 무리 중 字다. 그러면서 메뚜기 衆 字도 된다. 큰 메뚜기 떼는 무리를 지어서 산다. 무리는 수많은 숫자가 엉켜 있다는 뜻이다. 또 衆은 多의 뜻도 있다. 그리고 衆의 속에는 重의 뜻도 들어있다. 중생이라는 말 속에는 이 세 가지 의미가 포함되어 있다.

첫 번째인 衆에 대해서 설명한다. 衆은 무리를 지어서 사는 동물이다. 무리를 떠남과 동시에 상당한 위험에 노출되고 허다한 어려움에 봉착된다. 같이 더불어 살면서 상호의존하는 방식으로 살아야 하므로 사회적 동물이라고 부른다.

곰 세 마리가 살고 있었다. 한 마리는 농사를 짓고 또 한 마리는 옷감을 짜며 나머지 한 마리는 약을 만들었다. 이 세 마리는 서로서로를 챙겨주며 화목하게 잘 살았다.

그러던 어느 날 뙤약볕 아래서 농사를 짓던 곰에게 갑자기 이런 생각이 불현듯 떠올랐다. 나는 힘들게 논밭으로 다니면서 곡식을 만들어 내는데 저 곰들은 시원한 곳에서 베를 짜고 약을 만들고 하니 이것은 정말 공평하지 않는 거잖아 하는 생각이었다.

그런 불만이 일어나니 그 둘의 꼴이 보기 싫어졌다. 그래서 추수를 하면 저 곰들에게는 한 톨도 주지 않고 나 혼자 다 먹을 것이다 하는 무서운 다짐을 하였다.

농사는 풍년이었다. 곰은 추수를 하여 창고마다 곡식을 가득 채워 넣고 추운 겨울을 배부르게 보내고 있었다. 그러자 베 짜는 곰과 약 만드는 곰이 찾아와 배가 고파 겨울을 넘길 수 없으니 곡식을 좀 나눠달라고 사정사정하였다.

농사꾼 곰은 그들의 애원을 거들떠보지도 않았다. 내가 얼마나 힘들고 어렵게 농사를 지었는데 너희들에게 나눠줄 수가 있느냐 하면서 야멸차게 거절해 버렸다.

결국 얼마 지나지 않아 약 만드는 곰이 굶어 죽었다. 그리고 또 얼마 가지 않아 베 짜는 곰도 굶어 죽었다. 농사꾼 곰은 그것 봐라 너희들도 나처럼 농사를 지었으면 안 굶어 죽었을 것 아닌가 하며 애석해하기는커녕 콧방귀도 뀌지 않았다.

농사꾼 곰은 방문을 걸어 잠그고 혼자서 밥만 꾸역꾸역 먹었다. 배가 부르고 등이 따뜻해서 세상에 부러울 것이 없었다. 그런데도 이상하게 외롭고 춥다는 생각이 들었다. 옷을 많이 껴입고 있으면 되겠다고 생각해 옷을 찾았으나 여유 옷이 없었다. 그는 그때야 베 짜는 동료가 사무치게 그리웠다.

그러다 그는 감기가 걸렸다. 밤새 콜록거리며 기침을 해도 누구 하나 찾아오는 이가 없고 누구 하나 간호해 주는 자도 없었다. 열이 펄펄 끓다가 사지가 뒤틀리는 몸살까지 왔다. 밥을 많이 먹으면 되겠 다싶어 밥을 먹으니 웬걸 밥알이 소태처럼 쓰기만 하였다. 그제야 그는 약 만드는 친구가 왜 필요했는지 뒤늦은 후회를 했다.

그러던 그도 결국 이런 저런 합병증과 외로움으로 세상을 떠나야 했다. 창고에는 세 사람이 먹고도 남을 만큼 곡식이 충분히 쌓여 있는데도 끝내 그도 쓸쓸히 죽고 말았다는 이야기다.

이 우화는 느끼게 하는 점이 참 많다. 나만 힘들게 일하고 다른 사람들은 그냥 놀고먹는 것 같아도 그들 나름대로 자기에게 주어진 몫을 다 하고 있다는 것이다. 그러므로 기름 묻히고 일하는 노동자는 펜대를 굴리는 경영자를 우습게보지 말아야 한다.

반대로 노동자가 없으면 경영자가 없다. 농토가 없으면 농부가 없고 학생이 없으면 선생이 없듯이 환자가 없으면 의사가 없다. 물론 국민이 없으면 정치를 하는 권력자도 없다는 것이다. 평등은 서로의 인간관계를 다지고 수직은 상호의 의존관계에 있다는 사실을 알아야 한다.

이것만 제대로 알면 인간관계에서 서로 반목하거나 이질감을 느끼지 않는다. 서로서로가 존경하고 대우받는 아름다운 사회가 만들어진다. 그럴 때 인간은 사회적 동물이 되는 것이다.

둘째는 많을 多의 뜻이다. 중생은 수많은 인연으로 뭉쳐져 있다. 윤회를 하는 중생은 언제 어디에서 누구와 부모형제 내지는 부모자식 간의 인연을 맺었는지 알 수가 없다. 그래서 전 중생을 보건대 부모형제 아닌 자가 없고 자식손자 아닌 자가 없으며 일가친척 아닌 자가 없다.

조금 더 생각의 파이를 넓히면 생명 있는 모든 동물에게까지 뻗힌다. 그들도 과거에 모두 다 내 부모형제고 내 자식손자로 얽혀 왔다. 그래서 대승불교에서 육식을 금하였던 것이다. 육식을 한다는 것은 내 부모형제의 살을 뜯어먹는 거라고 **범망경**에서 말씀하신 것이 바로 이 뜻이다.

그러므로 일체중생은 다 나의 핏줄과 연결된 생명들이다. 하기야 요즘은 사촌도 남이라 할 정도로 포용하는 마음이 좁아졌다. 사촌까지 들먹일 필요가 뭐 있는가. 형제간도 원수가 되고 부부간도 돈주머니가 다른 시대에 살고 있다.

셋째는 중복되어져 있다는 重의 뜻이다. 중생은 윤회를 한다. 윤회하지 않는 중생은 없다. 윤회하기에 중생 속에는 거듭이라는 重의 뜻이 들어 있다. 이 重 자는 억겁의 삶이 포개지고 겹쳐지며 중복되고 있다는 의미를 가지고 있다.

그래서 이 重자는 젖이라는 뜻을 가지고 있다. 모든 중생은 부모의 젖을 빨아야 육신이 살고 불법의 젖을 빨아야 마음이 산다는 의미에서 젖 重자로도 통한다.

또 이 重자는 어린아이라는 뜻도 있다. 모두 다 헤아릴 수 없는 과거의 삶 속에서 죄업을 짓고 금생에 어린이로 다시 시작해 중복된 삶을 산다는 뜻이다.

이렇게 衆이라는 뜻에는 많은 의미들이 들어 있다. 이런 다양한 뜻 때문에 인간을 표현할 때 신역新譯인 유정이 있는데도 구태여 중생이라는 구역舊譯을 쓰고 있는 것 같다.

그런데 만약 교회의 이름이 중생교회라면 어떻게 될까. 그러면 기독교 성서와 전혀 딴판의 시각을 갖게 된다. 성서는 인간이 이 세상을 단 한 번 산다는 직선의 시각을 갖고 있는 반면 불교는 다양한 인연으로 육도를 겹쳐 돈다는 시각에서 衆生이라는 이름이 나왔기 때문이다.

또 이 衆자는 무거울 重자가 되기도 한다. 누구나 인간은 과거의 죄를 무겁게 안고 살아간다는 의미기도 하다. 그 중에서 그나마 죄업이 덜 무거워 출가한 자들이 있다. 그런 분들을 우리는 스님이라고 부른다.

그런 스님들을 과거에는 衆이라고 불렀다. 아주 좋은 뜻이었는데 지금은 폄하된 언어로 변절되었다.

스님들은 조석으로 부처님 앞에서 일체중생이 평안하도록 기원하는 발원을 한다. **우파니사드**Upanishads 의 말씀이다.

From delusion lead me to Truth.
From darkness lead me to Light.
From death lead me to Immortality.

혼돈에서 진리로 나아가게 만든다.
어둠에서 빛으로 인도한다.
죽음에서 영원으로 이끌어간다.

이런 일을 누가 하느냐 하면 스님들이 한다. 박복한 중생들은 부처님이라 해도 어떻게 할 수가 없다. 천지를 모르고 날뛰는 中2 학생을 다스리는 데는 中3이 적격이듯이 박복한 중생들을 교화하는 데는 스님들이 제격이다. 그래서 부처님 대신 스님들이 전면에 나서서 그들을 가르친다.

아무리 금쪽같은 부처님의 말씀이라고 해도 그것을 직접 설해주는 스님들이 없으면 빛을 보지 못한다. 세상을 살리는 명약이 있다 해도 약사가 그것을 적절히 환자들에게 처방해 주지 않으면 그 명약은 남용하거나 오용되어 그 약이 갖고 있는 효력을 제대로 발휘하지 못하게 되는 것과 같다.

학자들은 부처님말씀을 책상에 올려놓고 자기식대로 연구만 한다. 그리고 논문을 발표하여 학계에 이름을 날린다. 하지만 스님들은 직접 행동에 옮기고 중생들을 부처님말씀을 따라 실천하도록 유도한다.

그런 스님들의 마음은 언제나 무겁다. 위로는 부처님말씀을 정확히 전해야 하고 아래로는 일체중생을 구제해야 한다는 책무에서다. 중심이 잡힌 무거운 마음은 바람을 타지 않는다. 그래서 책임이 무거운 분들이라고 해서 重이라고 한다.

이런 스님들에게 도전하면 중상을 입는다. 스님들은 무서운 분들이다. 부모와 형제의 인연을 무참히 베어버리고 출가한 아주 차가운 분들이다. 그분들에게는 더 이상 두려울 것도 없고 더 이상 손해 볼 것도 없다. 그런 분들에게 두들겨 맞으면 중상을 입는다. 중상이라는 말도 여기서 나왔다.

사실 스님들은 시시때때로 침범하는 魔마를 상대로 힘겹게 싸워야 하므로 마음의 무장을 단단히 하고 있다. 그래서 스님들을 잘못 건드리면 절단난다. 인간이 魔로 보일 때에는 인정사정없이 공격해 버린다. 그래서 중상을 입는다는 것이다. 조심해야 한다.

"그런 스님들을 건드리면 되겠어? 안 되겠어?"

"안 되겠네요. 정말!"

그런 분들이 병들면 중병이 된다. 세상의 병 중에서 스님의 병만큼 위중한 것이 없다. 그래서 중병이라고 한다.

또 있다. 스님들은 언제나 공부하는 衆이다. 학생들은 학교에서 다양한 공부를 하지마는 스님들은 중생세계를 학교로 삼아 공부를 한다. 공부하는 목적은 오로지 외롭고 힘든 일체중생들을 구제하려는 데 있다.

그러므로 그분들의 공부를 방해해서는 안 된다. 사회에서도 공부 중에 있는 학생들은 건드리지 않는다. 그런데 어찌 스님들의 공부를 폄훼해서 방해할 수가 있겠는가. 그분들의 공부에 장애가 없도록 무조건 도와주어야 한다.

"스님들은 언제나 뭐 하신다고?"

"공부하고 있는 중 입니다."

또 같은 발음의 中자도 있다. **혈맥기** 1권에서 한 번 설명하였지마는 中은 중도를 표방한다. 사람과 사회 국가 간에 中이 없으면 불화와 마찰이 일어난다. 그 마찰을 없애기 위해 베어링 같은 中이 존재한다. 中이 없으면 인간세계가 부서지고 깨져버린다.

中은 도시와 숲을 연결해 주는 그린벨트역할을 한다. 이 그린벨트가 없으면 도시와 도시 사이가 황폐해진다. 그러면 모든 동식물이 숨을 쉬고 살아갈 수가 없다. 그래서 中은 중생계의 허파노릇을 해 준다.

중은 소중하다. 인간과 부처를 연결해 주기에 그렇다. 중이 없으면 부처세계를 알 수가 없다. 차안과 피안을 연결해 주는 다리 역할이 없으면 누가 부처세계로 갈 수 있겠는가. 그래서 중이 없으면 사바세계 중생은 희망이 없다. 그만큼 中은 소중하고 가치가 있다.

그런 고결한 中이 사라지면 중생은 영원히 다람쥐 쳇바퀴 돌듯이 삼계를 떠돌아야 한다. 그러므로 구족계를 받은 정통스님들을 경시하거나 함부로 대해서는 안 된다. 여차하면 천벌을 받는다. 정말로 조심하고 공경해야 할 분들이다.

海東疏 而無別體 唯依心體 故言依心 卽是黎耶自相心也

중생은 별다른 본체가 없다. 오직 심체에 의해 나타난다. 그러므로 마음에 의거한다고 했다. 그것은 바로 아려야식 자체의 모습과 마음인 것이다.

중생은 허상이다. 별다른 실체가 없다. 그것은 죄업이 바탕이 된 마음이 만들어 낸 것이다. 배우는 허상이다. 별다른 자성이 없다. 그것은 연출자가 만들어 낸 것이다. 그처럼 중생은 실체가 없다. 마음이 만들어 내고 그 모습을 변천시킨다. 연출자가 배우를 드라마에 이리저리 집어넣고 빼는 것과 같다.

배우가 잘생기면 좋은 역할을 배정받는다. 못생기면 조연으로 허드렛일을 하다가 중도하차해야 한다. 그처럼 복이 많으면 세상무대에서 잘 살게 되는 것이고 복이 없으면 그 밑에서 허드렛일을 하다가 사라진다. 그러면 또 다른 못난 사람이 그 자리에 들어가 내 대신 허드렛일로 소모품 인생을 살게 된다. 그렇게 중생세간은 끊임없이 이어져 가고 있다.

우리는 어차피 내 자유의지로 이 세상을 살아갈 수 없다. 민주화를 부르짖는 자가 조금만 더 수준을 높이면 자신의 민주화를 위해 반드시 수행에 임하게 된다. 그러나 그 사람들은 아직까지 육신의 민주화가 전부라고 생각하고 있다.

중생! 그것은 아려야식이 만들어 낸 모습과 마음이다. 신체가 허약해 기력이 빠지면 허깨비가 보이듯이 부처가 불성을 지키지 못하면 이런 중생의 모습과 정식을 가진 생명체가 거품처럼 일어나 고통의 파노라마를 만들어 내는 것이다.

海東疏 能依衆生 是意意識 以之故言意意識轉

이와 같이 중생은 의와 의식에 의거해 있다. 그것을 말하고자 의와 의식으로 떨어졌다고 하였다.

중생은 마음을 의거해 나타나서 意와 의식을 쓴다. 意는 잠재의식이고 의식은 분별사식이다. 잠재의식은 상속식이고 분별사식은 무엇을 분별해서 아는 거친 의식작용이다.

중생은 잠재된 의식, 즉 상속되어 온 정보지식에 의해 논리적 사고를 한다. 논리적 사고라고 하니 뭔가 대단한 것 같지만 중생 그 자체가 불완전 생명체인데 거기서 나온 논리적 사고가 뭐 그리 대단하겠는가.

그래서 중생은 하는 일마다 헛발질이고 하는 말마다 소득이 없다. 왜냐하면 그렇게 하도록 만들어진 것이 중생이기 때문이다. 허수아비가 생명이 있고 꼭두각시가 사리판단을 하는가. 그냥 조종하는 대로 움직이듯이 중생도 그냥 자기의 죄업이 시키는 대로 말하고 움직이고 있을 뿐이다.

스톡홀름신드롬이라는 말이 있다. 중생 모두는 흉악한 범죄자에게 포로로 잡혀 있다. 처음에는 거세게 반항하기도 하였지마는 지금은 그 범죄자와 함께 따뜻한 정을 나누고 재미있게 살아간다.

경찰이 범죄자를 처단하려고 진입하면 도리어 그 범죄자를 도와주고 그와 합세한다. 급기야 그들도 점점 범죄자를 이해하고 동조하는 삶을 산다. 이것이 그 유명한 스톡홀름증후군이다.

중생도 마찬가지다. 불각이 처음에 본각을 점령할 때는 거칠게 저항하였지마는 이제는 불각과 한 팀이 되어 있다. 그러면서 생사를 윤회하며 잘도 살아가고 있다.

잡혀 있던 본각이 정신을 차려 불각을 밀어내려고 하면 불각과 합세해서 본각을 짓누른다. 그러다보니 누가 자기편인 줄을 모른다. 도리어 본각을 홀대하며 사납게 상대한다. 결과적으로 모든 중생은 중생증후군에 걸려 있다.

그러므로 중생이 자신의 원래 모습을 찾고자 한다면 불각에 의해 오염된 고집스런 궤변과 황당한 논리적 사고를 당장 멈춰야 한다. 그러면 아주 미미하게나마 불각에 짓눌린 자신의 모습이 그 속에서 서서히 고개를 내밀고 나오는 것을 금방 느끼게 될 것이다.

海東疏 △以下別釋 於中有三 先釋依心 次釋意轉 後釋意識轉

여기서부터는 개별로 풀이한다. 그 가운데 세 가지가 있다. 먼저는 마음을 의거하는 것에 대해 풀이하고 다음은 意로 내려감을 풀이하고 뒤에는 의식으로 내려감을 풀이한다.

생멸하는 원인과 조연은 마음을 의거해서 意와 의식을 쓰기 때문이라고 했다. 그 마음과 意와 의식을 각각 따로 떼어서 하나하나 설명해 나가겠다는 말씀이다. 내려간다는 말은 더 탁해지는 과정을 말한다.

모래가 묻은 둥근 떡이 있다. 털고 먹으면 충분히 먹을 수 있다. 그런데 터는 것이 귀찮다고 그것을 땅에다 굴린다. 모래를 털기 위해 굴렸는데 모래가 더 묻어 버렸다. 이게 意의 수준이다.

이것 봐라. 모래가 더 묻었잖아. 세게 굴리지 않아서 그런가보다라고 하며 더 세게 굴린다. 그러면 이제 떡이 보이지 않는다. 제 딴에는 머리를 쓴다는 것이 더 엉망진창으로 만들어 버렸다. 이런 과정을 轉전이라고 쓰고 그것을 알기 쉽게 표현하다 보니 내려간다고 번역한 것이다.

㉠ 心

起信論 此義云何 以依阿黎耶識 說有無明

그 뜻이 왜 그러냐 하면 아려야식에 무명이 들어 있어서 그런 것이다.

아려야식은 진망화합식이다. 즉 본각과 불각이 범벅이 되어 있다고 했다. 본각은 부처고 불각은 중생이다.

불각이 있으면 어둠이 달라붙는다고 했다. 그래서 불각과 어둠은 같이 있고 함께 작용한다고 했다.

아려야식은 우리의 마음이다고 했다. 아려야식은 불각을 갖고 있으므로 우리 마음은 시작단계부터 불완전한 것이다. 거기서 意가 나오고 의식이 생긴다.

아려야식은 8식이다. 지각지식의 원천이다. 아래로 내려오면서 지엽적인 식들이 생기고 마지막에 5식인 본능이 나온다. 그러니까 중생이 될 수 있는 일체 요인은 처음부터 마음이라는 이 아려야식에서 시작되는 것이다.

海東疏 初中言阿黎耶識者 是上說心卽是生滅之因 說有無明者 在黎耶識卽是生滅之緣

처음에 아려야식이고 한 것은 위에서 말한 마음이다. 그것이 생멸하는 원인이다. 무명이 있다는 것은 아려야식에 있다는 것인데, 그것이 생멸의 연이 되는 것이다.

불교는 무지를 가장 적대시한다. 무지는 자신은 물론 중생세계 전체를 뒤흔들어 버리기 때문이다.

크고 작은 모든 실수는 다 무지에서 비롯된다. 무지는 언제나 시행착오를 일으킨다. 그 시행착오를 바탕으로 점차 실수를 줄이면서 완벽한 목표에 도달한다.

그런데 어찌 된 영문인지 이 죽음의 문제는 억만 번의 시행착오를 겪었음에도 더 나아지거나 제대로 풀리어질 기미가 보이지 않는다.

그것은 중생의 마음속에 무지가 원천적으로 들어 있기에 그렇다. 그 무지가 들어 있는 한 그 무엇도 정확히 풀리는 법은 없다. 그것은 꼭 노란 안경을 끼고 세상을 푸르게 보려 하는 것처럼 아무리 용을 쓰고 애를 써도 절대로 그렇게 되지 않는다.

무지라고 하니 자꾸 지식의 반대를 생각하게 되는데 전혀 그렇지 않다. 여기에서의 무지는 무명을 말한다. 무명은 지식의 반대가 아니다. 무명을 분석하고자 지식을 갖다 대면 무명은 더욱 더 깊어지고 짙어지는 성질을 가지고 있다.

무명은 원래 있던 것이고 무지는 지식이 있고 난 뒤부터 있다. 그래서 그렇게 많은 지식들을 쌓고 쌓아도 이 무명 앞에서는 완전 두 손을 들고 마는 것이다.

그런 지식으로는 생사는커녕 제 몸 하나 먹고살기에도 급급하다. 그러므로 그렇게 생사를 지겹도록 계속하고 있어도 거기서 빠져나오지 못하고 있는 것이다.

그래서 중생이 그 원초적인 무명을 제거하지 못하는 한 생사는 앞으로도 계속되고 또 끝없이 이어질 수밖에 없다.

海東疏 欲明依此因緣意意識轉 故言以依阿黎耶識說有無明

이 인연으로 해서 의와 의식으로의 내려감을 밝히고자 하였다. 그래서 말하기를, 아려야식에 무명이 있다고 한 것이다.

위에서 말한 이 인연은 생멸의 원인과 조연이다. 이제 범부가 왜 생멸해야 되는지 그 이유가 분명히 드러났다. 그것은 마음에 들어 있는 무명 때문에 그렇다는 것이다. **원각경** 말씀이다.

身心等性
皆是無明

범부의 몸과 마음, 그리고 세상은
모두 다 무명이 만들어 내었다.

그러므로 무명을 제거하면 나고 죽지 않는다. 그렇다면 범부가 그렇게 하면 될 것이 아닌가. 그렇지 않다. 범부는 그렇게 하지 않도록 이미 무명이 세팅해 놓았다.

그래서 범부는 죽음을 겁내지 않는다. 범부에게는 오로지 본능대로 사는 금생만 있다. 또 다른 죽음의 생애가 걱정된다면 그 죽음의 핵인 무명을 왜 뽑아버리려 하지 않겠는가.

하지만 범부는 그렇게 생각하지 않는다. 금생의 죽음만 생각해도 소름이 오싹 끼치는데 세세생생 이렇게 죽는다 해도 그 죽음을 겁내지 않는 이유는 바로 이 무명이 처음부터 그런 생각을 하지 못하도록 프로그램화시켜 놓았기 때문이다.

海東疏 上總標中略標其因 是故但言依心 此別釋中具顯因緣 故說亦依黎耶識內所有無明也

위 문단에서는 묶어서 표시하다 보니 간략하게 그 원인을 표시하였다. 그래서 다만 마음에 의거하여라고 하였다. 여기서는 따로 풀이하다 보니 그 인연을 모두 나타내었다. 그래서 또 아려야식 속에 무명이 있다고 한 것이다.

생사의 원인을 단도직입적으로 물으면 마음과 意와 의식이다고 답할 수 있다. 하지만 이렇게 아는 것은 수박 겉핥기와 같아서 거기에 담긴 내용물의 뜻을 정확히 이해할 수 없다.

그래서 좀 더 자세하게 분석해 주기 위하여 心意識을 다시 세분화하기 시작한다. 물론 순서대로 마음을 먼저 밝혀 준다.

마음은 아려야식이다. 거기에 불각이 있다는 것이다. 그 불각이 바로 무명이라고 하였다. 누누이 말하지마는 아려야식 속에 불각은 무명의 다른 이름이다. 이 불각과 무명은 같이 있고 같이 움직이는데 그것을 중생의 마음이라고 수없이 말해 왔었다.

그러함으로 해서 일단 마음의 정의는 내려졌다. 마음은 아려야식이고 거기에 불각이 있었다. 아려야식은 가만히 있다. 그것은 명사다. 그러나 불각이 있음으로 해서 동명사가 된다. 그 이유는 무명이 그렇게 하도록 작업을 하기 때문이다.

[別記] 別記云 當知無明住地 非七識攝 亦非爲彼所熏種子

따로 기술하자면 마땅히 알라. 무명주지는 7식에 함섭되는 것이 아니다. 또한 저것에 훈습되는 종자도 아니다.

무명은 7식에 함섭되는 것이 아니다. 무명은 8식에서부터 작용한다. 색안경을 끼면 색안경에서부터 바깥의 색채가 그 색으로 나타난다. 7식과 6식 같은 것들은 지엽적인 것들이다. 모든 원인은 8식인 아려야식의 색안경부터 시작한다.

그러므로 7식에 의해 무명이 뿌리 뽑혀지는 것은 아니다. 무명은 8식을 없애야 비로소 없어진다. 7식은 근본무명을 어떻게 하지를 못한다. 8식이 마음이다. 마음 거기에 무명이 붙어 있다. 그러기에 마음을 버리면 무명은 사라진다.

ⓛ 意

起信論 不覺而起 能見 能現 能取境界 起念相續 故說爲意
불각이 능견 능현 능취경계를 일으킨다. 그리고 망념을 일으켜 상속케 한다. 그것을 意라고 한다.

위 원문에서는 아려야식 속에 무명이 들어 있다고 하였는데 여기서는 불각을 말하고 있다. 항상 하는 말이지만 불각과 무명은 같은 통속이다.

불각이 능견 능현 능취경계의 작용을 일으킨다. 능견은 보는 것이고 능현은 나타내는 것이며 능취경계는 세상의 무엇을 가지고자 하는 의욕이다. 그것은 망념이다.

그것이 왜 망념이냐고 하면 불각에서 나왔기 때문이다. 그래서 범부가 망념 속에서 살아간다. 그러므로 생사의 고통을 받는다.

그렇다면 그럼 망념을 안 쓰면 될 것 아닌가 한다. 망념은 범부가 쓴다고 해서 생기고 안 쓴다고 해서 안 생기는 그런 성질이 아니다. 이 망념은 범부의 의지와는 상관없이 범부의 지각의식을 세차게 흘려 버린다.

그런 지각의식을 가지고 범부가 이 망념을 어떻게 없앨 수 있단 말인가. 오물을 씻을 때 오물로 씻으면 더 더러워진다. 그처럼 망념을 망념으로 그치고자 하면 혹을 떼려다 혹을 더 붙이는 결과를 초래한다.

그러므로 범부는 다만 이 망념이 나를 죽음으로 몰고 가는 것이구나 라는 것을 아는 것만으로도 인생에 굉장한 횡재를 얻는다.

그러면 뒤에 이 망념을 어떻게 처리해야 되는지 그 방법을 익히게 될 것이다. 그때까지 알아야 할 것은 범부의 인생은 망념이 완전 지배하고 있다는 사실을 똑똑히 기억하고 있는 것이다.

범부가 생멸을 거듭하는 데는 心意識을 쓰기 때문에 그렇다고 했다. 心의 설명은 위에서 끝났다. 이제 意를 설명하는데 그 意의 정의가 세워졌다. 바로 이 대목이 그렇다.

起信論 此意復有五種名 云何爲五 一者名爲業識 謂無明力不覺心動故

이 意에는 다섯 종류의 이름이 있다. 말하자면 무엇이 다섯이 되는가. 첫째는 업식이다. 이를테면 무명의 힘이 불각의 마음을 움직이게 하기 때문이다.

위의 뜻은 원문에서 불각이 일어남으로 해서 라고 하는 첫 단계다. 본각과 불각이 뭉치어 있었는데 자연적으로 무명이 불각을 건드리게 된다. 그것이 첫 단계다.

9상차제九相次第라는 말을 들어봤을 것이다. **기신론**에서 9상차제는 정말 중요한 대목이다. 중생이 되어 내려오는 과정을 단계별로 일목요연하게 설명한 것이다.

그때는 과정을 설명하였고 지금은 지각의식의 흐름을 말하고 있다. 즉 3세 6추는 하나하나의 상태를 말하다 보니 각 단계마다 相이 들어갔고 여기에서는 그 상태를 아래로 전전시키는 의식작용을 말하다 보니 각각의 識이 들어가 있다. 즉 업상이 여기서는 업식이 되는 것이다.

업식은 업상을 설명할 때 이미 개괄적인 해설은 다 했었다. 업식은 중생이 되도록 불각을 건드리는 상태라고 했다. 이것을 위에서 충치가 생기는데 충치균이 처음으로 치아를 공격하는 단계라고 했다.

起信論 二者名爲轉識 依於動心能見相故

둘째는 이름이 전식이다. 움직이는 마음에 의해 능견의 모습이 일어나기 때문이다.

3세 6추를 다시 복습한다는 의미에서 이 부분을 보면 낯설거나 어렵지 않을 것이다.

전식은 주체가 되는 의식이다. 이 단계를 앞에서 능견이라고 했다. 드디어 주관적인 주체가 나타나는 계위다.

업식의 단계에서는 주객이 갈라지지 않지마는 한 단계 아래로 더 내려가면 주체가 생긴다. 범부들은 주체인 자기가 생기면 대단히 좋아할 일이지마는 사실은 자기가 생기면 그때부터 외부세계인 객체를 상대해야 하기 때문에 정말로 골치 아픈 일만 벌어진다.

골치 아프다라는 말은 뼈가 저리고 이가 아프다는 한자어다. 일반 사회에서도 객체인 애인이 생기면 그때부터 골치 아픈 일만 벌어진다. 그보다 더한 我라는 주체가 삼계에 고개를 내밀게 되면 그때부터 고생문은 훤하게 열리게 된다.

그런 我도 복덕의 수준에 따라 등차가 있다. 정말로 대책없이 복 없게 태어나면 모든 사람들을 모시고 살면서 말할 수 없는 멸시를 받아야 한다. 그런 자는 자신을 말할 때 小人이라고 부른다. 요즘은 이 말을 쓰지 않지마는 역사드라마를 보면 자주 나온다.

그 다음 단계가 나我다. 보통의 사람들은 다 여기 머물면서 나는 이라고 한다. 그 위가 본관이라는 호칭을 쓰는 관료들이다. 좀 거만한 냄새가 난다. 그 위에 과인이 있다. 이것은 임금이 쓴다. 그 위에는 짐朕이 있는데, 황제인 천제가 쓴다.

그 위에 수다원 사다함 아나함 아라한의 신분이 있다. 그 위에 삼현보살이 있고 십지보살이 있다. 我가 있는 생명체의 제일 꼭지점에 부처라는 호칭을 쓰는 대성인이 있다. 물론 부처님의 我는 열반 四德의 我다. 이런 생명체들이 다 이 땅에 살고 있다.

아름답게 치장을 하고 있는 하루살이를 보고 모기가, 하루만 사는데 그것도 사는 것이라고 치장을 하느냐고 비꼰다. 듣고 있던 메뚜기가 모기에게 한 마디 던진다. 그것도 자식이라고 자식 만들려 남의 피를 빨고 다니냐고 삐죽거린다.

날아가던 뱁새가 메뚜기를 보고, 한 철밖에 못 사는 주제에 잘난 척할 것 없다고 핀잔하자 그 말을 들은 인간이, 같잖다는 듯 그것도 날개라고 달고 나느냐며 면박을 준다. 그 소리를 듣고 수다원과를 얻은 성자가 인간을 보고,

그것도 머리냐. 악세사리지.

라고 한다.

이제 인간의 수준이 어느 정도인지 알 것이다. 이런 수준의 인간이 만물의 영장이라고 한다. 그 만물은 고작 미물이나 짐승을 넘어가는 정도밖에 되지 않는다.

그래도 힘들게 이 세상에 태어났다면 적어도 과인이나 짐이라는 소리는 하고 살아야 되는데 고작 나我라는 호칭으로 서로 물고 뜯으며 아옹다옹하고 있으니 참 그 신세가 한심하기만 하다.

起信論 三者名爲現識 所謂能現一切境界 猶如明鏡現於色像 現識亦爾

셋째는 이름이 현식이다. 이른바 능히 일체경계를 나타낸다. 마치 명경이 색상을 나타내는 것처럼 현식도 또한 그러한 것이다.

능견이 생기면 능현이 나타난다. 보는 자가 있으면 보이는 대상이 있다. 주체가 만들어지면 객체인 대상이 나타나는 법이다.

3細를 설명할 때 현식을 가장 심도 있게 파헤친 것을 기억하실 것이다. 그만큼 현식의 세계는 어렵고 심오하기에 그렇다. 현식은 눈앞에 나타난 세계다. 그것을 일체경계라고 한다.

원문의 명경은 밝은 거울을 말한다. 옛날에 거울을 명경이라고 하는 때가 있었다. 그것을 아직까지 기억하는 독자들이 있는지 모르겠다. 참 오래 전에 불렀던 거울의 한자이름이다.

起信論 隨其五塵對至卽現 無有前後 以一切時任運而起常在前故

그것은 오진을 따라 상대하면 즉시 나타내는데 전후가 없다. 언제 어디서든 자유롭게 일어나 항상 눈앞에 있다.

오진은 색성향미촉이다. 내가 나오면 객관세계인 이 오진이 나타난다. 그것이 나에게 달려드는 것이 마치 밝은 거울에 사물이 순식간에 들어가는 것과 같다. 그 들어가는데 전후가 없다.

그 이유는 허상이 들어가기 때문이다. 실상이 들어가면 순서대로 줄을 맞추어 차곡차곡 들어가겠지마는 허상은 형체가 아니므로 서로 부딪치지 않고 일시에 들어갈 수 있다.

그래서 거울에 보여지는 세상은 모두 다 가짜다. 단 하나의 실상도 거울은 가지지 못한다. 그러므로 그것들은 허상이다. 허상이기 때문에 경계가 일그러지지 않고 모두 다 들어갈 수 있는 것이다.

그것처럼 우리 마음에 들어가는 눈앞의 모든 물상은 전부 허상이다. 허상이기 때문에 우리 마음에 장애없이 들어가고 걸림없이 나오는 것이다.

起信論 四者名爲智識 謂分別染淨法故

넷째는 이름이 지식이다. 이를테면 염정의 법을 분별하기 때문이다.

인간이 눈앞에 나타난 현상을 헤아리기 위해서 숫자를 만들어 내었다. 아라비아숫자 중에서 4자는 재수가 없고 9자는 재수가 좋은 길수라고 한다. 멀쩡한 숫자를 자기 입맛대로 재단해서 좋은 숫자와 나쁜 숫자로 자리매김해 버렸다.

4자가 뭐 인간에게 돈 달라 한 것도 아니고 밥 달라 한 것도 아닌데 한자의 죽을 死자와 같은 발음이 난다는 억측으로 졸지에 凶字흉자가 되어 버렸다. 이것이 인간이 세상을 재단하는 방식이다.

세상은 가만히 있다. 거기에 인간이 좋고 밉고 나쁘고 아름답고 하는 감정을 덧씌운다. 세상에는 긴 것도 없고 짧은 것도 없으며 전후도 없고 거래도 없다. 유무는 물론 愚智 등도 없다.

노인은 없다. 이 세상 모든 것은 다 자기 이름인 명사가 있다. 명사는 고정되고 불변한다. 그런데 노인이 있다고 하면 노인은 그 상태로 있어야 한다. 하지만 노인은 더 노인이 되어 결국 죽고 만다. 왜냐하면 움직이는 물상에는 명사가 아니라 동명사만 있기 때문이다.

노인을 폄하하지 마시라. 노인은 살아온 경험체다. 살아왔다는 말은 무수한 세월을 거쳐 왔다는 뜻이다. 노인은 가만히 있지를 않는다. 늙어 죽으면 다시 새 생명을 받고 태어날 수가 있다.

그러면 졸지에 전후의 순서가 바뀌어져 버린다. 노인이 있을 때는 내가 젊었지마는 그 노인이 다시 아이로 태어나면 내가 노인이 되어 버린다. 그러므로 세상에는 노인도 없고 젊은이도 없다.

우리가 쓰는 智識은 그 움직이는 동영상을 명사로 취급해 온갖 정의를 내려버린다. 그렇게 지칭된 그 명사는 세월이 지남과 동시에 거품의 모습처럼 흔적 없이 사라진다. 그러면 무엇을 갖고 정의를 내렸단 말인가. 결국 거울에 비친 허상을 보고 정의를 내린 것이 아닌가. 그래서 범부가 하는 일은 매양 헛발질을 한다는 것이다.

起信論 五者名爲相續識 以念相應不斷故 住持過去無量世等善惡之業令不失故

다섯째는 이름이 상속식이다. 망념이 상응하여 끊이지 않기 때문이다. 과거 무량 세월 동안 지어온 선악의 업을 간직하여 잃어버리지 않고 있는 것이다.

항상 하는 말이지마는 범부의 지식은 헛된 것이다. 그것은 꼭 토끼의 뿔과도 같다. 전혀 사실이 아닌 것을 사실이라고 판단해 하나의 정보로 둔갑시켰다. 그것을 배운 자들은 귀한 정보니만큼 잊지 않기 위해 가슴에 꼭꼭 저장해 둔다.

그렇게 수집된 자료와 평가로 선악의 기준을 삼아왔다. 범부에게 선악의 기준은 무엇인가. 무엇이 선이고 무엇이 악인 것인가.

까치가 길조라고 했다. 그래서 까치를 사랑했다. 하지만 이제는 까치가 흉조가 되어 버렸다. 흉조라던 까마귀가 이제 도시까지 내려왔다. 까마귀는 검은 마귀라는 뜻이다. 검다는 뜻이 더 짙으면 까맣다가 된다. 얼마나 그 새가 흉측스럽게 느껴졌으면 까만 마귀라는 뜻으로 까마귀라 지었을까. 그런데 그것이 오늘날 친조親鳥가 되어 버렸다.

멧돼지를 함부로 잡지마라고 했다. 허락 없이 맘대로 잡으면 조수
보호법에 걸린다고 했다. 멧돼지가 넘쳐나니 산자락에 일궈놓은 논
밭이 절단이 났다. 누구에게는 선법이 누구에게는 악법이 되어 버리
는 것이다.

그러므로 범부에게 주어진 선악의 기준은 없다. 어느 쪽에서 보느
냐에 따라 선악이 갈라지기에 그렇다. 그렇지만 그 결과는 선이든
악이든 반드시 받는다. **법구경** 말씀이다.

What e'er ye sow that shall ye reap
Such is the Law divine.
You can't e'er escape
The Karma which is thine.

당신이 뿌린 씨앗은 당신이 거둔다.
이것은 절대불변의 진리다.
당신은 도망칠 수 없다.
그 결과는 당신 몫이기 때문이다.

起信論 復能成熟現在未來苦樂等報無差違故　能令現在已經之事
忽然而念　未來之事　不覺妄慮

다시 그것을 현재와 미래의 고락 등에 성숙시켜 어긋남이 없게 만든다.
그래서 현재에 지나간 일을 홀연히 생각나게 만든다. 그러면서 미래의

일은 알지 못하여 쓸데없는 걱정을 한다.

가만히 앉아 있으면 정말 지나간 과거가 뒤죽박죽으로 떠오른다. 시간만 지나간 것이 아니라 선악 속에서 인생도 무상하게 흘러갔다.

많은 사건들이 다가오고 비켜갔다. 어떤 것은 나에게 평안을 줬고 또 어떤 것은 나에게 근심을 입히며 떠나갔다. 사람도 마찬가지다. 참 많은 사람들이 오고 갔다. 기억에 남는 자도 있고 그렇지 않은 자도 있다.

어떤 사람은 이익을 주고 갔고 어떤 사람은 손해를 입히고 떠나갔다. 어디서든 한 번은 다시 만나고 싶은 사람이 있고 세세생생 다시는 만나고 싶지 않은 사람도 있다. 모두 다 과거 전생부터 나와 맺어온 피할 수 없었던 인연이었던 것 같다. **법구경** 말씀이다.

What I am today comes from my
deeds of yesterday.
And my present deeds build my life of tomorrow.
My life is the creation of my deeds.

오늘의 나는 어제의 행위로 나타난 것이다.
지금의 행위는 내일의 내 인생을 세운다.
나의 인생은 나의 행동이 만들어 내는 것이다.

논어에 溫故知新온고지신이라는 말이 있다. 옛것을 앎으로 해서 새로운 것을 알 수 있다는 뜻이다. 참 좋은 말이다. 그래서 유식하다는 사람들은 어디서나 이 말을 기준으로 미래를 준비하자고 한다.

하지만 이 말은 범부에게는 맞지 않다. 옛날에 조상들이 다 죽었다. 고통스런 모습을 눈으로 보고 신음 섞인 소리를 귀로 들었다. 그렇다면 나는 그렇게 죽지 않아야 한다. 그게 온고지신이다. 그렇지마는 그렇지 않다. 잘 알면서도 또 그 뒤를 따라가 죽을 수밖에 없는 것이 범부의 천형 같은 운명이다.

조상들은 죄를 지어서 죽었다. 자기 한 몸과 가족을 위하여 알게 모르게 무수한 죄를 지었다. 그 결과로 그들은 죽었다. 그런 죽음의 길로 내가 가고 있다.

하루하루 먹고 살기 바쁜 범부가 어디 그런 것을 몰라서 조상처럼 살아가고 있는 것인가. 죄를 지으면 반드시 그 죄과를 받는다는 것을 잘 알면서도 죄를 지을 수밖에 없는 것이 범부다. 그러므로 온고지신 같은 말은 사실 범부에게는 서당개의 잠꼬대 같은 소리에 불과한 것이다.

범부의 삶은 숨 쉴 틈도 없이 바쁘다. 인생에 뭐 하나 확실한 것도 없고 분명한 것도 없기에 긴장을 늦출 수가 없다. 오늘도 불안하고 미래도 불투명하다. 지금도 이렇게 허덕이는데 미래는 어떻게 될까 라는 막연한 불안감이 엄습한다. 그렇다고 그들에게 미래에 대한 어떤 해결책이 있느냐 하면 그런 해결책 같은 것도 없다.

그래서 범부는 가련하다. 그들이 사는 세상도 말할 수 없이 척박하고 냉혹하기만 하다.

起信論 是故三界虛僞 唯心所作 離心則無六塵境界

그런 까닭으로 삼계는 허위다. 오직 마음이 만들었다. 마음을 떠나면 육진경계가 없어진다.

삼계는 중생세계다. 허위라는 말은 비었고 거짓이라는 뜻이다. 즉 중생세계는 가짜라는 것이다.

그렇다면 중생세계 속에 울고불고 고통 받는 중생들은 다 무엇인가. TV 드라마는 가짜다. 그것을 모르는 사람이 어디에 있나. 그러나 그것을 보고 울고 웃는다. 그렇다면 그들은 다 무엇인가.

대지도론에 세상은 거울 가운데 영상과도 같다. 그것은 공하여 불생불멸한다. 그러나 범부의 눈을 미혹하게 만들어 사실인 것처럼 보이게 한다. 세상은 인연으로부터 일어나서 인연으로 사라지므로 自性이란 것은 없다고 하였다.

부처가 이 땅에 오신 이유 중에 하나는 중생이 너무 불쌍하다는 것이다. 그들은 고통을 전혀 받지 않아도 되는데도 고통을 받고 있으니 너무 가여워서 볼 수가 없었다는 것이다.

그래서 부처라는 이름으로 나타나서 범부 누구라도 마음을 정확히 알면 고통 받아야 할 건더기가 전혀 없다고 포효하신 것이다. 그래서 **화엄일승십현문**에

三界虛妄
唯一心作

삼계는 헛되고 거짓이다.
오직 일심이 만들어 내었다

고 하신 것이다.

마음을 단단히 먹고 예리하게 드라마를 보면 저 사람들 정말 연기 잘 한다로 보이고 정신줄을 놓고 보면 자기도 모르게 그들과 함께 동화되어 미치고 흥분하게 된다. 그래서 마음을 다잡아버리면 나를 메치고 둘러치는 육진경계가 없어진다고 한 것이다.

起信論 此義云何 以一切法 皆從心起
그 뜻이 뭐냐 하면 일체법은 모두 다 마음에서 일어난 것이다.

화엄경 사구게 중 一切唯心造를 모르는 사람은 없을 것이다. 일상에 흔히 쓰는 말이지마는 범부에게는 요원한 말씀이다.

똑같은 물상이지만 그것을 보는 중생의 마음 여하에 따라 좋은 것이 되고 나쁜 것이 된다. 마음을 어떻게 먹느냐에 따라 세상이 달라 보이는 것은 사실이지만 범부의 마음은 범부가 어떻게 할 수가 없다.

마음을 놓아라는 둥 마음을 버리라는 둥 말하는 사람은 쉽게 던지는 말이지마는 말을 듣는 당사자는 그렇게 하기가 쉽지가 않다. 세상사 다 마음먹기에 달렸지 않느냐는 위로의 말도 영양가 없기는 마찬가지다. 그것이 정작 본인에게 닥치면 아무런 위로가 되지 않기 때문이다.

적어도 그런 말을 들어야 하는 사람은 지금 무엇인가를 잃고 큰 슬픔에 빠져 있다. 그럴 때 위로한답시고 이런 말을 하지마는 그들도 세상이 자기 마음먹는 대로 되지 못한다는 것을 잘 알고 있다.

그렇기에 정작 자신이 큰 손실을 보거나 억울한 일을 당할 때에는 그런 말들은 허언이 된다. 그런 말들은 남들에게 하는 말이지 결코 자기 자신을 안정시키거나 변혁시킬 수는 없기 때문이다.

起信論 妄念而生 一切分別 即分別自心 心不見心 無相可得

망녕된 생각을 내어 일체를 분별한다. 그것은 곧 자신의 마음을 분별하는 것이다. 마음은 마음을 보지 못하므로 어떤 것도 얻을 수가 없다.

내가 거울을 볼 때 그 얼굴은 나다. 그 얼굴을 보고 미추의 부분을 분별한다. 분별하는 주체는 내 마음이다. 내가 기분이 좋으면 내 얼굴이 환하고 내가 기분이 나쁘면 내 얼굴이 침울해 보인다.

나의 마음에 의해 세상이 판별된다. 그림 그리는 사람이 추상화를 그려놓고 잘 그렸느니 못 그렸느니 한다. 자기 마음으로 자기가 그려낸 것을 자기가 평가하는 것이다.

세상도 마찬가지다. 내가 내 기준으로 세상을 좋다 나쁘다로 구별하여 거기에 가치를 둔다. 그 가치는 나의 이기적 사고와 나의 주체적 관점으로 판별된다. 그러므로 내 욕심이 나타날 때 욕심에 물든 대상이 나타나고 내 욕심이 사라질 때 욕심에 물든 대상은 사라지게 된다.

자신은 자신을 보지 못한다. 자신이 객체가 되어야 자신을 본다. 마음도 마찬가지다. 마음은 주체적 입장이다. 그러므로 내 마음은 내가 볼 수가 없다. 보려면 주체가 되는 내 마음을 우선 버려야 한다. 그래야 자신의 마음을 본다. 그래서 범부에게는 見性이 그렇게 어렵다는 것이다.

영화에 배우를 넣는 자는 감독이다. 자기 마음에 의해 배우를 영화에 집어넣었지마는 그 화면의 배우는 자기가 어떻게 가질 수가 없다. 그처럼 나의 망녕된 마음이 세상을 이렇게 만들었지마는 그 어떤 물상도 내가 직접 가질 수 없다. 그래서 마지막에 어떤 것도 얻을 수 없다고 한 것이다.

起信論 當知世間一切境界 皆依衆生無明妄心而得住持

세간의 일체경계는 모두 다 중생의 무명망심에 의해 존재하고 있다는 것을 마땅히 알아야 한다.

사람마다 천차만별의 수준과 각양각색의 성격을 가지고 있다. 그 것들은 자신의 복덕 여하에 달려 있다. 옷을 입고 다니는 사람들을 유심히 보면 대번에 그렇다는 것을 알 수 있다.

정말 사람마다 옷을 입는 기호가 다 다르고 맵시가 다 다르다. 모두 다 자신의 생각으로 코디한 모습이다. 그러니까 자신을 자신의 수준에 맞게 만든 것이다. 이것을 인정하는 사람은 세상이 다 나의 망심에 의해 존재하고 있다는 사실도 바로 알아야 한다.

나의 가족 나의 회사 나의 직장 모두 다 내가 선택한 것이며, 나의 삶 나의 주거지 모두 다 내가 선택한 것이다. 그 나는 망념 덩어리로 구성된 나만의 잣대에 의해서 결정되어진 것이다. 그러므로 나는 나의 영원한 전용 망념코디네이터인 셈이다.

起信論 是故一切法 如鏡中像 無體可得

이런 까닭으로 일체법은 거울 속의 영상과 같아 그 본체를 가히 얻을 수 없다.

눈에 보이는 세상은 가짜다. 그러므로 무엇 하나라도 그것은 가질 수 없다. 사람이건 물건이건 간에 세상 어딘가에 있어야 하는 것이 잠깐 나에게 들어와 있다. 그러다가 또 다른 인연을 찾아 떠나버린다.

세상의 반을 다 가졌다는 칭기즈칸이나 알렉산더 대왕 같은 자들도 갈 때는 아무것도 없이 갔다. 세상이 진짜 실제였다면 그들이 세상의 반은 다 가져가 버렸을 것이다. 그런데 아무것도 가져가지 못했다. 그 이유는 세상은 헛것이라는 것이다.

호수에 비친 달은 그 누구도 가져갈 수 없다. 그것은 가짜이기 때문이다. 마찬가지로 세상은 거울에 비친 영상과도 같아서 아무도 자기 것으로 만들 수 없다. 그런데도 인간들은 끝없이 그것들을 가지려고 하고 있다. 참 어리석은 몸부림이다.

起信論 唯心虛妄 以心生則種種法生 心滅則種種法滅故

오직 마음은 허망한 것이다. 마음이 일어나면 온갖 것들이 일어나고 마음이 없어지면 온갖 것들이 사라지기 때문이다.

종교가 무엇이든 간에 한국에서는 원효대사가 남양반도에서 해골

바가지 물을 마시고 道를 깨달았다는 이야기는 어린아이들도 다 알고 있다.

문제는 그 道라는 것이 무엇인가이다. 그냥 도를 깨쳤다는 것으로 끝나면 성사의 문제로 국한되지만 그 道라는 것이 중생들과 직접적인 연관이 있는 것이라면 우리에게도 엄청난 혜택이 주어지는 것이다.

그것은 마치 석가모니부처님께서 마음을 깨치신 것과도 같다. 마음을 깨치신 분은 그분 개인이지만 그 마음을 갖고 있는 중생들은 그분에 의해 지금까지 엄청난 가피를 입고 있는 것이다.

그렇다면 성사가 깨친 것은 무엇이었을까. 그것은 정확히 부처님의 말씀이다. 보통 사람들은 부처님의 말씀에는 깊이 동감하지만 그것을 체득하지는 못하고 있다. 즉 대다수는 법문을 듣고 가슴이 두근거릴 정도로 감복하지만 그것을 자기 것으로 만들지는 못하고 있다.

성사도 마찬가지다. 유학길에 오르기 전까지 그분도 나름대로 불경을 공부했을 것이다. 그렇기에 좀 더 체계적이고 더 조직적인 공부를 하기 위하여 대승불교의 종주국인 중국으로 출발했을 것이다.

서라벌에서는 거리마다 연일 크고 작은 법회가 열리고 있었을 것이다. 왕궁에서는 더 크고 장엄한 법회가 봉행되었을 것이고 여타지역에서는 또 그들의 형편에 맞는 법회가 쉼 없이 개최되고 있었을 것이다.

성사도 오며가며 매양 법문을 들었지마는 다른 승속들처럼 그냥 귀에 머무는 정도였을 것이다. 그러면서도 뭔가 크게 와 닿는 느낌이 일어나지 않아 아무래도 직접 중국으로 가봐야 되겠다는 결심이 일어났을 것이다.

구도의 정신은 간절함에 있다. 불교공부를 할 때는 구도하는 정신으로 도전해야 한다. 그냥 호기심으로 한번 해보자는 식이든지 한번 배워보겠다는 심산으로 접근하면 설령 다 배웠다 하더라도 전혀 본인에게 이익이 없다.

두 번째 유학을 시도한 성사는 그러한 구도정신이 투철했을 것이다. 그런 자세는 애타게 어미젖을 찾는 영아들 같았을 것이다. 그 길에 의기가 맞은 의상과 원효는 어둑어둑한 시간이 되어서야 겨우 뱃길 끊긴 남양반도 나루터에 도착할 수 있었다.

그런데 갑자기 천둥이 일고 벼락이 쳤다. 사방은 순식간에 캄캄해지고 이어서 장대비가 쏟아지기 시작하였다.

성사는 의상과 함께 급히 비를 피할 곳을 찾았다. 저 멀리 석축으로 된 허물어진 무덤 하나가 보였다. 두 분은 누가 먼저랄 것도 없이 그쪽으로 냅다 뛰었다. 짧은 시간이지만 빗물에 젖은 무명옷과 걸망에서는 벌써 밀가루풀물이 끈적거리며 삐져나왔다.

내일이 되면 대국으로 들어가 직접 대승불교를 접한다고 생각하니 몸은 피곤해도 잠은 쉽게 이룰 수가 없었다. 비에 젖은 옷이 거의 말라가는데도 밖에는 쉬지 않고 비가 쏟아지고 있다. 이리 뒤척 저리 뒤척거리다 겨우 곤한 잠에 빠져들었다. 그런데 그 잠 속에서 원효는 심한 갈증을 느꼈다.

성사는 일어났다. 빗소리는 그치고 사방은 깜깜했다. 의상스님은 완전 녹초가 되어 있었다. 그때 머리맡에서 물 흐르는 소리가 들렸다. 처음에는 그 소리가 없었다. 세찬 비로 인해 무덤 속으로 물이 쓰며 들어와 흐르고 있었던 것이다.

성사는 손가락으로 물을 찍어 맛을 보았다. 갈증이 심한 상태라서 그 한 방울의 물이 달게 느껴져 더 많은 물을 원했다. 손을 오므려 물을 떠 마시려 하는데 그릇 같은 오목한 뭔가가 흐르는 물속에서 잡혔다.

성사는 그것을 들고 물을 들이켰다. 더 없이 시원하고 달콤했다. 그리고는 다시 깊은 잠으로 빠져들었다.

부스럭거리는 소리에 성사는 눈을 떴다. 의상스님이 새벽같이 일어나 흥분된 표정으로 분주하게 움직이고 있었다. 드디어 그렇게도 원하던 중국유학이 이뤄질 수 있다고 생각하니 감개가 무량하였다.

비는 완전히 그쳤는지 무덤 속을 흐르던 물소리는 들리지 않았다. 의상은 성사에게 아침식사로 누룽지 한쪽을 건넸다. 그것을 받아든 성사는 어젯밤 마시던 물을 찾았다. 그때 성사는 화들짝 놀랐다. 머리맡에 해골바가지 하나가 덩그러니 놓여 있지 않는가.

"오잉! 이게 뭐야?"

무덤 속이니까 해골바가지가 있는 것은 예사로운 일이다. 그런데 그것을 바가지로 삼아 물을 마셨다는 데 대하여 심한 구역질이 일어났다.

성사는 해골바가지 안을 들여다보았다. 께름칙한 것이 무엇인가 있는 것 같은데 어두워서 잘 보이지 않았다. 그래서 그것을 들고 바깥으로 나왔다.

햇볕에 드러난 그 해골 속에는 보일 듯 말듯 하는 온갖 미충들이 쉴 틈 없이 꿈틀대고 있었다. 특히나 빨간 실 같은 가녀린 벌레들이 서로 엉켜서 한가득 우글거리고 있었다. 그것을 본 성사는 경악을 금치 못했다. 바로 우웩 하는 소리와 함께 토악질을 하기 시작했다.

성사는 내장이 뒤틀리도록 그 물들을 게워내었다. 얼마나 토악질을 계속했는지 나중에는 창자가 뒤집히는 따가운 통증까지 일었다. 그래도 게워냄을 멈출 수 없었다. 눈물과 콧물이 범벅이 되었다. 너무나도 기가 막혀서 소리내어 엉엉 울고 싶었다.

그 와중에도 토악질은 계속되었다. 급기야는 눈알이 튀어나오고 창자가 입 밖으로 뽑혀져 나올 것 같은 세찬 몸부림을 쳤다. 그때 그의 뇌리를 때리는 번갯불 같은 신호가 있었다.

"바로 그것이다. 정확히 그 말씀이다!!!"

성사는 그 순간 三界唯心 萬法唯識이라는 도리를 깨달았다. 삼계는 오직 마음이고 만법은 오직 識이라는 사실을 완벽하게 깊이 체득한 것이다. 그러면서 소리쳤다.

"부처님말씀 한마디라도 어찌 헛된 것이 있으리오."

깨닫기 전에는 부처님말씀이 귓가에 헛바퀴로 돌았는데 깨닫고 보니 그 말씀들이 어쩜 그리도 정확하게 폐부를 찌른 말씀이셨는지 감탄과 탄성이 저절로 터져 나왔다. 그러면서,

"이것이 바로 心生則種種法生이고 心滅則種種法滅이지 않은가."

드디어 한 수행자가 바로 성자가 되는 순간이었다. 그때부터 원효는 해골바가지 물을 마시고 깨달음을 이룬 성자로 소문이 나게 되었다.

여기서 말하는 깨달음은 우리가 지금 알고 있는 깨달음의 개념과는 현격한 차이가 있다. 우리가 아는 깨달음은 조사선에서 말하는 것이다. 하지만 성사가 활동하던 시기에는 조사선이 신라에 들어오기 전의 일이다.

그러므로 원효대사의 깨달음은 조사불교에서 주창하는 그런 깨달음이 아니다. 조사불교에서는 범부가 수행을 해서 깨달음을 이룰 수 있다고 하지만 신라불교에서는 어림 반 푼어치도 없는 일이다.

신라불교는 조사불교가 들어오기 전의 대승불교였다. 대승불교에서는 범부가 부처가 된다는 것은 결코 있을 수 없는 일이다. 그러므로 범부는 깨달음을 이룰 수 없다. 놀랍게도 그것이 대승불교의 교리다.

그러고 보면 사실 원효는 그냥 보통의 수행자가 아니라 보살의 화현이었다. 티벳불교에서 한 명의 포체를 추앙할 때 전생을 정확히 기억하는 자만을 인정한다. 전생을 알기 시작하는 시기는 보통 5살 정도일 때가 가장 많다. 그래야 자기의 기억을 정확히 표현할 수가 있다.

그러고 보면 성사가 자기 정체성을 찾은 시기는 많이 늦은 것 같다. 34살이 되어서야 몸소 부처님 말씀을 체득하고 당신이 보살임을 알 수 있었던 것이다. 그래서 당신의 이름을 원효라고 지었다. 원효라고 할 때 元은 주로 머리, 근원, 처음, 시초, 천지의 기운이라는 뜻들이 있다. 曉는 간단히 밝을 효 새벽 효 자로 보면 된다.

그분의 이름을 불교신행 쪽으로 보면 마음의 근원을 밝혀주는 스님이라는 뜻이고 대승불교 쪽으로 보면 대승의 근원을 밝혀 주는 스님이 된다. 또 국가적으로는 백성을 밝혀 준다는 스님이 된다.

내가 생각해 보건데 그분은 틀림없이 마명보살의 화현인 것 같다. 마명보살이 북인도에서 **대승기신론**을 써서 중국을 불교천지로 만들었다. 그리고 땅 끝인 신라까지 그 가르침이 들어왔다. 여기서 마명보살은 원효라는 이름으로 **대승기신론**을 새롭게 다듬어 대승불교를 널리 회향하고 싶으셨을 것 같다.

시기적으로 삼국은 아직도 통일이 되지 않았다. 하지만 분명 신라를 중심으로 통일될 것 같았다. 비록 겉으로는 통일이 된다 하더라도 내면으로는 전쟁의 상처가 너무 깊었다.

비록 통일이 되어 전쟁이 없어진다고 해도 집집마다 전몰병사와 상이병사가 없는 집이 없을 정도로 국민들은 큰 고통을 안게 되고 나라는 폐허가 될 수밖에 없었다. 그때 마땅히 한 보살이 나타나 그 상흔들을 달래 주고 그들을 구제해야 한다.

그때를 대비해 삼국에서는 보살 한 분을 간절히 기다리고 있었는지 모른다. 준비 없이 통일부터 먼저 되고나면 그 반목과 원성은 걷잡을 수 없었기에 그들을 하나로 묶어 줄 큰 보살이 절대적으로 필요했던 것이다. 수백 년 동안 전쟁을 치르며 적대시해 오던 국가들끼리 한 민족이 된다는 것은 결코 쉬운 일이 아니기 때문이다.

신라라는 뜻은 새롭게 펼친다는 뜻이다. 인도에서 부처님이 왕성하게 활동하시던 지역이 사위성인데 그 성의 이름이 서라버시티 Sravasti다. 그 발음은 신라의 수도 이름 서라벌과 너무 흡사하다.

서라버시티는 풍덕이라는 뜻을 갖고 있다. 풍덕은 풍요와 공덕을 말한다. 외적으로는 풍요를 바라고 내적으로는 공덕을 쌓는 도시라는 뜻이다.

그 성 남쪽에 기타태자와 수달장자가 세운 유명한 사원 하나가 있다. 그게 바로 우리가 잘 알고 있는 기원정사다. 이것을 **금강경**에서는 기수급고독원이라고 했다. 기타태자가 소유한 숲에 수달장자가 수도원을 지었다는 뜻으로 기수급고독원이라는 이름이 붙여졌다.

원효성사는 모든 것을 다시 시작하는 의미로 元이라는 단어를 썼다. 원단이라는 말을 들어봤을 것이다. 한해의 첫 날 첫 밝음을 元트이라고 한다. 성사는 그분의 이름에 걸맞게 전쟁의 고통에 신음하던 중생들에게 새로운 세계로 향하는 삶의 길을 열어 보여 주시고자 했던 것이다.

어쨌거나 그분은 남양반도 바닷가에서 탈중생하는 목욕을 하고 다시 근원인 신라의 제자리로 돌아오고 있었다.

북쪽 서라벌 성문으로 들어왔을 때 뜻밖에도 성사를 제일 먼저 맞이해 주신 분은 대안대사였다. 대안대사는 서라벌에서 파계승이면서도 기이승으로 유명했다. 파계는 파괴와 비슷한 발음이라서 계율을 파괴하면 자신이 파괴되고 중생이 파괴되어 버린다는 뜻을 가지고 있다.

파계승은 기이승이 된다. 정도의 차이는 있겠지만 파계한 스님은 중도 아니고 속도 아니다. 그래서 그 행위가 기이할 수밖에 없다.

사실 불교는 원천적으로 세속의 윤리나 도덕을 따르지 않는다. 그러한 조건하에서 스님이 된다.

그러므로 스님들에게 유교에서 제정한 법도나 윤리, 내지는 세속인들이 만들어 놓은 규칙이나 도덕을 요구해서는 안 된다. 스님들은 이미 세속의 상징이라 할 수 있는 머리를 깎고 일가친지 모두를 등진 사람들이기 때문이다.

그들은 세속의 도덕이나 윤리를 대신하여 새로운 세계를 향한 계율을 받는다. 계율은 불교의 세계에 나아가기 위한 율의다. 그러므로 이것을 깨면 세속인도 아니고 스님도 아니게 된다. 하지만 보살은 그렇지 않다. 보살은 중생을 구제하는 데 목적이 있기 때문에 계율의 틀에 얽매이지 않는다.

원효성사는 멀리서 대안대사를 보았다. 그런데 그분이 옛날의 그분으로 보이지 않았다. 유학을 떠날 때까지는 그분의 언행이 정말 싫었다. 시장터에서 거침없이 술을 마시고 아무 곳에서나 유숙하며 헛소리처럼 이상한 주문을 외우고 술파는 여자들과 희희낙락거리며 걸림없이 방탕생활을 하던 그가 정말 싫었다.

그런 그를 마주칠 때는 사람들에게 덤터기로 욕을 얻어먹을까 봐 저 멀리 피해 도망가기도 하였다. 그의 이상한 행동을 보면 성사 자신이 부끄러워 쥐구멍에라도 숨고 싶은 그런 심정이었다.

그런데 그런 분이 빙그레 웃으시면서 그를 반갑게 맞이하는 것이 아닌가. 그때 성사는 그분을 다시 보았다. 그분은 미치광이 스님이 아니었다. 그분의 신분은 이미 삼현보살의 지위에 있었던 것이다.

성사는 반가운 마음에 그분 앞에 무릎을 꿇었다. 그러자 그분은 정색을 하면서

"십지보살이 저에게 무릎을 꿇으면 저는 어떡해야 합니까?"

하면서 도리어 공손히 성사에게 엎드려 공경과 예배를 드리는 것이었다. 대안대사는 횡재를 했다. 원효가 보살이 됨과 동시에 그에게 따라다니던 미친스님이라는 오명을 완전히 벗어버릴 수 있었기 때문이었다.

만약에 성사가 도를 깨닫지 못했다면 그 누구도 그분을 정상으로 인정하지 않고 그냥 방탕한 떠돌이스님으로 끝났을 텐데 성사가 나타나 그를 삼현보살인 줄로 알아주었으니 그 얼마나 신이 나고 기뻐하였겠는가.

신라는 이 두 분의 보살들 때문에 귀족불교에서 대중불교 국가로 전환될 수 있었다. 그 은덕으로 고려를 거쳐 이날까지 한국에 대승불교가 존재하도록 하는 데 심대한 영향을 끼치셨다.

海東疏 次釋意轉 於中有三 一者略明意轉 二者廣顯轉相 三者結成依心之義

다음은 의전을 풀이한다. 그 가운데 셋이 있다. 첫째는 간략하게 이름이 의전임을 밝히고 둘째는 널리 전상을 나타낸다. 셋째는 마음에 의한다는 뜻으로 결론을 내린다.

중생이 나고 죽는 이유는 心 意 識 때문이라고 했다. 心의 설명은 끝났다. 心은 아려야식 속에 무명이 있다고 하면서 불각과 무명을 동급으로 묶어 설명했다. 즉 중생의 마음은 아려야식이고 그 아려야식은 본각과 불각이 함께 엉키어 있다고 했다.

이제는 意에 대하여 설명할 차례다. 心이 왜 한 단계 더 내려와서 意가 되었는지를 설명하는데 거기에 셋이 있다고 했다. 意轉의전은 心이 意로 내려온 것을 말한다.

먼저 意가 왜 意轉이 되었는가에 대한 설명을 하고, 그 다음은 意가 어떤 모습인지를 드러낸다.

그리고 마지막에는 그 意는 결국 다 마음에서 생긴 것이라고 결론을 맺는 것으로 意의 풀이를 끝맺는다고 하셨다.

海東疏 初中卽明五種識相 不覺而起者 所依心體 由無明熏 舉體起動 卽是業識也

처음 가운데서는 곧 다섯 종류의 識相을 밝혔다. 불각에서 일어난다는 것은 심체에 의거한다는 것이다. 무명의 훈습으로 심체가 움직이는 것을 업식이라고 한다.

이제 意의 설명이 시작된다. 다섯 종류의 識相식상은 업식 전식 현식 지식 상속식이다. 識相은 식의 모습을 말한다. 기신론에서는 이 다섯 가지가 다 意의 범위다.

이 다섯 가지는 모두 다 불각에서 일어난다. 하기야 어느 것인들 불각에서 나오지 않은 것이 뭐 있겠느냐마는 여기서는 意의 지각작

용을 다섯 가지 識으로 나누어 설명하고 있다는 것을 먼저 알아야
한다.

불각은 결국 심체에 붙어 있다. 파도는 결국 물에 붙어 있다. 나를
죽이는 암은 나의 생명에 붙어 있다. 바람이 불면 파도가 생기듯이
무명이 들어가면 불각이 움직인다. 몸이 균형을 잃으면 암이 발병하
듯이 본각이 충격을 받으면 중생이 발생한다. 이것은 처음부터 진짜
인 나에게 붙어 있는 불순성분이 그렇게 만든 것이다.

훈습은 영향을 끼친다는 말이다. 그렇게 처음에는 서로 붙어 있다
가 무명이 불각에다 힘을 가하면 심체가 움직인다. 그것을 업식이라
고 한다. 업식은 작업을 거는 단계라고 했다.

海東疏 言能見者 即彼心體轉成能見 是爲轉識

능견은 마음의 심체가 움직여 능견을 이룬 것을 말한다. 그것을 전식이
라고 한다.

능견은 주체라고 했다. 한 덩어리로 있던 불각과 심체인 본각이
드디어 분리되기 시작한다. 분리가 되면 처음에 주체가 나오고 그
다음에 객체가 나오게 되어 있다. 능견은 주체인 나를 말한다.

물은 파도를 일으킬 수 있는 요인을 갖고 있다. 그처럼 심체는 불
각을 안고 있으므로 움직일 수 있는 요인을 갖고 있다.

거기에 무명이 훈습해 버리면 이제 불각이 힘을 얻는다. 그러면
불각이 움직인다. 그때 불각만 움직이는 것이 아니라 심체도 같이
요동한다. 파도가 움직이면 전혀 움직이지 않던 물이 요동하는 것과

386

같다.

불각은 움직이게 되어 있다. 불완전한 것치고 움직이지 아니하는 것은 세상에 아무것도 없다. 반드시 움직인다. 그래서 **열반경**에 諸行無常이라고 하셨다.

불각이 움직이게 되어 있듯이 중생의 마음은 움직이게 되어 있다. 하지만 완전한 분 부처는 움직임이 없다. 그런 뜻으로 **법성게**에 舊來不動名爲佛구래부동명위불 이라고 했다.

海東疏 言能現者 卽彼心體復成能現 卽是現識

능현은 심체가 능현을 이룬 것이다. 곧 그것은 현식이다.

능현은 객체다. 주체와 객체는 순서적으로 말을 하지마는 사실은 이 둘은 전후가 없다. 주체가 있으면 객체가 동시에 일어나기 때문이다.

거울이 주체라면 영상은 객체다. 이 둘은 일시에 작용한다. 주체가 있으면 반드시 객체가 있게 되는 이유가 이것이다. 객체가 없으면 주체가 없고 주체가 없으면 객체도 없다.

업식은 주객이 갈라지기 전이라고 했다. 거기에 무명이 불각을 건드리면 불각이 일어나 주체가 생기고 이제 객체가 생기는 것이다. 그래서 심체가 움직여 능현을 이룬다고 하였다.

능현은 자동적으로 나타난 객체의 모습이다. 그것은 현식이다. 현식은 결과적으로 전식 때문에 나타난 부속형상이다. 그러니까 눈앞에 펼쳐진 현상의 세계는 전식이 만들어 낸 환상의 세계다. 그것은 치매노인이 치매의 세계를 만들어 내는 것과 같다.

치매노인과 치매세계는 원래 없었다. 정상적인 두뇌에서 뭔가 오작동이 일어나 치매노인이 생기고 그러함과 동시에 치매의 세계가 펼쳐진다. 그처럼 현식의 세계도 모두 다 전식이 만들어 낸 환상의 세계라는 것이다.

海東疏 能取境界者 能取現識所現境界 是爲智識

능히 경계를 취한다는 것은 현식이 나타낸 바의 경계를 취한다는 것이다. 그것을 지식이라고 한다.

어린아이는 TV에서 방영되는 어린이프로로부터 자유로울 수가 없다. 거기에 반드시 끌려가게 된다. 그처럼 중생도 눈앞에 펼쳐진 현상의 세계로부터 자유로울 수가 없다. 반드시 그 세계에 끌려가게 되어 있다.

누가 꽃 이름을 지었던가. 장미꽃이거나 호박꽃이거나 똑같은 꽃인데 사랑하는 연인에게 호박꽃을 갖다 주면 큰일이 난다. 연인에게는 장미꽃을 줘야 한다고 한다. 그것이 바로 현식이 일으킨 경계를 취하고 그렇게 아는 것을 지식이라고 한다.

그래서 범부의 지식은 세상천지에 필요가 없다는 것이다. 진짜 결정적일 때 써먹지 못하는 것이 그것이다. 가장 결정적일 때가 언제인지 아는가. 바로 연인과 헤어질 때와 세상과 하직할 때이다. 그때가 되면 그렇게 만들어진 잡다한 지식은 전혀 필요가 없게 된다.

지식은 아주 허황한 것에다 이름과 이론을 붙여놓고 그것을 논리로 정의화시킨 도그마다. 허황한 것도 허황한 것인데 거기다 허황되게 각색해 놓고 이론화 시킨 것이다. 그것은 꼭 허공의 꽃에다 이름과 열매를 붙이고 그것에 대해 애써 이론을 붙인 것과 같다.

그래서 중생이 익힌 지식은 필요 없는 것이라고 하여 사원에서는 인정해 주지 않는다. 그것은 중생세계에서 남발한 부도수표와도 같다. 겉으로는 대단한 것 같지만 실제로는 아무 가치가 없다. 그것은 진짜 수표가 아니다. 그러므로 눈 밝은 자들이 사는 사원에서는 그것은 휴지와 같은 것이 된다.

[海東疏] 起念相續者 於所取境起諸麤念 是相續識
생각을 일으켜 상속한다는 것은 취한 바 경계에다 갖가지 거친 망념을 일으키는 것이다. 그것이 상속식이다.

내가 김 씨 집에 시집을 가면 김 씨 집안의 법규와 전통을 배운다. 전혀 배우지 않아도 될 일인데 내가 그쪽으로 시집을 감으로 해서 어쩔 수 없이 그 전통을 배운다. 하지만 그 집에서 나오면 그 전통은 전혀 쓸모가 없다.

그래도 거기에 있으면 내가 배운 대로 익혀야 한다. 그리고 그것을 잊지 않고 기억해 두어야 한다. 그 기억을 다음 세대에 다시 전해준다. 그것이 상속식이다.

모든 중생은 이 상속식을 갖고 있다. 그러므로 중생에게 지식의 우열은 없다. 모두가 다 나름대로 간직해 온 상속식이 있기 때문이다. 어느 순간 어떻게 발휘하느냐가 다를 뿐 전부 다 자기의 전공지식을 마음 깊숙이 품고 있다.

농부를 컴퓨터프로게이머와 대결을 시킬 수는 없다. 그러면 단연 프로게이머가 이긴다. 그렇지만 농사로 대결하면 농부가 이긴다. 이와 마찬가지로 중생 모두 다 자기의 전공이 내면에 잠재해 있다. 그것이 상속식이다.

海東疏 依此五義 次第轉成 能對諸境而生意識 故說此五以爲意也
이 다섯 가지 뜻이 차례로 내려가면서 다른 이름을 이룬다. 그러면서 능히 모든 경계에 대하여 의식을 내기 때문에 이 다섯을 意라고 한다.

중생을 윤회시키는 것은 마음이다. 마음은 처음부터 불완전하다. 그러므로 뭔가를 하려고 한다. 그 하려고 하는 것이 바로 업식이다. 업식에서 한 단계 더 내려가면 전식이 된다. 전식 다음에는 현식이 나온다.

현식을 보고 지식을 일으킨다. 우리 범부의 모든 학문은 이 지식의 수준에 있다. 그러니까 지식은 실체 없는 허상을 보고 만들어 낸 허황된 이론이다. 하지만 사람들은 돈을 주고 그것을 배운다. 배우면 잊을까 봐 마음 깊숙이 저장한다. 그리고 다음 생애에 다른 정보와 함께 범벅해서 중생생활에 요긴하게 써 먹는다. 그것을 상속식이라고 한다고 했다.

그러니까 업식 전식 현식 지식 상속식 이 다섯 개는 모두 불완전한 마음에서 나왔다. 그러면서 제각기 세상을 상대하면서 지각작용을 일으킨다. 그것을 意라고 한다고 하는 것이다.

別記 別記云 此中第五 猶是意識 而約生後義 通入意中攝

따로 기술해 말할 것 같으면, 이 가운데 다섯 번째는 움직임이 의식과 같지만 뒤를 일으킨다는 뜻을 잡아 意 중에 포함시켰다.

기신론에서는 心意識을 씀으로 해서 중생이 생멸한다고 하였다. 그 心意識의 출처는 능가경으로 보고 있다. 그 능가경에서 상속식을 의식과 함께 작용한다고 본 것이다.

초등학교 졸업식이 2월이다. 그들은 조금 있으면 중학생이 된다. 그런데 중학교 입학식이 3월 초에 이뤄진다. 그러면 2월에 졸업한 초등생들의 신분은 어떻게 되는 것인가. 바로 이 문제와 비슷하다.

초등학교는 졸업했지만 아직 중학생은 아니다. 그들은 초등학생의 습성과 기질을 벗어나지 못하고 있다. 그러면서 이미 중학생의 행동을 하려고 한다. 그래서 이 아이들을 하나로 묶어서 초중생이라고 부른다.

그처럼 상속식은 의식과 같은 행동을 하지만 의식을 만들어 내는 일도 하기 때문에 意 속에 같이 끼워 놓았다는 것이다.

海東疏 此意以下 第二廣明 於中有二 總標 別釋 別釋中言無明力者 舉所依緣

차의 이하는 두 번째로 널리 밝히는 것이다. 그 중에 둘이 있다. 묶어서 표시하고 따로 풀이하는 것이다. 따로 풀이하는 가운데서 무명의 힘이라는 것은 의거한 바의 인연을 든 것이다.

원문에 보면 차의此意가 있다. 차의라고 한 그 이하는 앞에 다섯 가지 식을 폭 넓게 밝혀주고 있다. 그렇게 하는 데는 둘이 있다. 먼저는 意를 묶어서 표시하고 그 뒤에는 개별로 풀이하는 것이다고 하셨다.

묶어서 표시한 것은 다섯 가지 意를 말한 것이다. 그것은 위의 설명으로 끝이 났다. 이제부터는 하나하나를 분석하며 풀이할 것이다고 하신 것이다.

그 중에서 무명의 힘이라는 부분이 나온다. 그 무명의 힘은 의거하고 있는 곳에 조연을 가한다. 의거한 것은 불각이다. 그 불각을 일으키는 역할을 조연이라고 한다.

海東疏 不覺心動者 釋其業義 起動之義是業義故

불각의 마음이 움직인다는 것은 그 업의 뜻을 풀이한 것이다. 기동의 뜻은 바로 업의 뜻이기 때문이다.

우리는 지금 불각 중에서 지말불각을 공부하고 있다. 지말불각은 근본불각에 파생된 지엽적인 모습이다.

그 중 첫 번째가 업상이라고 했다. 모든 생명 있는 것들은 자연적으로 움직인다. 거기에는 의도가 없다. 심장은 의도가 있어서 뛰는 것이 아니라 심장이기 때문에 뛴다. 불각이 움직일 때도 마찬가지다. 불각이 있으니까 무명이 달라붙어 기동하는 것이다.

그 기동하는 것을 업이라고 하고 그 힘을 업력이라고 부른다. 냄비에다 물을 넣고 불을 가하면 물이 뜨거워지기 시작한다. 계속해서 불을 가하면 차가운 물이 뜨겁게 바뀌면서 냄비뚜껑이 들썩거린다.

그처럼 아뢰야식에 무명이 지속적으로 충동을 가하면 불각이 움직이게 되는데 그 움직이기 시작하는 단계를 업상이라고 부른다고 했다. 그 업상은 움직임이고 그 움직임은 업의 뜻이라고 했다.

海東疏 轉識中言依於動心能見相故者 依前業識之動 轉成能見之相
전식 가운데서, 動心에 의하여 능히 볼 수 있는 모습이다고 한 것은 앞의 업식이 움직임으로 해서 능견으로 한 단계 떨어진 상태를 말한다.

마음이 움직이면 고통이 시작된다. 이것은 불변의 진리다. 마음은 가만히 있을 때 가장 안정적이다. 그래서 그 마음을 안정시키기 위해 복을 쌓고 선을 닦는다. 복과 선이 있으면 마음을 안정시키는 데 대단히 효과적이다.

복덕과 선업이 없으면 마음은 다급하다. 목이 말라 물을 찾는 사슴처럼 이리 뛰고 저리 헤맨다. 그러면 사냥꾼이 놓아둔 덫에 걸리기 쉽다. 덫은 또 다른 장애물이다. 마음은 바쁘게 움직일수록 더 복잡한 덫에 걸린다.

범부의 삶은 그 덫에 걸린 것을 풀어가면서 또 다른 덫에 걸리는 것과 같다. 그것을 엎친 데 덮친다고 한다. 그것이 복과 덕이 없는 범부의 일반적인 삶이다.

그 이유는 처음부터 마음에 불각이 움직이기 시작해서였다. 본각은 품는 것이고 불각은 생출하는 것이라고 했다. 불각이 움직이면 가만히 있지를 않는다. 뭔가를 찾고 탐색하기 위하여 분주하게 주위를 두리번거린다.

　움직이는 마음에 의해서 세상을 볼 수 있는 주체가 이 단계에서 나온다. 즉 我의 출현이다. 我는 여기서 나오는 것이다.

海東疏 然轉識有二 若就無明所動轉成能見者 是在本識 如其境界 所動轉成能見者 是謂七識 此中轉相 約初義也

그런 전식에 두 가지가 있다. 만약 무명에 움직여 능견을 이룬다는 쪽으로 보면 그것은 본식에 있다. 그 경계에 움직여 능견을 이룬다고 한다면 그것은 칠식이 된다. 이 중에서 전상은 첫 뜻을 말한 것이다.

　전식에 의해 我가 나온다고 했다. 세상만물을 보고 느낄 수 있는 개체로 나타나기 때문이다.

　그 전에는 내가 없다. 설사 업식이 요란하게 내면에서 기동하고 있다 하더라도 세상과 나는 분리되기 전이기 때문에 아직 나我라는 개체가 생기지 않는다. 그 상태에서 무명에 계속 맞아버리면 한 단계 더 떨어져서 전식이 된다.

　이 전식에 두 가지 관점이 있다. 전식은 나의 출현이라고 했다. 그러니까 무명에 의해서 내가 나온다는 쪽으로 보면 나는 아직 아려야식에 가깝다. 그것은 아려야식에 근본무명이 들어 있기 때문이다.

　그러나 내가 밖의 세계에 의해 내가 나온다는 쪽으로 보면 나는 7식이 된다. 밖의 현상에 의하여 주체가 객체로 떨어져버리기 때문이다.

　그러니 나를 있게 만드는 쪽이 무명이냐 경계냐에 따라 내가 달라진다. 무명이면 8식에 내가 있고 경계면 7식에 내가 있다.

예를 들자면, 방안에서 내가 밖에 나가야 되겠다는 생각을 하면 주체가 8식의 작용이다. 그래서 밖에 나갔다. 거기서 아름다운 여인을 만났는데 그 여자 때문에 내가 정신을 못차릴 정도라고 하면 7식의 나로 떨어진다 그 말씀이다.

또 다른 예가 있다. 내가 강아지를 키워야 되겠다는 생각을 하면 8식이다. 그리고 강아지를 샀다. 이제 그 강아지에 의해 내가 움직이게 된다면 그것은 7식이다는 것이다. 내가 주체로 있으면 8식이고 내가 객체가 되어 버리면 7식의 내가 된다는 것이다.

別記 別記云 又有處說 諸是能見 通名轉識 則通八識

따로 기술해 말하자면, 또 다른 곳에서는 모두가 이것을 능견이라고 하는데, 그것은 전식과 같이 통한다. 그것은 곧 8식과 통하는 것이다.

참고로 성사는 **기신론** 외에 다른 어떤 논서에는 이 두 가지 전체를 다 능견이라 한다고 말씀하시고 있다.

하나는 근본무명에 의한 나의 출현이고 또 하나는 경계에 의한 나의 출현인데 어떻게 이 둘을 같이 능견으로 볼 수 있느냐 하는 것이다.

능견은 전상이고 전상은 8식에 통하는데 어떻게 경계로 인해 생긴 7식의 내가 이 8식에 통하느냐는 거다. 그것은 당연히 7식의 차원에 있어야 한다.

그러므로 전식은 **기신론**이 내세우는 이론이 더 정확하고 정밀하다고 본다. 그래서 우리는 **기신론**을 푸는 성사의 말씀에 전적으로 동의

해야 한다. 그러면 문제될 것이 하나도 없다.

海東疏 現識中言能現一切境界者 依前轉識之見 復起能現之用

현식 가운데서 말한 능히 일체경계를 나타낸다는 것은 앞에 전식이
나타남에 의하여 다시 능현의 작용을 일으키는 것이다.

　주체가 있으면 객체가 보이기 마련이다. 내가 있으면 상대가 있다.
상대가 있는데 내가 없다는 것은 있을 수 없다. 그래서 세상 모든
것들은 다 나의 기준으로 존립하고 있다.

　주체인 내가 생기면 세상이 나온다. 세상 속에 남녀노소가 있고
천지만물이 있다. 일월성신과 산천초목이 들어 있다. 이것들을 이제
내가 상대하게 된다.

　사람들은 묻는다. 내가 없어져도 서울은 그냥 있는 것인데 어떻게
나에 의해서 서울이 존립한다고 하는가 라고 한다.

　불교는 나를 기준으로 세상을 본다. 불교 이외의 종교는 세상을
위주로 나를 본다. 내가 거울을 보는 것인가. 거울이 나를 보는 것인
가. 내가 거울을 본다고 하면 불교의 가르침이 맞고 거울이 나를 본
다면 여타의 종교가 맞다. 그것이 불교와 다른 종교의 차이점이다.

　나의 관점에서 세상을 보면 내가 보는 것만큼만 보인다. 그것을
안다라고 한다. 그 수준이 전부 다다. 그 외는 있는지 없는지 모른다.
다만 세속의 과학과 정보에 의해 거기에 무엇이 있고 그것이 어떻다
고 말해주고 있을 뿐이다.

　아마존 우림지역에 고립되어 있는 원주민들은 외부의 세계를 전혀

모른다. 그 사람들의 세계는 숲과 강, 그리고 하늘이 전부 다다. 아마존 밖에 아파트가 있고 자동차가 있고 학교가 있다는 것은 상상도 하지 못한다.

그 사람들에게 다른 도시와 군대와 국가는 전혀 무의미하다. 그 사람들은 오직 자기가 살고 있는 지역만 그들의 세계다. 그처럼 나도 내가 살고 있고 내가 보는 세계만 나의 세계 전부 다가 된다.

옆집 사람이 누군지 전혀 몰랐다. 이 집에 이사를 오고 난 뒤에야 알았다. 그 전에는 그런 사람이 있는지조차 몰랐다. 그것이 세상은 나의 기준에 의해 존재하고 있다는 것이다.

사람은 그렇다하더라도 세상은 내가 죽어도 있지 않느냐고 한다. 세상?! 어떤 세상 말인가. 눈앞에 펼쳐진 세상을 말하는가. 그렇다고 한다면 도로 묻는다. 세상이 지금 그대 눈에 어떻게 보이는가?

원형으로 보이는가. 아니면 평평하게 보이는가. 현대과학은 지구가 원형이라고 한다. 하지만 과학의 국가인 미국만 하더라도 천동설을 주장하는 사람들이 국민 22프로나 된다고 워싱턴포스트지가 2006년에 밝힌 바 있다. 10명에 두 명 이상이 아직도 지구평면설을 믿고 있는 셈이다. 그런 국민 중 1프로는 이 사실을 알리는데 전방위적으로 맹활약을 하고 있다는 이야기도 들은 적이 있다.

더 놀라운 것은 유물사관이 뿌리박힌 러시아에서도 국민 약 25프로가 천동설을 믿고 있다는 사실이다. 모스크바 여론조사 전문기관인 브치움이 2017년에 밝힌 바에 의하면 그들은 아직도 지구가 우주의 중심이고 태양이 그 주위를 돈다는 천동설을 주장하고 있다고 했다.

이것만 보더라도 자기가 한번 갇힌 과학과 종교, 아니면 이념과

思考사고로 인해 보아지는 세상은 다 달리 보일 수밖에 없다.

그러므로 과학으로 보건 신앙으로 보건 범부가 보는 세상은 모두 자기가 아는 정도로만 보이기 때문에 특별히 어느 것이 맞다고 정의할 수 없다.

그처럼 인간들은 자기들이 갖고 있는 업관業觀으로 인해 세상을 모두 다르게 보고 있다. 그 업관의 시각에 갇히면 실상을 보는 두 눈이 멀고 두 귀가 멀어져 버린다.

당신이 어떻게 세상을 보든 그렇게 보이는 것이 다른 동물들에게도 동일하다고 생각하는가. 아니다. 그렇지 않다. 오로지 인간들만이 당신이 보는 것처럼 그렇게 본다. 그러니까 다른 생명체들에게는 또 다른 세계가 그들의 수준에 맞게 보인다는 것이다.

그러므로 진짜 세상은 아무도 모른다. 동물들은 물론 범부와 삼현, 그리고 십지보살들도 진짜 세상이 어떻게 생겼는지 아무도 모른다. 지금 보고 있는 것은 그들만의 시력으로 보고 있는 세상의 환상일 뿐이다. 그래서 불교에서는 그들이 보는 세계를 가짜라고 한다. 가짜의 인간이 가짜의 물건을 만드는 것을 본 적이 있을 것이다.

TV를 보면 거기에 가짜의 인간이 나온다. 그 가짜의 인간이 그 속에서 수많은 물품들을 만들어 낸다. 그것처럼 이 세상도 가짜의 인간들이 가짜의 물건과 이론들을 계속해서 만들어 내고 있는 것이다.

TV의 가짜 인간은 전원을 꺼버리면 이내 사라진다. 그처럼 세상의 가짜인간과 가짜생산물들은 내 마음에 망념이 사라지면 흔적 없이 사라져 버린다. 그래서 세상은 내 망념이 만들어 놓았다고 하는 것이다. **십지경** 말씀이다.

一切三界
唯心轉故

삼계의 모든 세계는
오직 마음이 그렇게 만든 것이다.

海東疏 如上文言以依能見故境界妄現 當知現識依於轉識

위 문장에서 말한 것과 같이 능견에 의해 경계가 망녕되게 나타난다. 그러므로 현식은 전식을 의거하고 있다는 것을 마땅히 알아야 한다.

능견에 의해 경계가 나타나는 것은 주체가 생기면 객체가 나타난다는 말이다. 보는 자가 있다면 보이는 물상이 있다. 보는 자가 없다면 보이는 물상도 없다.

그렇기에 경계가 망녕되게 나타난다고 한 것이다. 경계가 물상이다. 망녕된다는 것은 허망된 것을 말한다. 허망은 헛되고 거짓이다는 뜻이다.

그러니까 내가 보는 물상은 전부 허상이다. 허상이기에 가질 수 없다. 물속에 비친 달은 허상이기에 가질 수 없다. 물속에 손을 넣어 오므리면 분명 달을 잡은 것 같았는데 일어서면 없어진다.

세상의 모든 것들을 다 가졌다 해도 자세히 보면 일시적으로 오므린 손안에 있는 것일 뿐 일어서면 순식간에 다 없어져 버린다. 그래서 그것들을 허상이라고 한다. 그것을 잡았다고 한다면 그를 맹구라고 부른다.

海東疏 非能見用卽是能現 是故前言能見能現

능견의 작용이 곧 능현은 아니다. 그러므로 앞에서 능견과 능현이라고
했다.

작용은 어디에 영향을 미쳐 어떤 것을 일으키는 힘을 말한다. 능견
은 능현을 일으키는 작용이 아니다. 그것은 지극히 순응적이고 자연
적이다.

내가 무슨 사물을 볼 때 나를 작용시키지 않는다. 나타나 있는 것
을 그냥 보는 것이다. 보는 자와 보이는 것은 동시에 이뤄지기 때문
에 거기에 작용이라는 물리적 힘이 들어갈 틈이 없다. 그래서 능견의
작용이 능현이 아니라고 한 것이다

하지만 설명을 할 때는 주체와 객체를 따로 분리할 수밖에 없다.
그래서 능견과 능현의 다른 이름을 말하고 있다.

海東疏 次喩 後合 合中言五塵者 且擧麤顯以合色像 實論通現一切
境故

다음은 비유하고 후에는 결합하는 것이다. 합한 것 중에서 오진은
다만 거칠게 나타난 색상만 합해서 들었으나 실재로 말하자면 일체의
경계를 다 나타내고 있다.

위 문장에 다음은 **기신론** 원문을 적시한 말이다. 현식을 설명하면
서 비유를 대고 결론을 내리는 문장이 있다.

비유는 거울을 들었다. 일체경계가 이 현식에 다 나타나는 것은

밝은 거울에 모든 물상이 다 나타나는 것과 같다고 하였다.

결합은 결론이다. 거기서 오진을 말하였다. 오진은 색성향미촉이다. 하지만 우선 설명하기 좋게 그것만 든 것이지 사실은 삼라만상 전체에 해당되는 것이다.

그러니까 현식과 거울은 비유고 현식과 오진은 결론이 되는 결합을 말하고 있다.

海東疏 以一切時任運而起常在前故者 非如第六七識有時斷滅故

아무 때나 자유롭게 일어나서 항상 앞에 있다는 것은 6식과 7식의 단멸과는 같지 않는 것이다.

현식이 나타낸 경계는 언제나 있다. 그것은 없어지지 않는다. 없어지려면 주체인 전식이 없어져야 한다. 전식이 있는 한 현식은 그대로 있다. 내가 있는 한 세상은 그대로 있다. 산천초목과 일월성신은 언제나 내 앞에 있다. 단 한 번도 사라지지 않고 있다.

현식의 세계는 언제나 눈앞에 있다. 그것은 인연에 의해 없어지고 생기고 하는 것이 아니다. 없어진다면 그것은 6식이나 7식에서 나타난 거친 모습들이다. 하지만 현식은 아주 섬세한 경계라서 내가 있는 한 현식의 세계는 나와 함께 언제나 있다.

인간은 속는다. 이런 대단한 세상을 누가 만들었겠느냐 한다. 그래서 세상을 만든 조물주가 나 밖에 따로 있다고 한다. 사실 세상은 내가 만든 것인데도 말이다.

海東疏 以是文證 當知是三皆在本識之內別用也

이러한 글로 증명하니 마땅히 알라. 이 셋은 모두 다 본식 속에 있으면서 다른 작용을 한다는 것을 말이다.

현식에 대해서 많은 이야기를 했고 또 마지막에는 그 識이 어떻다는 것을 증명까지 했다. 증명의 요체는 현식은 본식에 있다는 것이다. 본식은 제8 아려야식이다.

이 아려야식에 있는 三細는 의식의 결정판이다. 의식의 최고수준에 머물고 있으므로 三細라고 한다. 三細는 현식과 전식, 그리고 업식이다. 이 셋은 제 8식의 아려야식의 본식에 있다는 것을 잊으면 안 된다. 거기서 제각기의 작용을 하는 것이다.

업식은 내면의 작용이고 전식은 주체의 출현이며 현상은 나타난 객체의 모습이다.

別記 三現相者 猶是上三相中境界相 但此中爲明離轉識無別境相 故擧能現明所現境

세 번째 현상은 위 세 가지 가운데 경계상과 같은 것이다. 다만 여기서는 전식을 떠나면 별다른 경계상이 없다는 것을 밝히고 있다. 그래서 능현이 나타낸 바의 경계라는 것을 밝힌 것이다.

전식이 없으면 경계상이 없다. 이 말은 보는 자가 없으면 보이는 것이 없다고 수없이 말해 왔다. 즉 눈을 감아버리면 아무것도 보이지 않는다. 눈을 뜨면 바로 세상이 혁혁하게 나타난다.

업식은 눈을 뜨기 전이다. 그러므로 주체와 객체가 나눠지지 않는다. 눈을 뜨면 눈이 주체가 되고 보이는 것이 객체가 된다. 그러므로 눈을 뜨면 전상이고 눈에 보이는 것은 현상이 된다는 것이다.

전상은 능견이다. 현상은 능현이다. 能은 자연적인 것을 말한다. 그러므로 아무 작의 없이 보면 자연적으로 보인다는 뜻이다. 그러므로 능현은 능견이 나타낸 세계의 모습이다.

別記 言猶如明鏡現色相者 如四卷經云 大慧 略說有三種識 廣說有八相

마치 밝은 거울에 색상이 나타나는 것과 같다는 것은 저 사권경에서 대혜여, 간략히 말하자면 세 가지의 식이 있고 널리 말하자면 여덟 가지 상이 있다.

이 **사권경**의 말씀은 위에서 한 번 나왔었다. 성사가 이 대목을 똑같이 언급하시고 계시므로 사람들은 **해동소**보다 **별기**를 먼저 쓴 것이 아니냐 하는 것이다. **해동소**를 먼저 쓰셨다면 구태여 **별기**에다 똑같은 근거를 끌어오지 않았을 거 아니냐는 것이다.

하지만 그것은 아무도 모르는 일이다. 그러므로 성사가 **해동소**를 먼저 쓰셨느냐 아니면 **별기**를 먼저 썼느냐를 가리는 것은 닭이 먼저 생겼느냐 알이 먼저 생겼느냐를 따지는 것과 같이 무의미한 논쟁거리다.

우리는 단지 그분의 글을 보고 신행을 하려 하는 것이지 그분의 글을 보고 전후를 알려 하는 것이 아니기 때문이다.

何等爲三 謂眞識 現識 及分別事識 譬如明鏡持諸色像 現識
處現亦復如是

무엇이 셋인가. 이를테면 진식 현식과 분별사식이다. 비유하자면 명경
이 모든 색상을 담고 있는 것과 같이 현식에 나타나는 것도 또한
다시 그와 같은 것이다.

사권경은 능가경을 말한다. 능가경에서는 우리의 지각구조를 세
등분으로 나눈다. 즉 진식과 현식과 분별사식이다.

능가경은 진식을 본각으로 본다. 그리고 기신론에서 말하는 업식
전식 현식까지를 통틀어 현식으로 본다. 그 외 지상 상속상 집취상
계명자상 기업상 업계고상 전체를 분별사식으로 묶는다.

기신론은 아려야식을 본식으로 보고 업식 전식 현식 지식 상속식
까지를 意로 본다. 그리고 마지막 意識까지 意와 직접적인 연관으로
보고 있다.

원효성사는 업식 전식 현식을 본식으로 보고 지식을 7식으로 본
다. 그리고 상속식을 생기식이라고 해서 의식인 분별사식과 연결시
켜 놓았다.

別記 又此文中說現義云 以一切時任運而起常在前故 當知現識定
在第八

또 그 문장에서 현식의 뜻에 대해 말하기를, 일체 시에 임운하게 일어나
서 항상 앞에 있기 때문에 현식은 결정코 제8식에 있다는 것을 마땅히
알아야 한다고 하셨다.

사권경은 능가경이라고 했다. 능가경은 三細를 제8식으로 본다고
했다. 3細 중에서 현식은 당연히 제8식인 아려야식이 되어야 한다.

보살은 세상을 두 가지 면으로 본다. 하나는 6식 7식으로 만들어
진 범부의 세상과 또 하나는 8식으로 나타난 보살의 세상이다.

6식 7식으로 만들어진 세상은 계속해서 바뀌거나 사라져버린다.
그리고 다시 또 어떤 누구들에 의해서 세워지고 부수어진다. 우리가
보는 도시의 단면적인 군상들이 모두 이런 것이다.

6식 7식이 만든 세상은 범부와 삼현들이 산다. 그들은 8식의 세계
를 모른다. 이 8식의 세계가 보살들 세계다. 보살은 8식의 세계에
살면서 6식 7식의 세계를 같이 가지고 있다. 즉 물속의 세상과 땅위
의 세상을 같이 왕래하고 있는 것이다.

그래서 보살이 범부중생을 제도할 수 있다. 그들은 8식의 세계와
범부의 세계를 함께 넘나들 수 있는 힘을 가지고 있다. 그들은 범부
와 삼현의 세계에서는 복을 닦고 자기들의 세계에서는 지혜를 닦으
면서 깨달음의 세계로 나아가고 있다.

그런 보살의 눈에 비친 세계는 現相이다. 현상은 그들이 있는 한
언제나 목전에 있다. 그래서 임운하게 일어난다고 했다. 임운은 거울
이 사물을 비추듯이 아주 자연스럽게라는 뜻이라고 했다.

別記 其業識等與此作本　其相彌細　如何强將置七識中　其可乎
업식 등은 이것과 함께 본식이 된다. 그 모양새는 고루 미세하기만
한데 어떻게 굳이 거슬리게 7식 가운데 두고자 하는 것이 옳겠는가.

업식은 삼세 중에서 가장 미세한 번뇌다. 그 다음이 전식이고 그 뒤에 현식이다. 현식은 업식과 함께 본식에 있다. 업식 등이라고 한 것은 전식과 현식을 말한다.

그러니까 삼세는 본식이 된다고 했는데 그 본식이 제8 아려야식이다. 이 번뇌들은 위로 올라갈수록 극미세하게 된다. 현식은 위 업식과 전식에 비하면 거칠기만 한 단계다.

그러므로 현식은 삼세 중에서 거친 번뇌에 속한다. 순서로 보아서도 업식과 전식 뒤에 나타난다. 여기서 잘못하다가 한 계단 더 밑으로 떨어지면 거친 번뇌가 일어나는 6추 중에 7식이 된다.

그러므로 현식은 8식이다. 8식은 본식이고 아려야식이다. 그런데 어떻게 이 현식을 자꾸 7식에다 격 맞지 않게 집어넣으려 하는가 하면서 성사는 끝을 맺으신다.

別記 言隨其五塵對至卽現者 隨所起相皆不離見 唯於能見鏡中而現 故言對至卽現

오진을 따라 상대하면 곧 나타난다는 것은 오진을 따라서 일어난 모습은 모두 능견을 떠나지 않는다. 그것은 이 능견의 거울 가운데 나타나기 때문에 경계에 이르면 곧 나타난다고 한 것이다.

오진은 색성향미촉이라고 했다. 그러니까 우리 감각기관이 상대하는 다섯 가지 외부세계다. 이 세계는 능견에 의해 나타난다. 능견은 세상을 보는 주체인 나다.

능견에 의해 능현이 나타나는데 그 능현이 바로 현상이고 오진이다. 그 현상은 능견의 거울에 그대로 현현한다. 조금도 틀리거나 왜곡되지 않은 상태로 정확히 나타난다.

능현의 현상은 도장 찍듯이 능견의 거울에 들어간다. 그러므로 능현은 능견의 거울 가운데 나타난다고 한 것이다.

別記 就實而言 亦現法塵 且約麤顯略擧之耳

실제로 나아가 말할 것 같으면 법진도 나타내지만 우선 거칠게 나타나는 것을 말하다보니 간략하게 오진을 들었을 뿐이다.

그렇다면 능견의 거울에 오진만 나타나는 것인가. 그렇지 않다. 세상천지 모든 것이 다 나타난다. 그런데 왜 위 원문에서 오진이 능견에 나타난다고 하였는가 라고 묻는다. 즉 왜 오진만을 꼭 집어서 말하였는가이다.

그것은 이해를 돕기 위해서이다. 세상은 나와 멀리 떨어진 것 같은 객체이지만 오진은 나의 감각기관인 신체가 직접적으로 반응하는 대상이기 때문에 원문에 오진만 언급했을 뿐이다고 하셨다.

우리 몸에 여섯 개의 감각기관이 붙어 있다. 그것을 6근이라고 했다. 이 6근이 세상 6진을 상대한다. 그런데 이제까지 자꾸 5진만 말하고 있다. 나머지 하나는 뭔가. 그것이 바로 법진이다.

법진法塵은 눈에 보이지 않은 경계다. 즉 가상의 세계. 이것은 우리의 상상력에서 만들어진다. 현상으로는 나타나지 않지만 마음속으로 일으키는 허위의 세계가 여기에 속한다. 예를 들면 백마를 탄 왕자가 미소를 지으며 나에게 나타나는 상상력으로 기쁨을 일으키는 것 따위다.

別記 問 此識境界寬狹云何 此論中但說五塵 楞伽經云 阿棃耶識
分別現境 自身資生器世間等 一時而知 非是前後

묻겠다. 이 식의 경계는 넓은가 좁은가. 이 논 중에서는 다만 오진을
설했다. 능가경에서는 아려야식이 나타낸 경계와 자신과 자생기세간
등을 분별하는 것은 일시에 아는 것이지 전후가 아니다고 하셨다.

이 識은 현식이다. 경계는 범위다. 그러니까 이 현식의 범위가 어
느 정도인지를 묻는 것이다. 위에서 말했다. 사권경에서 현식은 다섯
가지 식을 모두 포함한다고 했다. 다섯 가지 식은 아려야식에 들어간
다. 그러니까 능가경에서는 현식이 아려야식이 되는 것이다.

그 물음에 세 종류의 경과 논이 등장한다. 즉 유가론과 중변론 그
리고 능가경이다. 물론 마지막에 기신론도 합류해 이 질문을 마무리
짓는다.

아려야식을 설명한 부분이 경전마다 또는 논서마다 조금씩 다 다
른데 어디를 기준으로 이해해야 하는 것이냐고 묻는 것이다.

자신은 사물을 인지하는 주체고 자생기세간은 범부가 살아가는 중
생세계다.

別記 瑜伽論說 阿賴耶識由於二種所緣境轉 一由了別內執受者 謂
能了別徧計所執自性妄執習氣及諸色根根所依處 此於有色界

유가론에서는 아려야식은 두 종류의 반연으로 경계를 움직인다. 첫째

408

는 내집수를 분별하는 것이다. 이를테면 변계소집의 자성을 잘못 집착하는 습기와 모든 색근과 근이 의거하는 곳을 분별해 아는 것이다. 이것은 유색계에서의 일이다.

질문자가 먼저 **유가론**을 들고 나왔다. 아려야식은 두 종류로 세상을 분별한다는 것이다. 하나는 내집수분별內執受分別이다. 내집수분별은 내면에 무엇을 받아들여 집착해 분별하는 것을 말한다.

변계소집은 실상을 잘못 본 집착이다. 영화화면은 실재가 아니라 허상이다. 그것이 꼭 실재인 양 나의 마음을 다각도로 후려쳐 기쁨과 슬픔, 그리고 사랑과 분노의 잔영을 남긴다. 그것이 변계소집이다.

변계소집은 自性도 없고 自相도 없다. 자성은 자체적인 성품이고 자상은 실체다. 그러므로 잔영은 가짜다. 그런데 그것이 진짜인 양 내 마음에 자리잡고 있다. 그것을 습기라고 한다.

이 습기가 쌓이면 기질이 된다. 그것은 하루 이틀에 일어나는 일이 아니다. 중생이 시작된 시점부터 이제까지 켜켜이 쌓아온 죄업과 기억력 전부가 다 이것이다.

그러므로 사람마다 모두 제각기의 습기를 가지고 있다. 그 습기에 의해 개체의 성격이 전부 다르게 나타난다.

色根은 형상을 받아들이는 일차적인 감각이다. 눈은 내 의지와 상관없이 밖의 사물을 받아들인다. 그것이 색근이다. 그것을 내 감각기관에서 판단한다. 그것이 根이다. 색근은 안경이고 根은 눈동자로 보면 된다.

그러니까 아려야식의 기능에 대해 묻는다. 그 범위가 어느 정도인지 모르겠다면서 먼저 **유가론**의 내용을 제시했다.

즉 **유가론**에서는 있지도 않은 변계소집을 분별해 그것을 저장하고 또 색근을 끌어당기며 색의 판단을 안에다 집수하는 역할을 하는 것이 아려야식의 범위다 라고 하는데 어떻게 생각하느냐고 묻는다.

그런 아려야식의 작용은 유색계에서 일어나는 일이다고 한다. 유색계는 욕계와 색계를 뜻한다.

別記 若在無色 唯有習氣執受了別
만약에 무색계에 있을 때는 오직 습기집수의 요별만이 있다.

무색계는 형체가 없다. 주체도 없고 객체도 없다. 내가 없으니 대상인 세상이 있을 수 없다. 그런데 생명체가 있다. 그것이 바로 무색계의 중생이다.

그 중생들은 자신의 몸을 갖고 있지 않기 때문에 밖의 상황과 대상을 받아들이지 못한다. 그러므로 무엇을 끌어들여 분별할 수가 없다.

마음이 무엇을 끌어오지 못하면 안에서 분별작용을 한다. 이것은 꼭 밖에서 여물을 배부르게 먹고 우리 안에서 되새김질을 하는 소의 위장과 같다.

선원은 마음을 없애는 수련장소다. 그러므로 가급적 마음이 작동되지 않도록 여건을 조성한다. 똑같은 물상, 똑같은 일상을 연속하게 한다. 조금이라도 달라지는 것이 있으면 거기에 마음이 달라붙는다. 그러기에 환경적으로 그런 것들을 미연에 방지한다.

그래서 선원은 세상과 단절시킨다. 세상일을 접하면 자기의 견해가 나오려 하기 때문이다. 그러므로 거기에는 TV도 없어야 하고 신문도 없어야 한다. 방문자도 없어야 하고 시빗거리도 없어야 한다.

그러면 내면이 고요해진다. 그렇더라도 번뇌가 일어나지 않는 것은 아니다. 바로 내면에 쌓여온 번뇌가 비집고 나온다. 아주 오래전에 일어난 케케묵은 세상의 사건부터 까맣게 잊었던 어린 시절의 일상들이 연기처럼 피어오른다. 그런 잠재된 기억들을 습기집수라고 한다.

이런 과정을 넘어가면 생각이 없는 무상정에 들어간다. 이제 그런 지나간 기억들이 일어나고 사라지고 또 일어나고 사라지면 더 이상 일어나지 않는다. 더 이상 일어나 봐야 시시하기만 하고 진부하기만 해서 내 마음이 그것에 흥미를 느끼지 않는다.

그러면 나 혼자만이 남는다. 그러다 죽으면 드디어 무상천에 태어난다. 그곳이 바로 무색계의 하늘이다. 그러면 아무것도 없다. 고요와 정적만이 있다. 그 세계를 그 사람들은 열반이라고 한다.

그것은 열반이 아니다. 그 습기가 작용을 하지 않는 것이지 없어진 것은 아니다. 그런 습기가 내면에 자리잡고 있는 한 아직도 중생이다. 그러므로 열반이 아니다. 오로지 무색계의 중생이 되어 있을 뿐이다. 그들의 마음은 평안하다. 그리고 고요하다.

그러다가 한 번씩 과거중생계에서 지은 업이 꿈틀거릴 때가 있다. 하지만 그것들은 모두 다 변계소집성인 줄 알아서 거기에 전혀 끄달리지 않는다. 그래서 습기집수를 요별한다고 한다.

그들은 그 평안함이 전부 다. 그래서 부처가 누리는 대열반을 넘보지 못한다. 대열반은 보살이 되어 복덕과 지혜를 계속해서 닦아서 얻어지는 것인데 그들은 그 상태에 머물러 있기 때문이다.

別記 二由了別外無分別器相者 謂能了別依止緣內執受阿黎耶識 故 於一切時無有間斷器世間相

둘째는 밖에 분별할 것이 없는 器相을 요별하는 것이다. 이를테면 안의 집수를 반연하는 아려야식은 과거를 좇음에 잡혀 언제나 끊어짐 이 없는 기세간상을 분별해 알고 있다.

화엄경에서는 세상을 세 종류로 나눴다. 기세간과 중생세간 그리 고 지정각세간이다. 기세간은 범부가 살고 있는 세계이고 중생세간 은 6도 전부를 말한다. 그리고 지정각세간은 부처님이 계시는 깨달 음의 세계다. 위에서 말한 기상은 기세간의 모습이다.

닭은 닭장에서 살고 새는 둥지에서 산다. 가축은 우리에서 살고 동물은 굴에서 산다. 사람은 집에서 살고 왕은 궁궐에서 산다.

"그렇다면 스님은 어디서 사는가?"
"절집에서 삽니다."
"미쳤다!"

절은 절이고 집은 집이다. 그런데 절집은 뭔가. 누가 궁궐을 궁궐 집이라고 하는가. 궁궐이면 궁궐이고 집이면 집인 것인데, 유독 절만 뒤에 집 자를 갖다 붙여 절집이라고 부른다.

교회를 교회집이라고 부르는 사람을 봤는가. 성당을 성당집이라고 부르면 어색하지 않는가. 그런데 왜 하필 절은 집을 붙이고자 하는가. 절이라는 건물은 꼭 집을 붙여야 하는 이유가 뭐 특별히 있는 것인가.

하기야 똥간 헛간 마구간처럼 절을 절간이라고 부르는 사람들도 간혹 있다. 놀랄 일이다. 절을 그렇게 천한 장소로 불러야 하는 이유가 무엇인지 심각하게 묻고 싶다. 전생에 불교를 박살내다 만 어느 덜 떨어진 유생이 환생하지 않았다면 그렇게 부를 이유가 없다. 그것을 보면 누가 절간이 아닌 절집이라고 불러주는 것만으로도 고마워해야 할 것 같다.

집은 세간인이 세속적 삶을 사는 곳이다. 절은 출세간인이 세속적 삶으로부터 벗어나려고 수행을 하는 곳이다. 절과 집은 사는 사람과 목적과 기능이 전혀 다르다. 그런데 자꾸 이 둘을 붙여두려고 한다. 그러면 이것은 절도 아니고 집도 아니다. 둘이 어중간해서 뚜렷한 정체성이 없다.

TV에 자주 얼굴은 내미는 유명한 어느 스님도 방송에서 절을 절집이라고 계속해서 말하고 있다. 그는 자신이 세간의 집에 사는지 출세간의 절에서 사는지 아직도 헷갈리고 있는 모양이다.

그렇다면 아라한들은 어디에서 사는가. 그들은 무상천의 하늘에서 산다. 보살은 어디에서 사는가. 보살은 길에서 산다. 그리고 부처님은 열반에 사신다. 똑같은 생명체지만 지각의 등차에 따라 사는 곳이 이렇게 다르다.

기세간에 사는 우리 범부는 오탁악세에 살고 있다. 오탁악세라는 말은 悲華經비화경에 나온다. 즉 다섯 가지 혼탁된 조건적 세상이라는 뜻이다.

첫째는 겁탁이다. 기근 질병 전쟁이 끊임없이 일어난다.

둘째는 견탁이다. 사견이 치성해 서로가 반목하고 질시하여 세상이 조용할 날이 없다. 그리고 사이비법과 사이비스승이 계속해서 나타나 복 없고 지혜없는 중생들을 무더기로 지옥에 몰아넣는다.

셋째는 번뇌탁이다. 사람의 마음이 욕망과 번뇌에 혼탁되어 자신이 살아가야 할 길을 잃게 만든다.

넷째는 중생탁이다. 인륜과 도덕을 무시하고 악한 행위만을 일삼는데도 나쁜 결과를 무서워하지 않는다.

다섯째는 명탁이다. 자연적 수명을 말한다. 인간이 자연계와 화합해서 천수를 누리는 생명이 점차 짧아지고 박약해진다는 것이다. 이런 세상에 우리는 살고 있다.

그러므로 그 누구를 원망하고 탓할 필요는 없다. 우리 자신들의 죄업이 이 세상을 이렇게 만들어 놓고 여기에 살고 있다. 이 세상이 싫으면 이 세상에서 나가면 되는 것이고 이 세상이 좋으면 여기서 무수한 문제들을 일으키는 인간들과 함께 계속해서 살면 되는 것이다.

우주 공간 천지에 하고 많은 좋은 세계 다 놔두고 유독 이 혼탁한 세상에 끝까지 눌러 붙어서 세상을 바꿀 능력도 없는 자들을 향해 감 놔라 배 놔라 불평하면서 소리쳐봐야 자조와 푸념만 더할 뿐 아무러한 소득이 없다.

우리는 이곳을 미련없이 떠나 더 좋은 세상으로 가야만 한다. 그것이 우리가 이 글을 읽고 있는 이유다. 사람들이 돈을 모아 더 좋은 럭셔리 아파트나 더 좋은 사람들이 사는 문화촌으로 이사를 가듯이 우리도 복을 지어 이보다 더 좋은 세상으로 완전한 이민을 가야만 한다. 그러면 여기의 모든 문제들은 근본적으로 해결되어 버린다. 그러기 위해 대승불교가 일어났고 **대승기신론**이 나타났으며 원효성 사가 그것을 풀이해 주신 것이다.

사실 세상은 분별할 것이 없다. 망념에 절은 범부들이 경쟁적으로 분별하고 있는 것이다. 그래서 아려야식을 갖고 있는 범부가 밖의 세상인 현상을 분별한다고 했다.

아려야식은 과거에 경험한 습기를 안에다 저장한다. 습기는 바깥 세상을 상대로 일으키는 고락의 감정이다.

아려야식은 과거를 안고 미래를 준비한다. 안에서는 끊임없는 과거를 반연하고 밖으로는 단절 없는 현재를 살아가면서 미래를 예측하고 분석하고 있다. 그래서 기세간상을 분별해 알고 있다고 했다.

別記 譬如燈燄生時 內執膏炷 外發光明 如是阿黎耶識 緣內執受境 緣外器相 生起道理 應知亦爾

비유하자면 등잔에 불이 살아 있을 때 안으로는 기름심지를 잡고 밖으로는 광명을 발하고 있는 것과 같다. 이와 같이 아려야식은 안으로는 집수경을 반연하고 밖으로는 기상을 반연하면서 생기한다. 그런 도리 또한 응당히 이러함을 알아야 한다고 하였다.

등잔불의 조건은 기름과 심지다. 등잔은 납작하고 펑퍼짐한 그릇이고 호롱은 동그랗고 자그마한 항아리다. 거기에다 기름을 붓고 심지를 꽂아 불을 댕긴다.

호롱불빛이 밖으로 새어나가는 것은 그 안에 기름이 있음으로 해서 가능하다. 그처럼 아려야식이 밖의 세상에 반응해 아는 것은 그 속에 집수한 습기가 있기에 가능한 것이다. 그것을 위에서 안으로 집수경을 반연한다고 하였다.

아려야식은 안으로는 번뇌와 습기를 품고 있고 밖으로는 세상의 경계를 상대로 해 기세간의 세계를 만들어 낸다는 것이다.

別記 中邊論云 是識所取四種境界 謂塵根我及識所攝 實無體相 所取既無 能取亂識 亦復是無

중변론에서는, 이 식이 취하는 것은 네 가지 경계다. 이를테면 진과 근, 아와 그리고 식이 포함되지만 실제로는 체상이 없다. 소취가 일어남이 없으면 능취의 난식 또한 없는 것이다.

중변론은 중변분별론을 말하며 위에서 한 번 언급하였다. **유가론**을 지은 미륵보살이 2권으로 썼고 **기신론**을 번역한 진제삼장이 한역하였다. 원효성사도 이 논서에 해설서를 달아 놓으셨는데 다행히 아직도 그대로 남아 있다.

거기서 아려야식은 네 가지를 취한다고 했다. 塵진인 세상과 根인 감각기관에 이어 我아라는 주관과 識인 지각작용이다.

이 네 가지에 의해 아려야식은 존재하지만 실제로는 이것들이 없다고 한다. 그래서 원문에 체상이 없다고 하였다. 체상은 본질적인 당체의 모습이다.

소취는 객관이다. 객관이 없어지면 능취인 주관의 움직임이 없어진다는 것은 자명하다. 그래서 능취의 난식도 없는 것이다고 하였다. 난식은 허망하게 어지러이 분별하는 것을 말한다.

그와 같다는 말은 네 가지 경계처럼 체상이 없다는 뜻이다.

別記 若依中邊論及楞伽經 則習氣等非此識境

만약에 중변론과 능가경에 의한다면 습기 등은 이 식의 경계가 아니다.

이제 결론을 내린다. 아려야식에 대한 설명을 **능가경**과 **유가론** 그리고 **중변론**의 내용을 끌고 와 각기의 해설을 비교했다.

결과적으로 **능가경**과 **중변론**에서는 습기 같은 것들은 이 식의 경계가 아니다. 이 식에는 죄업 같은 것은 없다. 그것은 원래 본체가 없기 때문이다고 하였다.

別記 若依瑜伽論 聲塵及七種識等非其所緣

만약에 유가론에 의한다면 성진과 일곱 가지 식들은 이 식이 반연하는 바가 아니다.

성진聲塵은 다섯 가지 경계 중에 하나다. 즉 소리다. 그것을 들으면 번뇌를 일으킨다. 번뇌는 塵진이다. 그래서 塵이라는 글자가 뒤에 붙었다.

일곱 가지 식은 아려야식인 본식과 업식 전식 현식 지식 상속식 그리고 의식이다. 이러한 식들은 이 아려야식에서 일으키는 원인이 아니다. 그런 것들은 모두 다 인연에 의해 일어난 착시적인 識들이다. 그렇기에 그런 것들을 만들어 내는 원인은 없다고 한다.

別記 依此論說 現根及識等 亦非此識所現境界

이 논에 의거한다면 근과 식 등을 나타내는 것도 또한 이 식이 나타내는 바의 경계가 아니다.

이 논은 **기신론**이다. 根은 감각기관이고 識은 지각인식이다. 이 주체와 객체들도 결과적으로 보면 아려야식이 나타내는 경계가 아니다. 아려야식은 이런 경계를 만들어 낸 적이 없다. 이것들은 모두 다 허상들이다.

아려야식도 없는 것인데 어떻게 이것들이 종속적으로 있겠는가. 이것들은 마치 텔레비전 속에 비치는 다른 텔레비전 화면과도 같다. 원래의 TV라고 해서 진실된 영상이 있는 것도 아니다. 그 원래의 TV 역시 실체를 가지고 있지 않기는 마찬가지기 때문이다.

別記 如是相違 云何和會

이와 같이 서로 어긋나니 어떻게 답을 해서 합칠 수 있겠는가.

똑같이 현식을 아려야식으로 봤을 때 **능가경**과 **중변론**, 그리고 **유가론**과 **기신론**들의 말들은 다 다르게 표현하였다.

능가경과 **중변론**은 습기와 번뇌는 현식인 아려야식의 세계가 아니다고 했다. **유가론**은 5진과 7종성은 현식을 일으키는 원인이 아니라고 했다. **기신론**은 根과 識 등은 이 현식이 나타내는 것이 아니다고 했다.

이 세 말씀들이 다 나름대로 일리가 있는 이론을 내세웠다. 그런데 그것들을 어떻게 화합시켜 일목요연하게 현식은 이런 것이다 라고 말할 수 있겠느냐고 물었다.

別記 答 此非相違 何以故 不以言唯緣如此法故 不言餘法非境界故
답해 주겠다. 이것은 서로 어긋나지 않는다. 왜냐하면 오직 이와 같은 법만을 반연한다고 말하지 않았기 때문이며 나머지 법도 경계가 아니라고 말하지 않았기 때문이다.

답에 두 가지 측면이 있다. 하나는 법이고 하나는 경계다. 법은 주체적 인식이고 경계는 객체적 대상이다.

이와 같은 법만을 반연한다고 말하지 않았다는 말은 법 쪽으로 대답한 것이고 경계가 아니라고 말하지 않았다는 말은 경계 쪽으로 대답한 것이다.

이 말은 위의 경전과 논서들은 모두 자기가 말하고자 하는 부분만 말하고 있다는 것이다. 예를 들면 법이거나 경계 한 쪽만을 언급하고 있다는 것이다. 그러므로 전개된 내용은 각기 다르게 보일지 몰라도 그 근본적 뜻은 서로 어긋나지 않는다고 하셨다.

別記 問 雖無相違 而有不同 不同之意 可得而聞乎
묻겠다. 비록 서로 어긋남이 없다 하더라도 같지도 않다. 같지 않은 뜻을 들어볼 수 있겠는가.

서로 어긋난다고 했다. 그러므로 맞고 틀리고의 문제가 아니다. 서로 어딘가의 해설이 조금 다를 뿐이다. 그것은 틀린 것이 아니다. 어느 시각으로 보느냐에 따라 달라진다고 했다. 달라지다 보니 같지 않게 보인다. 그것을 좀 이해시켜 달라는 것이다.

그러니까 서로 상충하지 않지마는 그렇다고 해서 같은 것도 아니지 않느냐 하는 전제하에서 이렇게 물은 것이다.

別記 答 不同之意 各有道理 如中邊論 欲明現起諸法 皆是本識所現 離識之外更無別法 是故唯說現行諸法

답해 주겠다. 같지 않은 뜻에 각각의 도리가 있다. 저 중변론에서는 눈앞에 일어난 모든 법은 다 본식이 나타낸 것이어서 식을 떠난 밖에 다시 다른 법이 없음을 밝히고자 했다. 그래서 오직 현행하는 모든 법만을 말하였다.

중변론은 **중변분별론**이라고 했다. 이 논서는 본식인 아려야식을 기준으로 세상은 존재한다고 한다.

예를 들면 관공서가 있다고 했을 때 말단 공무원이 실질적인 일은 다 한다. 겉으로 보기에는 그 공무원이 다 하는 것 같지마는 그 부서를 책임지는 팀장이 있고 그 팀장은 정부 정책에 의해 움직이는 것과 같다. 하지만 그 팀장은 원래 없었다. 인연에 의해 잠시 그 자리를 지키고 있을 뿐이다.

別記 習氣種子 其相不顯 與識無異 是故不說

그리고 습기종자는 그 모습이 나타나지 아니하여 식과 다름이 없기 때문에 말하지 아니하였다.

습기는 과거전생부터 쌓아온 죄업의 퇴적물이고 종자는 다음 죄업을 일으키는 씨앗이다. 이것들은 내면에 깊이 잠재해 있으므로 밖으로는 드러나지 않는다.

외부와의 어떤 인연이 닿아 잠재된 습기가 발현되어야 만이 저 사람이 뭐하는 사람인지 알 수가 있다.

불교 수도원에는 많은 스님들이 모여서 산다. 어디서 무엇을 했는지 알 수가 없다. 스님마다 다 사연이 있어서 출가를 했기에 서로 과거를 잘 말하지 않는다. 과거에 젖거나 과거를 떠벌릴 만큼 어중간하게 출가를 한 분들이 아니기 때문이다.

그래서 나름대로 다 자기의 전공분야가 있지마는 평상시에는 결코 드러내지 않는다. 하지만 비상시가 되면 내재된 그 재주들이 밖으로 튀어 나온다.

예를 들어 집을 하나 지어야 되겠다고 공지를 하면 그때부터 그들의 잠재성이 즉각 발현된다. 아무것도 없던 회색 옷 속에서 건축사 전기공 조적공들이 나온다. 전혀 아닌 것 같은 사람이 주방장으로 나오고 아무것도 모를 것 같은 사람이 행정업무를 맡아 관청을 들락거리는 것과 같이 아려야식 속에는 중생으로 살아온 이력 전부가 하나도 빠짐없이 고스란히 다 들어 있다.

그런 습기종자는 아려야식에 깊이 스며들어가 있기 때문에 현식은 본식과 다름이 없다고 한 것이다.

瑜伽論等爲顯諸相無有離見自相續者 故除心心法以外 諸餘
相續之法 說爲此識所了別

유가론 등에서 모든 相이 見을 떠나서는 스스로 상속하는 것이 없음을
나타내고자 한 것은 心과 心法 이외에 모든 나머지 상속하는 법은
이 식이 요별하는 것이라는 데 있다.

　相은 보이는 대상이고 見은 보는 주체다. 相은 온갖 꼴을 갖고 있
다. 그 모양과 색상을 나의 기준으로 보고 판단한다. 그것이 見이다.
세상은 계속적으로 움직인다. 그러다가 결국에는 없어져 버린다. 그
리고 또 다른 세상이 만들어진다.

　그렇게 세상이 없어진다고 해도 그 세상을 보고 느낀 내 감정은
없어지지 않는다. 그것을 상속이라고 한다. 예를 들어 TV 속 화면은
사라지고 없다 하더라도 그 잔영은 내 가슴 속에 계속해서 남아 있는
것과 같다.

　그 화면을 보는 주체를 心이라고 하고 객체로 보이는 잔영은 심법
이라고 한다. 이 말을 위에서 見과 相이라고 표현하였다.

　심과 심법의 작용, 그 외에도 바깥세상을 보고 판단하는 의식 같은
것들도 궁극적으로는 모두 다 아려야식의 범주라고 하고 있다.

　살아 움직이는 신체에는 심장과 동맥 같은 큰 장기 이외에도 작은
핏줄 같은 것들이 수없이 뻗어 있다. 그것들은 모두 다 심장에 의해
작용하고 그 작용으로 인해 결과적으로 심장도 뛰는 것이다. 그처럼
범부의 망녕된 움직임도 다 아려야식에 그 바탕을 두고 있다고 하는
것이다.

別記 諸心之法 離塵不立 其義自顯 故不別說

모든 마음의 법은 塵진을 떠나서는 성립되지 아니하는데 그 뜻은 저절로 드러나니 따로 말하지 아니하였다.

마음은 번뇌에 의해 움직인다. 그 번뇌의 총칭을 塵진이라고 한다. 塵은 먼지를 말한다. 번뇌는 먼지처럼 나의 앞을 못 보게 한다. 그리고 번뇌는 먼지처럼 천지에 가득하여 어디에서든 나를 혼탁하게 만든다.

또 번뇌의 수가 얼마나 많은지 먼지 수와도 같다고 해서 이 塵자를 번뇌의 통칭으로 쓴다. 반대로 眞이라는 글자가 있다. 발음은 똑같은데 그 뜻은 완전히 다르다. 그러므로 마음이 塵 쪽으로 나가면 중생이 되고 眞 쪽으로 나가면 부처가 된다.

중생의 마음은 이 塵 번뇌에 의해 요동한다. 마치 바람에 날리는 가랑잎처럼 천지를 배회한다. 이것은 모든 경전에 다 나오는 말씀이다.

그러므로 여기 논쟁하는 경론인 **능가경**과 **중변론**, 그리고 **유가론** 가운데서는 이 주제를 말하지 않고 있다는 것이다.

別記 諸餘論顯沒之意準之可知 不可偏執一隅 以謗通法之說也

다른 나머지 논에서도 드러내고 드러내지 않은 뜻들이 있다. 이를 기준하여 보면 알 수 있을 것이니 한쪽에 치우쳐 집착하여 서로 통하는 법의 논설을 비방해서는 아니 된다.

세상의 모든 병은 오직 하나에서 기인한다. 그것은 죽음이다. 병은 몸을 죽이려고 하고 몸은 병을 없애고자 한다. 병은 아주 다양한 방법으로 몸이 죽을 때까지 공격한다. 그 공격을 잘 막아내면 오래 사는 것이고 그렇지 못하면 일찍 죽어야 한다.

우리의 몸은 정상이 아니다. 비정상적인 상태에서 병의 공격을 계속해서 받는다. 비정상적이라는 말은 불각을 뜻하고 병의 공격은 죄업을 말한다. 그런데 어떻게 이 몸이 죽지 않고 버텨내겠는가.

범부의 삶은 사실 이 두 가지의 공격을 하루하루 방어하는 데 있다. 거기서 의료전문가가 나왔다. 그들은 이 두 가지 원인에 의해서 만들어진 병들이 육신 밖으로 드러날 때 임기응변식으로 수리와 땜질을 해 준다.

그 누구도 그 병들을 근본적으로 치료할 수 없다. 그래서 수리와 땜질이라고 표현했다. 그렇게 해서라도 생명연장을 시키고 있는 것이다.

그래서 그 병들에 대한 다양한 처방법을 개발하였다. 이 병에는 이런 처방법을 만들어 내고 저런 병에는 저런 치료법을 만들어 내면서 의학을 발전시키고 있다.

사실 범부의 병은 죽을 병 딱 한 개다. 그 한 개가 파생되어 많고 많은 병들이 발생하였다. 그 병들마다 치료하는 방식이 다 다른데 그것은 그 병들을 진단하는 의사들도 다 다르기 때문에 그렇다.

그처럼 현식인 아려야식을 두고 각각의 논서가 조금씩 다 다르게 설명한다. 그것은 그것을 설명하는 이론이 계파적으로 다 다르기 때문에 그렇다.

그러므로 자기가 속해져 있는 문파의 시각으로 다른 문파가 가진 시각의 의견이나 논리적 기술을 일방적으로 무시하거나 틀렸다고 의심하거나 비방해서는 안 된다는 것이다.

- 5권으로 계속 -

공파 스님 (국제승려)

현재 원효센터에서 『대승기신론해동소』 32번째 강의 중

cafe.daum.net/wonhyocenter

zero-pa@hanmail.net

대승기신론 해동소 혈맥기 4

초판 1쇄 인쇄 2020년 12월 21일 | 초판 1쇄 발행 2020년 12월 30일
공파 스님 역해 | 펴낸이 김시열
펴낸곳 도서출판 운주사

　　　(02832) 서울시 성북구 동소문로 67-1 성심빌딩 3층

　　　전화 (02) 926-8361 | 팩스 0505-115-8361

ISBN 978-89-5746-634-6 04220　값 20,000원

ISBN 978-89-5746-528-8 (세트)

http://cafe.daum.net/unjubooks 〈다음카페: 도서출판 운주사〉